U0541373

第三届中国特色社会主义理论与实践论坛

2016

中国特色社会主义与全面建成小康社会

中国特色社会主义理论研究会 编
中国井冈山干部学院

李君如 梅黎明 主编

中国社会科学出版社

图书在版编目（CIP）数据

中国特色社会主义与全面建成小康社会/李君如，梅黎明主编. —北京：中国社会科学出版社，2017.8
ISBN 978-7-5203-1755-9

Ⅰ.①中… Ⅱ.①李… ②梅… Ⅲ.①中国特色社会主义—理论研究 ②小康建设—研究—中国 Ⅳ.①D610②F124.7

中国版本图书馆 CIP 数据核字（2017）第 313249 号

出 版 人	赵剑英
责任编辑	田　文　徐沐熙
责任校对	张爱华
责任印制	王　超

出　　版	中国社会科学出版社
社　　址	北京鼓楼西大街甲 158 号
邮　　编	100720
网　　址	http://www.csspw.cn
发 行 部	010-84083685
门 市 部	010-84029450
经　　销	新华书店及其他书店
印　　刷	北京君升印刷有限公司
装　　订	廊坊市广阳区广增装订厂
版　　次	2017 年 8 月第 1 版
印　　次	2017 年 8 月第 1 次印刷
开　　本	710×1000　1/16
印　　张	21
字　　数	355 千字
定　　价	89.00 元

凡购买中国社会科学出版社图书，如有质量问题请与本社营销中心联系调换
电话：010-84083683
版权所有　侵权必究

目 录

发展新理念和中国大趋势……………………………………李君如（1）
发展中国特色社会主义的新思想新理念………………………李　明（19）
五大发展理念是新常态新阶段的方法论………………………刘毅强（28）
新理念引领新发展
　　——学习党的十八届五中全会精神……………………王存福（34）
实践出真知，"摸着石头过河"就是在实践中摸规律
　　——学习习近平总书记实践观思想………………………欧阳英（40）
习近平经济思想对邓小平经济思想的继承与发展………………高云坚（49）
试论凝心聚力决胜小康的精神机制………………………………奚洁人（58）
对小康社会理论的哲学思考………………………………………梅黎明（66）
习近平总书记全面建成小康社会思想研究………………………文丰安（73）
习近平总书记论全面小康
　　——兼论习近平总书记全面小康思想的特色………………李勇华（82）
坚持开放发展是全面建成小康社会的核心理念…………………孙兰英（89）
全面建成小康社会更重要的是"全面"……………………………胡永琴（98）
决胜阶段全面建成小康社会面临的机遇和挑战…………………张　彬（105）
全面建成小康社会的科学内涵……………………………………王小元（112）
加快推进共享发展战略　实现全面建成小康社会………………刘　云（120）
全面小康与中国特色社会主义现代化道路…………丁　峰　李勇华（127）
更全面的改革　更坚定的开放
　　——论全面小康决胜阶段的改革开放……………………滕明政（135）
供给侧结构性改革助推全面小康社会……………………………祝福恩（143）

加大供给侧治理腐败力度　改革政府主导型经济增长
　　模式 …………………………………………………… 张建明（148）
以混合所有制为突破口推动国有企业改革 ………………… 顾保国（157）
把军民融合发展上升为国家战略,军队将担负起全面
　　建成小康社会的重大历史责任………………………… 崔向华（166）
从严治党转会风　为实现中国梦保驾护航 ………………… 李兴元（180）
全面小康决胜阶段与反腐败的"压倒性胜利" ……………… 董　瑛（189）
全面小康与民主政治建设…………………………………… 崔洪亮（197）
全面建成小康社会视域下公民主体观念增强的路径选择 … 吴大兵（202）
文化自信是治国理政的基本力量…………………………… 温宪元（211）
生态价值观与生态资本观
　　——全面小康的生态文明建设观……………………… 张　勇（220）
中国共产党的公信力建设…………………………………… 胡振平（230）
群众路线:践行"三严三实"的命脉与根本路径 …………… 王　青（240）
建构中国特色利益冲突防范机制探析 ………… 魏淑瑛　张国生（252）
试论列宁党内民主思想中的党员主体作用理论
　　及其当代启示…………………………………………… 张　帆（260）
中外政党比较视角下中国共产党严明党纪思考 …………… 周敬青（270）
古巴、越南执政党党内问责探析 …………………………… 于秀秀（277）
现状、问题与创新:农村基层党建的实践与发展
　　——农村基层党建现状调查报告……………………… 李　明（285）
新疆公民意识现状调查及问题分析
　　——以新疆5县1区调查情况为例…………………… 李建军（307）
2016年中国特色社会主义理论体系研究综述 …………… 徐　涛（315）

后记 ……………………………………………………………（332）

发展新理念和中国大趋势

李君如

党的十八届五中全会审议通过的关于制定"十三五"规划的建议,不仅为国务院编制规划纲要提供了明确的指导思想、基本原则、目标要求、基本理念和重大举措,而且向世人表达了中国的战略、中国的自信、中国的决心。其中,最让人振奋的是,以习近平为总书记的党中央提出的"以人民为中心的发展思想"和创新、协调、绿色、开放、共享发展的新理念,拨开了妨碍人们认识中国的雾霾,以这一中国化马克思主义政治经济学的最新成果,展示了中国的前进方向和攻坚克难的大思路、大战略、大趋势。

发展新理念和经济新常态

在中国特色社会主义探索过程中,我们不断深化对共产党执政规律、社会主义建设规律、人类社会发展规律的认识,懂得了发展是党执政兴国的第一要务。与此同时,我们也在实践中懂得了在发展中必须形成符合各个阶段发展实际的发展理念。

什么是发展理念?习近平总书记从辩证唯物主义认识论的视角定义了"发展理念"。他引用明末清初著名思想家王夫子的名言指出:"理者,物之固然,事之所以然也。"这里的关键词,是"固然""所以然"两个词。也就是说,理是事物固有的,同时又是事物发展的原因。因此,在经济社会发展过程中,第一,必须按照唯物主义的观点,从实际出发,直面发展新趋势新机遇和新矛盾,谋划经济社会发展,确立新的发展理念;第二,必须按照唯物辩证法的要求,根据变化了的情况,在新的情况下用新的发展理念引领发展行动。正是在这样的意义上,习近平总书记强调:"发展理念是发展行动的先导,是管全局、管根本、管方向、管长远的东西,是发展思路、发展方向、发展着力点的集中体现。"

我们党自改革开放以来，不仅毫不动摇地坚持邓小平从社会主义历史经验中概括出来的"发展才是硬道理"，而且始终不渝地从变动的发展实践出发提出与此相适应的发展理念。比如，邓小平从当时要"抢时间"的要求着眼，提出发展要有比较快的速度，同时也要有质量有效益没有水分。江泽民从社会主义市场经济取代计划经济后新的实际出发，提出要保持国民经济持续快速健康发展。胡锦涛从进入21世纪后出现的新情况出发，把"又快又好发展"调整为"又好又快发展"，强调要坚持全面协调可持续发展。也就是说，各个阶段的发展理念，都是从新的实际出发确立的。

自从2008年美国次贷危机引发的国际金融危机发生以后，各个国家都被殃及，至今复苏乏力，整个世界的经济结构进入了大调整大变动的新阶段。对于中国这样一个发展中大国来说，一方面，我国仍处于可以大有作为的重要战略机遇期；另一方面，我国也面临诸多矛盾叠加、风险隐患增多的严峻挑战。习近平总书记指出，当前，我国经济发展也呈现出速度变化、结构优化、动力转换三大特点。也就是说，增长速度要从高速转向中高速，发展方式要从规模速度型转向质量效益型，经济结构调整要从增量扩能为主转向调整存量、做优增量并举，发展动力要从主要依靠资源和低成本劳动力等要素投入转向创新驱动。他指出："这些变化不依人的意志为转移，是我国经济发展阶段性特征的必然要求。"他把这种状况的经济，称为"经济新常态"。与此同时，他也提醒我们不要把什么都叫作"新常态"，我们讲的"新常态"专指"经济新常态"。他强调指出，适应新常态、把握新常态、引领新常态，这是当前和今后一个时期我国经济发展的大逻辑。

针对改革开放以来前所未有的新情况，习近平总书记强调，要深刻认识我国经济发展新特点新要求，着力解决制约经济持续健康发展的重大问题。为此，他提出了创新、协调、绿色、开放、共享的发展新理念。党中央指出，坚持创新发展，着力提高发展质量和效益；坚持协调发展，着力形成平衡发展结构；坚持绿色发展，着力改善生态环境；坚持开放发展，着力实现合作共赢；坚持共享发展，着力增进人民福祉。这五个"着力"，针对的就是经济新常态及其提出的时代课题。也就是说，这五大发展新理念是从经济新常态的实际出发提出来的。

发展新理念和"以人民为中心"的发展思想

以习近平为总书记的党中央提出创新、协调、绿色、开放、共享五大发展新理念，不仅坚持了理念要从经济社会发展阶段性特征出发的马克思主义世界观和认识论的要求，而且恪守了理念要从最广大人民群众根本利益出发的马克思主义价值观和唯物史观的基本原则。

历史唯物主义强调，人民是推动发展的根本力量，实现好、维护好、发展好最广大人民根本利益是发展的根本目的。因此，中国共产党人始终把全心全意为人民服务这一马克思主义价值观，作为自己全部工作的根本宗旨。改革开放以来，我们党做出的每一个重大决策，都坚持这样的世界观、认识论和价值观。党的十八届五中全会在提出五大发展新理念的时候也强调："必须坚持以人民为中心的发展思想，把增进人民福祉、促进人的全面发展作为发展的出发点和落脚点，发展人民民主，维护社会公平正义，保障人民平等参与、平等发展权利，充分调动人民积极性、主动性、创造性。"特别是在论述"共享"发展的理念时强调："必须坚持发展为了人民、发展依靠人民、发展成果由人民共享，作出更有效的制度安排，使全体人民在共建共享发展中有更多获得感，增强发展动力，增进人民团结，朝着共同富裕方向稳步前进。"这里提出的"以人民为中心"的发展思想，既是正确理解五大发展新理念的关键，也是贯彻落实五大发展新理念的根本要求。也就是说，以习近平为总书记的党中央提出五大发展新理念是以人民为中心的发展理念。

要贯彻好"以人民为中心"的发展思想，必须处理好三个问题：

一是发展同人民利益的关系。发展，是为人民谋利益、谋福祉的。这是我们提出"发展才是硬道理"，强调"发展是党执政兴国第一要务"的根本原因。但是，同所有相互联系的事物都是对立统一的一样，发展与人民利益之间有时也会发生矛盾甚至冲突。在发展与人民利益发生矛盾的时候，我们不能牺牲人民的利益去谋求发展，而要在发展中给人民带来最大的实惠；我们可以把发展最终会给人民带来什么告诉人民群众，教育引导人民群众，而不能在群众没有理解之前强制人民群众接受我们的决策。

二是发展与人权的关系。党的十八届五中全会提出的全面建成小康社会新的目标要求中，有一个要求讲的就是"人权得到切实保障，产权得到有效落实"。发展权是人权，既是整体意义上的人即人民的权利，也是单个人意义上的人的权利。我们之所以强调不能在群众没有理解之前强制人民群众接受我们的决策，就是因为要尊重和保障人权。五中全会强调要发展人民民主，维护社会公平正义，保障人民平等参与、平等发展权利，讲的就是要在发展中重视人权问题。这个道理，我们许多同志不懂，常常在工作中引起一些不必要的纠纷，以致有些小事最后导致群体性大事件，还为国际社会敌对势力所利用。

三是发展与人的全面发展的关系。党中央把"促进人的全面发展"同"增进人民福祉"作为"发展的出发点和落脚点"并列，应该引起我们高度重视。五中全会把"国民素质和社会文明程度显著提高"作为"十三五"发展目标提出来，也是促进人的全面发展的举措。人的全面发展，是科学社会主义的本质要求。在发展中，既要为人民谋利益，也要不断提升人民的素质和能力；既要重视高素质人才的作用，也要创造条件提高所有劳动者的素质和能力。中国在综合国力竞争中，人力资源是最可珍贵的资源，也是最具有潜力的竞争力。现在有一种说法，说我们的劳动力红利已经没有了。这只讲了一面，主要是廉价劳动力红利正在大幅度减少，但是一大批具有较高素质的劳动力正在或已经成为我们创新创业的主力军。因此，作为领导干部必须把"人的全面发展"作为我们工作的出发点和落脚点，充分调动人民积极性、主动性、创造性。

正是根据"以人民为中心"的发展思想，党的十八届五中全会提出："实现'十三五'时期发展目标，破解发展难题，厚植发展优势，必须牢固树立创新、协调、绿色、开放、共享的发展理念。"这是以习近平为总书记的党中央对邓小平发展理论的重大继承和发展，引领着中国发展的大趋势。

发展新理念和发展目标

形成发展行动先导的发展理念，是为发展目标服务的。习近平总书记指出："发展理念搞对了，目标任务就好定了。政策举措也就跟着好定了。"

我们的发展目标是什么？我们的发展有两个相互联系的阶段性目标：一是到2020年全面建成小康社会，同时实现工业化；二是到2050年基本实现社会主义现代化，把我国建设成为一个富强、民主、文明、和谐的社会主义现代化国家，实现中华民族伟大复兴的中国梦。这就是我们现在常讲的"两个一百年"的奋斗目标。这两个目标不是简单分割的，而是相互联系的。"十三五"时期特别重要，它既是全面建成小康社会的冲刺阶段、攻坚阶段、决胜阶段，又是为基本实现社会主义现代化打基础的阶段。

与此同时，我们应该认识到，"全面小康"也好，"两个一百年"也好，都是战略目标。在这样的战略目标中，还有一系列分解目标、具体目标。党的十八届五中全会指出，今后5年，要在已经确定的全面建成小康社会目标要求下，努力实现5个新的目标要求。这就是：1. 经济保持中高速增长。2. 人民生活水平和质量普遍提高。3. 国民素质和社会文明程度显著提高。4. 生态环境质量总体改善。5. 各方面制度更加成熟更加定型。这是党的十八届五中全会提出的全面建成小康社会新的目标要求。

要在今后5年实现这五大新的目标，并非易事。其中有一系列复杂而又艰巨的课题，需要我们齐心协力加以破解：

一是经济增长速度问题。

党的十八届五中全会对于全面建成小康社会的经济目标，依然坚持了十八大确定的指标。这就是，到2020年国内生产总值和城乡居民人均收入比2010年翻一番。我们都知道，十八大以来，我国经济形势发生了极大的变化，即经济下行的压力越来越大。于是，一个问题发生了：到2020年我们能不能完成如此艰巨的任务？这是大家非常关心的问题。五中全会回答了这个问题，这就是只要我们能够保持中高速增长，就可以达标。

什么叫"中高速增长"？国内外主要研究机构普遍认为，"十三五"时期我国年均经济潜在增长率为6%—7%。这大体是我们所讲的"中高速增长"。习近平总书记在会上对"中高速增长"作了专门的说明。他指出，提出经济保持中高速增长的目标，主要考虑是，确保到2020年实现国内生产总值和城乡居民人均收入比2010年翻一番的目标，必须保持必要的增长速度。他算过一笔账：从国内生产总值翻一番看，2016年至2020年经济年均增长底线是6.5%以上。从城乡居民人均收入翻一番看，2010年城镇居民人均可支配收入和农村居民人均纯收入分别为19109元和5919元。到2020年翻一番，按照居民收入增长和经济增长同步的要求，"十三五"时期经济年均增长至少也要达到6.5%。这样的预期能不能实现？习近平总书记分析了国内外经济形势以及我国要采取的政策措施，得出了这样的结论："综合起来看，我国经济今后要保持7%左右的增长速度是可能的，但面临的不确定性因素也比较多。"这是两句话，一句是有可能保持中高速增长，另一句是有不确定因素。显然，这是一个慎重的结论，是一个需要我们共同来努力实现的目标。这也是今天为什么要提出发展新理念的主要原因。

二是农村贫困人口脱贫问题。

农村贫困人口脱贫，是我们全面建成小康社会的突出短板。习近平总书记说："我们不能一边宣布全面建成了小康社会，另一边还有几千万人口的生活水平处在扶贫标准线以下，这既影响人民群众对全面建成小康社会的满意度，也影响国际社会对我国全面建成小康社会的认可度。"因此，党的十八届五中全会对于全面建成小康社会的社会建设目标，在扶贫问题上比十八大确定的目标大大提升了。十八大的目标是"扶贫对象大幅减少"，十八届五中全会的目标是"我国现行标准下农村贫困人口实现脱贫，贫困县全部摘帽，解决区域性整体贫困"。这确实是一个鼓舞人心又催人奋进的新要求。

我们有句口号，叫作"全面小康，一个都不能少"。谁不能少？农村贫困人口一个不能少，也要全部进入小康社会。但是，我们都知道，农村贫困人口脱贫是全面建成小康社会最艰巨的任务。对于十八届五中全会提出的这一目标任务，各地党委政府十分重视，各民主党派和工商联十分重视，各人民团体和社会组织也十分重视，大家都要为实现这一全面脱贫目标做贡献。与此同时，也有人问这个目标能不能实现，表示某种担心和疑虑。习近平总书记在五中全会上回答了这个问题。归纳他的论述，主要是四点：第一点，是贫困标准。我国现行脱贫标准是农民年人均纯收入按 2010 年不变价格计算为 2300 元，2014 年现价脱贫标准为 2800 元，若按每年 6% 的增长率调整，2020 年全国脱贫标准约为人均纯收入 4000 元。第二点，是农村贫困人口基数。这两年来，为实现精准扶贫、精准脱贫，各地组织工作队在农村入户登记，建档立卡，工作做得非常细。按照现行的贫困标准，到 2014 年末全国还有农村贫困人口 7017 万。第三点，是总体分析。根据以往脱贫减贫经验，我国从 2011 年到 2014 年，每年农村脱贫人口分别为 4329 万、2339 万、1650 万、1232 万。因此，习近平总书记说："通过采取过硬的、管用的举措，今后每年减贫 1000 万人的任务是可以完成的。"第四点，是具体分析。7017 万农村贫困人口如何全部脱贫？贫困县如何全部摘帽？区域性整体贫困如何全部解决？习近平总书记算了一笔细账："到 2020 年，通过产业扶持，可以解决 3000 万人脱贫；通过转移就业，可以解决 1000 万人脱贫；通过易地搬迁，可以解决 1000 万人脱贫，总计 5000 万人左右。还有 2000 多万完全或部分丧失劳动能力的贫困人口，可以通过全部纳入低保覆盖范围，实现社保政策兜底脱贫。"因此，他的结论是："通过实施脱贫攻坚工程，实施精准扶贫、精准脱贫，7017 万农村贫困人口脱贫目标是可以实现的。"

在理解这个问题的时候，还可以把农村贫困人口脱贫问题同今后 5 年户籍人口城镇化率加快提高联系起来。具体地说，就是党中央确定的，使 1 亿左右农民工和其他常住人口在城镇定居落户。这 1 亿人主要指农村学生升学和参军进入城镇的人口、在城镇就业和居住 5 年以上和举家迁徙的农业转移人口。这也是十八届五中全会的重要决策。我们都知道，在农村，只要家里有一个人进城打工或者有一个孩子升学进城并就业，就可以加速脱贫。因此，这 1 亿左右农民工和其他常住人口在城镇定居落户，是完成 7017 万农村贫困人口脱贫任务的重要组成部分。

三是金融风险防范问题。

党的十八届五中全会在论述经济保持中高速增长这一目标要求时，强调实现全面建成小康社会经济指标的基础，是"提高发展平衡性、包容性、可持续性"。这是一个十分重要的问题。其实质，不仅是要破解经济新常态下各种问题，做好补齐短板这篇大文章，而且是要防范预料到的和没有预料到的各种风险，提高抵御风险的能力。在我们面临的各种风险中，尤其要重视金融风险问题。因此，习近平总书记在五中全会专门讲了"关于加强统筹协调，改革并完善适应现代金融市场发展的金融监管框架"这一重大问题。

邓小平经济理论强调，金融是现代经济的核心。随着我国现代化建设和改革开放的深化，工业资本和金融资本的结合越来越紧密。金融已经在很大程度上影响甚至决定着经济健康发展。与此同时，现代金融发展呈现出机构种类多、综合经营规模大、产品结构复杂、交易频率高、跨境流动快、风险传递快、影响范围广等特点。由此决定了，在金融领域发生危机的概率越来越高。在国际金融危机爆发后，美国和欧洲许多国家都加大了金融监管体系改革力度，核心是提高监管标准、形成互为补充的监管合力和风险处置能力。

直面我国金融市场的运行和金融机构的发展情况，正如五中全会概括的：近年来，我国金融业发展明显加快，形成了多样化的金融机构体系、复杂的产品结构体系、信息化的交易体系、更加开放的金融市场,特别是综合经营趋势明显。这对现行的分业监管体制带来重大挑战。习近平总书记指出,近来频繁显露的局部风险特别是近期资本市场的剧烈波动说明,现行监管框架存在着不适应我国金融业发展的体制性矛盾,也再次提醒我们必须通过改革保障金融安全,有效防范系统性风险。要坚持市场化改革方向,加快建立符合现代金融特点、统筹协调监管、有力有效的现代金融监管框架,坚守住不发生系统性风险的底线。

要全面建成小康社会,加快推进社会主义现代化,深化金融监管体制改革是一个十分重要的条件。我们党的十八届三中全会已经提出了完善监管协调机制的改革任务。与此同时,国际社会应对金融危机的经验也值得我们重视。习近平总书记在五中全会指出,国际社会的主要做法都值得我们研究和借鉴。包括统筹监管系统重要金融机构和金融控股公司,尤其是负责对这些金融机构的审慎管理;统筹监管重要金融基础设施,包括重要的支付系统、清算机构、金融资产登记托管机构等,维护金融基础设施稳健高效运行;统筹负责金融业综合统计,通过金融业全覆盖的数据收集,加强和改善金融宏观调控,维护金融稳定。这"三个统筹",我们要好好研究和借鉴。

我们提出要牢固树立和坚决贯彻创新、协调、绿色、开放、共享的发展新理念,就是解决我们面临的各种问题、短板、风险的科学理念,就是实现全面建成小康社会新的目标要求的科学理念。

发展新理念和国家治理体系治理能力现代化

全面建成小康社会,归根到底,要靠制度保障;落实创新、协调、绿色、开放、共享发展新理念,归根到底,要靠完善和发展中国特色社会主义制度,推进国家治理体系和治理能力现代化。

党的十八届五中全会在论述发展新理念与发展目标的关系时,引人注目地强调全面建成小康社会新的目标要求包括"各方面制度更加成熟更加定型"。这个问题,十八大是作为政治体制改革的任务提出来的,十八届三中全会是作为全面深化改革的总目标提出来的,非常重要。由此决定了,我们研究发展新理念,要同全面深化改革特别是制度改革有机地结合起来。

我们的发展,是在改革推动下发展的。党的十一届三中全会以来,我们在各个方面改革旧体制，建立新制度，做了大量工作。但什么时候我们的改革能够在各方面形成一整套更加成熟更加定型的制度呢？邓小平在1992年南方谈话中提出的时间表是，再有30年时间，也就是到2020年左右。十八大决定把邓小平提出的制度"更加成熟更加定型"这八个字写进党代会报告，意味着这一任务已经被提上议事日程。那么，什么叫"更加成熟更加定型的制度"呢？习近平总书记创造性地回答了这个问题，提出要以国家治理体系和治理能力现代化为总要求，来完善和发展中国特色社会主义制度。这就是党的十八届三中全会提出的全面深化改革的总目标。过去我们讲过很多现代化，包括农业现代化、工业现代化、科技现代化、国防现代化等，国家治理体系和治理能力现代化是第一次讲。他所说的"国家治理"是一个不同于传统意义上"统治"和"管理"的新概念。现代政治学认为，国家治理体系现代化，已经不是一般意义上讲的规章制度完善问题，而是以民主和法治两个轮子推进的国家制度现代化问题。这种国家治理体系现代化的大思路，既坚持又发展了邓小平的制度改革理论，意味着我们的制度改革进入了一个全新的阶段。

纵观当今世界的综合国力竞争，从经济实力竞争发展到科技实力竞争、国防实力竞争，已经深入到国家制度竞争，特别是国家治理体系的竞争。现在，已经有许多国家的政治家和学者提出，中国能够在那么短的时间内成为世界第二大经济体，和中国制度包括中国共产党的领导制度、中国的政治体制有直接的关系。特别是我们高效率的领导制度、有特色的协商民主制度等，越来越为世界所瞩目。正如习近平总书记所说的："我国政治稳定、经济发展、社会和谐、民族团结，同世界上一些地区和国家不断出现乱局形成了鲜明对照。"与此同时，习近平总书记也强调，"相比当今世界日趋激烈的国际竞争"，我们在国家治理体系方面还有许多不足，有许多亟待改进的地方。我们要赢得综合国力竞争，还是要靠国家治理体系和治理能力现代化。

我们所讲的"国家治理体系"和西方所讲的"政府治理体系"不同，是在党的领导下管理国家的制度体系，包括经济、政治、文化、社会、生态文明和党的建设等各领域的体制机制、法律法规安排，也就是一整套紧密相连、相互协调的国家制度。推进国家治理体系现代化就是要适应时代变化，既改革不适应实践发展要求的体制机制、法律法规，又不断构建新的体制机制、法律法规，使各方面制度更加科学、更加完善，实现党、国家、社会各项事务管理制度化、规范化、程序化。

需要强调的是，党的十八届三中全会确定的全面深化改革总目标，在强调推进国家治理体系现代化的同时，引人注目地提出了"治理能力现代化"问题。习近平总书记揭示了这两者的辩证关系，指出"国家治理体系和治理能力是一个有机整体，相辅相成，有了好的国家治理体系才能提高治理能力，提高国家治理能力才能充分发挥国家治理体系的效能"。他特别强调"只有以提高党的执政能力为重点，尽快把我们各级干部、各方面管理者的思想政治素质、科学文化素质、工作本领都提高起来，尽快把党和国家机关、企事业单位、人民团体、社会组织等的工作能力都提高起来，国家治理体系才能更加有效运转"。最近，习近平总书记批示要我们重温毛主席的《党委会的工作方法》，也着眼于提高我们各级党委和各级干部的治国理政能力。可见，他非常重视能力建设问题。他说过："制度执行力、治理能力已经成为影响我国社会主义制度优势充分发挥、党和国家事业顺利发展的重要因素。"如果没有治理能力建设，再好的制度，再好的国家治理体系，都只是一纸空文。

今天，要全面论述创新、协调、绿色、开放、共享的发展新理念，也有一个制度和能力问题。习近平总书记尖锐地指出，我们现在存在"本领不足、本领恐慌、本领落后"的问题。他说，在我们党内相当一个范围里，存在着"新办法不会用，老办法不管用，硬办法不敢用，软办法不顶用"这样一种状况，这不能不引起我们重视。因此，他强调："要更加注重治理能力建设，增强按制度办事、依法办事意识，善于运用制度和法律治理国家，把各方面制度优势转化为管理国家的效能，提高党科学执政、民主执政、依法执政的水平。"

发展新理念和中国创新驱动发展大趋势

党的十八届五中全会提出的创新、协调、绿色、开放、共享发展新理念的现实意义，用一句话来概括，就是它是我们破解经济新常态下各种问题，全面建成小康社会，并实现"两个一百年"奋斗目标的行动先导，指明了中国发展的大趋势。其中之一，是这一发展新理念指明了破解经济新常态下各种问题的根本路径，展示了中国在创新驱动下国民经济持续健康发展的大趋势。

我国在 1978 年开始改革开放的时候，GDP 总量是 3645 亿元，人均

227美元。到2014年，我国经济总量为63.6万亿元，折合10.3万亿美元，人均7590美元。根据初步测算，现在到2020年GDP年均可望增长6.5%到7%，这就可以比2010年翻一番，人均GDP超过1万美元。现在，我们遇到了经济下行的压力，从1978年到2010年我国GDP年均增长9.98%，持续30多年高速增长，这两年开始减速。我们认为，经济新常态表面上是速度问题，实际上是结构调整的问题。我们注意到，这两年东部下行偏多，中西部还有增长的。东部有下行，也有较快增长的，比如深圳。还有像重庆这样的直辖市，还是两位数增长。他们的经验是什么？就是比较自觉比较早地开始了经济结构调整，十分重视创新驱动。党中央提出的创新、协调、绿色、开放、共享发展的新理念，其理论贡献和新的亮点就是突出用创新驱动取代要素驱动，增强发展的内在动力。

党的十八届五中全会把创新作为引领发展的第一动力提出来，丰富和发展了中国特色社会主义动力理论。我们以往常讲，改革是动力。改革是从破除上层建筑对生产关系、生产关系对生产力的束缚方面推动生产力发展，创新是从生产力内部的结构性变革推动生产力发展。习近平总书记深入分析了综合国力与科技进步、经济规模与资源制约、科技创新与产业更新等问题，有针对性地提出了要用创新驱动取代要素驱动这一深刻问题，为适应经济新常态，推进中国持续健康发展指出了一条新路。党的十八届五中全会一方面重申"改革是发展的强大动力"；另一方面强调"创新是引领发展的第一动力"，这样，就从上层建筑、生产关系和生产力三个方面发力，形成了中国特色社会主义的动力系统理论。

关于创新问题，习近平总书记有相当深入的思考和研究，提出了许多极其重要的新思想。

一是强调"综合国力竞争说到底是创新的竞争"。他指出："要深入实施创新驱动发展战略，推动科技创新、产业创新、企业创新、市场创新、产品创新、业态创新、管理创新等，加快形成以创新为主要引领和支撑的经济体系和发展模式。"这是他2015年5月27日在浙江召开华东7省市党委主要负责同志座谈会上提出的。2015年7月17日，他在长春召开部分省区党委主要负责同志座谈会上还说过："要深入实施创新驱动发展战略，把推动发展的着力点更多放在创新上，发挥创新对拉动发展的乘数效应。抓创新就是抓发展，谋创新就是谋未来。不创新就要落后，创新慢了也要落后。要激发调动全社会的创新激情，持续发力，加快形成以创新为主要引领和支撑的经济体系和发展模式。"

二是强调"谁牵住了科技创新这个牛鼻子,谁走好了科技创新这步先手棋,谁就能占领先机、赢得优势"。这是2014年5月24日他在上海考察调研时的讲话。2013年7月17日他在中国科学院考察时也强调"科技兴则民族兴,科技强则国家强,要结合实际坚持运用我国科技事业发展经验,积极回应经济社会发展对科技发展提出的新要求,深化科技体制改革,增强科技创新活力,集中力量推进科技创新,真正把创新驱动发展战略落到实处"。他在上海还说过:"当今世界,科技创新已经成为提高综合国力的关键支撑,成为社会生产方式和生活方式变革进步的强大引领","要牢牢把握科技进步大方向,瞄准世界科技前沿领域和顶尖水平,力争在基础科技领域有大的创新,在关键核心技术领域取得大的突破。要牢牢把握产业革命大趋势,围绕产业链部署创新链,把科技创新真正落到产业发展上。要牢牢把握集聚人才大举措,加强科研院所和高等院校创新条件建设,完善知识产权运用和保护机制,让各类人才的创新智慧竞相迸发。"

三是强调"企业是创新主体,掌握了一流技术,传统产业也可以变为朝阳产业"。这是他2013年11月在山东考察期间提出的重要思想。他当时还说过:"要深入实施以质取胜和市场多元化战略,支持有条件的企业全球布局产业链,加快形成出口竞争新优势,提高抵御风险能力。"2015年5月26日,在浙江杭州高新区视察时,习近平总书记进一步指出:"企业持续发展之基、市场制胜之道在于创新,各类企业都要把创新牢牢抓住,不断增加创新研发投入,加强创新平台建设,培养创新人才队伍,促进创新链、产业链、市场需求有机衔接,争当创新驱动发展先行军。"

四是强调"要积极营造有利于创新的政策环境和制度环境,对看准的、确需支持的,政府可以采取一些合理的、差别化的激励政策"。这是他在长春讲的。2015年3月5日,在参加十二届全国人大三次会议上海代表团审议时,他也说过:"要进一步解放思想、大胆实践,披坚执锐、攻坚克难,加强整体谋划、系统创新,着眼国际高标准贸易和投资规则,使制度创新成为推动发展的强大动力。要加大金融改革创新力度,增强服务我国经济发展、配置全球金融资源能力。"

这些重要思想是对习近平总书记强调的"创新发展"新理念最好的解读。联系我们党和政府这几年在大力推进的"大众创业、万众创新"实践,创新发展正在成为当今中国发展的大趋势。

发展新理念和中国为实现第一个百年目标奋斗的大趋势

党的十八届五中全会提出的创新、协调、绿色、开放、共享发展新理念，是全面建成小康社会决胜阶段的决胜之策，展示了中国在全面深化改革中实现中国第一个百年奋斗目标的大趋势。

党的十六大提出要紧紧抓住21世纪头20年这一重要战略机遇期，全面建设小康社会。这一重要奋斗目标，丰富和发展了邓小平提出的"三步走"发展战略，也是我们党对人民群众庄严的郑重的政治承诺。"十三五"时期，是全面建成小康社会最后5年，是冲刺阶段、攻坚阶段、决胜阶段。与此同时，我们认识到，当前发展还面临许多问题，即"短板"，包括在多年发展中积累的农村贫困、社会事业发展滞后、生态保护不力、民生欠账较多等问题。党的十八届五中全会提出的创新、协调、绿色、开放、共享发展的新理念，针对的、要解决的就是这些问题。

从当前来讲，要落实创新、协调、绿色、开放、共享发展的新理念，完成全面建成小康社会决胜阶段的各项任务，有三大问题尤其要重视。

一是供给与需求的结构性问题。

在深化经济体制改革过程中，要把重点放到结构性改革上来，特别是要推进供给侧结构性改革。这一问题在2015年经济工作会议上提出来以后，有人把它解读为西方供给学派的那种主张，这不是我们党中央所讲的供给侧结构性改革，我们的主张有"结构性"这三个字，叫"供给侧结构性改革"。这就是在供给与需求之间，根据老百姓的需求，提供精准的供给服务。我们现在面临的问题很怪，在供给与需求之间，既要解决供过于求的问题，又要解决供给不足的问题，这是一个结构性的问题，解决起来非常难。比如讲我们现在产能过剩，这是我们都注意到的现象，所以要去产能、去库存、去杠杆等等，但另一方面，老百姓利用节假日到国外去到境外去，采购马桶盖什么的等等生活用品。为什么一方面过剩，一方面又到外面花外汇去采购这些日常生活用品？这说明老百姓需要的许多生活用品我们还提供不了，这就需要从供给侧进行改革。因此，中央把改革的重点放在结构性改革上，把结构性改革的重点放在供给侧结构性改革上。

今年3月8日，习近平总书记在全国人大湖南代表团谈到供给侧结构性改革时，讲了一段十分重要的话。他说："推进供给侧结构性改革，是一场硬仗。要把握好'加法'和'减法'、当前和长远、力度和节奏、主要矛盾和次要矛盾、政府和市场的关系。"这是对供给侧结构性改革讲得最全面最深入的一个讲话。他首先讲了这是"一场硬仗",不可掉以轻心。如何打好这一仗呢?他强调要处理好五大关系,这就是"加法"和"减法"的关系、当前和长远的关系、力度和节奏的关系、主要矛盾和次要矛盾的关系、政府和市场的关系。这对打好这一硬仗,具有重要的指导意义,在湖南代表团讲更有意义。我们知道,湖南是我国农业大省、粮食大省,为我国粮食生产作出了很大贡献。但是这两年一方面国内粮食生产供过于求,另一方面境外大米又大量流入国内市场。这就出现了"供过于求"与"供给不足"并存的问题。解决"供过于求"的问题,要做"减法";解决"供给不足"的问题,要做"加法"。无论做"加法",还是做"减法",都有难度。做"加法",要创新,要靠科技创新和教育发展,这是我们的短板;做"减法",会伤筋动骨,比如有的企业要关停、员工要转岗,难度很大。为此,除了要把握好这个关系,习近平总书记提出还要把握好当前和长远的关系,特别是我们做"减法"的时候,既要考虑当前的问题,也要考虑长远的发展,这很重要;把握好力度和节奏的关系也很重要,在做"减法"时,力度要恰当,比如员工在下岗转岗时要考虑他们的培训条件、生活待遇等问题,要把握好节奏,千万不能出问题;同时,要把握好主要矛盾和次要矛盾的关系、政府和市场的关系,这些关系都关系到供给侧结构性改革的成功。习近平总书记提出这五大关系,说明中央对这场改革的问题、重点、难点都想清楚了,这是打赢这场"硬仗"的根本保证。

李克强总理最近也说过:"目前虽然一些行业市场需求有所好转,但调结构的劲不能松,必须加快改造提升传统动能,淘汰落后产能,消化钢铁、煤炭等过剩产能,安排好在这个过程中一些职工转岗和保障基本生活工作。"他强调,要扩大积极因素,保持经济运行在合理区间,必须持续推进结构性改革尤其是供给侧结构性改革。一要继续简政,现在各地区各部门简政放权空间依然较大,既要把今年已确定的削减下放审批事项尽快落实到位,又要针对企业、群众期盼自我加压,加快清除那些束缚办事创业手脚的绳索。二要推进减税,坚决打赢全面实施营改增试点改革攻坚战,切实做到所有行业税负只减不增,特别是使小微企业获得实惠。三要实施降费,支持各地从实际出发,在国家统一框架下,阶段性降低"五险一金"。加大清理各种不合理收费力度,减轻企业负担。四要激励创新,推动大众创业、万众创新蓬勃发展，搭建更多开放平台，提供更优服务，助力新经济成长，壮大新动能力量。五要保持市场流动性合理充裕，更好畅通金融支持实体经济传导机制，用市场化债转股等方式，逐步降低企业杠杆率。

二是"绿色"与"发展"的平衡问题。

除了结构性改革，还有一些深层次的问题，也要在全面建成小康社会这最后5年中解决。其中一个十分重要但又容易被人忽视的问题，就是如何落实"绿色发展"新理念。

绿色发展，是十八届五中全会提出的发展新理念中的重要理念。绿色发展要解决的，是生态文明问题。我们知道，污染在我国，不仅有大气污染，还有水污染、土壤污染，这三大污染严重地危害着我们的民生，危害着我们民族的生存发展。习近平总书记把"绿色"与"发展"联系起来，丰富和发展了邓小平关于"发展才是硬道理"的思想。长期来，我们讲发展，有两个误区，一是把发展等同于增长，等同于GDP；二是把发展经济与保护生态对立起来，牺牲"绿水青山"谋求"金山银山"。自从我国提出建设资源节约型、环境友好型社会到强调人与自然和谐相处，一直到把生态文明建设纳入中国特色社会主义事业总布局，从理论上讲这个问题似乎已经解决了。但在实践中，"绿水青山"与"金山银山"的关系怎么处理，长期来是一个难题。因为贫困地区大部分是绿水青山地区，他们也要发展，也要致富，我们的许多大道理解决不了他们的实际困难。10年前，习近平在主政浙江时提出了一个全新的理念——"绿水青山就是金山银山"。他是在湖州余村提出这个理念的，那里的实践证明，农民可以靠绿水青山致富。习近平总书记关于"绿水青山"与"金山银山""绿色"与"发展"辩证统一的思想，简单地说，就是要尊重绿色发展规律，坚持绿色发展理念，探索绿色发展途径，创造绿色发展效益。这是一个吸取历史教训，立足当前现实，面向美好未来的全新发展思想，把多年来困惑我们的一个大问题解决了。

不久前，习近平总书记在重庆阐述长江经济带发展战略时，进一步发挥了这一重要思想。推进长江经济带建设，是"十三五"规划中的三大战略之一。这三大战略都体现了创新、协调、绿色、开放、共享发展的新理念。中央对于长江经济带建设讲了三句话：一是改善长江流域生态环境，二是高起点建设综合立体交通走廊，三是引导产业优化布局和分工协作。

这三大任务，集中起来，就是习近平总书记在重庆提出的长江经济带建设的核心思想：尊重三大规律，创造三大效益。尊重三大规律，就是要尊重自然规律、经济规律和社会规律；创造三大效益，就是要使绿水青山产生巨大的生态效益、经济效益和社会效益。这是全面建成小康社会的重要行动指南。

三是内外协调发展问题。

改革开放30多年来，有一个问题一直困扰着我们，这就是发展的不平衡问题。尽管我们懂得在发展中不平衡是绝对的，平衡是相对的，但是在现实生活中，如果东中西部、南北之间的差距不断扩大，就会影响人民群众的积极性和国家的整体发展，影响我们战略目标的实现。

为此，党的十八届五中全会重申要促进协调发展。党中央强调"协调是持续健康发展的内在要求"，"重点促进城乡区域协调发展，促进经济社会协调发展，促进新型工业化、信息化、城镇化、农业现代化同步发展"。值得注意的是，党中央把开放发展和协调发展结合起来，通过完善对外开放区域布局，在继续支持东部沿海地区全面参与全球经济合作和竞争的同时，加强中西部内陆沿边地区口岸和基础设施建设，开辟跨境多式联运交通走廊，发展外向型产业集群，形成各有侧重的对外开放基地，以向西开放促进中西部地区改革发展。

这样坚持对内协调发展、对外开放发展，是全面建成小康社会的一个重要举措。通过协调发展实施"京津冀一体化""长江经济带"，通过开放发展推进"一带一路"，这是极其重要的发展思路。而且，这次"十三五"规划与以往的五年规划相比，第一次在全球视野下制定规划，第一次把像"一带一路"这样的战略写进经济社会发展五年规划当中，是有重大历史意义的大事。

综上所述，党中央提出的创新、协调、绿色、开放、共享发展新理念，是全面建成小康社会决胜阶段的决胜之策，向世人展示的是中国在全面深化改革中实现中国第一个百年奋斗目标的大趋势。

发展新理念和中国充满自信奔向现代化的大趋势

党的十八届五中全会提出的创新、协调、绿色、开放、共享发展新理念，同时也是协调推进"四个全面"战略布局，实现"两个一百年"奋斗目标的行动指南，展示了中国充满自信奔向现代化的大趋势。

也就是说，这样的发展新理念，不仅将指导我们解决经济新常态下各种问题，不仅将指导我们制定和完成"十三五"规划，而且将指导我们实现"两个一百年"的奋斗目标，实现民族复兴的中国梦。"十三五"规划是连接"两个一百年"，即实现第一个"一百年"、并为第二个"一百年"打下坚实基础的发展纲要。事实上，我们这次编制"十三五"规划的任务，不仅要完成全面建成小康社会的奋斗目标，还要为这以后30年基本实现现代化打下坚实的基础。

为了实现这"两个一百年"的奋斗目标和中国梦，以习近平为总书记的党中央十八大以来，励精图治，谋篇布局，先是提出了"四个全面"战略布局，现在又提出了创新、协调、绿色、开放、共享发展这一发展新理念。这一发展新理念，是我们协调推进"四个全面"战略布局，实现"两个一百年"的奋斗目标和"中国梦"科学理念，展示了中国充满信心奔向现代化的大趋势。

为什么这样说呢？中国要实现"两个一百年"的奋斗目标和"中国梦"，必须全面建成小康社会，全面深化改革，全面依法治国，全面从严治党。这"四个全面"是我们今天抓住机遇、应对挑战的定海神针。与此同时，我们也清醒地意识到，只有协调推进这"四个全面"才能使之成为一个整体，发挥战略布局的功能和作用。而要协调推进这"四个全面"，就要正确处理好三个关系：一是全面建成小康社会的战略目标与全面深化改革、全面依法治国、全面从严治党这三大战略举措的关系，即"1"与"3"的关系。无论全面深化改革，还是全面依法治国、全面从严治党，都必须围绕和服务于全面建成小康社会这一战略目标。二是全面建成小康社会、全面深化改革与全面依法治国、全面从严治党的关系，即"2"与"2"的关系。处理好这一对关系的实质，就是既要"搞活"，又要"治乱"。也就是说，在改革发展中，我们要把社会内在的生机和活力激发出来，但是搞活决不能搞乱，同时治乱也决不能治死，治乱是为了更好地搞活。三是全面建成小康社会、全面深化改革、全面依法治国与全面从严治党的关系，即"3"与"1"的关系。我们过去有些人以"改革""发展"为名，违背党的宗旨、离开党的规矩，胡作非为，甚至贪赃枉法，走向腐败的深渊。十八大后在我们治乱的时候又出现了"不作为"的现象。我们有些干部说我不是"不作为"，是现在"难作为"。因此在贯彻"四个全面"战略布局时，必须处理好"3"与"1"的关系，反对"乱作为"，克服"不作为",破解"难作为",做到"大作为"。怎么才能协调处理好"四个全面"中这三对关系?这需要辩证唯物主义的方法论和领导艺术,需要完善党纪国法,同时应该认识到,不管做什么,都必须始终坚持把发展作为第一要务,坚持创新、协调、绿色、开放、共享的发展新理念。这是十八届五中全会精神中最重要的精神。

要理解这一点,必须认识到,"四个全面"中的战略目标"全面小康",是经济、政治、文化、社会、生态文明建设"五位一体"的"小康",而这"五位一体"不是五元论或多元论,而是以发展为第一要务、以经济建设为中心的,历史唯物主义一元论意义上的"五位一体"。但是我们有的同志在党中央提出某一项新任务的时候,就会忘记"中心"、偏离"第一要务"。比如前几年党中央提出要把社会建设摆在更加突出的位置,于是就有人提出要以社会建设为中心取代经济建设为中心,这就从根本上动摇了党的基本路线,偏离了中国特色社会主义道路。这次党的十八届五中全会提出的创新发展、协调发展、绿色发展、开放发展、共享发展新理念,把"发展"作为"五位一体"之"体"突出出来,特别是把生态文明建设和社会建设都归位于"发展"。这就不仅有利于防止和克服忘记"中心",甚至偏离"第一要务"的错误倾向,而且能够以发展为"硬道理"、以经济建设为中心,把中国特色社会主义"五位一体"的总布局和党中央治国理政"四个全面"的战略布局中各个组成部分连接起来,使之成为一个有机的整体。这就是党的十八大所强调的:"只有推动经济持续健康发展,才能筑牢国家繁荣富强、人民幸福安康、社会和谐稳定的文章基础。必须坚持发展是硬道理的战略思想,决不能有丝毫动摇。"

上面这7个问题,前4个问题分别论述了发展新理念提出的根据、中心、目标和实现发展新理念的根本举措,后3个问题讲了在五大发展新理念推动下,中国将呈现出"创新驱动""全面小康""现代化"三大发展趋势。总之,创新、协调、绿色、开放、共享发展的新理念,"发展"是主题词,"创新、协调、绿色、开放、共享"是时代新要求。这一中国化马克思主义政治经济学的重要成果,既是我们制定"十三五"规划的基本理念,更是我们协调推进"四个全面"战略布局、实现"两个一百年"奋斗目标的关键,展示了中国充满信心奔向现代化的大趋势。

发展中国特色社会主义的
新思想新理念

李 明

以习近平总书记为核心的党中央牢牢把握发展中国特色社会主义的主题和主线，把"四个全面"战略布局作为发展中国特色社会主义的核心和基础，明确提出发展中国特色社会主义的基本原则，科学确立中国特色社会主义发展理念，形成中国特色社会主义发展新思想，成为发展中国特色社会主义的实践指针和战略总纲。

一 社会主义初级阶段是发展中国特色社会主义的前提和起点

中国特色社会主义理论体系是马克思主义中国化的最新理论成果，是改革开放伟大实践的理论表现，是指导我们发展的行动指南。以习近平总书记为核心的党中央以崇高的革命精神和坚定的务实精神谋划改革实践推动全面发展。习近平总书记指出："我们一定要以我国改革开放和现代化建设的实际问题、以我们正在做的事情为中心，着眼于马克思主义理论的运用，着眼于对实际问题的理论思考，着眼于新的实践和新的发展。"[①] 2012年11月，习近平总书记在中央政治局第一次集体学习时讲话指出，社会主义初级阶段是当代中国的最大国情、最大实际。他强调，我们在任何情况下都要牢牢把握这个最大国情，推进任何方面的改革发展都要牢牢立足这个最大实际。不仅在经济建设中要始终立足初级阶段，而且在政治建设、文化建设、社会建设、生态文明建设中也要始终牢记初级阶段；不仅在经济总量低时要立足初级阶段，而且在经济总量提高后仍然要牢记初级阶段；不仅在谋划长远发展时要立足初级阶段，而且在日常工作中也要

[①] 《习近平谈治国理政》，外文出版社2014年版，第9页。

牢记初级阶段。他明确提出："党在社会主义初级阶段的基本路线是党和国家的生命线。"坚持这个"生命线",就是在实践中要始终坚持"一个中心、两个基本点"不动摇,既不偏离"一个中心",也不偏废"两个基本点",把践行中国特色社会主义共同理想和坚定共产主义远大理想统一起来,坚决抵制抛弃社会主义的各种错误主张,自觉纠正超越阶段的错误观念和政策措施。只有这样,才能真正做到既不妄自菲薄、也不妄自尊大,扎扎实实夺取中国特色社会主义新胜利。

马克思主义是不断发展论者。习近平总书记用"接力棒"来形容中国特色社会主义伟大事业的接续发展。社会主义初级阶段是发展中国特色社会主义的前提和起点,是习近平总书记治国理政发展中国特色社会主义新思想新理念的理论条件和立论基点。

二 "四个全面"战略布局是发展中国特色社会主义的核心和基础

中国特色社会主义是一个全面发展、全面进步、全面现代化的社会。"四个全面"战略布局是科学认识和全面把握中国特色社会主义本质特征和发展规律的重大理论创新,体现了以习近平总书记为核心的党中央坚持问题导向和目标导向发展中国特色社会主义的新视野和大思路。回顾中国特色社会主义发展史,可以清楚地发现和理解"四个全面"战略布局在中国特色社会主义历史进程中的核心和基础地位。邓小平在党的十二大提出"把马克思主义的普遍真理同我国的具体实际结合起来,走自己的道路,建设有中国特色的社会主义"[①]的时代命题,开启中国特色社会主义历史征程;并制定"两手抓""两手都要硬"的基本方针和"三步走"的发展战略,带领亿万人民走上改革开放建设中国特色社会主义道路。党的十三大明确了"三步走"的现代化建设战略部署,并且提出了包括经济富强、政治民主、精神文明在内的"三位一体"的现代化建设总体格局。党的十五大围绕社会主义现代化建设的总目标,在党的基本理论、基本路线的基础上,制定了建设中国特色社会主义经济、政治、文化的基本纲领,从而使"三位一体"的现代化建设格局更加明晰而深入。进入21世纪,面对错综复杂的国际形势和不断变化的国内格局,党顺应历史发展和时代变化的要求,提出了构建社会主义和谐社会的命题,强调"社会和谐是中国特

---

① 《邓小平文选》第3卷,人民出版社1993年版,第3页。

色社会主义的本质属性",使社会主义现代化建设的总体布局,由物质文明、政治文明、精神文明建设的"三位一体"深化拓展为包括和谐社会建设在内的"四位一体"。党的十八大着眼于全面建成小康社会、实现社会主义现代化和中华民族伟大复兴的宏伟战略,提出推进中国特色社会主义经济建设、政治建设、文化建设、社会建设、生态文明建设"五位一体"总体布局。习近平总书记在此基础上立足关键问题和战略问题,提出"四个全面"战略布局,进一步深化拓展了现代化建设的战略格局,反映了我们党对社会主义本质的新认识新发展,丰富和发展了中国特色社会主义理论。

问题是时代的呼声。战略问题是一个政党、一个国家的根本性问题。习近平总书记强调要在解决突出问题中实现战略突破,在把握战略全局中推进各项工作。"四个全面"战略布局抓住突出问题带动中国特色社会主义全局实现战略突破,在把握中国特色社会主义事业全局中推进各项关键性工作,推动中国特色社会主义全面发展进入新的发展阶段;是我们党全面把握发展中国特色社会主义历史进程中的关键问题,立足全面发展和科学发展,实现战略突破的根本战略。"四个全面"战略布局紧紧围绕发展中国特色社会主义伟大实践的主题主线,牢牢把握夺取中国特色社会主义新胜利的要旨关键,是发展中国特色社会主义的核心和基础。

全面建成小康社会,是发展中国特色社会主义的关键性战略目标。实现中华民族伟大复兴的中国梦,全面建成小康社会是最基础最关键的目标。中国特色社会主义30多年快速发展,我国已经进入全面建成小康社会的决战决胜阶段,路途虽不遥远但目标实现却充满艰难,补齐短腿、补足短板全面建成小康社会是实现中华民族伟大复兴中国梦的关键一步。

全面深化改革,是发展中国特色社会主义的本质性战略动力。改革开放是中国特色社会主义本质特点,也是我国发展进步的强国之路和内在动力。我国改革发展已经进入深水区和攻坚期,必须通过全面深化改革,进一步解放思想,冲破思想观念的障碍、破除体制机制的弊端、突破利益固化的藩篱,推进国家治理现代化。正如习近平总书记所指出,改革开放是决定当代中国命运的关键一招,也是决定实现"两个一百年"奋斗目标、实现中华民族伟大复兴的关键一招。

全面依法治国,是发展中国特色社会主义的基础性战略举措。法律是治国之重器,良法是善治之前提。依法治国,是坚持和发展中国特色社会主义的本质要求和重要保障，是实现国家治理体系和治理能力现代化的必然要求，事关我们党执政兴国、事关人民幸福安康、事关党和国家长治久安。全面建成小康社会、实现中华民族伟大复兴的中国梦，全面深化改革、完善和发展中国特色社会主义制度，提高党的执政能力和执政水平，必须依靠全面推进依法治国这个基础性战略举措。全面依法治国，是发展中国特色社会主义的关键一举。

全面从严治党，是发展中国特色社会主义的根本性战略保障。办好中国的事情，关键在党。中国特色社会主义是我们党领导的伟大事业，中国共产党的领导是中国特色社会主义最本质的特征，是中国特色社会主义制度的最大优势。习近平总书记指出，打铁还需自身硬。我们的责任，就是同全党同志一道，坚持党要管党、从严治党，切实解决自身存在的突出问题，切实改进工作作风，密切联系群众，使我们党始终成为中国特色社会主义事业的坚强领导核心。全面从严治党，核心是加强党的领导，基础在全面，关键在严，要害在治。全面从严治党是管好党治好党的永不能停永不能输的关键一役。

三 "六项基本原则"是发展中国特色社会主义根本和基线

习近平总书记指出："制定和实施好'十三五'规划建议，阐明党和国家战略意图，明确发展的指导思想、基本原则、目标要求、基本理念、重大举措，描绘好未来5年国家发展蓝图，事关全面建成小康社会、全面深化改革、全面依法治国、全面从严治党战略布局的协调推进，事关我国经济社会持续健康发展，事关社会主义现代化建设大局。"党的十八届五中全会提出，如期实现全面建成小康社会奋斗目标，推动经济社会持续健康发展，必须遵循"坚持人民主体地位，坚持科学发展，坚持深化改革，坚持依法治国，坚持统筹国内国际两个大局，坚持党的领导"的"六项基本原则"；充分体现了以习近平总书记为核心的党中央治国理政的基本遵循，反映了我们党对全面建成小康社会规律性认识的深刻总结，彰显了我们党科学发展、执政为民的理念，为党形成治国理政、发展中国特色社会主义的新思想新战略新理念奠定牢固基础。

"六项基本原则"是我们党从战略全局出发，推进全面建成小康社会的行动准则。这个原则思想内涵丰富，结构严谨，相互依存，彼此支撑，在全面建成小康社会中构成了一个系统完整的逻辑体系，是实现全面建成小康社会战略目标的根本保证。而对涉及全面建成小康社会的重大原则问题进行概括，在我们党的历史上还是第一次。恩格斯指出："原则不是研究的出发点，而是它的终了的结果；这些原则不是被应用于自然界和人类社会，而是从自然界和人类历史中抽象出来；并不是自然界和人类要适合于原则，而是相反地，原则只有在其适合的自然界和历史时才是正确的。"[①] 原则是从自然界和人类历史中抽象出来的，是人们主观意识对客观规律的反映、认识和总结，并在此基础上形成看待问题、处理问题的行动依据、行为规范和实践准绳。"六项基本原则"的提炼和提出，深刻反映了我们党对全面建成小康社会的基本规律的新认识，也彰显了以习近平总书记为核心的党中央鲜明的底线思维和方向思维。

坚持人民主体地位。人民是历史的主体，是推动发展的根本力量。中国共产党的根本宗旨是全心全意为人民服务。习近平同志在党的十八大当选党的总书记后，开篇之作就是同中外记者见面时的演讲词，主题是"人民对美好生活的向往，就是我们的奋斗目标"。习近平总书记指出，实现好、维护好、发展好最广大人民根本利益是发展的根本目的，必须把增进人民福祉、促进人的全面发展作为发展的出发点和落脚点。坚持人民主体地位，在"六项基本原则"中居于最高位置，是首要原则和唯一目的，其他五项原则都是实现人民主体地位的手段和工具；它也是党和国家改革开放发展的出发点和落脚点，体现了我们党"立党为公、执政为民"的先进理念和时代使命，凸显了改革发展成果要与人民公平共享的基本追求。

坚持科学发展。发展是硬道理，发展必须是科学发展。我国仍处于并将长期处于社会主义初级阶段，基本国情和社会主要矛盾没有变，这是谋划发展的基本依据。必须坚持以经济建设为中心，从实际出发，把握发展新特征，加大结构性改革力度，加快转变经济发展方式，实现更高质量、更有效率、更加公平、更可持续的发展。习近平总书记指出，"十三五"时期，我国发展的环境、条件、任务、要求等都发生了新的变化。认识新常态、适应新常态、引领新常态，保持经济社会持续健康发展，必须有新理念、新思路、新举措。"十三五"时期是全面建成小康社会的决胜阶段，根本还要靠发展、靠科学发展、靠创新发展，化解各种矛盾和风险，跨越"中等收入陷阱"，向着第一个百年目标冲刺。

---

① 《马克思恩格斯全集》第3卷，人民出版社1960年版，第74页。

坚持深化改革。习近平总书记指出，"改革只有进行时，没有完成时"；"不改革就是死路一条"。改革开放，是党在新的时代条件下带领人民进行的新的伟大革命。30多年来国家取得辉煌成就，人民生活水平得到重大提高，最显著的特点、最根本的源泉就是改革开放。习近平总书记强调："中国改革经过30多年，已进入深水区，可以说，容易的、皆大欢喜的改革已经完成了，好吃的肉都吃掉了，剩下的都是难啃的硬骨头。"全面深化改革，就是以破除一切不利于科学发展的体制机制障碍问题为导向，以完善和发展中国特色社会主义制度、推进国家治理体系和治理能力现代化为目标，形成更加公平的竞争环境、更加强劲的经济活力和更加高效的政府效率，更好地激发全体人民的积极性、主动性、创造性，推动经济社会发展。

坚持依法治国。法治是发展的可靠保障。党的十五大首次提出"依法治国，建设社会主义法治国家"的命题，党的十六大、十七大将"依法治国"提升为"党领导人民治理国家的基本方略"。党的十八大报告进一步指出："法治是治国理政的基本方式"，党的十八届四中全会指出全面推进依法治国要"走中国特色社会主义法治道路"，"建设中国特色社会主义法治体系"。以习近平总书记为核心的党中央明确提出全面建成小康社会、全面深化改革、全面依法治国、全面从严治党的"四个全面"战略布局，把依法治国作为解决我们事业发展中面临一系列重大问题的根本途径，作为解放和增强社会活力、促进社会公平正义、维护社会和谐稳定、确保党和国家长治久安的根本要求。

坚持统筹国内国际两个大局。党的十六届四中全会首次提出"推动建立统筹城乡发展、统筹区域发展、统筹经济社会发展、统筹人与自然和谐发展、统筹国内发展和对外开放的有效体制机制"的发展方向，党的十七大明确指出要"统筹国内国际两个大局"，充分调动各方面的积极性。十八届五中全会继续提出统筹国内国际两个大局，强调坚持打开国门搞建设，既立足国内，充分运用我国资源、市场、制度等优势，又重视国内国际经济联动效应，积极应对外部环境变化，更好利用两个市场、两种资源，推动互利共赢、共同发展。习近平总书记指出："坚持立足国内和全球视野相统筹，既以新理念新思路新举措主动适应和积极引领经济发展新常态，又从全球经济联系中进行谋划，重视提高在全球范围配置资源的能力。"

坚持党的领导。党的领导是中国特色社会主义制度的最大优势，是中国特色社会主义的最本质特征。办好中国的事情，关键在党。无论是坚持人民主体地位，还是坚持科学发展、深化改革、依法治国、统筹国内国外两个大局，都需要在党的统一领导下进行，党的领导是根本政治保证，因此也是"六项基本原则"最为关键的内容。必须贯彻全面从严治党要求，不断增强党的创造力、凝聚力、战斗力，不断提高党的执政能力和执政水平，确保我国发展航船沿着正确航道破浪前进。

四 "五大发展理念"是发展中国特色社会主义的引领和先导

"理者，物之固然，事之所以然也。"习近平总书记指出，发展理念是发展行动的先导，是管全局、管根本、管方向、管长远的东西。党的十八届五中全会提出创新、协调、绿色、开放、共享的"五大发展理念"，习近平总书记进一步丰富为"崇尚创新、注重协调、倡导绿色、厚植开放、推进共享"，强调"新的发展理念就是指挥棒"；深刻地体现了以习近平总书记为核心的党中央发展中国特色社会主义治国理政的引领意识和创新意识，是我国发展思路、发展方向、发展着力点的集中体现，是改革开放30多年来我国发展经验的集中体现，系统地反映了我们党对我国发展规律的新认识，成为中国特色社会主义关于发展的最新学说，也成为我们党治国理政和指导发展的核心思想和行动遵循。

创新是引领发展的第一动力。习近平总书记指出："抓创新就是抓发展，谋创新就是谋未来。不创新就要落后，创新慢了也要落后。"从发展的角度看，中国共产党的历史就是一部生动的创新史。习近平总书记指出："我们要在今后的实践中，继续写好这部创新史，才能无愧于前人，无愧于后人。"党的十八届五中全会强调，必须把创新摆在国家发展全局的核心位置，不断推进理论创新、制度创新、科技创新、文化创新等各方面创新，让创新贯穿党和国家一切工作，让创新在全社会蔚然成风。

协调是持续健康发展的内在要求。坚持统筹规划协调发展是社会主义制度在发展方面的最大优越性。习近平总书记指出："统筹兼顾是中国共产党的一个科学方法论。它的哲学内涵就是马克思主义辩证法。"协调推进"四个全面"战略布局，如期完成全面建成小康社会的战略任务是我们党的政治责任。习近平总书记指出："全面建设小康社会的奋斗目标，与党在社会主义初级阶段基本纲领相适应，与经济社会全面发展相协调，与加快推进社会主义现代化相统一,是凝聚人心、振奋精神,激励全党、全国各族人民开拓进取、奋勇前进的目标。"习近平总书记要求"健全和完善党的领导制度和领导方式,不断增强地方党委总揽全局、协调各方的本领"。习近平总书记强调:"主动把握和积极适应经济发展新常态,协调推进全面建成小康社会、全面深化改革、全面推进依法治国、全面从严治党,推动改革开放和社会主义现代化建设迈上新台阶。"党的十八届五中全会提出,必须牢牢把握中国特色社会主义事业总体布局,正确处理发展中的重大关系,重点促进城乡区域协调发展,促进经济社会协调发展,促进新型工业化、信息化、城镇化、农业现代化同步发展,在增强国家硬实力的同时注重提升国家软实力,不断增强发展整体性。

绿色是永续发展的必要条件和人民对美好生活追求的重要体现。2013年4月,习近平总书记在中央政治局常委会会议上指出:"如果仍是粗放发展,即使实现了国内生产总值翻一番的目标,那污染又会是一种什么情况?届时资源环境恐怕完全承载不了。经济上去了,老百姓的幸福感大打折扣,甚至强烈的不满情绪上来了,那是什么形势?所以,我们不能把加强生态文明建设、加强生态环境保护、提倡绿色低碳生活方式等仅仅作为经济问题。这里面有很大的政治。"必须树立"绿树青山就是金山银山"的理念,必须坚持节约资源和保护环境的基本国策,坚持可持续发展,坚定走生产发展、生活富裕、生态良好的文明发展道路,加快建设资源节约型、环境友好型社会,形成人与自然和谐发展的现代化建设新格局,推进美丽中国建设,为全球生态安全作出新贡献。

开放是国家繁荣发展的必由之路。习近平总书记指出:"我们将实行更加积极主动的开放战略,完善互利共赢、多元平衡、安全高效的开放型经济体系,促进沿海内陆沿边开放优势互补,形成引领国际经济合作和竞争的开放区域,培育带动区域发展的开放高地。"党的十八届五中全会提出,必须顺应我国经济深度融入世界经济的趋势,奉行互利共赢的开放战略,坚持内外需协调、进出口平衡、引进来和走出去并重、引资和引技引智并举,发展更高层次的开放型经济,积极参与全球经济治理和公共产品供给,提高我国在全球经济治理中的制度性话语权,构建广泛的利益共同体。

共享是中国特色社会主义的本质要求。习近平总书记指出:"生活在我们伟大祖国和伟大时代的中国人民,共同享有人生出彩的机会,共同享有梦想成真的机会,共同享有同祖国和时代一起成长与进步的机会。"坚持发展为了人民、发展依靠人民、发展成果由人民共享,使全体人民在共建共享发展中有更多获得感,增强发展动力,增进人民团结,朝着共同富裕方向稳步前进。

党的十八大以来,以习近平总书记为核心的党中央着力把握发展规律、创新发展理念、破解发展难题、厚植发展优势,形成了系统的发展中国特色社会主义的新理论,促进我国发展全局的深刻变革,对坚持和发展中国特色社会主义具有重大现实意义和深远历史意义,反映出我们党领导我国发展实践进入新境界和新阶段,昭示着我国发展行动将具有新特点和新内涵,其社会发展意义、历史进步意义和世界贡献意义将越发彰显。

(作者单位:中国农业大学马克思主义学院)

五大发展理念是新常态
新阶段的方法论

刘毅强

在党的十八届五中全会上，习近平总书记在关于《中共中央关于制定国民经济和社会发展第十三个五年规划的建议》的说明中指出：建议稿提出创新、协调、绿色、开放、共享的发展理念，在理论和实践上有新的突破，对破解发展难题、增强发展动力、厚植发展优势具有重大指导意义。五大发展理念，是"十三五"乃至更长时期我国发展思路、发展方向、发展着力点的集中体现，也是改革开放30多年来我国发展经验的集中体现，反映出我们党对我国发展规律的新认识。由于五大发展理念的提出，形成了一系列治国理政的新理念新思路新战略，成为在新形势新阶段下面对经济新常态、全面建成小康社会、全面深化改革开放、加快推进社会主义现代化建设的方法论。

一 五大发展理念是落实"十三五"规划的方法论

众所周知，"十三五"规划的主题是："十三五"时期是全面建成小康社会决胜阶段，"十三五"规划必须紧紧围绕实现这个奋斗目标来制定。到2020年全面建成小康社会，是我们党确定的"两个一百年"奋斗目标的第一个百年奋斗目标。思维决定思路，思路决定出路，出路决定成败。自2008年以来，全球经济危机的大爆发宣告了世界经济步入"大调整"与"大过渡"的时期。这种大时代背景与中国阶段性因素的叠加决定了中国经济进入增速阶段性回落的"新常态"时期，具体说，未来中国经济下行面临"三期叠加"（结构调整阵痛期、前期刺激政策消化期、增长速度换挡期）。经济新常态之"新"，意味着不同以往；经济新常态之"常"，意味着相对稳定，主要表现为经济增长速度适宜、结构优化、社会和谐；

转入新常态，意味着我国经济发展的条件和环境已经或即将发生诸多重大转变，经济增长将与过去30多年10%左右的高速度基本告别，与传统的不平衡、不协调、不可持续的粗放增长模式基本告别。因此，新常态决不只是增速降了几个百分点，转向"新常态"也不会只是一两年的调整。认识不到新常态下的新趋势、新特征、新动力，不仅难以适应新常态，更难以把握中国社会发展的主动权。随着经济新常态的出现，如何确保"十三五"时期全面建成小康社会决胜阶段完胜，五大发展理念作为方法论的指导作用，主要有两点：第一，五大发展理念具备管全局、管根本、管方向、管长远。习近平总书记在关于《中共中央关于制定国民经济和社会发展第十三个五年规划的建议》的说明中强调：古人说："理者，物之固然，事之所以然也。"发展理念是发展行动的先导，是管全局、管根本、管方向、管长远的东西，是发展思路、发展方向、发展着力点的集中体现。发展理念搞对了，目标任务就好定了，政策举措也就跟着好定了。为此，建议稿提出了创新、协调、绿色、开放、共享的发展理念，并以这五大发展理念为主线对建议稿进行谋篇布局。第二，五大发展理念是我们党解决经济新常态的指挥棒。五大发展理念针对经济新常态而提出，具有非常鲜明的实践指向性。今年1月4日至6日，习近平总书记赴重庆调研时指出：党的十八届五中全会提出创新、协调、绿色、开放、共享的发展理念，是针对我国经济发展进入新常态、世界经济复苏低迷开出的药方。新的发展理念就是指挥棒，要坚决贯彻。对不适应、不适合甚至违背新的发展理念的认识要立即调整，对不适应、不适合甚至违背新的发展理念的行为要坚决纠正，对不适应、不适合甚至违背新的发展理念的做法要彻底摒弃。

  关于发展理念，有两种不同理解：一是哲学原理中的发展理念，主要是指对事物运动变化的根本看法，存在着辩证法和形而上学两种对立的发展观。辩证法认为矛盾是事物运动变化的根本原因，运动变化有量变和质变两种方式，事物总是由低级向高级发展；形而上学则相反。二是现代发展理论的发展理念。现代发展理论出现在人类进入现代化之后，专门研究从传统农业社会向现代社会转型过程的发展理论，它包括发展经济学、发展政治学、发展社会学、可持续发展理论等学科，核心是研究人类实现现代化问题。

  显然，五大发展理念，不能简单地归结为上述任何一种，应该是上述两种意义发展理念的辩证统一。五大发展理念既没有丢"老祖宗"，是马克思主义关于发展的世界观和方法论的集中体现,是马克思列宁主义、毛泽东思想、邓小平理论、"三个代表"重要思想,尤其是科学发展观既一脉相承又与时俱进的科学理论;五大发展理念又讲了时代"新话",是"十三五"乃至更长时期我国发展思路、发展方向、发展着力点的集中体现,是我国经济社会发展的重要指导方针,是发展中国特色社会主义必须坚持和贯彻的重大战略思想。如同邓小平所说:"搞社会主义一定要遵循马克思主义的辩证唯物主义和历史唯物主义……"① 五大发展理念充分体现出马克思主义哲学的唯物、辩证、实践、生产和群众等基本观点。

二 五大发展理念作为方法论的内在逻辑

围绕"发展"这个时代主题,按照我们党的历史形成的思维范式,五大发展理念的内在逻辑应该是:创新(党的思想路线)是发展的破题,是发展的逻辑起点;协调、绿色、开放(党的基本路线)贯穿发展的全过程,引导发展的走向;共享(党的群众路线)是发展的目标和价值追求,也是发展的逻辑终点。

首先,创新就是牵发展"牛鼻子"。创新是决定国家和民族命运的战略抉择,是一个民族进步的灵魂,是一个国家兴旺发达不竭的动力,也是一个党长盛不衰的"活的灵魂"。共产党人要敢于"坚持从斗争中创造新局面的思想路线",这句呐喊出自毛泽东1930年5月为反对当时中国工农红军中的教条主义而写的《反对本本主义》(原名《调查工作》)。就是这句呐喊,成为我们党的思想路线的雏形,延安整风中确立为"实事求是"思想路线;按照这条思想路线,我们党取得新民主主义革命胜利以至社会主义建设和改革开放的巨大成就。邓小平称之为毛泽东思想"活的灵魂"。思想路线的核心是主客观相符合,要求创新永无止境。面对经济新常态,我们党提出"大众创业、万众创新",针对是我国经济发展表现出速度变化、结构优化、动力转换三大特点,增长速度要从高速转向中高速,发展方式要从规模速度型转向质量效率型,经济结构调整要从增量扩能为主转向调整存量、做优增量并举,发展动力要从主要依靠资源和低成本劳动力等要素投入转向创新驱动。这些变化不依人的意志为转移,是我国经济发展阶段性特征的必然要求。面对这些重大的趋势性转变,只有依靠创新打

---

① 《邓小平文选》第3卷,人民出版社1993年版,第118页。

造经济发展新引擎,才能推动发展方式从要素驱动转向创新驱动、从依赖规模扩张转向提高质量效益,为引领经济发展新常态、实现转型升级提供强大动力。习近平总书记在省部级主要领导干部学习贯彻十八届五中全会精神专题研讨班的讲话指出,"要着力实施创新驱动发展战略,抓住了创新,就抓住了牵动经济社会发展全局的'牛鼻子'。抓创新就是抓发展,谋创新就是谋未来。"

其次,协调、绿色、开放就是良性发展。发展生产是人类永恒的主题。生产使得人类脱离了动物,生产使得人类不断由低级向高级进化。可见,人类须臾离不开发展。但发展有恶性和良性之分。恶性发展,主要表现为"我国人口红利消失殆尽;依靠大规模要素投入的发展方式已经难以为继、经济发展中不平衡、不协调、不可持续的问题依然突出;资源环境约束日益趋紧,环境承载能力已经达到或接近上限";等等。辩证法告诉我们:扬弃恶性发展将迎来良性发展,即科学发展。什么是良性发展?第一,发展必须协调。协调是指事物各种矛盾处于平衡状态,和谐一致。事物发展过程中各方面矛盾,跌宕起伏,此消彼长;如果我们把握不好矛盾,处理矛盾走极端,就会造成统一体的破裂,古人曰:物极必反。协调发展是执政党能力的集中体现,因此,要求"我们想问题、作决策、办事情,不能非此即彼,要用辩证法,要讲两点论,要找平衡点"。① 习近平总书记在省部级主要领导干部学习贯彻十八届五中全会精神专题研讨班的讲话强调:"协调发展是制胜要诀。协调既是发展手段又是发展目标,同时还是评价发展的标准和尺度,是发展两点论和重点论的统一,是发展平衡和不平衡的统一,是发展短板和潜力的统一。"第二,发展要求绿色。绿色是大自然界中常见的颜色。代表意义为清新、希望、安全、平静、舒适、生命、和平、宁静、自然、环保、成长、生机、青春……绿色发展为中国传统文化所追求的人类社会发展理想境界,即"天人合一"。绿色发展要求对现代人的发展霸权进行批判。正是现代人这种不受挑战的主导地位,膨胀了人类的"自大狂"式的自圣情结,盲目的理性把人类置于世界中心的地位,关注眼前利益无视长远的发展。现代人类没有挑战的发展正挑战着人类的绿色发展。唯物史观指出,人类社会发展是"一个自然历史过程",它不仅有自己的过去今天,更重要的是人类的明天。马克思1848

---

① 习近平:《干在实处走在前列》,中央党校出版社2014年版,第550页。

年在《共产党宣言》中又提出了未来共产主义社会应该是"每个人的全面而自由的发展"。可见，马克思是十分关注人类未来发展命运的，"绿色发展"是马克思主义的题中应有之意。今天我们所说的绿色发展，是对发展目标的长远性与发展实践的现代性矛盾的合理解决。它从人类价值追求的超越性和人类发展的现实性出发，要求我们把目光关注于现在，用绿色的目标引领现在的发展实践。习近平总书记在省部级主要领导干部学习贯彻十八届五中全会精神专题研讨班的讲话指出，要着力推进人与自然和谐共生。生态环境没有替代品，用之不觉，失之难存。要树立大局观、长远观、整体观，坚持节约资源和保护环境的基本国策，像保护眼睛一样保护生态环境，像对待生命一样对待生态环境，推动形成绿色发展方式和生活方式。第三，发展依靠开放。开放表示张开，释放，解除限制等含义，是系统（事物）生存和发展的要件之一。开放的对立面是封闭，邓小平说："现在的世界是开放的世界。中国在西方国家产业革命后变得落后了，一个重要原因就是闭关自守。"[①] 开放是我们党顺应世界潮流的主动选择，也是我国的一项基本国策。党的十八届五中全会提出，坚持开放发展，必须顺应我国经济深度融入世界经济的趋势，奉行互利共赢的开放战略，发展更高层次的开放型经济，积极参与全球经济治理和公共产品供给，提高我国在全球经济治理中的制度性话语权，构建广泛的利益共同体。习近平总书记在省部级主要领导干部学习贯彻十八届五中全会精神专题研讨班的讲话中强调，"要着力形成对外开放新体制。实践告诉我们，要发展壮大，必须主动顺应经济全球化潮流，坚持对外开放，充分运用人类社会创造的先进科学技术成果和有益管理经验。"

再次，共享发展是"以人为本"。唯物史观认为：人类发展应是"以人为本"和"以物为本"的对立统一。物质是基础，离开了这个基础，人类都无法存在，何谈发展，强调物本就是强调这个基础性，强调物质运动的规律性。社会是人构成的社会，人是社会发展的主体，坚持人本就是坚持人在发展中的主体性和主导作用，把握并利用规律推进经济社会发展，为自身的发展创造条件。恩格斯晚年在《家庭、私有制和国家起源》一书中讲到，生产应该有两种，一种是物质生产，一种是人自身的生产，即种的繁衍；我们不应该只看见前一种，而忽视后一种。这种看法实质上是对

[①] 《邓小平文选》第3卷，人民出版社1993年版，第64页。

马克思早年创建唯物史观中过于强调物质生产作用的补充和完善。人本的进步性就在于把人看作是一切经济社会活动的出发点和归宿,把人置于矛盾的主要方面,确立了发展的动力主体、价值主体和责任主体,从人的角度出发,处理人与物的关系的正确态度就是:让物尽可能合理的满足更多人的多层次需要。共享发展也是社会主义社会的本质要求。邓小平说过:"正确的政治领导的成果,归根结底要表现在社会生产力的发展上,人民物质文化生活的改善上。"[①] 共享发展不是对部分先富政策的否定,而是部分先富政策成功实施后的必然。改革开放后,针对原来计划经济体制下形成的"大锅饭"、平均主义,我们党率先提出了实施了让一部分人、一部分地区先富起来的政策。部分先富本身不是目的,部分先富的目的是通过先富带后富,最终实现共同富裕。在部分先富政策取得巨大成功后,必然更加强调共同富裕,让全体人民共享改革发展成果。共享发展的制度设计是,按照人人参与、人人尽力、人人享有的要求,坚守底线、突出重点、完善制度、引导预期,注重机会公平,保障基本民生,实现全体人民共同迈入全面小康社会。习近平总书记在省部级主要领导干部学习贯彻十八届五中全会精神专题研讨班的讲话中强调,共享发展的前提是共同建设。全面建成小康社会是实现我们党确定的"两个一百年"奋斗目标的第一个百年奋斗目标,是实现中华民族伟大复兴的中国梦的重要一步,当然也是我们每个当代中国人的共同事业。每个人的能力有大有小,但都应该为全面建成小康社会尽职尽责,作出自己的应有贡献。

(作者单位:中共中央党校哲学教研部)

[①] 《邓小平文选》第 2 卷,人民出版社 1994 年版,第 128 页。

新理念引领新发展

——学习党的十八届五中全会精神

王存福

党的十八届五中全会审议通过的《中共中央关于制定国民经济和社会发展第十三个五年规划的建议》明确指出："实现'十三五'时期发展目标，破解发展难题，厚植发展优势，必须牢固树立并切实贯彻创新、协调、绿色、开放、共享的发展理念。"这五大新的发展理念是贯穿全会精神的灵魂和主线，更是谋划"十三五"期间我国发展的一条主线，"集中体现了'十三五'乃至更长时期我国的发展思路、发展方向、发展着力点，是管全局、管根本、管长远的导向"①，是我们党关于发展理论的一次重大升华，是全面建成小康社会的纲领性文件。学习贯彻党的十八届五中全会精神，最重要的就是要牢固树立五大发展理念，并将其贯彻落实到全面建成小康社会的实践之中。

一 深刻认识树立五大新发展理念的重要意义

（一）五大新发展理念是总结人类发展规律的必然结果

人类的发展就是一个不断认识和把握发展规律、进而实现良性发展的过程。党的十八届五中全会提出的五大新发展理念，正是顺应时代发展要求，深刻总结世界各国发展规律的必然结果。从人类发展的历史进程来看，加快自身发展、提高综合实力是世界各国的共同追求。但在2008年的国际金融危机之后，世界各国的发展在大调整大变革中出现了一些新的

---

① 习近平：《在中共中央政治局第三十次集体学习时的讲话：准确把握和抓好我国发展战略重点，扎实把"十三五"发展蓝图变为现实》，《人民日报》2016年1月31日第1版。

变化趋势，最主要的表现就是原有增长模式难以为继，科技创新孕育新的突破。为提高发展质量和效益，许多国家都积极创新发展理念、完善发展战略。在这样的背景下，迫切要求我们党正确回答"新形势下我们要实现什么样的发展、怎样实现发展"这个发展的首要问题。五大新发展理念站在时代制高点上，为我国在日趋激烈的国际竞争中赢得更大发展优势提供了基本方向，这体现了中国的发展思路，彰显着中国的发展信心，是我们党对人类发展规律深刻认识和自觉把握的体现。

（二）五大新发展理念是应对我国新的发展实践的必然选择

发展理念的创新和完善，源于实践的不断发展和变化。改革开放以来，我国在经历了一个长达30多年的快速发展时期之后，经济社会进入了一个新常态的发展阶段。对此，习近平总书记指出："'十三五'时期，我国经济发展的显著特征就是进入新常态"。[①] 在这个阶段，我国发展在环境、条件和任务等方面都发生了新的重大变化，主要表现为增长速度从高速转向中高速，发展方式从规模速度型粗放增长转向质量效率型集约增长，发展动力从传统增长点转向新的增长点。发展理念是发展行动的先导。新的发展实践需要树立新的发展理念。这五大新发展理念正是我们党总结改革开放30多年来发展经验的集中体现，是为保持经济社会持续健康发展提出的新思路和新举措，这是认识新常态、适应新常态、引领新常态这个我国发展新实践的必然选择。

（三）五大新发展理念是破解我国现阶段发展难题的必由之路

"十三五"时期我国要完成第一个百年战略目标，那就是到2020年全面建成小康社会。实现这一目标，必须破解现阶段面临的一系列重大发展难题，包括发展不平衡、不协调、不可持续；资源约束趋紧，生态环境恶化趋势尚未得到根本扭转；基本公共服务供给不足问题、消除贫困任务艰巨；人们文明素质和社会文明程度有待提高；法治建设有待加强；领导干部思想作风和能力水平有待提高等问题。破解这些发展难题是全面建成小康社会的必然要求，正是在这个意义上，习近平总书记指出："创新、协调、绿色、开放、共享的发展理念，是针对我国经济发展进入新常态、世

[①] 习近平：《在省部级主要领导干部学习贯彻十八届五中全会精神专题研讨班开班式上的讲话：聚焦发力贯彻五中全会精神，确保如期全面建成小康社会》，《人民日报》2016年1月19日第1版。

界经济复苏低迷开出的药方"。① 这足以说明：五大新发展理念正是针对破解"十三五"时期我国发展面临上述重大发展难题的必然结果，它突出了优化结构、增强动力、化解矛盾、补齐短板的发展方向，体现了对新的发展阶段我国发展突出问题和明显短板的深刻洞悉。

二 正确把握五大新发展理念的基本内涵和逻辑体系

（一）五大新发展理念的基本内涵

"创新、协调、绿色、开放、共享"五大新发展理念有其各自的独特内涵。创新发展解决的是发展动力问题，就是通过大力推进理论创新、制度创新、科技创新、文化创新等各方面创新，让创新贯穿党和国家一切工作，使之成为新常态下我国经济增长的新动力。协调发展解决的是发展不平衡问题，就是通过重点促进城乡区域协调发展、经济社会协调发展、新型工业化、信息化、城镇化、农业现代化同步发展、物质文明和精神文明协调发展、经济建设和国防建设融合发展等举措，增强发展的健康性，实现我国经济社会的持续健康发展。绿色发展解决的是人与自然和谐问题，就是通过坚持节约资源和保护环境的基本国策，坚定走生产发展、生活富裕、生态良好的文明发展道路，加快建设资源节约型、环境友好型社会等措施，实现可持续发展，增强发展的永续性，形成人与自然和谐发展的现代化建设新格局。开放发展解决的是发展内外联动问题，就是通过奉行互利共赢的开放战略，发展更高层次的开放型经济，积极参与全球经济治理和公共产品供给等途径，不断提高我国在全球经济治理中的制度性话语权，用好国际国内两个市场和两种资源，推动国家的繁荣发展。共享发展解决的是社会公平正义问题，就是坚持发展为了人民、发展依靠人民、发展成果由人民共享的基本原则，通过更有效的制度安排，使全体人民在共建共享发展中有更多获得感，从而充分调动人民当家做主、参与中国特色社会主义建设事业的积极性和主动性，增强发展动力。②

（二）五大新发展理念的逻辑体系

"创新、协调、绿色、开放、共享"五大发展理念是一个相互贯通、

---

① 习近平：《在重庆调研时的讲话：落实创新协调绿色开放共享发展理念，确保如期实现全面建成小康社会目标》，《人民日报》2016年1月7日第1版。

② 习近平：《在党的十八届五中全会第二次全体会议上的讲话》，《求是》2016年第1期。

相互促进、密不可分的有机整体,有着深刻的内在联系,它们共同构成了一个系统化的逻辑体系。这五大发展理念聚焦的都是发展问题,但其目标指向性不同,可以分为"怎样发展"和"为谁发展"两个层面。这其中,创新是引领发展的第一动力。协调是持续健康发展的内在要求。绿色是永续发展的必要条件和人民对美好生活追求的重要体现。开放是国家繁荣发展的必由之路。这四个理念注重的是发展思路问题,即我们应该用什么样的方式推动发展。共享是中国特色社会主义的本质要求。这一理念注重的是发展目的问题,即我们应该为谁发展。从这个意义上来讲,在这五大发展理念中,共享和创新协调绿色开放呈现出本质与形式的辩证逻辑关系。共享理念是本质,创新协调绿色开放理念是形式。本质决定形式,创新协调绿色开放都是为实现共享服务的,离开了共享这个发展的本质,创新协调绿色开放就成了无源之水,失去了目标指向。反过来,形式影响本质。如果在发展中不坚持创新协调绿色开放理念,就无法保证发展的健康性,那么最终共享就会成为空中楼阁。可见,"五大发展理念是具有内在联系的集合体","把握好五大发展理念,要树立全面系统的思维,掌握科学统筹的方法,一起用力贯彻落实,不能顾此失彼,也不能相互替代"。①

三　全面把握贯彻落实五大新发展理念的基本要求

(一)做好理论武装工作,在思想上牢固树立五大新发展理念

理论武装是理论发挥作用的重要方式,也是我们党的理论宣传工作的根本优势。理论创新每前进一步,理论武装就要跟进一步。贯彻好党的十八届五中全会精神,首要的就是要解决好用五大新发展理念武装广大党员干部头脑的问题。习总书记指出:"全党同志要把思想统一到新的发展理念上来,崇尚创新、注重协调、倡导绿色、厚植开放、推进共享,努力提高统筹贯彻新的发展理念能力和水平。"② 因此,各级党委政府要抓好学习贯彻党的十八届五中全会精神的教育培训工作,在教育培训过程中一定要把五大新发展理念作为学习教育的重要内容,让广大党员干部深刻领会五大新发展理念的重大意义、基本内涵、逻辑体系和基本要求,深入领会和把

---

① 刘云山:《牢固树立和自觉践行五大发展理念》,《学习时报》2015年11月16日第1版。

② 习近平:《在重庆调研时的讲话:落实创新协调绿色开放共享发展理念,确保如期实现全面建成小康社会目标》,《人民日报》2016年1月7日第1版。

握五大新发展理念的精髓和要旨。同时，广大党员干部特别是各级领导干部要自觉地把学习领会五大新发展理念作为一项极为重要的任务来落实，坚持学在前面，通过示范使广大干部群众感受到新发展理念的真理力量，推动全党全社会深入学习五大新发展理念，从而不断加深对五大新发展理念的理解，深化对五大新发展理念的认识，真正做到内化于心、外化于行，真正做到用五大新发展武装自己的头脑，成为自己工作的行动指南。

（二）做好理论转化工作，在实践中全面贯彻五大发展新理念

理论本身是抽象的，只有融入实践中，成为实践的理论指导后，才会产生巨大的作用。也就是，理论是服务于实践的，只有反作用于实践才能推动生产力的发展。"十三五"期间，我们要如期实现全面建成小康社会的第一个百年目标，最根本的就是用五大新发展理念引领新发展。对此，习近平总书记指出："五大新发展理念要落地生根、变成普遍实践，关键在各级领导干部的认识和行动"。[①] 对于广大党员干部来说，学习贯彻五大新发展理念，就不能只停留在思想层面、停留在口头上、停留在书本上，最重要的就是将其落实到全面建成小康社会决胜阶段的实践中，使之成为指导实践的"指挥棒、红绿灯"，"要抓住能够带动五大发展理念贯彻落实的重点工作，统筹推动五大发展理念贯彻落实。对每个发展理念，也要抓住重点，以抓重点推动每个理念在实践中取得突破。这就要求我们进行深入的调查研究，既总体分析面上的情况，又深入解剖麻雀，提出可行的政策举措和工作方案"。[②] 通过理论联系实际，进而采取更加有力的举措和更加完善的制度，将五大新发展理念贯穿于各地的"十三五"规划中，贯穿于各自的工作过程中，将其转化为谋划发展的具体思路，转化为落实发展任务的工作举措，真正使五大新发展理念成为推动经济社会健康发展、引领"十三五"时期新发展的强大力量。

（三）做好理论引领工作，提高领导干部贯彻五大新发展理念的能力和水平

党是中国特色社会主义建设事业的领导核心，各级领导干部自然就成

[①] 习近平：《在省部级主要领导干部学习贯彻十八届五中全会精神专题研讨班开班式上的讲话：聚焦发力贯彻五中全会精神，确保如期全面建成小康社会》，《人民日报》2016年1月19日第1版。

[②] 习近平：《在中共中央政治局第三十次集体学习时的讲话：准确把握和抓好我国发展战略重点，扎实把"十三五"发展蓝图变为现实》，《人民日报》2016年1月31日第1版。

为贯彻落实五大新发展理念的关键所在。对此，刘云山同志指出："落实好五大发展理念，很大程度上取决于领导干部这个'关键少数'，取决于领导干部的素养和能力。"① 但从实际情况看，一些领导干部存在着素养和能力不适应的问题。这就需要各级领导干部坚持学以致用，"把思想和行动统一到新发展理念上来，对不适应、不适合甚至违背新发展理念的认识要立即调整，对不适应、不适合甚至违背新发展理念的行为要坚决纠正，对不适应、不适合甚至违背新发展理念的做法要彻底摒弃"②，要把学习五大新发展理念与指导实践结合起来，使学习的成效切实转化为运用科学理论分析和解决问题的实际能力，具体来说，一是要增强运用党的理论创新成果指导实践、推动工作的素养和能力，二是要增强把握形势变化、把握发展趋势的素养和能力，三是要增强驾驭现代经济发展、提高发展质量效益的素养和能力，四是要增强运用法治思维、法治方式推动发展的素养和能力，五是要增强贯彻"三严三实"要求、落实改革发展稳定任务的素养和能力。只有这样，各级领导干部才能不断提高统筹贯彻新发展理念的能力和水平，真正成为领导经济社会发展的行家里手。

（作者单位：中共青岛市委党校）

---

① 刘云山：《牢固树立和自觉践行五大发展理念》，《学习时报》2015年11月16日第1版。
② 同上。

实践出真知,"摸着石头过河"就是在实践中摸规律
——学习习近平总书记实践观思想

欧阳英

2012年12月31日,习近平总书记在十八届中共中央政治局第二次集体学习时指出:摸着石头过河,是富有中国特色、符合中国国情的改革方法。摸着石头过河就是摸规律,从实践中获得真知。摸着石头过河和加强顶层设计是辩证统一的,推进局部的阶段性改革开放要在加强顶层设计的前提下进行,加强顶层设计要在推进局部的阶段性改革开放的基础上来谋划。[①] 从马克思主义哲学思想发展史的角度来看,这是历史上第一次正面回答"摸着石头过河"的具体内涵,是对马克思主义哲学中国化的思想内容的丰富与发展。它不仅使人们更加深入地看到了"实践出真知"的客观性与重要性,同时也使人们对于"摸着石头过河"的实践内涵与认识论意义有了更准确的把握,特别是针对"摸着石头过河"与顶层设计的内在关系也做出了辩证的阐释与正面的解答。

一 实践出真知是马克思主义哲学根本的认识论立场

在《关于费尔巴哈的提纲》的最后一条中,马克思写道:"哲学家们只是用不同的方式解释世界,而问题在于改变世界。"[②] 这是马克思指出的新旧哲学的根本区别,也是他毕生坚持的重要观点,是其终身为无产阶级

[①] 《习近平关于协调推进"四个全面"战略布局论述摘编》,中央文献出版社2015年版,第54—55页。

[②] 《马克思恩格斯选集》第1卷,人民出版社1995年版,第57页。

谋利益的座右铭。强调实践的重要性是马克思开创的马克思主义哲学区别于旧哲学的根本特点，注重实践对于认识的本源意义是由马克思主义实践观引发出来的马克思主义哲学根本的认识论立场。因此，在马克思主义哲学中，马克思主义实践观与马克思主义认识论之间形成了辩证统一的关系：要想弄懂马克思主义认识论，必须深刻掌握马克思主义实践观；要想真正理解马克思主义实践观，必须深入把握马克思主义认识论。马克思主义实践观是把握马克思主义认识论的重要钥匙，马克思主义认识论是理解马克思主义实践观的主要环节。

什么是实践？按照毛泽东的解释，所谓实践就是人们"根据于一定的思想、理论、计划、方案以从事变革于客观现实"的活动，是"主观见于客观的东西"。实践的基本特点是能动性、社会性与历史性等。实践不是主观范围内的观念活动，而是变革现实的活动；不是动物的本能活动，而是人的有意识有目的的活动，因而它所具有的根本特点是能动性。由于任何实践都不是个人的孤立活动，而是社会的人所参加，在一定的社会关系中进行的，因而它具有社会性。同时，任何实践都是不断发展、变化的，因而它也表现出历史性特点。

实践出真知，只有通过实践才能获得真知，任何真正的认识都只能来源于实践，这是马克思主义哲学根本的认识论立场，也是马克思主义哲学中颠扑不破的真理。马克思之前，唯心主义认识论仅仅只是强调精神的作用，结果使人们陷入"闭门造车"的歧途；机械唯物主义反映论仅仅强调被动式反映的重要性，结果使人们落入缺乏理论创新的困局。因此，马克思主义认识论大力提倡实践对于认识的重要性，从理论上说实现了认识论意义上的"两个重大突破"。第一个重大突破是避免人们陷入"闭门造车"的认识歧途；第二个重大突破是避免人们落入缺乏理论创新的认识困局。

习近平总书记指出："实行改革开放，发展社会主义市场经济，我们的老祖宗没有讲过，其他社会主义国家也没有干过，只有通过实践、认识、再实践、再认识的反复过程，从实践中获得真知。"[①] 从这段论述中清楚可见的是，坚持实践出真知就是要坚持"在干中学"。这也就是说，有关改革开放、发展社会主义市场的认识是等不来的，只有先干起来，才会

---

① 《习近平关于全面深化改革论述摘编》，中央文献出版社2014年版，第34页。

有从实践中获得真知的可能,否则,获得真知只会是一句空话。在浙江工作期间,习近平明确向浙江人民提出"做到'走在前列',就在干在实处"的战略目标。这一战略目标将实践重要性提到了新的认识高度,它使人们深刻领悟到实践不仅是认识的来源,同时也是在实践中保持先进性的重要保证。中国特色社会主义的发展壮大以及人民生活水平的日益提高,都不是坐等而来的,人们必须在不断的实践和不断的认识总结中,才能使之得以实现与完善。

坚持实践出真知,就是要坚持"从实践中来,到实践中去"的方法论原则。习近平总书记指出:"中国特色社会主义是与时俱进的事业。从这个意义上说,改革开放只有进行时没有完成时。没有改革开放,就没有中国的今天,也就没有中国的明天。……改革开放中的矛盾只能用改革开放的办法来解决。"[①] 他还说道:"改革是由问题倒逼而产生,又在不断解决问题中而深化。"[②] 在这里,人们可以深入地看到实践作为认识的起点与终点的重要意义。中国的改革开放是中国共产党人需要不断坚持与发展的伟大实践事业,中国改革开放的成功经验来源于实践,中国改革开放中的矛盾与问题也只能通过不断总结经验教训来加以解决。

二 "摸着石头过河"就是在实践中摸规律

习近平总书记提出"摸着石头过河,就是在实践中摸规律",这是从实践的角度对摸着石头过河的准确定义与高度概括,是对在改革开放中脱颖而出的"摸着石头过河"重要思想的充分肯定。十二届三中全会以来,我们党始终强调在改革开放中坚持摸着石头过河的重要性。但是,从"摸着石头过河,就是在实践中摸规律"这一提法中,人们却可以深入地看到,摸着石头过河并不是一种随意性行动,而是有着明确目的,勇于在实践中摸索事物发展规律的探索性活动。大力探索改革开放的发展规律,不断开创改革开放的新局面,是摸着石头过河的最终目标。

从现能查阅到的资料来看,"摸着石头过河"思想最早的提出者是陈云。1950年4月7日,陈云在政务院第27次政务会议的发言中指出:"物

---

① 《习近平关于协调推进"四个全面"战略布局论述摘编》,中央文献出版社2015年版,第56页。

② 同上书,第84页。

价涨不好，跌亦对生产不好。……要摸着石头过河，稳当点好。"① 从陈云的论述来看，"摸着石头过河"是他的一个重要思想。之所以强调"摸着石头过河"最初是工作方法，是因为在当时它主要是陈云做财经工作的一条重要方法。1951年7月20日，陈云就工商业联合会如何发挥协助人民政府和指导工商业者的作用时指出："办法也应该稳妥，这叫摸着石头过河。搞急了是要出毛病的。毛毛草草而发生错误和稳稳当当而慢一点相比较，我们宁可采取后者。尤其是处理全国经济问题，更须注意这点。慢两三个月天不会塌，怕什么。"② 20世纪50年代初新中国刚刚成立，希望中国社会早日完成新民主主义革命任务，快速进入中国特色社会主义建设阶段的急躁冒进思想与做法大量泛滥，在这种情况下，陈云提出"摸着石头过河"，是带有工作方法方面指导意义的。

改革开放后，1980年12月16日陈云在中央工作会议上说道："我们要改革，但是步子要稳。因为我们的改革，问题复杂，不能要求过急。改革固然要靠一定的理论研究、经济统计和经济预测，更重要的还是要从试点着手，随时总结经验，也就是要'摸着石头过河'。开始时步子要小，缓缓而行。"③ 在这次会议12月25日的闭幕会上，邓小平明确表示完全同意陈云的讲话，并说：陈云同志的"这个讲话在一系列问题上正确地总结了我国三十一年来经济工作的经验教训，是我们今后长期的指导方针"④。尽管邓小平上述讲话是对陈云讲话内容的整体定调，但是，这种定调是带有根本性的。邓小平在肯定陈云讲话精神的同时，已使人们认识到应该将"摸着石头过河"思想上升到改革开放指导方针的高度来加以认识。从"摸着石头过河"思想最终作为改革开放指导方针提出的角度来看，在此邓小平的作用是功不可没的。当然，基于上述情况，所以，我们又有必要进一步指出"摸着石头过河"思想的提出，体现的是中国共产党人的集体智慧，是中国共产党人集体智慧的结晶。

在改革过程中，摸着石头过河重要思想被广泛地应用到各方面改革之中，成为我们党领导改革开放和社会主义现代化建设的重要方法论。习近平总书记指出："摸着石头过河，是富有中国智慧的改革方法，也是符合

---

① 《陈云年谱》（中），中央文献出版社2000年版，第44页。
② 《陈云文选》第2卷，人民出版社1995年版，第152页。
③ 《陈云文选》第3卷，人民出版社1995年版，第279页。
④ 《邓小平文选》第2卷，人民出版社1994年版，第354页。

马克思主义认识论和实践论的方法。"[①] 在此不仅肯定了摸着石头过河的马克思主义认识论与实践论意义,同时也肯定了它的方法论意义。摸着石头过河,就是摸规律,从实践中获得真知,以循序渐进的方法,边干边摸索经验。实践是认识的来源、动力和目的,同时也是检验认识真理性的标准。改革开放是一项前无古人的开创性事业,没有现成的方法可以学、没有现成的道路可以走。摸着石头过河,就是我们党在建设中国特色社会主义过程中的一种探索性尝试与实践。正如邓小平所说的:"没有现成的经验可学,我们只能在干中学,在实践中摸索。"[②]

实践是主观见之于客观的活动,是认识与实践的统一。如果细分的话可以看到,处于认识与实践关系中的实践实际上分为两大类别:一类是论证性实践。即:先有了一定的思想、观点与理论,然后进行实践,以论证这些思想、观点与理论。如科学实验一般就属于这类实践;另一类是摸索性实践。即:尽管有明确的实践目的,但是却没有现存的具体的思想、观点与理论作为指导,在这种情况下,只有通过进行大量的探索性与摸索性实践活动才能实现对客观世界规律的认识,总结并概括出思想、观点与理论,从而为进一步的实践服务。如社会实践、历史实践等一般就属于这类实践。准确地说,"摸着石头过河"思想就属于专门针对后一种实践活动而展开的实践思想,因此,它的特殊意义是不容置疑的。而且也正是基于此,我们可以进一步说"摸着石头过河"是有着自身认识论价值的重要思想。

在毛泽东时代所面临的中心问题是马克思主义理论与中国革命的具体实践相结合的问题。也正是在这种情况下,毛泽东讲实践,主要围绕如何使马克思主义理论在具体实践中与中国革命相结合以及如何使与中国革命相结合的马克思主义理论在实践中得以正确运用等问题而展开,因此,在他那里更多地涉及的是实践的"主观见之于客观"的特性,这也是他的《实践论》的精髓所在。在《实践论》中,毛泽东明确说道:"在马克思主义看来,理论是重要的,它的重要性充分地表现在列宁说过的一句话:'没有革命的理论,就不会有革命的运动。'然而马克思主义看重理论,正

---

① 《习近平关于协调推进"四个全面"战略布局论述摘编》,中央文献出版社2015年版,第71页。
② 《邓小平文选》第3卷,人民出版社1993年版,第258—259页。

是,也仅仅是,因为它能够指导行动。"① 在这里,他强调了理论的重要性就在于能够服务于实践,指导人们的行动。

但是,进入改革开放新时期之后,中国共产党人所面临的现实问题是在中国特色社会主义建设实践方面没有任何现成的模式可以套用,这也便意味着我们不仅需要让马克思主义保持与时俱进的品质,同时也需要新的实践思想来指导中国改革开放社会主义建设实践,而"摸着石头过河"思想正是在这种背景下应运而生。可以说,作为一种承上启下的新的实践思想,"摸着石头过河"思想并不是对毛泽东实践思想的背离,而是对它的发展,其主要意义在于让摸索性实践活动从毛泽东所描述的一般性实践活动中凸显出来,从而使人们能够实现有针对地解决在摸索性实践活动中所需要面对的一系列实践问题。

习近平总书记指出:"我们的改革开放是有方向、有立场、有原则的。"② 因此,针对摸着石头过河,人们一定要看到,它是实事求是原则在改革开放实践中的方法论体现,强调人们必须始终根据实际情况随时调整改革的步伐和重点;是一种有原则性的探索,强调人们必须遵循一定的原则和经验规律,沿着正确的方向进行改革;是一种有目标性的探索,强调人们要有的放矢而不是茫无目标,积极稳妥而不是盲目冒进;是一种有规则的探索,强调人们一定"要按照已经认识到的规律来办,在实践中再加深对规律的认识,而不是脚踩西瓜皮,滑到哪里算哪里"③。正是通过摸着石头过河,我们才能更好地去了解实践、认识实践,搞清楚究竟什么是社会主义、怎样建设社会主义,才能有更大的勇气、更大的热情去推动改革、去发展社会主义,并最终形成正确的理论来指导实践。

改革开放以来,我们党始终坚持一切从实际出发,进行一系列大胆尝试,既坚持了改革的正确方向,又不断在重点领域取得新的进展和突破。比如,改革开放之初,正是从安徽凤阳小岗村18户农民的敢为天下先开始,才有了后来逐步打破旧的生产关系束缚,实行联产承包责任制,拉开了我国农村改革的序幕。城市改革也是如此,通过先试点、再逐步推开的办法,对经济体制进行了一系列调整,改变了过去单一的公有制经济结

---

① 《毛泽东选集》第1卷,人民出版社1991年版,第292页。
② 《习近平关于协调推进"四个全面"战略布局论述摘编》,中央文献出版社2015年版,第51页。
③ 同上书,第71页。

构，促进了多种经济成分共同发展，逐步实现了从计划经济体制向社会主义市场经济体制的历史性转折。

三 辩证把握摸着石头过河与顶层设计内在关系

在习近平总书记看来，摸着石头过河和加强顶层设计并不是相互排斥的关系，而是辩证统一的关系。强调摸着石头过河，是对实践的重视；强调加强顶层设计，是对实践的尊重。摸着石头过河，是做好顶层设计的实践基础。没有在实践中的摸索和总结经验，再好的顶层设计也会失去原有的重要意义，在探索过程中迷失方向、背离实际、丧失根本，甚至会由此走弯路、入歧途。顶层设计是摸着石头过河的重要原则。通过加强顶层设计，能够加强改革的系统性、整体性、协同性，为摸着石头过河提供更多的依据。中国特色社会主义事业需要经历不同的实践阶段来完成不同的任务，以解决实践过程中出现的不同问题。在改革开放过程中，会出现许多人们无法预料的新情况、新问题，这就要求我们必须依据不断变化着的实际情况，从顶层设计上进行调整和补充，做到主观与客观相符合。只有把摸着石头过河与顶层设计有机统一起来，才能保证改革开放既具有前瞻性又具有探索性，既具有谋划性又具有突破性，才能更好地坚持和发展中国特色社会主义。

顶层设计，原本是工程学的一个概念，本义是统筹考虑项目各层次和各要素，追根溯源，统揽全局，在最高层次上寻求问题的解决之道。"不谋全局者不能谋一域，不足谋万世者不足谋一时。"加强改革的顶层设计，就是要从全局去谋划和部署改革，加强对改革开放进行总体性的设计、全局性的谋划，整体地、全方位地为改革提供一种指导性的方案。按照马克思主义认识论的观点，为了使实践真正体现为"主观见之于客观"的活动，人们必须积极地用认识去指导实践活动。顶层设计解决的是认识前瞻性问题，所设计的是主要原则、总体思路、重点领域基本规划等，对于作好改革开放这篇大文章是必不可少、不可或缺的。如果说我们在探索过程中形成的理论是认识的第一次飞跃即感性认识上升到理性认识，我们还需要完成认识的第二次飞跃即用认识来指导实践。摸着石头过河属于实践范畴，顶层设计属于认识范畴，它以科学理论为指导，为改革开放和现代化建设提供了总体思路和基本规划。

改革是一项复杂的系统工程，需要做好战略规划和设计，明确方向和目标。推进局部的阶段性改革开放,要在加强顶层设计的前提下进行;加强顶层设计,要在推进局部的阶段性改革开放的基础上来谋划。要看到,经过30多年的持续发展,我国改革开放已进入攻坚期、深水区,前进道路上的困难、问题和风险增多。主要体现为:城乡、区域经济发展不平衡,科技创新能力不强,产业结构不合理,农业基础依然薄弱,资源、能源问题开始显露,居民收入分配差距依然较大,社会矛盾明显增多,制约科学发展的体制机制障碍仍然存在,深化改革开放任务更为艰巨。在这个阶段上,改革的诉求与期待增多,改革的难度和复杂性加大,许多带有全局性、结构性、战略性的问题日益凸显,注重顶层设计的重要性越来越突出。

习近平总书记指出:"我们要做好顶层设计,要以世界眼光搞顶层设计。"[①] 这一点充分表明了顶层设计中大视野的重要性。加强顶层设计关键是两点:一是要有的放矢,抓核心、抓重点,改什么、如何改,目标和方向必须明确。对一些不具有全局意义的短期性问题、非关键性问题和日常性问题不必列入顶层设计的内容。二是要进行理论上的创新,运用创新性思维来指导进一步的改革,设计出适应中国未来改革的目标理念和实施方案,实现经济发展、政治民主、文化繁荣和社会和谐。

四 摸着石头过河与中国特色社会主义理论体系建设

中国特色社会主义发展道路是中国特色社会主义理论体系的客观基础,"摸着石头过河"作为改革方法的明确确立,凸显了中国特色社会主义发展道路的探索性,指明了中国特色社会主义理论体系建立、发展与完善过程中的探索性、创新性与过程性,是中国特色社会主义理论体系建设的重要基石。"摸着石头过河"既是一种思想,也是一种精神、决心与态度,更是一种实践观、认识论与方法论。

习近平总书记明确强调"摸着石头过河,就是在实践中摸规律",充分表明了在探索性实践中求真理、求规律的重要性。凭借着"摸着石头过河"的精神,中国共产党人在中国特色社会主义发展道路上勇于不断尝试、不断探索;以"摸着石头过河"作为实践观指导,中国共产党人正在走出一条让世界瞩目的中国特色社会主义发展道路;以"摸着石头过河"

---

① 习近平:《听取科技部汇报时的讲话》(2013年8月21日)。

作为认识论与方法论指南，中国共产党人在中国特色社会主义理论体系建设上大胆尝试、勇于创新，取得了重大思想突破，涌现出邓小平理论、"三个代表"重要思想、科学发展观以及习近平"四个全面"重要思想等一大批杰出的理论成果。今后，无论从精神、认识、方法与实践等多个层面上看，"摸着石头过河"对于中国共产党人来说都是极为重要的，因为无论中国特色社会主义发展道路还是中国特色社会主义理论体系建设都是无前人经验与理论可供借鉴的，行动上探索性的先行是一种必然的选择。中国共产党人永远不会停止乃至放弃在探索中发展中国特色社会主义发展道路与中国特色社会主义理论体系建设的步伐，"摸着石头过河"将在中国共产党人探索中国特色社会主义发展道路上继续引导人们奋勇前行。

中国特色社会主义理论体系是在社会主义实践不断推进的过程中逐步建立、发展与完善的，在这个过程中，人们不应该盲目期盼某一个理论成果能够一劳永逸地解决中国特色社会主义实践活动中出现的一切问题。邓小平指出："我们的方针是，胆子要大，步子要稳，走一步，看一步。我们的政策是坚定不移的，不会动摇的，一直要干下去，重要的是走一段就要总结经验。"[①] 这段论述不仅强调了社会主义实践的过程性，而且还强调了总结经验的过程性，即"重要的是走一段就要总结经验"。经验的总结是在"走一步，看一步"的社会主义实践的过程中实现的，所以，人们既需要以"过程视野"来理解每个理论成果的理论价值与实际意义，也需要以"过程视野"来建设中国特色社会主义理论体系。以"过程视野"来理解每个理论成果的理论价值与实际意义，意味着我们应当尊重每一个理论成果的时代性；以"过程视野"来建设中国特色社会主义理论体系，意味着我们需要稳扎稳打将社会主义实践过程中每一次重要经验以理论的形式凝固起来，让中国特色社会主义理论体系能够真正体现出厚重的实践基础以及过程特征。

（作者单位：中国社会科学院哲学所）

[①] 《邓小平文选》第3卷，人民出版社1993年版，第113页。

习近平经济思想对邓小平经济思想的继承与发展

高云坚

习近平总书记作为全面深化改革总路线图和时间表的规划者对于作为改革开放总设计师的邓小平而言,不仅继承了邓小平的经济思想,而且又根据变化了的形势发展了邓小平的经济思想,并用于指导当今中国特色社会主义的伟大实践。

一 习近平经济思想对邓小平经济思想的继承

(一)经济思想的同源性

邓小平经济思想和习近平经济思想均来源于作为马克思主义的三个组成部分之一的政治经济学,政治经济学的研究对象是一定生产力发展状况下的生产关系,揭示的是生产关系要适应生产力的发展要求的基本规律。作为一门研究经济关系及其运行规律的科学,它是观照经济社会发展的风向标。在社会主义初级阶段,政治经济学的根本任务是以改革和完善社会主义经济制度、促进社会生产力发展、增加国民财富、促进社会和谐为目标。邓小平推行改革开放,正是基于对马克思主义政治经济学基本精神的准确把握,他认为,"革命是解放生产力,改革也是解放生产力。推翻帝国主义、封建主义、官僚资本主义的反动统治,使中国人民的生产力获得解放,这是革命,所以革命是解放生产力。社会主义基本制度确立以后,还要从根本上改变束缚生产力发展的经济体制,建立起充满生机和活力的社会主义经济体制,促进生产力的发展,这是改革,所以改革也是解放生产力。过去,只讲在社会主义条件下发展生产力,没有讲还要通过改革解放生产力,不完全。"[①] 在全面

---

① 《邓小平文选》第3卷,人民出版社1993年版,第370页。

深化改革开放新阶段,习近平总书记主持中共中央政治局就马克思主义政治经济学基本原理和方法论进行集体学习,指出,"党的十一届三中全会以来,我们党把马克思主义政治经济学基本原理同改革开放新的实践结合起来,不断丰富和发展马克思主义政治经济学,形成了当代中国马克思主义政治经济学的许多重要理论成果"。① 2015年12月,中央经济工作会议进一步强调:"要坚持中国特色社会主义政治经济学的重大原则"。② 由此可见,中国特色社会主义政治经济学与马克思主义政治经济学是一脉相承的。

(二) 经济体制的延续性

首先是坚持公有制的主体地位不动摇。我国是人民当家作主的社会主义国家,必须坚持把公有制作为社会主义经济制度的基础。无论是邓小平经济思想还是习近平经济思想中,都十分鲜明地体现出毫不动摇地巩固和发展公有制经济的基本要义,譬如,十三大报告提出:"社会主义初级阶段的所有制结构应以公有制为主体","对于城乡合作经济、个体经济和私营经济,都要继续鼓励它们发展"。③ 进入全面建成小康社会决胜阶段,我们党依然"坚持公有制为主体、多种所有制经济共同发展。毫不动摇巩固和发展公有制经济,毫不动摇鼓励、支持、引导非公有制经济发展。依法监管各种所有制经济"。④

其次是坚持社会主义市场经济不动摇,逐步厘清政府和市场的关系。改革开放之初,邓小平已经认识到,完全由政府主导的计划经济,不仅不可能释放生产力的巨大潜能,而且会束缚生产力的发展。他说:"我们过去一直搞计划经济,但多年的实践证明,在某种意义上说,只搞计划经济会束缚生产力的发展。把计划经济和市场经济结合起来,就更能解放生产力,加速经济发展。"⑤ 在此基础上,邓小平创造性地提出了"计划和市场都是经济手段"的著名论断,从而彻底厘清了人们过去普遍认为的社会主义 = 计划经济,资本主义 = 市场经济的错误思想,同时指出,发展社会主

---

① 冯蕾:《把握大逻辑 谋求新境界——"新常态"理论引领中国经济稳中有进稳中有好》,《光明日报》2016年1月6日。
② 同上。
③ 《十三大以来重要文献选编》(上),人民出版社1991年版,第31页。
④ 《中华人民共和国国民经济和社会发展第十三个五年规划纲要》,《中国青年报》2016年3月18日。
⑤ 《邓小平文选》第3卷,人民出版社1993年版,第148页。

义必须借鉴人类社会一切文明成果,他认为"计划多一点还是市场多一点,不是社会主义与资本主义的本质区别。计划经济不等于社会主义,资本主义也有计划;市场经济不等于资本主义,社会主义也有市场。计划和市场都是经济手段……总之,社会主义要赢得与资本主义相比较的优势,就必须大胆吸收和借鉴人类社会创造的一切文明成果,吸收和借鉴当今世界各国包括资本主义发达国家的一切反映现代社会化生产规律的先进经营方式、管理方法"。① 这就为后来社会主义市场经济理论的提出和社会主义市场经济体制的建立指明了方向。

社会主义市场经济体制的确立在社会主义国家中是一件新生事物,在我国各项改革中具有里程碑意义,但具体如何搞,一直也是众说纷纭的,究竟是政府的计划多一点还是市场要素多一点或者相反一直没有厘清,总体上还是在"摸着石头过河",边做边总结边前进。十八届三中全会在全面总结30多年改革经验特别是实行社会主义市场经济20多年的基础上,提出:"经济体制改革是全面深化改革的重点,核心问题是处理好政府和市场的关系,使市场在资源配置中起决定性作用和更好发挥政府作用。市场决定资源配置是市场经济的一般规律,健全社会主义市场经济体制必须遵循这条规律,着力解决市场体系不完善、政府干预过多和监管不到位问题。"② 这个论述至少告诉我们三点,第一,全面深化改革的重点领域是经济领域,是经济体制改革,其中处理好政府与市场的关系是重中之重;第二,市场决定资源配置是市场经济的一般规律,我们不能违背这个规律,必须使市场在资源配置中起决定性作用,同时也要更好地发挥政府作用;第三,要解决市场体系不完善、政府干预过多和监管不到位问题。按照这个论述,今后,资源配置的事主要交给市场去管,政府主要做好服务和监管,主要当好"裁判员",而不是既当"裁判员"又当"运动员"。这样,作为市场,只要不在"负面清单"上的事都可以放手去做,从而大大激发市场活力;作为政府,只要不在"权力清单"上的事,就不可为,从而可以从源头上有效遏制政府乱作为和权力寻租等腐败问题。这标志着我国从"计划和市场都是经济调节手段"相对模糊的认识跃升到了"市场在资源配置中起决定性作用"的清晰认识,标志着我国对社会主义市场经济规律

---

① 《邓小平文选》第3卷,人民出版社1993年版,第373页。
② 《中共中央关于全面深化改革若干重大问题的决定》,人民出版社2013年版,第5—6页。

的认识和把握有了一个质的飞跃。

(三) 经济归属的一致性

发展经济的目的是什么？在邓小平看来，改革就是为了解放和发展生产力，发展经济归根结底就是要改善人民生活，最终达到共同富裕的目标。邓小平高瞻远瞩提出："一部分地区、一部分人可以先富起来，带动和帮助其他地区、其他的人，逐步达到共同富裕。"① 后来在南方谈话中，邓小平更是归纳总结道："社会主义的本质，是解放生产力，发展生产力，消灭剥削，消除两极分化，最终达到共同富裕。"② 邓小平的这些谈话，一方面给我们揭示了社会主义的本质，另一方面给我们指出了实现共同富裕的方式和步骤。回答了发展经济最终目的的指向。

党的十八大以来，以习近平为总书记的党中央坚持社会主义的本质要求，继承了邓小平关于共同富裕的经济思想，在新的形势下，进一步回答了发展为了谁的问题，习近平总书记指出："人民对美好生活的向往，就是我们的奋斗目标。人世间的一切幸福都需要靠辛勤的劳动来创造。我们的责任，就是要团结带领全党全国各族人民，继续解放思想，坚持改革开放，不断解放和发展社会生产力，努力解决群众的生产生活困难，坚定不移走共同富裕的道路。"③ 由此可见，时代虽然不同了，但是，发展为了人民，发展依靠人民，发展成果由人民共享的根本指向没有变，发展经济走共同富裕道路的思想没有变。

二 习近平经济思想对邓小平经济思想的发展

尽管如此，与时俱进是马克思主义的本质属性，时代变化了，经济思想在某些方面跟着时代发生变化是情理之中的事情，换句话说，就是，习近平经济思想与邓小平经济思想既有共性的东西，又必然有差异性的东西，发展了的东西，突出地表现在以下几个方面。

(一) 从"科学技术是第一生产力"到"最大限度解放和激发科技作为第一生产力所蕴藏的巨大潜能"——生产力观的新飞跃

前文已述，生产力问题是马克思主义经济学绕不开的关键问题，中国

---

① 《邓小平文选》第 3 卷，人民出版社 1993 年版，第 149 页。
② 同上书，第 373 页。
③ 《习近平谈治国理政》，外文出版社 2014 年版，第 4 页。

共产党历代领导集体高度重视，而当代生产力的发展，跟科学技术作用的发挥紧密相连。邓小平曾说："马克思说过，科学技术是生产力，事实证明这话讲得很对。依我看，科学技术是第一生产力。"①"科学技术是生产力"是马克思的发明创造，而将科学技术定义为第一生产力，则是邓小平的发明创造，正是邓小平的这个发明创造，点燃了中国依靠科技创新发展的火焰，开创了中国依靠科技进步而不是传统工艺发展进步的春天。党的十八大以后，党中央带领人民开启了全面建成小康社会新的征程，习近平对科学技术作为第一生产力的认识有了新的内涵，他强调指出："当今世界，科学技术作为第一生产力的作用愈益凸显，工程科技进步和创新对经济社会发展的主导作用更加突出，不仅成为推动社会生产力发展和劳动生产率提升的决定性因素，而且成为推动教育、文化、体育、卫生、艺术等事业发展的重要力量。"② 因此，要"最大限度解放和激发科技作为第一生产力所蕴藏的巨大潜能"，要加快"从要素驱动、投资规模驱动发展为主向以创新驱动发展为主的转变"。③ 这一论述，是对邓小平科学技术是第一生产力观点的升华与发展，集中体现了科技作为第一生产力对当代中国经济社会发展的极端重要性。此外，习近平总书记认为："要正确处理好经济发展同生态环境保护的关系，牢固树立保护生态环境就是保护生产力、改善生态环境就是发展生产力的理念。"④ 这些，都为全面深化改革全面建成小康社会提供了理论指导，开辟了马克思主义政治经济学关于生产力理论的崭新境界。

（二）从"搞试验田，开放窗口，办几个经济特区"到"以开放的最大优势谋求更大发展空间"——经济开放观的新内涵

中国的经济开放，是中国推行改革开放最早的试水领域，作为中国改革开放总设计师的邓小平，是从试办经济特区入手的，早在1979年4月他首次提出要开办"出口特区"，后又将"出口特区"更名为"经济特区"，并在深圳加以试验，后来又多了珠海、厦门、汕头、海南几个

---

① 《邓小平文选》第3卷，人民出版社1993年版，第274页。
② 习近平：《让工程科技造福人类、创造未来》，《光明日报》2014年6月4日。
③ 《习近平谈治国理政》，外文出版社2014年版，第120—121页。
④ 中共中央宣传部：《习近平总书记系列重要讲话读本》，学习出版社、人民出版社2014年版，第123页。

经济特区，邓小平指出："深圳经济特区是个试验"①，"我们的整个开放政策也是一个试验，从世界的角度来讲，也是一个大试验。"② 1992年南方谈话时，他进一步指出："改革开放胆子要大一些，敢于试验，不能像小脚女人一样。看准了的，就大胆地试，大胆地闯。"③ 办经济特区就是要为中国特色社会主义现代化建设"闯"出一条路子来。在邓小平眼里，经济特区也是对外开放的窗口和基地。1984年，邓小平视察深圳时指出："特区是个窗口，是技术的窗口，管理的窗口，知识的窗口，也是对外政策的窗口。"④ 此时的经济特区，仍以"引进来"为主，包括建设资金以外资为主，经济结构以"三资"（外资、侨资、港澳资）企业和"三来一补"（即来料加工、来样加工、来件装配和补偿贸易）企业为主，产品以外销为主。这个时期的经济开放观的突出特点是区域性、引进来、试验性。

党的十八大以来，以习近平为总书记的党中央，审时度势，在全面提高开放型经济水平的总体构想中，提出了一系列重要思想，确定了"以开放的最大优势谋求更大发展空间"的总基调，极大地拓宽了经济开放的视野，进一步丰富了改革开放的实践与理论。习近平总书记指出："要牢牢把握国际通行规则，加快形成与国际投资、贸易通行规则相衔接的基本制度体系和监管模式，既充分发挥市场在资源配置中的决定性作用，又更好发挥政府作用。"⑤ 对于全方位开放格局这样一种全新的实验，"要大胆闯、大胆试、自主改，尽快形成一批可复制、可推广的新制度。"⑥ 在这种思想指导下，对内，开设了中国（上海）自由贸易试验区、中国（广东）自由贸易试验区、中国（福建）自由贸易试验区、中国（天津）自由贸易试验区等四个自由贸易试验区；对外，积极推进"一带一路"（丝绸之路经济带、21世纪海上丝绸之路）建设，积极主导成立"亚洲基础设施投资发展银行"，将"一带一路"建设与区域开发共赢结合起来，加强新亚欧大陆桥、重点港口节点建设，共建国际大通道和经济走廊，这是中国坚定

---

① 《邓小平文选》第3卷，人民出版社1993年版，第130页。
② 同上书，第133页。
③ 同上书，第372页。
④ 同上书，第51—52页。
⑤ 习近平：《推进上海自贸区建设》，《人民日报》（海外版）2014年3月6日。
⑥ 同上。

不移地推行全方位对外开放新格局，主动融入全球经济，提高我国在全球经济治理中的制度性话语权，构建广泛利益共同体的重要举措。这个时期的经济开放的鲜明特点是主动性与试验性的结合、引进来与走出去的结合、历史性与现实性的结合。从而使经济开放格局视野更宏大、内容更丰富，特色更鲜明，凸显中国经济全方位的开放性、包容性、共赢性和世界性，也是对"以开放的最大优势谋求更大发展空间"理论和实践的具体诠释。

（三）从"发展才是硬道理"到"中国经济新常态"——经济增长模式的新认识

"发展才是硬道理"是邓小平1992年在南方谈话中提出的一个著名论断。这个论断，是基于对"落后就要挨打"历史悲剧的准确认识、基于对党的工作重心已经转移到"以经济建设为中心"的客观现实而提出来的，也是当时在试办经济特区、推进改革开放进程中对姓资姓社问题争论的有力回击。这个论断浅显易懂、朴实无华、寓意深刻，抓住了解决中国一切问题的关键。邓小平的"发展论"连同他的"猫论"，改变了中国在经济社会变革中过去凡事都要首先考量意识形态、凡事都要先问老祖宗先问教条的思维定势，为建设中国特色社会主义扫除了思想障碍，指明了前进方向。但是，一度盲目的以GDP增长率论"英雄"之风盛行，违背客观规律，罔顾民生问题、环保问题，大肆搞"面子工程""形象工程""政绩工程"，导致GDP看似增长了，但是，环境破坏了，资源枯竭了，老百姓的获得感并没有增强，民生并没有真正改善。这本质上是对邓小平"发展论"的曲解，是对科学发展观的践踏，是一种不可持续的发展。

党的十八大以来，党中央对经济发展新态势高度重视，面对中国经济出现的增长速度换挡期、结构调整阵痛期、前期刺激政策消化期"三期"叠加的复杂时段，党中央提出了主动适应经济发展新常态的基本论断，所谓经济新常态，"就是经济结构的对称态，在经济结构对称态基础上的经济可持续发展，包括经济可持续稳增长。经济新常态是强调结构稳增长的经济，而不是总量经济；是着眼于经济结构的对称态及在对称态基础上的可持续发展，而不仅仅是GDP、人均GDP增长与经济规模最大化。经济新常态就是用增长促发展，用发展促增长。经济新常态不是不需要GDP，而是不需要GDP增长方式；不是不需要增长，而是把GDP

增长放在发展模式中定位,使 GDP 增长成为再生型增长方式、生产力发展模式的组成部分"。① 经济新常态,按照创新、协调、绿色、开放、共享的发展理念,坚持稳中求进和稳增长、调结构、惠民生、防风险的总基调,稳步推进供给侧结构性改革,为破除"唯 GDP 神话",摆脱经济高速增长的"困局"找到了出路。认识新常态、适应新常态、引领新常态成为当前和今后一个时期我国经济发展的基本逻辑和基本遵循。习近平总书记指出:"经济发展进入新常态,没有改变我国发展仍处于可以大有作为的重要战略机遇期的判断,改变的是重要战略机遇期的内涵和条件;没有改变我国经济发展总体向好的基本面,改变的是经济发展方式和经济结构。面对我国经济发展新常态,要认识新常态,适应新常态,引领新常态。"② 这是新时期习近平经济思想的集中体现,是指导我国新时期经济建设的基本遵循。

(四)从"初级小康社会"到"全面建成小康社会"——经济发展受益面的新表述

小康社会是介于温饱与富裕之间的一个特定发展阶段,"小康社会"是邓小平在 20 世纪 70 年代末 80 年代初在规划中国经济社会发展蓝图时提出的战略构想,但在那个年代,小康仍然是十分初级的,正如党的十二大提出到 20 世纪末要使人民生活达到小康水平,所谓小康水平,其实重点就是解决温饱问题,跟邓小平提出的小康社会(不是单纯的物质文明,还包括精神文明和政治文明等)是有差别的。后来,我们党提出了"全面建设小康社会"的命题,把"小康社会"提升到更高的级别和更大的面,但何时能建成,仍然是没有时间表的。直到党的十八大,才正式提出"确保到二〇二〇年实现全面建成小康社会宏伟目标",正式给出了时间表。党的十八届三中全会,为实现这一宏伟目标进行了全面深化改革的总部署,细化了各项改革的时间表,描绘了改革路线图。根据改革的时间表和路线图稳步推进,可以预料,到 2020 年,国内生产总值和城乡居民人均收入比 2010 年翻一番的目标一定可以实现,经济建设、政治建设、文化建设、

---

① 中国经济新常态(经济特征)http://baike.baidu.com/link?url = 6O1ez VfVVzmDt-mKfvowVbbR8Hra3jV5v44FSKANF0KuDSiXW40DpZELCV3qogmBmfmMWTAQe9lbyerWvNtPiCfxm8oQUbFvPQpPaq5UD4bW。

② 江夏、白天亮、赵永平、陆娅楠:《迈出大国经济铿锵步履——十八大以来党中央领导经济工作述评》,《人民日报》2016 年 2 月 1 日。

社会建设、生态文明建设等统筹推进,改革开放的"红利"将惠及十几亿人,人民将在共建共享发展中有更多获得感,朝着共同富裕方向稳步前进。就像十八届五中全会所描述的那样"按照人人参与、人人尽力、人人享有的要求,坚持底线、突出重点、完善制度、引领预期,注重机会公平,保障基本民生,实现全体人民共同迈入全面小康社会"[①]。

(作者单位:广东外语外贸大学)

[①] 《中国共产党第十八届中央委员会第五次全体会议文件汇编》,人民出版社 2015 年版,第 13 页。

试论凝心聚力决胜小康的精神机制

奚洁人

凝心聚力，决胜全面小康，必须形成广泛的社会认同和思想共识。社会认同，包含了丰富的内容，具有增强认知共识、组织归属感、群体凝聚力和行为激励等多种功能。习近平总书记在十八届五中全会上强调指出，"没有广大党员、干部的积极性和执行力，再好的政策措施也会落空。"[①] 因此，在全面建成小康社会进入冲刺阶段，贯彻落实五中全会精神，决胜全面小康，必须重视建构有效的社会认同的精神机制，以最大限度地凝聚共识，凝聚人心，凝聚中国力量，着力提高广大党员、干部带领人民群众决胜全面小康的积极性和执行力的内在基础和内生动力。

一 愿景认同，以决胜全面小康和实现中国梦，凝聚目标共识

愿景，是一个国家、一个民族、一个组织或团队对未来发展的长远目标或某个时间节点的阶段性发展图景的期待，对于组织成员具有很强的吸引力、凝聚力和动员力。一个正确的愿景，需要执政党（领导者）在实践中不断地提高它的群众认同度，才能起到应有的引领、鼓舞和凝聚人心的作用。鉴于"我们党在不同历史时期，总是根据人民意愿和事业发展需要，提出富有感召力的奋斗目标，团结带领人民为之奋斗"的历史经验，党中央提出了全面建成小康和实现中国梦的战略愿景。首先，建设小康社会，具有悠久的历史传统和深厚广泛的群众基础。我们知道，小康的概念源于中国古代人民对于美好生活的一种真诚期待和向往。1979年，邓小平正式提出"小康社会"的构想后，历届党的代表大会一直将它确立为我们党和国家的发展愿景和阶段性奋斗目标。党的十八大明确提出了全面建成

[①] 习近平：《深刻认识全面建成小康社会决胜阶段的形势》，《求是》2016年第1期。

小康社会的奋斗目标,十八届五中全会明确,全面建成小康已经进入了"需要一鼓作气向终点线冲刺的历史时刻"①的决胜阶段。突出决胜全面小康,一是意在进一步用愿景和目标来凝聚共识,积聚力量,激发和鼓舞全党为此奋斗的使命感、责任感和紧迫感、节奏感;二是旨在进一步动员全党着力弘扬不畏艰险,攻坚克难的顽强拼搏精神,迅速进入决胜小康的临战状态;三是进一步突出增强全党瞄准奋斗目标,履行各自职责,出色完成任务的"精准"意识。其次,党的十八大以后,习近平总书记将近代以来中国人民为摆脱苦难,渴望自由,追求幸福,实现国家富强和民族复兴的强烈愿望和执着梦想概括为"中国梦",强调"中国梦的本质是国家富强、民族振兴和人民幸福"②,并且将决胜全面小康的战略目标,同实现建国一百年的奋斗目标和实现中国梦的宏伟愿景直接相联系起来,构建了一个更加完整的愿景目标系统,把决胜全面小康社会作为中华民族长期以来所积累能量的历史爆发点,这就为增强愿景目标的认同和共识,提供了更为有力的历史底蕴、逻辑论证和能量集聚点。正如习近平总书记不久前指出的,"中华民族积蓄的能量太久了,要爆发出来去实现伟大的中国梦。这是我们这一代人的历史使命,我们每一个人都在自己的岗位上为实现这个目标而奋斗。"③ 最后,"中国梦"是一个具有广泛认同基础的愿景、目标和"公约数"。习近平总书记强调指出,中国梦"是中国各族人民的共同愿景","是一种形象的表达,是一个最大公约数,是一种为群众易于接受的表述"④。而且通过向世界"讲中国故事",传播中国梦是和平、发展、合作、共赢的梦,是同世界各国人民寻求国家发展振兴、人民富裕幸福的梦想息息相通的理念,争取在世界范围内获得更多的理解和支持。尤其是通过倡导、推进"一带一路"战略,让"一带一路"建设造福沿线各国人民。⑤ 有效地促进了世界上更多的国家人民对我们愿景目标的关注、支持和参与合作。总之,具有深厚历史基础和广泛群众基础的愿景认同,

---

① 习近平:《深刻认识全面建成小康社会决胜阶段的形势》,《求是》2016年第1期。
② 《习近平关于实现中华民族伟大复兴的中国梦论述摘编》,中央文献出版社2013年版,第7页。
③ 《习近平在考察银川宁东能源化工基地时讲话》,《人民日报》2016年7月19日。
④ 《习近平关于实现中华民族伟大复兴的中国梦论述摘编》,中央文献出版社2013年版,第10页。
⑤ 《习近平在推进"一带一路"建设工作座谈会上的讲话》,《人民日报》2016年8月18日。

目标共识使决胜全面小康获得了更加强大的凝聚力、引导力。

二 理念认同，以新发展理念，凝聚发展思路共识

我们知道，"创新、协调、绿色、开放、共享"的五大新发展理念，是贯穿五中全会精神的灵魂和主线，也是全会最鲜明的特色和重大贡献，创造性回答了经济发展新常态条件下，实现什么样的发展、如何实现发展的重大问题。首先，发展理念认同就是发展的思想观念、思路、战略和方式的认同。习近平总书记强调，"理念是行动的先导"，"发展理念是战略性、纲领性、引领性的东西，是发展思路、发展方向、发展着力点的集中体现。""发展理念是否对头，从根本上决定着发展成效乃至成败。"[①] 可见，理念认同至关重要。其次，发展理念认同要落实到战略认同、行为认同。理念要指导和转化为战略和规划，战略和规划要转化为具有操作性的政策和措施才能落实。理念认同、战略认同一定要通过实践，转化、落实到行为认同和实际做法的规范和标准。"新发展理念就是指挥棒、红绿灯"，要真正把全党的思想和行动统一到新发展理念上来，必须做到令行禁止，要着力解决好在认识上、行为上、做法上的"不适应、不适合"问题，切实做到"对不适应、不适合甚至违背新发展理念的认识要立即调整，对不适应、不适合甚至违背新发展理念的行为要坚决纠正，对不适应、不适合甚至违背新发展理念的做法要彻底摒弃"。[②] 再次，发展理念认同也是发展方式的认同。五大新发展理念，不仅是决胜全面建成小康社会的发展思路和战略方针，也是在更长的历史时期中引领我国发展实践的基本遵循，意味着我们将真正告别、舍弃粗放型发展方式，切实解决好速度、质量、效益和动力问题，开创并加快形成适应新常态、引领新常态的新的经济发展方式，真正实现遵循经济规律的科学发展，遵循自然规律的可持续发展，遵循社会规律的包容性发展的新发展方式。最后，发展理念认同要上升到党的发展理论认同。五大发展理念是我们党关于发展理论的重大创新和发展，体现了我们对新的发展阶段基本要求和本质特征的深刻洞悉和把握，反映了我们党对经济社会发展规律认识的深化，标志着我们党的执政能力和领导经济社会发展水平达到了新的历史和理论的高度，是

[①] 习近平：《深刻认识全面建成小康社会决胜阶段的形势》，《求是》2016 年第 1 期。
[②] 《习近平在中央政治局第 30 次集体学习会上的讲话》，《人民日报》2016 年 1 月 30 日。

马克思主义中国化理论创新的最新成果之一。因此，自觉地从思想上、行动上、发展方式上、发展理论上增强认同，凝聚共识，是凝心聚力，决胜全面小康的根本要求。

三 价值认同，以社会主义核心价值观，凝聚文化共识

习近平总书记强调，"对一个民族、一个国家来说，最持久、最深层的力量是全社会共同认可的核心价值观。"① 提高价值认同度，凝聚社会共识、文化共识，首先要增强对价值主体的认同。党的十八大进一步高扬"坚持人民主体地位"的价值原则，强调人民是推动发展的根本力量和发展的根本目的历史唯物主义基本原理。五中全会首次提出"以人民为中心发展思想"的重要观点，强调"必须坚持以人民为中心的发展思想，把增进人民福祉、促进人的全面发展作为发展的出发点和落脚点"。② 并在《规划建议》的第七部分，以"坚持共享发展，着力增进人民福祉"为题，从八个方面作了具体的政策规划和工作部署，力求将这一价值主体认同落到实处。习近平总书记还强调提出要坚持"四个共享"，即坚持全面共享、全民共享、共建共享和渐进共享，体现了对提高价值主体认同度的战略性深化和政策性落实。其次，增强价值认同、凝聚文化共识，需要着力于价值观念的转换，即通过非强制方式，使社会主义核心价值观真正实现和完成从倡导到认同，到形成共识，再到自觉践行的过程。我们突出自觉践行社会主义核心价值观，就是要强调这种转换的有效完成。所以，价值认同，不仅是观念认同，还要情感认同、行为认同，特别要力求做到春风化雨、潜移默化。必须坚持知行合一的原则，多种渠道并举，"要通过教育引导、舆论宣传、文化熏陶、实践养成、制度保障等，使社会主义核心价值观内化为人们的精神追求，外化为人们的自觉行动"。③ 要重视价值传承的代际传递，要从娃娃抓起，从小形成正确的价值判断和行为习惯。要重视优秀典型人格的示范作用，在全社会倡导、树立可认知、感受的生动具体的学习榜样，形成良好的社会文化氛围。最后，增强价值认同、凝聚文化共识，必须以提高文化自觉、文化自信、凝聚文化共识为出发点和落脚

---

① 《习近平在北京大学师生座谈会上的讲话》，《人民日报》2014年5月5日。
② 《中共中央关于制定国民经济和社会发展第十三个五年规划的建议》。
③ 《习近平在中央政治局第13次集体学习会上的讲话》，《人民日报》2014年2月26日。

点。强调文化自觉，就是要深化文化对于提高价值认同的地位和作用的认识，提高运用文化的途径和力量增强价值认同的能力，强化提高价值认同的文化使命感及其自觉的责任担当。强调文化自信，是因为"文化自信，是更基础、更广泛、更深厚的自信"。① 文化自信的本质是价值自信。对此，当前我们应该特别强调以下四点：一是坚持马克思主义、中国特色社会主义的理论自信，用社会主义核心价值体系引领社会思潮、凝聚社会共识，这是社会主义核心价值观凝聚文化共识的政治方向和理论基础；二是必须认真汲取中华民族在5000多年文明发展中孕育的优秀传统文化的思想精华和道德精髓，因为"抛弃传统、丢掉根本，就等于割断了自己的精神命脉"。要处理好继承和发展的关系，重点做好创造性转化和创新性发展，赋予优秀传统文化及其核心价值理念以新的时代精神和旺盛生命力；三是传承创新在党和人民伟大斗争中孕育的革命文化和社会主义先进文化，大力弘扬以爱国主义为核心的民族精神和以改革创新为核心的时代精神。因为核心价值观的内涵也是历史的具体的，要适应时代的变化和实践的发展；四是针对历史虚无主义的社会现象，要坚决捍卫人民领袖、民族英雄和道德模范，因为他们是核心价值观的现实载体以及中华优秀文化的人格载体和精神标志。我们要努力以文化共识，凝聚增强全党全国各族人民决胜全面小康的精神力量。

四 方法认同，以唯物辩证法，凝聚思想共识

唯物辩证法是实现发展理念和愿景目标的根本理论武器和思想工具，是我们过河的桥和船。习近平总书记在五中全会上强调注意把握的四条原则，贯穿着马克思主义的唯物辩证法，是决胜全面小康重要的思想工具和思维方式，必须形成全党共识。这四条原则：一是坚持目标导向和问题导向相统一的方法。坚持既从实现全面建成小康社会目标倒推，又从迫切需要解决的问题顺推，明确破解难题的途径和办法的原则。这种双向推动的导向型思维，有利于创新和建立目标驱动和问题倒逼双向推进的动力机制。可以说，"在适度扩大总需求的同时，着力加强供给侧结构性改革"② 的思路，也正是这种双向推动导向型思想方法的运用，防止和避免了将需

---

① 习近平：《在庆祝中国共产党成立95周年大会上的讲话》，《人民日报》2016年7月2日。
② 《习近平在中央财经领导小组第十一次会议上的讲话》，《人民日报》2015年11月11日。

求和供给割裂的形而上学思想方法。二是坚持立足国内和全球视野相统筹的方法。就是"既以新理念新思路新举措主动适应和积极引领经济发展新常态,又从全球经济联系中进行谋划,重视提高在全球范围配置资源的能力"①的原则。这种内外联动的思想方法,即立足国内,要以新理念新思路新举措主动适应和积极引领经济发展新常态,而不是继续停留在过去传统的发展方式上做统筹。全球视野,"必须顺应我国经济深度融入世界经济的趋势","从全球经济联系中进行谋划"。积极参与全球治理,引领和影响全球发展,更好地担当起中国作为负责任的发展中大国的历史责任。三是坚持全面规划和突出重点相协调的方法。要坚持既着眼于全面推进小康社会建设,又要突出薄弱环节和滞后领域,抓住重点集中攻关。这种"全面而不面面俱到"的思维方式,首先必须坚持从整体上"全面"地、系统地,而不是零碎地或片面地看问题。同时在全面之中要突出战略重点,推动全局要抓住关键局部,切忌面面俱到,平均使力。总之,全面是有重点的全面,重点是处于全面和整体中的重点。所以,决胜全面小康要紧紧抓住"衣领子""牛鼻子",要从"五位一体"总体布局、"四个全面"战略布局、新发展理念、五大支柱性政策、补短板防风险来把握发展战略重点。② 四是坚持战略性和操作性相结合的方法。任何一项重大规划,必须将战略性与操作性相结合,要具有虚实相生的品质和特征。因为只有对操作性有很强指导意义的战略规划,才能通过战略的深化、细化、具体化得以落实。反之,缺乏战略指导的操作性,又往往会存在着立意不高,方向模糊,定位不清,整体感不强,甚至会陷入为操作而操作的庸俗事务主义之中。陈云同志曾经说过:"最要紧的,是把思想方法搞对头。"在决胜小康的冲刺阶段,全党同志在思想方法上的认同和统一,也是不可或缺的。方法对头了,就能避免片面性;方法对头了,就可以事半功倍;方法对头了,就能做到心往一处想,劲往一处使。

五 规矩认同,以铁的纪律和政治规矩,凝聚政治共识

"没有规矩,不成方圆",对于中央重大决策在思想上政治上行动上的

---

① 习近平:《关于〈中共中央关于制定国民经济和社会发展第十三个五年规划的建议〉的说明》。

② 《习近平在中央政治局第30次集体学习会上的讲话》,《人民日报》2016年1月30日。

认同和共识的凝聚,不仅是思想认识问题,也是遵守党的纪律和规矩问题,对于广大党员干部来说,更应该自觉地"要把党的纪律和规矩挺在前面",这是我们党在长期的革命、建设和改革实践中形成的优良传统,是党的战斗力、凝聚力的重要体现,是保证我们党团结胜利的重要法宝,是决胜全面小康的重要政治保证和精神文化保证。当前,我们强调要增强四种意识,以凝聚政治共识:一是看齐意识。它是我们党的优良传统和政治规矩。"三大纪律八项注意"的第一条就是一切行动听指挥,步调一致才能取得胜利。毛泽东在党的七大预备会上明确提出"看齐原则",强调"我们要向中央基准看齐。"[1] 习近平总书记多次强调全党必须"在思想上政治上行动上全方位向党中央看齐,做到表里如一,知行合一。"[2] 要求我们自觉地、经常地、主动地向党中央看齐,向党的理论和路线方针政策看齐,把自己的工作同党中央重大决策部署衔接起来、统一起来。全党必须自觉地增强向决胜小康的战略、政策和要求看齐这样的政治共识。二是责任意识。就是每一位共产党员都要有敢于担当的胸怀、勇气和格调,要担当起自己在决胜全面小康中该担当的责任,始终保持向终点线冲刺的良好精神状态。习近平总书记反复强调,"有权必有责、有责要担当、失职必追究"。谁要是对贯彻落实五中全会精神和"十三五"规划不履行责任主体职责,敷衍了事或"为官不为",就是破坏了党的规矩,就要问责。三是实干意识。马克思曾指出,"空谈和实干是不可调和的对立面。"习近平总书记强调,"行胜于言","一个行动胜过一打纲领"。在宁夏考察时反复强调"社会主义是干出来的","全面建成小康社会胜利在望,我们要埋头苦干、真抓实干,不断取得一个个丰硕成果"。所以,实干,既是我们党的优良作风,也是马克思主义、社会主义的政治原则,是党的政治规矩。特别是全面建成小康社会的冲锋号已经吹响,军令状已经立下。必须以"一分部署九分落实"工作理念和精神状态奋力向全面建成小康目标冲刺。四是标杆意识。中国共产党,既是中国工人阶级先锋队,同时也是中国人民和中华民族的先锋队。先锋队的重要职责,就是起模范和标杆作用。所以,我们共产党人首先要做政治上、人格上的标杆。要严以修身律己,做到定位准,标准高。要在坚定理想信念,加强党性修养,涵养人格

---

[1]《毛泽东在七大的报告和讲话集》,中央文献出版社 1995 年版,第 13 页。
[2]《习近平关于严明党的纪律和规矩论述摘编》,中央文献出版社 2016 年版,第 20—21 页。

品质上做标杆,以人格力量引导群众提高对党的政治认同度,"以人格力量凝聚党心民心"。① 其次,要做谋事创业上的标杆。谋事创业要有大局观,要自觉地服从大局、服务大局。凡事要以身作则、率先垂范。改革创新,冲锋在前、抢挑重担。破解难题,甘于吃苦、不畏艰难。真正成为带领群众实现奋斗目标,开创事业发展新局面的"带头羊"和领路人。最后,要做引领社会良好风尚的标杆。要以良好的党风,促政风,带民风,形成决胜全面小康的好风尚。"所有党员、干部都要按照'三严三实'要求鞭策自己,在引领社会风尚上,各级领导干部要当好旗帜和标杆,全体党员要发挥先锋模范作用。"② 总之,只有守纪律,讲规矩,重风尚,我们才能动作整齐,步调一致地去争取决胜小康的伟大胜利。

参考文献

[1]《习近平谈治国理政》,外文出版社2014年版。

[2] 习近平:《深刻认识全面建成小康社会决胜阶段的形势》,《求是》2016年第1期。

[3]《毛泽东在七大的报告和讲话集》,中央文献出版社1995年版,第13页。

(作者单位:中国浦东干部学院、上海市中国特色
社会主义理论体系研究中心)

---

① 《习近平关于严明党的纪律和规矩论述摘编》,中央文献出版社2016年版,第68页。
② 《习近平在中央政治局第26次集体学习会上的讲话》,《人民日报》2015年9月12日。

对小康社会理论的哲学思考

梅黎明

"全面建成小康社会,是我们党向人民、向历史作出的庄严承诺,是13亿多中国人民的共同期盼。"在建党95周年纪念大会上,习近平总书记深情的重申:到2020年中国共产党成立100年时实现第一个百年奋斗目标、全面建成小康社会。中国已经进入全面建成小康社会的决定性阶段。实现这个目标是实现中华民族伟大复兴中国梦的关键一步。当前,深刻认识全面建成小康社会的重要性和紧迫性,特别是从哲学的高度全面、深入、系统地把握小康社会理论,对于我们主动适应经济发展新常态,协力推进"四个全面"战略布局,践行五大发展理念,如期实现全面建成小康社会宏伟目标,具有现实而深远的重大意义。

马克思指出,"理论在一个国家的实现程度,决定于理论满足这个国家需要的程度。"① 新中国建设和发展的历史已经证明,坚持马克思主义理论,社会主义事业就会顺利进行;反之任何对马克思主义理论的偏离和违背,都会危害社会主义事业,危害人民群众。中国现代化的小康社会理论正是在对马克思主义理论深刻理解的基础上逐渐丰富和发展起来的。

一 小康社会理论体现了唯物辩证法的发展观

作为一种哲学理论,唯物辩证法是关于世界普遍联系和永恒发展的学说,揭示的是自然界、人类社会和思维发展的一般规律。唯物辩证法指出,世界是相互联系、相互作用所构成的运动,其本质是发展的;发展是事物的上升运动,发展的本质是旧事物的灭亡和新事物的产生。因此,唯物辩证法被称为"最完整深刻而无片面性弊病的关于发展的学说"。同时,

---

① 《马克思恩格斯选集》第1卷,人民出版社1972年版,第10页。

唯物辩证法认为，事物的存在和发展也是一个过程。正如恩格斯所说，"一个伟大的基本思想，即认为世界不是既成事物的集合体，而是过程的集合体。"① 小康社会理论的产生也不例外。

"小康"是一个具有鲜明中国特色的概念。"小康"概念最早出自《诗经》，《诗·大雅·民劳》中说："民亦劳止，汔可小康。"意思是说，老百姓终日劳作不止，最大的愿望就是稍微过上安康的生活。中国古代典籍《礼记》一书描述了作为一种社会模式的"小康"，人们"各亲其亲，各子其子，货力为己，大人世及以为礼，城郭沟池以为固"。可见，古人眼中的"小康社会"是一种财产私有、生活宽裕、家庭和睦、上下有序、讲究礼仪的社会状态。在这里，"小康"指在自然经济条件下比较宽裕的生活状态，是比理想中"天下为公"的"大同"社会较低级的发展阶段和社会形态。今天我们所讲的小康社会理论，是指中国特色的现代化理论。1979年12月6日，邓小平在会见日本首相大平正芳时，第一次提出了"小康"概念以及在20世纪末我国达到"小康社会"的构想。他说："我们的四个现代化的概念，不是像你们那样的现代化的概念，而是'小康之家'。"② 1984年3月25日，邓小平会见日本首相中曾根康弘时说："到本世纪末在中国建立一个小康社会。这个小康社会，叫做中国式的现代化。"③ 经过全党和全国各族人民的共同努力，20世纪末，我国人民生活总体上开始达到小康水平，这是中华民族发展史上的一个新的里程碑。

改革开放30多年来，随着我国经济的快速增长，居民收入大幅度提高，城乡居民生活水平连续跨越几个台阶，从基本消除贫困，到解决温饱，再到实现总体小康，正在向全面建成小康社会目标迈进。这就体现了社会发展的自然逻辑。全面建成小康社会也是过程和阶段相统一的集合体。我们把到本世纪中叶实现中国梦——中国特色社会主义现代化作为一个长期过程和目标，而全面建设小康社会是实现中国梦目标必经的承上启下的发展阶段。

正如习近平总书记所强调的，"发展是党执政兴国的第一要务，是解决中国所有问题的关键。我国仍处于并将长期处于社会主义初级阶段的基

---

① 《马克思恩格斯选集》第4卷，人民出版社1995年版，第244页。
② 《邓小平文选》第2卷，人民出版社1994年版，第237页。
③ 《邓小平文选》第3卷，人民出版社1993年版，第54页。

本国情没有变，人民日益增长的物质文化需要同落后的社会生产之间的矛盾这一社会主要矛盾没有变，我国是世界上最大发展中国家的国际地位没有变。这是我们谋划发展的基本依据。"① 只要我们始终坚持辩证法的发展观，始终坚持全面深化改革开放，紧跟时代步伐，与时俱进，全面建成小康社会的奋斗目标一定能如期实现，中华民族伟大复兴的中国梦也一定会实现。

二 小康社会理论体现了马克思主义的社会有机体思想

马克思认为，人类社会是由"社会体系的各个环节"构成的，是"一切关系在其中同时存在而又互相依存的社会有机体"。② 社会有机体思想在马克思主义哲学中占有重要地位，它为我们理解人类社会的本质，特别是全面理解社会的内部结构、生长机制以及运动规律提供了科学的方法论。列宁也指出："马克思和恩格斯称之为辩证方法的，不是别的，正是社会学中的科学方法，这个方法把社会看作处在不断发展中的活的机体。"③

马克思主义的社会有机体思想是从总体上把握人类社会功能及其整体系统发展规律的理论。马克思主义认为，人类社会是在社会实践的基础上由经济、政治、文化、自然环境等要素构成并且相互联系、相互依赖、相互作用、辩证统一的有机整体，具有整体性、系统性、同构性和多样性等特征。在这个有机联系的社会关系中，各种因素是按照特定的方式组合起来的，彼此形成一种固定的关系，表现出一定的秩序，从而使社会成为一个具有内在统一性的整体。

党的十八大提出的全面建成小康社会的具体内容是，经济持续健康发展，人民民主不断扩大，文化软实力显著增强，人民生活水平全面提高，资源节约型、环境友好型社会建设取得重大进展。这个目标是一个涵盖了经济、政治、文化、社会、生态等各要素相互联系、相互作用的统一整体，体现了马克思所说的"一切关系在其中同时存在而又相互依存的社会有机体"。作为中国现代化建设进程中的重要阶段，全面小康社会是一个具有整体性、系统性和全面性的社会有机体，其建成也是一个具有整体

---

① 习近平：《在庆祝中国共产党成立95周年大会上的讲话》，《人民日报》2017年7月2日。
② 《马克思恩格斯全集》第1卷，人民出版社1995年版，第143页。
③ 《列宁全集》第1卷，人民出版社1984年版，第135页。

性、复杂性和协同性特征的推进与实现过程，其中的任何一个方面都不是孤立进行的，而是相辅相成、相互影响的交互作用关系，彼此间体现出高度的关联性。依据马克思主义社会有机体理论，全面建成小康社会的"全面"，体现为构成社会诸要素的整体性、系统性和建设目标要求上的全面性。同时，全面建成小康社会，也体现了社会有机体自组织、自调节的特征。

三 小康社会理论体现了马克思主义的生产力标准

物质生产实践作为解决人类生存第一需要的基本活动，是人类其他实践活动的基础。马克思指出，"人们为了能够'创造历史'，必须能够生活。但是为了生活，首先就需要吃喝住穿以及其他一些东西。因此第一个历史活动就是满足这些需要的资料，即生产物质生活本身"。[①] 而生产力就是人们在物质生产活动中形成的解决社会同自然之间矛盾的实际能力，是人类改造自然使其适应社会需要的物质力量。从哲学上看，生产力是标志人类改造自然的实际程度和实际能力的范畴。

马克思主义认为，生产力是一切社会发展的最终决定力量。人类社会发展的全部历史也表明，社会的发展总是从生产力的发展开始的，是在生产力和生产关系、经济基础和上层建筑的矛盾运动中实现的。因此，一切社会、一切国家、一切政党的根本任务就是发展生产力。我国社会发展的任务很多，但根本的任务、第一位的任务就是发展生产力。邓小平说，社会主义经济政策对不对，归根到底要看生产力是否发展，人民收入是否增长，这是压倒一切的标准。所谓生产力的标准，就是指把是否有利于解放和发展生产力，作为判断我们路线、方针、政策正确与否的根本标准，作为判断我们工作是非得失的根本标准，作为判断社会制度是否优越和进步的根本标准。这也是马克思主义者应有的科学态度。

"小康社会"首先是一个经济概念，内含着生产力标准。邓小平说，"所谓小康社会，就是虽不富裕，但日子好过。"[②] "所谓小康，从国民生产总值来说，就是年人均达到八百美元。"[③] 小康社会是一个社会生产力发

[①] 《马克思恩格斯选集》第 1 卷，人民出版社 1995 年版，第 79 页。
[②] 《邓小平文选》第 3 卷，人民出版社 1993 年版，第 161 页。
[③] 同上书，第 64 页。

展的，人均国民生产总值和人民生活水平不断提高，综合国力特别是经济实力将会显著增强的社会发展阶段。党的十八大确立的全面建成小康社会的第一个目标就是经济持续健康发展。要在发展平衡性、协调性、可持续性明显增强的基础上，实现国内生产总值和城乡居民人均收入比2010年翻一番。这就是生产力标准，也是第一位的标准。所以，习近平总书记指出，"全面建成小康社会，实现社会主义现代化，实现中华民族伟大复兴，最根本最紧迫的任务还是进一步解放和发展社会生产力。"①

四 小康社会理论体现了实事求是的马克思主义思想路线

一切从实际出发，实事求是是坚持世界物质性的必然要求和逻辑结论，它是党的思想路线的重要内容，也是进行一切实际工作的根本方法。"实事求是"一语，源出于《汉书》，班固称汉景帝之子刘德"修学好古，实事求是"。毛泽东在1938年党的六届六中全会上第一次提出实事求是概念，他说："共产党员应是实事求是的模范"。1945年党的"七大"上，以实事求是为核心的思想路线在全党得以确立。我们党正是依靠这条正确的思想路线，最终夺取了全国胜利。邓小平同志指出："实事求是，是无产阶级世界观的基础，过去我们搞革命所取得的一切胜利，是靠实事求是；现在我们要实现四个现代化，同样要靠实事求是。"② 习近平总书记指出："实事求是，是马克思主义的根本观点，是中国共产党人认识世界、改造世界的根本要求，是我们党的基本思想方法、工作方法、领导方法。不论过去、现在和将来，我们都要坚持一切从实际出发，理论联系实际，在实践中检验真理和发展真理。"③ 小康社会建设的理论和实践就充分体现了实事求是的马克思主义思想路线。

回顾改革开放以来从小康社会到全面建设小康社会，再到全面建成小康社会的历史轨迹，我们党始终把小康社会同中国的现代化建设相联系，体现了一切从实际出发，从中国国情出发，坚持实事求是的马克思主义思想路线。1979年，邓小平就指出："到本世纪末，我们大概只能达到发达

---

① 习近平：《切实把思想统一到党的十八届三中全会精神上来》，《人民日报》2014年1月1日。
② 《邓小平文选》第2卷，人民出版社1983年版，第143页。
③ 《习近平谈治国理政》，外文出版社2014年版，第25页。

国家 70 年代的水平，人均收入不可能很高。"① 邓小平同志在改革开放初期构建的小康社会是从当时的中国实际出发，是实事求是的，并已被前两步战略目标实现所证实。十六大报告也对当时所实现的小康作了实事求是的总结，"现在达到的小康还是低水平的、不全面的、发展很不平衡的小康。"

党的十八大以来，以习近平同志为总书记的党中央从坚持和发展中国特色社会主义全局出发，提出了全面建成小康社会、全面深化改革、全面依法治国、全面从严治党的战略布局。"四个全面"战略布局是有机联系、相互贯通的顶层设计，全面建成小康社会是处于统领地位的战略目标，全面深化改革、全面依法治国、全面从严治党是实现这一目标的三大战略举措。这"四个全面"，是从我国发展现实需要中得出来的，是从人民群众的热切期待中得出来的，是为推动解决我们面临的突出矛盾和问题提出来的，是坚持实事求是思想路线的成果，进一步明确了新形势下党和国家各项工作的战略方向、重点领域、主攻目标，开辟了我们党治国理政的新境界，为实现"两个一百年"奋斗目标和中华民族伟大复兴的中国梦提供了行动指南。

五 小康社会理论体现了不忘初心的马克思主义群众观

群众路线是我们党的思想路线、政治路线和组织路线的根本工作路线，是党的根本领导方法和工作方法。马克思主义群众观是党的群众路线的理论基石。马克思主义认为，社会历史从根本上说是生产发展的历史，是人民群众创造的历史；人民群众具有首创精神，是社会实践和历史发展的主体，是社会变革和历史发展的决定力量。马克思主义认为，人民群众的力量是无限的。毛泽东把共产党比作种子，把人民群众比作大地，他说，"真正的铜墙铁壁是什么？是群众，是千百万真心实意地拥护革命的群众。这是真正的铜墙铁壁，什么力量也打不破的，完全打不破的"。② 全面建成小康社会既需要人民群众的积极推动，也必将促进人的全面发展。

邓小平同志所说的"小康社会"，是指人民的生活达到"小康水平"，这是指在温饱的基础上，生活质量进一步提高，达到丰衣足食。可以看

---

① 《邓小平思想年谱》，中央文献出版社 1998 年版，第 112 页。
② 《毛泽东选集》第 1 卷，人民出版社 1991 年版，第 139 页。

出,人民群众的生活水平是小康的主要标准。党的十六大提出的全面建设小康社会,是以"全面建设惠及十几亿人口""使人民生活更加殷实""文化更加繁荣"等为目标,充分地体现了人民群众作为历史主体的目的性要求。党的十八大以来,习近平总书记围绕"全面建成小康社会"提出了一系列新思想、新论断、新要求,准确把握当代中国实际,科学回答了全面建成小康社会面临的诸多重大问题。他一再强调,"小康不小康,关键看老乡""最艰巨最繁重的任务在农村、特别是在贫困地区""一个民族都不能少""不能丢了农村这一头""决不能让一个苏区老区掉队"等等。特别是在庆祝中国共产党成立95周年大会上,习近平总书记特别强调,"要坚持不忘初心、继续前进,就要坚信党的根基在人民、党的力量在人民,坚持一切为了人民、一切依靠人民,充分发挥广大人民群众的积极性、主动性、创造性,不断把为人民造福事业推向前进。"[1] 这一系列讲话,充分体现了马克思主义的群众观点,充分体现了共产党人的本色初衷、雄心壮志和使命担当,为决胜全面小康、实现中国梦凝聚起必胜信心和磅礴力量。

今天,不忘初心,为民造福,首先要全面建成小康社会。正是不忘初心,中国共产党人提出了全面建成小康社会的奋斗目标;也只有不忘初心,始终践行马克思主义群众观,坚持人民群众的历史主体地位,全心全意为人民服务,一切相信群众,一切依靠群众,向人民学习,对人民负责,立党为公,执政为民,让发展成果惠及全体人民,始终保持党同人民群众的血肉联系,才能真正全面建成小康社会。

在全面建成小康社会中践行不忘初心的马克思主义群众观,关键要让人民群众过上幸福生活,要让人民群众尝到实在的甜头,解决人民群众最需要解决的事情,特别要注重从吃、穿、住、行、医疗、文化、教育等方面,让群众能真切感受到日子越过越滋润,切身体会到生活越过越红火。要坚持像关心亲人一样关心群众,像感受亲情一样感受民意,使人民群众的安全感、归属感、幸福感增强。只有这样才能提高人民群众对全面建成小康的认同感和参与建设的积极性。

(作者单位:中国井冈山干部学院)

---

[1] 习近平:《在庆祝中国共产党成立95周年大会上的讲话》,《人民日报》2016年7月2日。

习近平总书记全面建成小康社会思想研究

文丰安

党的十八大以来,习近平总书记围绕"全面建成小康社会"提出了一系列新思想、新论断、新要求,准确地把握了当代中国实际,科学回答了全面建成小康社会面临的诸多重大问题。这构成了习近平总书记全面建成小康社会的主要思想内容。

一 全面建成小康社会的丰富内涵:社会主义初级阶段的阶段性目标

习近平总书记在参观复兴之路大型展览首次将"全面建成小康社会"、建成"社会主义现代化国家"、实现"中华民族伟大复兴"等战略目标凝聚成三个层次、不同程度的梦想。要想实现这一梦想,第一步就是要全面建成小康社会,这是时代的必然要求。

党的十八大报告指出,我们站在新的历史起点上,我国必须清楚的认识和分清国内国际两个环境,冷静分析发展趋势,抓住我国所处的战略机遇期,沉着应对,确保到2020年要实现全面建成小康社会的宏伟目标。这既是党对自身的要求,也是全体人民的共同要求,更是社会主义初级阶段的阶段性目标。"小康社会的构想"经历了从无到有、从"三步走"战略到总体建设小康社会,从建设小康社会到全面建设小康社会,从全面建设小康社会到全面建成小康社会的阶段。这一进程,不仅体现了与时俱进的特点,也体现了历代领导人对于前任领导人的方针政策的贯彻。不仅是对中国古代经典文化的继承和发扬,更是对马克思主义理论的发扬[1],是中国梦的进行时和阶段性目标。

---

[1] 赵颖:《全面建成小康社会思想的理论传承与创新》,《行政与法》2015年11月20日。

总的来说，小康社会的基本特征主要包括三个方面，分别是阶段性特征、全面性特征和均衡性特征。

阶段性特征是指我国社会主义现代化建设是一个漫长而渐进的发展过程，总体小康处于小康社会最开始的阶段。总体小康不完善，涉及的内容不全面，所以总体小康作为铺路石，起到基础性的作用。而全面建设小康社会是一个较高的发展阶段，它起到承上启下的作用，全面建设小康社会时期我国人民生活开始变得较为殷实和富裕，全面建设小康社会时期我国社会发展、生活水平发生了翻天覆地的改变，但是其存在低水平、不全面、不平衡的问题。全面建成小康社会是能否步入现代化的关键阶段，是解决影响现代化发展一切不利因素的先决条件。因而，小康社会是一个由低至高不断发展完善的过程，表明了其阶段性特征。

全面性特征是全面建成小康社会演进进程中最大的特征。小康社会的发展直接代表我国生产力发展水平，体现社会主义各项基本原则，在现代化进程中目标的实现和发展阶段完成状况。小康社会的发展过程中要涵盖方方面面，包括人民物质生活的改善、民主政治的发展、精神文化的需求等。全面建设小康社会的过程，是"五位一体"多方面协调发展的过程，是包括各个时期、各个方面的综合目标的制定，其最终目标是谋求人民群众能够得到全面发展和实现社会的全面进步。

均衡性特征是指：一横向上看，全面建成小康社会从注重经济发展，转变为追求经济发展的同时开始进行对民主政治、科教文化、社会和谐、生态等方面的整体推进。现今社会，衡量社会是否进入小康，不再拘泥于经济发展这个单一的方面，而是同时以政治、文化等一系列因素的综合指标为基准，依据发展目标之间的协调程度来判断小康社会的发展阶段。二纵向上看，小康社会力求缩小区域、城乡之间的差距，追求均衡发展。不再仅仅依据某一地区是否进入小康社会为标准，而是以全中国人民共同达到小康水平为准则，力求使全国人民都走上共同富裕的社会主义大道为基准。

二　全面建成小康社会思想的理论来源：中国传统文化精华结晶

习近平总书记在2012年11月29日参观《复兴之路》展览时说："中国传统文化博大精深，学习和掌握其中的各种思想精华，对树立正确的世界观、人生观、价值观很有益处。学史可以看成败、鉴得失、知兴替；学诗可以情飞扬、志高昂、人灵秀;学伦理可以知廉耻、懂荣辱、辨是非。"① 党的十八大报告首次正式提出全面"建成"小康社会。"小康社会"是由邓小平在20世纪70年代末80年代初在规划中国经济社会发展蓝图时提出的战略构想。传统政治文化中的"仁政"思想。习近平总书记在谈到对待中国传统文化的态度时指出:"要处理好继承和创造性发展的关系,重点做好创造性转化和创新性发展。"

全面小康社会的思想,在我国的传统文化中就已有表述。传统文化中儒家思想创始人孔子的"仁政"思想就曾提到:"社会纷乱,战争频繁,礼乐崩坏,邦家混乱"等,都是因为社会纲常不复有已。而大同社会则寄托着儒家对人类社会未来生活的美好向往。儒家经典之一《礼记·礼运》中就曾写道:"大道之行也,天下为公,选贤与能,讲信修睦。故人不独亲其亲,不独子其子,使老有所终,壮有所用,幼有所长,鳏、寡、孤、独、废疾者皆有所养,男有分,女有归。货恶其弃于地也,不必藏于己;力恶其不出于身也,不必为己。是故谋闭而不兴,盗窃乱贼而不作,故外户而不闭,是谓大同。"大同即隐含着全面小康社会的发展方向。

近代政治文化中对于小康社会的设想,是在对儒家大同社会思想理解的基础上,进一步阐发而成的。康有为曾在《大同书》中提道:"升平者,小康也。"认为升平盛世就是祥康社会。"大同之道,至平也,至公也,至仁也,治之至也,虽有善道,无以加此矣。"他认为,人类社会必然会经过小康社会达到大同社会。虽然大同社会是基于当时的社会历史条件提出的一种美好设想,对于封建社会和帝国主义列强的反抗,也反映了中国社会面临的社会变迁和中国经济在世界发展洪流中的现实趋向以及历史发展的必然趋势。虽然限于当时的历史条件,他们不可能看清近代资本主义社会的本质,但康有为的大同世界是一个充满仁爱与平等的世界,蕴含着小康社会的部分合理因素。

小康社会思想的人类社会的发展模式之历史的轨迹以及理论的沉淀,给中华民族的政治和文化因素里面注入了新鲜的血液,同时也使我国的政治和文化之发展是与时俱进的,也使小康社会的思想成为中国梦之重要的组成部分。所以,全面建成小康社会的政治理想是一直融入到了中国政治和文化的思想之中。这样小康社会就不仅仅为理论上的设计以及思想上的

---

① 习近平:《在参观〈复兴之路〉展览时的讲话》,《人民日报》2012年11月30日。

思辨，而且是切实地融入了人民的日常生活之中，也进入了我国特色社会主义伟大事业的建设之实践之中。

三　全面建成小康社会思想的实践探索：中国特色社会主义道路的发展要求

民生问题关乎民心，系乎党运国运，决定着我国社会主义现代化事业的成败。自党的十八大以来，习近平总书记曾多次公开提到了民生的重要性，阐述了民生问题的重要性。习近平总书记曾指出："党和国家的长期实践充分证明，只有社会主义才能救中国，只有中国特色社会主义才能发展中国。只有高举中国特色社会主义伟大旗帜，我们才能团结带领全党全国各族人民，在中国共产党成立100年时全面建成小康社会，在新中国成立100年时建成富强民主文明和谐的社会主义现代化国家，赢得中国人民和中华民族更加幸福美好的未来。"[①] 这为当前我国的经济新常态下的社会的发展指明了前进方向。党中央、国务院坚持发展和民生优先的方针，从人民群众最关心、最直接的医疗、教育、户籍、社会保障等问题入手，加大民生改善，着力攻坚克难，基本民生保障安全网正不断织就织密。习近平总书记在2013年4月海南考察时又再次强调："要坚持把实现好、维护好、发展好最广大人民根本利益作为一切工作的出发点和落脚点，坚持公平正义，让发展成果更多地惠及全体人民。"

马克思在《1844年经济学哲学手稿》中就提到了在共产主义社会的高级阶段之内，脑力劳动和体力劳动就是随着其个人全面而自由的发展，达到各尽所能，按需分配。近代伟大民主革命的开拓者孙中山先生也曾阐明，欧洲国家的发达富强，不在于坚船利炮，而在于物尽能用、人尽其才、地尽其利、货畅其流。这才是治国之本。在《三民主义》中，又指出那个时期中国社会各方面的问题都在于不均，要想解决矛盾，就要做到民治、民享、民有。提出要建立一个新的包含民有、民享、民治的理想社会。这就要体现出以人民的生活为主，注重经济的发展的思想。注重民生，就是满足人民对衣食住行的需要。政府要能与人民协同努力，共同谋划农业发展，以满足人民的生活；共谋织造的发展，以使人民有衣可穿，

---

① 习近平：《紧紧围绕坚持和发展中国特色社会主义　学习宣传贯彻党的十八大精神》，《人民日报》2012年11月19日。

共建屋舍，以使人民有房可住，修建好道路和治理好河流，方便人民的行走。

1954年中国共产党第一次提出了"四个现代化"的目标；1964年，根据毛泽东同志的提议，周恩来同志在《政府工作报告》中把四个现代化的战略目标和分"两步走"的发展战略正式提出；1987年党的十三大确定"三步走"战略对中国式的现代化建设进行了半个多世纪跨度的规划。江泽民在党的十五大上提出了新"三步走"的发展战略，是与时俱进的对邓小平"三步走"战略的补充，充分结合当时社会的发展进程，提出与社会时代相对应的发展步骤，更加明确今后我国现代化建设的进程。2015年初习近平总书记在省部级的主要领导干部专题研讨班之开班式上强调指出："全面建成小康社会是我们的战略目标，全面深化改革、全面依法治国、全面从严治党是三大战略举措。"由此可以看出，全面建成小康社会是我们党在新时期新阶段提出的新的战略目标，与全面依法治国和全面深化改革密不可分。他们共同统一于全面推进"四个全面"的发展战略布局之中。由此可见全面建成小康社会是中国特色社会主义道路的发展要求。

四 全面建成小康社会的难点所在：补齐短板

习近平总书记曾指出：没有贫困地区的小康，没有贫困地区的脱贫，就没有全面建成小康社会[①]。这鲜明地指出了全面建成小康社会，关键在于补齐短板。城乡差距明显是全面建成小康社会的重点所在。改革开放30多年以来，农村经济得到快速的发展，社会主义新农村建设的方针，更极大地加快了城乡统筹发展。但是农村人口基数大、比重高，仍有相当一部分人口生活水平较低，经济条件差。加上农村的教育条件、科技水平、卫生条件等等远低于城市发展的水平，社会保障和基础设施薄弱，严重制约着全面建成小康社会的进程。欠发达地区一般地处偏远、环境艰苦、交通不便，对于人才的吸引力极低，部分地区机械化、专业化水平尚未起步。事实上，我国的城乡、区域发展差距较大，发展水平差距明显。不仅体现在经济基础和基础设施上，在教育水平、人才基础等也都相差甚远。仅仅

[①] 郑剑：《坚定的人民立场　真挚的爱民情怀——学习习近平总书记关于扶贫开发工作的重要论述》，《党建》2016年2月1日。

依靠政策补助，作用微乎其微。加上人口大量流向发达地区，欠发达地区劳动力不足，农村经济难以得到长足发展。另外，欠发达地区的生态问题也越来越严重，由于缺乏正确的生态意识，欠发达地区的资源浪费严重、滥砍滥伐导致生态系统退化现象较为普遍，成为全面建成小康社会进程中的较为薄弱一环。

全面建成小康是要覆盖所有城乡的小康，是覆盖发达地区和欠发达地区的小康，要加大力度，统筹城乡、区域发展速度，要加大对农村等欠发达地区的扶持力度，积极促进社会主义新农村的推进，大力破除城乡二元体制，缩小区域发展差距。同时，加强住房保障机制建设，着力解决医疗、就业、住房等民生工程，完善基础设施建设。不断树立信心，凝聚人心，推动党和国家的各项事业不断取得胜利。

五 全面建成小康社会的坚实基础：依靠人民群众

习近平总书记在博鳌2013年亚洲论坛年会上的主旨演讲提出："我们党最坚实的基础就是工人阶级，工人阶级是我国先进生产力和生产关系的代表。是全面建成小康社会、坚持和发展中国特色社会主义的主力军。"[①]人民群众是历史的创造者，是精神财富的创造者，也应该是享有者。全面建成小康社会是进一步提高人民群众生活质量的需要。社会在发展，历史在前进，人民群众对物质、文化生活的需求也在不断提高。进入了小康社会并不等于就走出了贫困的状态，进入了小康社会，也不意味着已经就建成了小康社会，实现了现代化。虽然我国的国内生产总值由1978年的3645亿元跃升到2011年的471564亿元，总量上增长了一百余倍，已经由一个贫弱的大国变成全球第二大经济体，但是人民日益增长的物质文化需要同落后的社会生产之间的矛盾这一社会主要矛盾仍然没有改变，所以党在全面建成小康社会阶段，必须要提出、实施新要求和新目标，提高人民生活质量。同时，实现全面建成小康社会的方法之源在于"六条原则"。所谓"六条原则"是党的十八届五中全会指出的"坚持人民主体地位，坚持科学发展，坚持深化改革，坚持依法治国，坚持统筹国内国际两个大局，坚持党的领导"六条原则。这六条原则，是我们党首次就如何全面建

---

① 习近平：《共同创造亚洲和世界的美好未来——在博鳌亚洲论坛2013年年会上的主旨演讲》，《人民日报》2013年4月8日。

成小康社会而提出的，无论在理论上还是在实践上都具有十分重大的意义①。

全面建成小康社会，必须要坚持人民的主体地位，坚持人民是历史的主体和社会的主体，坚持历史唯物主义。为法治、改革提供全面建成小康社会的强劲动力。统筹国内国外两个大局，坚持党的领导，是因为全面建成小康社会是我们党加强执政能力的需要。

六 实现全面建成小康社会的保障：坚持中国共产党的领导

习近平总书记指出："中国特色社会主义是改革开放时期开创的，是建立在我们党长期奋斗基础上的，是由我们党的几代中央领导集体团结带领全党全国人民历经千辛万苦、付出各种代价、接力探索取得的。我们党紧紧依靠人民，从根本上改变了中国人民和中华民族的前途命运，不可逆转地结束了近代以后中国内忧外患、积贫积弱的悲惨命运，开启了中华民族不断发展壮大、走向伟大复兴的历史进程。使具有五千多年文明历史的中华民族以崭新的姿态屹立于世界民族之林。"② 实现全面建成小康的保障是要坚持党的领导。全面建成小康社会，加快推进社会主义现代化，必须毫不动摇地坚持和改善党的领导，党的领导是全面建成小康社会的关键环节，党必须要大力加强民主建设，不断扩大民主范围，完善社会主义民主政治。大力推进人民代表大会制度，正确处理"一府两院"的关系，完善各民主党派的参政议政职能，并通过座谈会与听证会的方式促进人民群众参与到国家大事中，巩固党的执政之基。

首先，要健全权力的运行过程中的监督和制约机制，规范各级领导干部的职责，保障人民群众的权益不受损害，加强民主建设过程中的监督机制，促进各级领导干部真正做到权为民所用、利为民所谋、情为民所系。促进全面建成小康社会的进程。其次，要大力增强我国的文化软实力和综合国力。不断进行文化体制创新，加强文化市场的监督和管理，创新文化体系，促进文化服务均等化。加强社会主义核心价值体系建设，不断弘扬社会主义核心价值观，加强文化软实力，防止资本主义的意识形态侵袭。

---

① 《决胜全面小康社会的宏伟宣言》，《实践（党的教育版）》2016年1月10日。
② 习近平：《紧紧围绕坚持和发展中国特色社会主义 学习宣传贯彻党的十八大精神》，《人民日报》2012年11月19日。

再次，要充分建设健全社会保障制度，加快基础设施和公共服务体系的建设，完善各种社会保险制度，不断深化医疗卫生体制改革；缩小企业退休职工跟政府机关部门的退休金的差距，形成合理的收入分配格局；健全领导干部与政府共同负责的格局等，全面提高人民生活水平，为完成全面建成小康社会和实现现代化打下良好的制度保障。最后，不断深化、推进生态文明建设。一加快优化生态文明制度建设。对我国的自然生态空间进行明确的登记，分清归属权，权责明确，对自然生态空间有效地进行监管。严格划分生态保护红线，征收会对环境造成不良影响的各项税收制度。同时可以提供税收优惠措施，对保护生态的生产者予以鼓励。二依靠科技进步和创新，实现资源节约和环境保护。推广循环利用技术提高资源利用效率，大力发展可再生资源和清洁型能源，改善能源结构，培养生态文明意识。三加强宣传力度，提高全体公民的环保意识。通过网络使用QQ、微信、微博等现代信息媒体进行宣传，使得生态文明的理念深入人心，使每个公民在生态文明建设中受益颇多。从而使我国真正建设成为富强、繁荣、美丽的绿色中国。

七　全面建成小康社会的关键：坚持以经济建设为中心

习近平总书记在全国宣传思想工作会议上强调："只要国内外大势没有发生根本变化，坚持以经济建设为中心就不能也不应该变化"；第十二届全国人民代表大会第四次会议上，李克强总理也着重强调："在'十三五'期间，我们要实现全面建成小康社会，就必须毫不动摇坚持以经济建设为中心"。当下是社会转型的关键时期，促进经济可持续健康的发展，就必须以加快转变经济发展方式为主线，把推动经济发展的方向转到提高质量和效益上来，促进我国经济持续健康的发展，为全面建成小康社会提供坚实的物质基础。

坚持以经济建设为中心。首先，要做到全面深化社会主义市场经济体制改革。经济体制改革的关键点在于能否处理好政府与市场的关系。2013年通过的《中共中央关于全面深化改革若干重大问题的决定》中就明确地表示将创新行政管理模式，在不动摇我国的基本经济制度的前提下，健全宏观调控体系，增强宏观调控的前瞻性和协同性。其次，更加重视市场经济发展规律，鼓励和引导非公有制经济发展，完善金融监管，加强各类公共服务提供、社会管理和环境保护等职责。推进经济结构升级。一需求结构转变，着力进行供给侧改革。必须处理好出口、投资、消费这三者的关系，由过去以出口—投资—消费的模式转变为消费—投资—出口的模式。必须释放居民消费潜力，增加消费需求。要扩大居民消费就要调高劳动者的收入，尤其是中低收入者的收入水平。增加居民的收入的同时减轻税负，不断扩大劳动者消费非生活必需品。二应该加快推动一、二、三产业协同发展，着重调整一、二、三产业比重，大力推动第三产业的发展。再次，由粗放型向集约型转变。把粗放型的模式转变为集约型；提高劳动者的素质；改善生产技术的创新；加强生产管理水平，推进全面建成小康社会的进程。

参考文献

[1] 赵颖：《全面建成小康社会思想的理论传承与创新》，《行政与法》2015年第11期。

[2]《决胜全面小康社会的宏伟宣言》，《实践（党的教育版）》2016年第1期。

[3] 许耀桐：《〈公报〉是决胜全面小康社会的宏伟宣言》，《理论参考》2015年第11期。

[4] 赵周贤：《全面建成小康社会的深刻内涵和目标要求》，《西安政治学院学报》2015年第5期。

[5] 王立新：《全面深化改革：一种新的时代精神》，《人民论坛·学术前沿》2016年第4期。

[6] 鲁锐：《关注民生 促进社会事业不断发展》，《奋斗》2016年第1期。

[7] 王先明：《中国乡村建设思想的百年演进（论纲）》，《南开学报（哲学社会科学版）》2016年第1期。

[8] 阮博：《国内学术界关于"四个全面"战略布局研究述评》，《当代世界与社会主义》2015年第6期。

[9] 唐开国：《坚持理论创新 抓好科研咨政 在全市党校系统"以'四个全面'引领桂林新发展"理论研讨会上的致辞》，《中共桂林市委党校学报》2015年第4期。

（作者单位：重庆社会科学院）

习近平总书记论全面小康
——兼论习近平总书记全面小康思想的特色

李勇华

一 习近平总书记为"全面小康"目标增添了新内涵

2012年11月17日习近平总书记在十八届中共中央政治局第一次集体学习时的讲话中指出:"党的十八大根据国内外形势新变化,顺应我国经济社会新发展和广大人民群众新期待,对全面建设小康社会目标进行了充实和完善,提出了更具明确政策导向、更加针对发展难题、更好顺应人民意愿的新要求。"也就是说,增添了时代新内涵。从大处来说,表现在三个方面。

(一)从总体布局看,弥补了领域建设不平衡的"短板",臻至"全面"型社会

习近平总书记指出:"全面小康社会要求经济更加发展、民主更加健全、科教更加进步、文化更加繁荣、社会更加和谐、人民生活更加殷实。要在坚持以经济建设为中心的同时,全面推进经济建设、政治建设、文化建设、社会建设、生态文明建设,促进现代化建设各个环节、各个方面协调发展,不能长的很长、短的很短。"

党的十八大提出生态文明建设,把中国特色社会主义总体布局拓展为"五位一体"。习近平总书记指出:"生态文明建设就是突出短板。在30多年持续快速发展中,我国农产品、工业品、服务产品的生产能力迅速扩大,但提供优质生态产品的能力却在减弱,一些地方生态环境还在恶化。这就要求我们尽力补上生态文明建设这块短板,切实把生态文明的理念、原则、目标融入经济社会发展各方面,贯彻落实到各级各类规划和各项工作中。""主体功能区是国土空间开发保护的基础制度,也是从源头上保护生态环境

的根本举措,虽然提出了多年,但落实不力。要加快完善基于主体功能区的政策和差异化绩效考核,推动各地区依据主体功能定位发展。要坚持保护优先、自然恢复为主,实施山水林田湖生态保护和修复工程,加大环境治理力度,改革环境治理基础制度,全面提升自然生态系统稳定性和生态服务功能,筑牢生态安全屏障。"还有,民生建设也是明显的短板。

(二)从人口与区域看,弥补了贫富差别的"短板",臻至"全面"型社会

全面建成小康社会,从人口与区域看,最大的短板、最艰巨最繁重的任务在农村、农村贫困人口、特别是在贫困地区(老少边穷地区)。习近平总书记指出:"'小康'讲的是发展水平,'全面'讲的是发展的平衡性、协调性、可持续性。"指出:"共享发展是人人享有、各得其所,不是少数人共享、一部分人共享。"他多次强调,"小康不小康,关键看老乡"。

我们发展的目的是人民富裕、国家强盛,而发展最大的差距是城乡差距和区域差距,这也是现代化建设最大的难题。从城乡看,6亿多农民与6亿多城镇人口的收入差距超过3倍;从区域看,东部人均国内生产总值平均超过8000美元,中西部最低的地方只有1000多美元,差距也是巨大的。习近平总书记强调:"十三五"时期是我们确定的全面建成小康社会的时间节点,全面建成小康社会最艰巨最繁重的任务在农村,特别是在贫困地区。各级党委和政府要把握时间节点,努力补齐短板,科学谋划好"十三五"时期扶贫开发工作,确保贫困人口到2020年如期脱贫。实施精准扶贫、精准脱贫,以更大决心、更精准思路、更有力措施,采取超常举措,实施脱贫攻坚工程,确保我国现行标准下农村贫困人口实现脱贫、贫困县全部摘帽、解决区域性整体贫困。"绝不能让一个少数民族、一个地区掉队,要让13亿中国人民共享全面小康的成果。""我们实现第一个百年奋斗目标、全面建成小康社会,没有老区的全面小康,特别是没有老区贫困人口脱贫致富,那是不完整的。"

(三)最根本的,从目标价值追求看,弥补了社会公平正义的"短板",臻至"全面"型社会

我国社会保障、教育就业、公共服务等社会民生领域存在不少短板,积累了不少问题,同人民对美好生活的期待之间还存在很大差距。习近平总书记指出:"全面深化改革必须着眼创造更加公平正义的社会环境,不断克服各种有违公平正义的现象,使改革发展成果更多更公平惠及全体人

民。如果不能给老百姓带来实实在在的利益,如果不能创造更加公平的社会环境,甚至导致更多不公平,改革就失去意义,也不可能持续。"又指出:"全面建成小康社会突出的短板主要在民生领域,发展不全面的问题很大程度上也表现在不同社会群体民生保障方面。'天地之大,黎元为先。'要按照人人参与、人人尽力、人人享有的要求,坚守底线、突出重点、完善制度、引导预期,注重机会公平,着力保障基本民生。"我国经济发展的"蛋糕"不断做大,但分配不公问题比较突出,收入差距、城乡区域公共服务水平差距较大。在共享改革发展成果上,无论是实际情况还是制度设计,都还有不完善的地方。为此,我们必须坚持发展为了人民、发展依靠人民、发展成果由人民共享,作出更有效的制度安排,使全体人民朝着共同富裕方向稳步前进,绝不能出现"富者累巨万,而贫者食糟糠"的现象。习近平总书记在党的十八届三中全会第二次全体会议上指出:"'蛋糕'不断做大了,同时还要把'蛋糕'分好。我国社会历来有'不患寡而患不均'的观念。我们要在不断发展的基础上尽量把促进社会公平正义的事情做好,既尽力而为,又量力而行,努力使全体人民在学有所教、劳有所得、病有所医、老有所养、住有所居上持续取得新进展。"

为此,必须加大统筹城乡发展、统筹区域发展的力度,推进城乡发展一体化,努力缩小区域发展差距。不仅要缩小国内生产总值总量和增长速度的差距,而且要缩小居民收入水平、基础设施通达水平、基本公共服务均等化水平、人民生活水平等方面的差距。补齐短板。习近平总书记指出:"努力缩小城乡区域发展差距,是全面建成小康社会的一项重要任务。""城乡联动,就是要打破城乡二元结构,把发展块状经济与推进城市化结合起来,与推进区域经济协调发展结合起来,与加快农业农村现代化结合起来。"习近平总书记强调:"要把工业和农业、城市和乡村作为一个整体统筹谋划,促进城乡在规划布局、要素配置、产业发展、公共服务、生态保护等方面相互融合和共同发展。着力点是通过建立城乡融合的体制机制,形成以工促农、以城带乡、工农互惠、城乡一体的新型工农城乡关系,目标是逐步实现城乡居民基本权益平等化、城乡公共服务均等化、城乡居民收入均衡化、城乡要素配置合理化,以及城乡产业发展融合化。"

二 习近平总书记"全面小康"思想的时代特色

从发生学来说,主要有四点。

（一）从中华民族复兴的历史征程的大视野中来审视

习近平总书记第一次提出中华民族伟大复兴的"中国梦"，第一次把中国梦的实现划为"两个一百年"，第一次把全面建成小康社会纳入中华民族伟大复兴的第一个百年的使命节点。这样，就把"全面小康"与中华民族五千多年的文明史联系在一起，与近代以来近一百八十年中华民族复兴的奋斗史联系在一起，与近百年中国共产党领导中国人民波澜壮阔的民族解放史联系在一起。这样，就大大提升了人们对"全面小康"的认知，从"大历史""大视野""大尺度"的历史广度深度和高度，来解析"全面小康"的历史地位和历史意义。

习近平总书记指出："为了实现中国梦，我们确立了'两个一百年'奋斗目标"；"全面建成小康社会，是我们党向人民、向历史作出的庄严承诺，是13亿多中国人民的共同期盼。""我坚信，到中国共产党成立一百年时全面建成小康社会的目标一定能实现，到新中国成立一百年时建成富强民主文明和谐的社会主义现代化国家的目标一定能实现，中华民族伟大复兴的梦想一定能实现。"经过鸦片战争以来170多年的持续奋斗，中华民族伟大复兴展现出光明的前景。正如习近平总书记指出的："现在，我们比历史上任何时期都更接近中华民族伟大复兴的目标，比历史上任何时期都更有信心、有能力实现这个目标。"

（二）植根中国共产党执着追求的"初心"使命来溯述

习近平总书记在七一讲话中指出："我们党已经走过了95年的历程，但我们要永远保持建党时中国共产党人的奋斗精神，永远保持对人民的赤子之心。""走得再远……不能忘记为什么出发。面向未来，面对挑战，全党同志一定要不忘初心、继续前进。"

何为"初心"，习近平总书记一连讲了八个方面的"不忘初心"，这其中有些讲的是中国共产党建立时的"初心"，有些是建党"初心"在现时代的外化。我以为，共产党最根本的"初心"就是七一讲话第六条："一切为了人民、一切依靠人民，充分发挥广大人民群众积极性、主动性、创造性，不断把为人民造福事业推向前进。"它是马克思主义指导思想和共产主义远大理想的必然产物。共产党根本上就是"立党为公、执政为民"的党，就是为老百姓的党，就是人民的党。第一，从政治态度上，"人民立场是中国共产党的根本政治立场，是马克思主义政党区别于其他政党的显著标志"。这也是马克思主义区别于其他主义，共产主义理想区别于其他制度理想的根本标志,是马克思主义及其科学社会主义的根本价值归依。第二,从政治行为上,党"把人民放在心中最高位置,坚持全心全意为人民服务的根本宗旨,实现好、维护好、发展好最广大人民根本利益,把人民拥护不拥护、赞成不赞成、高兴不高兴、答应不答应作为衡量一切工作得失的根本标准,使我们党始终拥有不竭的力量源泉"。第三,行为目标上,"带领人民创造幸福生活,是我们党始终不渝的奋斗目标"。"我们要顺应人民群众对美好生活的向往,坚持以人民为中心的发展思想,以保障和改善民生为重点,发展各项社会事业,加大收入分配调节力度,打赢脱贫攻坚战,保证人民平等参与、平等发展权利,使改革发展成果更多更公平惠及全体人民,朝着实现全体人民共同富裕的目标稳步迈进。"第四,执政基础上,"得众则得国,失众则失国"。党始终站在人民立场,全心全意为人民谋幸福生活,与人民风雨同舟、生死与共,始终保持血肉联系,是我们党保持人民政权、战胜一切困难和风险的根本保证。

(三) 直面国际范围道路与制度的激烈竞争来思考

当今世界,东西、中西两种制度、两条道路的竞争进入白热化状态。随着社会主义中国的崛起,以美国为首的西方资本主义世界正在走下坡路,"普世价值""历史终极"的神话正在破灭。一方面,社会主义中国正在与以美国为首的西方资本主义世界的较量中逐渐占据主动,比历史上任何一个时期都更有信心。习近平总书记指出:"全党要坚定道路自信、理论自信、制度自信、文化自信。当今世界,要说哪个政党、哪个国家、哪个民族能够自信的话,那中国共产党、中华人民共和国、中华民族是最有理由自信的。"另一方面,"尽管国际国内环境发生了深刻复杂变化,但我国发展重要战略机遇期的重大判断没有改变"。因而,"一定要全面把握和用好我国发展的重要战略机遇期,不断推动我们的事业取得新的更大胜利"。这一重要判断和论述,为如期实现全面建成小康社会奋斗目标奠定了战略基石。特别重要的是,习近平总书记在七一讲话中指出:"全党同志必须牢记,我们要建设的是中国特色社会主义,而不是其他什么主义。历史没有终结,也不可能被终结。""中国共产党人和中国人民完全有信心为人类对更好社会制度的探索提供中国方案。"澎湃着中国共产党人要带领 13 亿中国人民为人类文明开辟新路、再作中国贡献、再创历史辉煌的豪情壮志和豪迈气概。

（四）基于破解当今中国问题根本路径的战略中来谋划

我国发展所处的重要战略机遇期没有改变，仍然具有许多有利的发展条件，这是一方面；另一方面，面临着诸多矛盾叠加、风险隐患增多的严峻挑战，改革发展稳定任务之重前所未有，矛盾风险挑战之多前所未有，对党治国理政的考验之大前所未有。习近平总书记指出："时和势总体有利，但艰和险在增多。"

如何迎接、战胜这些国际国内的挑战？第一，"发展是党执政兴国的第一要务，是解决中国所有问题的关键。"要以发展来化解矛盾，以发展来战胜挑战，以"全面小康"的发展目标来凝聚人心。随着我国迈入中等收入国家行列，人民群众对美好生活的愿景不断提升。人们期待各项改革全面推进，期盼经济更有活力，政府更加高效，文化更加繁荣，生活更有保障，社会更加和谐，生态更加优良，权益得到更好维护。而我国发展中不平衡、不协调、不可持续问题依然突出，城乡区域发展差距和居民收入分配差距依然较大。要把人民的期待变成共产党的行动，把人民的希望变成生活的现实，让改革发展成果更多惠及全体人民。习近平总书记指出："到2020年实现这个目标，我们国家的发展水平就会迈上一个大台阶，我们所有奋斗都要聚焦于这个目标。"第二，以五大建设、"四个全面"来破解中国问题。习近平总书记指出："现阶段，建设中国特色社会主义的主要任务，就是到2020年中国共产党成立100年时实现第一个百年奋斗目标、全面建成小康社会，为进而到本世纪中叶中华人民共和国成立100年时实现第二个百年奋斗目标、建成富强民主文明和谐的社会主义现代化国家打下坚实基础。""为实现这一目标，党的十八大以来，我们党形成并积极推进经济建设、政治建设、文化建设、社会建设、生态文明建设'五位一体'的总体布局，形成并积极推进全面建成小康社会、全面深化改革、全面依法治国、全面从严治党的战略布局。"特别是确立了新的历史条件下我们党治国理政的总方略：紧紧围绕"全面小康"的战略目标，高高举起"全面深化改革""全面依法治国""全面从严治党"三大战略举措。"四个全面"是一个统一体，它们相辅相成、相互促进、相得益彰。习近平总书记指出，"四个全面"战略布局是从我国发展现实需要中得出来的，从人民群众的热切期待中得出来的，也是为推动解决我们面临的突出矛盾和问题提出来的。"四个全面"战略布局体现了鲜明的问题导向、强烈的问题意识，是我们党勇于担当责任、敢于直面矛盾，不断解决问题、化解挑战的新法宝。它集中体现了以习近平为总书记的党中央的全局视野和战略眼光,蕴含着对世界发展大势的科学判断,对中国发展方略的深邃思考,对人民根本利益的深切关怀,标志着我们党对共产党执政规律、对社会主义建设规律、对人类社会发展规律的科学把握进入一个新境界。

(作者单位:浙江农林大学马克思主义学院)

坚持开放发展是全面建成小康社会的核心理念

孙兰英

当今世界不同国家、不同社会制度之间的激烈竞争，归根结底是围绕发展问题展开的。发展是解决中国一切问题的"总钥匙"，开放发展是五大发展理念的重要组成部分，是中国特色社会主义发展理论的重要内容，是中国始终不渝长期坚持的一项基本国策。习近平总书记关于开放发展理念的系列重要讲话，准确把握当今世界和我国发展大势，直面我国对外开放中的突出矛盾和问题，在不同历史阶段为中国开放发展提供了重要的理论指导和思想支持，凸显了其所具有的执政智慧和实践创新，体现了我们党对经济社会发展规律认识的深化，实现了马克思主义发展观的创造性提升与飞跃。坚持开放发展是全面建成小康社会的核心理念，它进一步拓展了实现中华民族伟大复兴中国梦的发展空间，为提高我国对外开放的质量和发展的内外联动性提供了行动指南，是中国特色社会主义开放发展理论的丰富和提升。

一 开放发展是中国特色社会主义发展理论的重要组成部分

坚持和发展中国特色社会主义是习近平总书记系列重要讲话的主题，具体内容就是续写好中国特色社会主义的新篇章。习近平总书记指出："坚持和发展中国特色社会主义是一篇大文章，邓小平同志为它确定了基本思路和基本原则，以江泽民同志为核心的党的第三代中央领导集体、以胡锦涛同志为总书记的党中央在这篇大文章上都写下了精彩的篇章。现在，我们这一代共产党人的任务，就是继续把这篇大文章写下去。"[①] 发展

[①] 习近平：《毫不动摇坚持和发展中国特色社会主义》，《人民日报》2013年1月6日。

问题是中国特色社会主义最为核心和需要解答的问题。马克思主义唯物辩证法的基本观点认为：世界是普遍联系的有机整体，同时又是变化发展的，联系和发展是辩证法的总特征。社会发展是有规律的发展过程，是一种全面、协调和可持续的发展过程；也是人的本质、人的价值和人的全面发展的过程。马克思主义的发展观是党的三代领导集体关于开放发展理念的思想渊源和立论基础。30多年来，对外开放和改革成为鲜明的中国特色，成为推动中国特色社会主义繁荣富强的强大动力。从邓小平提出"发展是硬道理""坚持改革开放是决定中国命运的一招"[①]，江泽民提出要积极推进全方位、多层次、宽领域的对外开放，到胡锦涛强调，要把改革开放贯穿中国社会发展的始终，贯彻到治国理政各个环节等。党的十八大以来，以习近平同志为总书记的党中央面对新形势、新任务和人民的新期待，高瞻远瞩，统揽全局，深思熟虑，提出了治国理政的新思想、新理念、新战略，并从我国经济发展的阶段性特征出发，系统提出以开放发展为主要内容的五大发展理念，进一步明确了发展依靠谁、为谁而发展、发展由谁享用的问题。"新发展理念是针对我国经济发展进入新常态、世界经济复苏低迷形势提出的治本之策。"[②] 是续写好中国特色社会主义浓墨重彩的神来之笔。开放发展就是要坚持统筹国内国际两个大局，深化全方位对外开放，努力形成深度融合的互利合作格局。创新开放模式，完善对外开放战略布局，加快培育国际经济合作竞争新优势。形成对外开放新体制，完善法治化、国际化、便利化的营商环境。健全有利于合作共赢并同国际贸易投资规则相适应的体制机制。坚持共商共建共享原则，推进"一带一路"建设。形成深度融合的互利合作格局，推动新一轮更高水平的开放，以扩大开放带动创新、推动改革、促进发展。

改革开放30多年来，我党围绕着开放发展形成了一系列重大战略思想，包括：实行对外开放的基本国策，坚持"引进来"和"走出去"相结合，统筹国际国内两个大局，充分利用国际国内两个市场，奉行互利共赢的开放战略，打造陆海内外联动、东西双向开放的全面开放新格局等，在马克思主义发展史上都具有重大现实指导意义。习近平总书记高度重视厚

---

① 《邓小平文选》第3卷，人民出版社1993年版，第368页。
② 中共中央宣传部：《习近平总书记系列重要讲话读本（2016年版）》，学习出版社、人民出版社2016年版，第130页。

植开放，使之成为应对各种全球性挑战、完善互利共赢、多元平衡、安全高效的开放型经济体系，促进国内产业结构优化升级，增强我国经济综合竞争力的核心理念。开放发展既是国内经济结构调整升级的现实需要，又是顺应世界经济一体化大趋势的睿智选择。开放发展核心是解决发展内外联动问题，目标是提高对外开放质量、发展更高层次的开放型经济。开放发展理念包含主动开放、双向开放、公平开放、全面开放、共赢开放等重要思想，将全方位升级我国开放型经济。开放发展理念不仅客观反映了社会主义建设的基本规律，而且以全新的视野深化了对共产党执政规律、社会主义建设规律、人类社会发展规律的认识，丰富和发展了中国特色社会主义发展理论的内涵，是中国特色社会主义理论体系的重要组成部分，是对马克思主义发展观的继承、运用和创新。

二　开放发展顺应了国内外发展大势，体现了中国谋求富强文明的时代要求

在推进中国特色社会主义的伟大历史进程中，以习近平为总书记的党中央继承发展中国共产党人关于时代问题的基本战略思想，准确把握当今世界和我国发展大势，科学判断时代条件的发展变化，直面我国对外开放中的突出矛盾和问题，创造性地提出了体现时代潮流、引领时代前进的开放发展的新理念、新思路、新战略，集中体现了我们党对经济社会发展规律认识的深化、标示着新开放发展指引下中国共产党在全球问题上的重大理论创新。

从国内来看，经过30多年改革开放的努力奋斗，我国实现了由解决温饱到总体上达到小康的历史性跨越，我国经济规模居全球第二，货物贸易、外汇储备规模居全球第一，双向投资跻身世界前列，中国蕴涵着巨大的发展潜力和发展空间，更加具备进一步扩大开放的基础和条件。但是，经济发展中不平衡、不协调、不可持续的问题依然突出，影响科学发展的体制机制障碍依然存在，来自人口资源环境等方面约束的巨大压力依然很严峻。改革逐渐进入深水区，有许多难啃的"硬骨头"，要增强改革意识，提高改革行动能力，围绕破解经济社会发展突出问题的体制机制障碍，以高水平开放推动全面深化改革的进程。随着我国经济进入全面增速换挡、动力转换的经济发展新常态，加快转变经济发展方式和提高发展质量和效益的任务更加紧迫。因此，如何抓住和用好重要战略机遇期，如何坚持引

进来和走出去并重，把握利用好两个市场，两种资源和两类规则，在积极推进双向开放的过程中，更好地促进国内国际要素有序流动、资源高效配置、市场深度融合；如何把握复杂多变的国际形势、有力应对来自国际环境的各种挑战和风险；如何坚持不忘初心，把人民的利益和国家的利益安全放在心中最高的位置，实现互学互鉴，互利共赢、共同发展的目标等，实践的发展要求中国共产党创造性地对发展的理念和实践与时俱进地进行研究和创新。习近平总书记强调，必须以更大的政治勇气和智慧，以更大决心突破思想观念的障碍、突破利益固化的藩篱，抓住核心问题，全面深化改革。"改革开放只有进行时、没有完成时"①，"中国开放的大门永远不会关上"②，"坚持开放发展，顺应中国经济深度融入世界经济的趋势，奉行互利共赢的开放战略，发展更高层次的开放型经济。"③ 通过牢牢把握对外开放的主动权，敢于啃"硬骨头"，敢于涉险滩、闯难关，进一步丰富开放的内涵、提升开放型经济水平，完善开放体制机制，不断为我国改革发展注入强大动力。

从国际上看，世界多极化、经济全球化、文化多样化、社会信息化深入发展，全球治理体系深刻变革，国际经济合作和竞争格局深刻变化。随着世界经济在深度调整中曲折复苏，新一轮科技革命和产业变革蓄势待发，全球性问题相互交织，新旧矛盾相互叠加，世界经济、政治、社会等领域的不稳定不确定因素明显增多，"世界格局正处在一个加快演变的历史进程之中"，但和平发展、合作共赢仍是时代潮流，"和平、发展、进步的阳光足以穿透战争、贫穷、落后的阴霾"④。在国际经济大调整的关键时期，各个国家之间既需要共同携手应对和解决经济全球化过程中遇到的各种问题和挑战，同时又面临着各国之间抢占经济制高点，谋求国际制度性话语权的激烈竞争。我国经过长期坚持对外开放战略，中国经济社会发展取得巨大成就，人民生活水平显著提高。这既有利于中国，也有利于世界。"2009 年到 2011 年间，中国对世界经济增长的贡献率达到 50% 以上。

---

① 习近平：《在布鲁日欧洲学院的演讲》，《人民日报》2014 年 4 月 2 日。
② 习近平：《中国开放的大门永远不会关上》，《人民日报》2015 年 9 月 23 日。
③ 《习近平会见基辛格等中美"二轨"高层对话美方代表》，《人民日报》2015 年 11 月 3 日。
④ 中共中央宣传部：《习近平总书记系列重要讲话读本（2016 年版）》，学习出版社、人民出版社 2016 年版，第 265 页。

目前，中国经济增速虽有所放缓，对世界经济增长的贡献率仍在30%以上，仍是世界经济重要动力源。"① 但是，人均国内生产总值同世界平均水平相比还有不小差距，我国的对外开放水平总体不高，在实现开放的过程中各种矛盾依然突出。正如习近平总书记指出，"实践告诉我们，要发展壮大，必须主动顺应经济全球化潮流，坚持对外开放，充分运用人类社会创造的先进科学技术成果和有益管理经验。要不断探索实践，提高把握国内国际两个大局的自觉性和能力，提高对外开放质量和水平。"② 中国始终不渝奉行互利共赢的开放战略，不仅致力于中国自身发展，也强调对世界的责任和贡献；不仅造福中国人民，而且造福世界人民。

开放发展正是在深入把握国际国内发展大势的基础上提出来的。开放发展理念包含主动开放，即更加积极主动地扩大对外开放，把开放作为衡量发展是硬道理的自觉地追求。要双向开放即坚持引进来和走出去并重，更好地统筹国际国内两个市场、两种资源、两类规则。公平开放即积极构建公平竞争的内外资发展环境，增强外资企业在中国长期发展的信心和决心。全面开放即全面布局开放举措、开放内容、开放空间，打造陆海内外联动、东西双向开放的全面开放新格局。因此，它所倡导的对外开放，不是对过去做法的简单重复，而是要以新思路、新举措发展更高水平、更高层次的开放型经济；既立足国内，充分发挥我国资源、市场、制度等优势，又需要在充分开拓两个市场、统筹利用两种资源、合理衔接两类规则的基础上均衡把握两个大局。以开放促改革、促发展、促创新，它既是联通国内国际的纽带桥梁，又是其他四大发展的重要支撑，是国家繁荣昌盛的必由之路。开放发展与其他四个发展理念相互贯通、相互促进，是关系中国发展全局的一场深刻变革，是指引中国到2020年实现全面建成小康社会宏伟目标的行动指南。

三 开放发展是我国认真总结和运用30多年改革开放成功经验的新概括

开放发展理念不是凭空产生的，而是源于我们党对国内外发展经验的

---

① 曾伟：《习近平对世界经济形势作出四点最新判断》，人民网，2015年11月16日。
② 中央文献研究室编：《习近平总书记重要讲话文章选编》，中央文献出版社、党建读物出版社2016年版，第399页。

深刻总结，是在理性审视我国发展现状，进一步拓展经济发展空间、提升开放型经济发展水平的必然要求。改革开放是我们党解放思想，实事求是的结果。开放带来进步，封闭导致落后，已为世界和中国的发展实践所证明。30多年来，我党正是始终坚持解放思想、实事求是、与时俱进、求真务实，不断推进理论创新和实践创新，作出实行改革开放伟大决策，把党和国家工作重心转移到经济建设上来，开启我国开放发展的新航程，我国经济实现了前所未有的发展。新时期的开放发展理念是改革开放30多年来对我国发展经验总结的集中体现，是对我国经济发展规律的科学认识和世界经济发展趋势准确把握的基础上作出的科学选择。正如习近平指出："人类的历史就是在开放中发展的。任何一个民族的发展都不能只靠本民族的力量。只有处于开放交流之中，经常与外界保持经济文化的吐纳关系，才能得到发展，这是历史的规律。"[1] 中国经济发展的实践证实，要实现发展和强大必须坚定不移地坚持开放发展，闭关只会导致落后。在经济全球化迅猛发展的新时期，市场的国际化程度越来越高，各个国家经济联系越来越密切，更需要各个国家秉承合作共赢的发展理念，共享开放发展的成果。改革开放30多年来，我国由解决温饱问题到实现经济的可持续发展，实现了由贫穷落后的大国到世界第二大经济体的转变，我国成功的发展经验表明，开放发展能扩大市场，深化分工，充分发挥各种优势。也让我国认识到，在经济发展新常态下，要把我国的发展置于广阔的国际空间中，坚持更大程度和更高水平的开放发展，打造高水平的开放型经济发展模式，更大力度的吸收发展所必需的市场、资金、技术，机遇和人才，从而增强自身经济实力。2015年9月习近平总书记在主持召开中央全面深化改革领导小组第十六次会议时强调："以开放促改革、促发展，是我国改革发展的成功实践。改革和开放相辅相成、相互促进，改革必然要求开放，开放也必然要求改革。要坚定不移实施对外开放的基本国策、实行更加积极主动的开放战略，坚定不移提高开放型经济水平，坚定不移引进外资和外来技术，坚定不移完善对外开放体制机制，以扩大开放促进深化改革，以深化改革促进扩大开放，为经济发展注入新动力、增添新活力、拓

---

[1] 李云鹏编：《学习中国》，2015年12月21日。

展新空间。"① 不断扩大对外开放、提高对外开放水平，以开放促改革、促发展，是我国发展不断取得新成就的重要法宝。

四 坚持开放发展是全面建成小康社会，实现中华民族伟大复兴中国梦的核心理念

一个国家能不能富强，一个民族能不能振兴，最重要的就是看这个国家、这个民族能不能顺应时代潮流，掌握历史前进的主动权。目前，国际金融危机深层次影响在相当长时期依然存在，地缘政治关系复杂变化，传统安全和非传统安全威胁交织。无论是发达国家还是新兴市场，都面临经济结构调整的压力，中低速增长成为世界经济新常态。习近平总书记的"一带一路"战略构想就是在这样的大背景下提出的。"一带一路"战略构想秉持开放的区域合作精神，致力于维护全球自由贸易体系和开放型世界经济，符合各国发展利益。"一带一路"战略以经贸合作作为基础，带动沿线各国的经济发展，是中华民族伟大复兴中国梦的强大推动力量。"一带一路"战略是依靠中国与有关国家既有的双多边机制和区域合作平台，"旨在借用古代'丝绸之路'的历史符号，共同打造政治互信、经济融合、文化包容的利益共同体、命运共同体和责任共同体。"② 通过新"丝绸之路"，很好地把实现中华民族伟大复兴的中国梦和"一带一路"国家人民追求美好生活的梦想连接在了一起，是习近平总书记提出的伟大"中国梦"的合理延伸，顺应了当今世界经济、政治、外交格局的新变化。

当代中国进入了全面建设小康社会的关键时期和深化改革开放、加快转变经济发展方式的攻坚时期，围绕全面建设小康社会和实现中华民族伟大复兴的中国梦，习近平总书记强调，"中国梦的本质是国家富强、民族振兴、人民幸福。我们的奋斗目标是，到2020年国内生产总值和城乡居民人均收入在2010年基础上翻一番，全面建成小康社会。"③ 实现中国梦必须坚持走中国道路，就是中国特色社会主义道路。改革开放以来的实践已经证明，中国特色社会主义道路是引领中国走向繁荣富强、和谐幸福之路，是通向中华民族伟大复兴的必由之路，是中国梦得以实现的成功之

---

① 《中央全面深化改革领导小组第十六次会议召开》，中央政府门户网站（www.gov.cn 2015-09-15）。
② 王义桅：《"一带一路"机遇与挑战》，人民出版社2015年版，第9页。
③ 《习近平接受拉美三国媒体联合书面采访》，《人民日报》2013年6月1日。

路。实现中国梦必须弘扬中国精神,中国精神就是以爱国主义为核心的民族精神,以改革创新为核心的时代精神。这是根植于中国 13 亿人的独立富裕强国梦,根植于中华民族的伟大复兴梦。实现中国梦必须凝聚中国力量,这是全体中国人汇聚而成的整体力量,有了这种力量,中华民族伟大复兴中国梦就一定能梦想成真。中国梦不仅与中国人民追求美好生活的梦想是相连的,也是与各国人民追求和平与发展的美好梦想相通的。中国梦"是和平、发展、合作、共赢的梦,与包括美国梦在内的世界各国人民的美好梦想相通"。① 中国梦同各国寻求国家发展振兴、人民富裕幸福的追求和梦想息息相通。"千百年来,丝绸之路承载的和平合作、开放包容、互学互鉴、互利共赢精神薪火相传",习近平总书记指出:"民心相通是'一带一路'建设的重要内容,也是关键基础"。② 强调弘扬丝路精神,就是要促进文明互鉴,尊重道路选择,坚持合作共赢,倡导对话交流。中国倡导各国要树立命运共同体意识,愿同各国在实现理想的道路上携手并肩、心心相印、互帮互助,发挥各自优势,挖掘合作潜力,实现互利共赢。在合作共赢的开放大旗下传递好中国声音,讲好中国故事,贡献中国智慧,为发展注入新动力、增添新活力、拓展新空间。

开放发展理念聚焦的是地缘政治关系复杂变化,应对外部环境的风险与挑战问题。习近平总书记指出:"我国已经进入了实现中华民族伟大复兴的关键阶段。中国与世界的关系在发生深刻变化,我国同国际社会的互联互动也已变得空前紧密,我国对世界的依靠、对国际事务的参与在不断加深,世界对我国的依靠、对我国的影响也在不断加深。"③ 我们要善于抓机遇,统筹考虑和综合运用国际国内两个市场、国际国内两种资源、国际国内两类规则。坚持高水平引进来和大规模走出去并重,吸引外资与吸引技术、吸引智力并举,打造内外联动的开放型经济发展模式,以开放提升发展空间,不断突出开放在我国和世界经济发展中的重要性。依靠改革开放释放出新的发展活力,提高我国在全球范围内配置各类资源、集聚创新要素的能力和效率,为国内经济持续发展提供必需新动力和新空间。因此,开放发展理念的确立必将进一步拓宽实现"两个一百年"奋斗目标的

---

① 《习近平同奥巴马总统共同会见记者》,《人民日报》2014 年 6 月 9 日。
② 《习主席的"丝路新语":和平合作 开放包容 互学互鉴 互利共赢》,《人民日报》2014 年 7 月 2 日。
③ 《中央外事工作会议在京举行》,《人民日报》2014 年 11 月 30 日。

发展道路，进一步提升实现中华民族伟大复兴中国梦的发展空间。

总之，开放发展是国家繁荣发展的必由之路，是中国融入世界的必然选择，也是今后推动中国发展的根本动力。开放发展作为五大发展理念的核心思想观念，将谋求更大范围、更深层次、更高效率的开放，着重解决发展的内外联动问题。要着眼于全球视野来解决国际上各种发展难题，积极参与全球经济治理，积极承担国际责任和义务，力争为全球发展作出更大贡献。开放发展也将最大范围地增进社会认同，凝聚改革共识，为我国经济发展注入新动力、增添新活力。开放理论是对当今世界历史发展趋势的高度概括，在当代马克思主义发展史上具有深远的意义。

（作者单位：天津大学马克思主义研究中心）

全面建成小康社会更重要的是"全面"

胡永琴

党的十八大以来，习近平总书记围绕"全面建成小康社会"提出了一系列新思想、新论断、新要求，准确把握当代中国实际，科学回答了全面建成小康社会面临的诸多重大问题。总书记一再强调，"最艰巨最繁重的任务在农村、特别是在贫困地区""小康不小康，关键看老乡"。"一个民族都不能少""不能丢了农村这一头""决不能让一个苏区老区掉队"。习近平总书记在党的十八届五中全会第二次全体会议上指出："全面建成小康社会，强调的不仅是'小康'，而且更重要的也是更难做到的是'全面'。"习近平总书记这一系列重要论断，充分体现了把13亿多人全部带入全面小康的坚定决心。

一 全面建成小康社会是全面要求的小康

党的十八大报告提出了"确保到2020年实现全面建成小康社会宏伟目标"。从目标来说，全面建成小康社会，就是到2020年要建成一个全面小康社会。全面建成小康社会是一个历史过程。

（一）指导思想要全面

要坚持把中国特色社会主义理论体系作为行动指南，全面贯彻党的十八大和十八届三中、四中全会精神，以马克思列宁主义、毛泽东思想、邓小平理论、"三个代表"重要思想、科学发展观为指导，深入贯彻习近平总书记系列重要讲话精神，坚持全面建成小康社会、全面深化改革、全面依法治国、全面从严治党的战略布局，坚持发展是第一要务，以提高发展质量和效益为中心，加快形成引领经济发展新常态的体制机制和发展方式，保持战略定力，坚持稳中求进，统筹推进经济建设、政治建设、文化建设、社会建设、生态文明建设和党的建设，确保如期全面建成小康社会，为实现第二个百年奋斗目标、实现中华民族伟大复兴的中国梦奠定更加坚实的基础。把完善发展中国特色社会主义道路、中国特色社会主义理论体系和中国特色社会主义制度的历史任务，统一于全面建成小康社会的伟大实践中。

（二）目的要全面

全面建成小康社会是实现中国梦的关键一步。整体上讲，全面建成小康社会既是实现伟大中国梦的阶段性目标，更是"四个全面"战略布局的重要组成部分，是夺取现代化建设新胜利的标志，是到本世纪中叶建成富强民主文明和谐社会主义现代化国家，实现中华民族伟大复兴的重要战略步骤。

（三）目标要全面

党的十八届五中全会提出全面建成小康社会新的目标要求，经济保持中高速增长，在提高发展平衡性、包容性、可持续性的基础上，到2020年国内生产总值和城乡居民人均收入比2010年翻一番，产业迈向中高端水平，消费对经济增长贡献明显加大，户籍人口城镇化率加快提高。农业现代化取得明显进展，人民生活水平和质量普遍提高，我国现行标准下农村贫困人口实现脱贫，贫困县全部摘帽，解决区域性整体贫困。国民素质和社会文明程度显著提高。生态环境质量总体改善。各方面制度更加成熟更加定型，国家治理体系和治理能力现代化取得重大进展。应该说目标是很全面了。同时，我们还需要加快推进国防和军队现代化，丰富"一国两制"和推进祖国统一，继续促进人类和平与发展的崇高事业，全面提高党的建设科学化水平。要把这些任务与全面建设小康社会的任务协同推进。

二 全面建成小康社会是全面发展的小康

全面建成小康社会的核心就在"全面"，这个"全面"既体现在覆盖的人群是全面的，是不分地域的全面小康，是不让一个人掉队的全面小康，意味着全国各个地区都要迈入小康社会，又体现在涉及的领域是全面的，覆盖了经济建设、政治建设、文化建设、社会建设、生态文明建设和党的建设。

（一）覆盖的领域要全面

"千钧将一羽，轻重在平衡。"全面小康，覆盖的领域要全面，是五位一体的全面小康。习近平总书记指出："全面小康社会要求经济更加发展、民主更加健全、科教更加进步、文化更加繁荣、社会更加和谐、人民生活更加殷实。要在坚持以经济建设为中心的同时，全面推进经济建设、政治建设、文化建设、社会建设、生态文明建设，促进现代化建设各个环节、各个方面协调发展，不能长的很长、短的很短。"

中国特色社会主义建设事业如何进行总体布局，是一个重大战略课题。总布局就是总体筹划和总体安排，是对中国特色社会主义事业各个组成部分的战略地位及其内在逻辑关系的准确规定，是从总揽和统摄全局的高度就这一事业所作的最重大最根本的战略部署。党对中国特色社会主义事业总体布局也有一个不断丰富和不断完善的过程，跨越30多年，历经四次丰富和完善。改革开放初期，党中央明确提出，社会主义不但要有高度的物质文明，还要建设高度的精神文明，"两个文明"一起抓。1986年，党的十二届六中全会首次提出以经济建设为中心，坚定不移地进行经济体制改革、坚定不移地进行政治体制改革、坚定不移地加强精神文明建设的总体布局。"三位一体"总体布局一直延续到十六大。党的十六届六中全会提出构建社会主义和谐社会的重大任务，总体布局拓展为"四位一体"，增加了社会建设。党的十八大提出生态文明建设，总体布局拓展为"五位一体"。党的十八大提出，"全面落实经济建设、政治建设、文化建设、社会建设、生态文明建设五位一体总体布局，促进现代化建设各方面相协调，促进生产关系与生产力、上层建筑与经济基础相协调，不断开拓生产发展、生活富裕、生态良好的文明发展道路。"五位一体的构成，是一个相互联系相互促进的有机整体，既不可分割又各有自己的特定领域和特殊规律，彼此形成了内在的互动关系。五位一体是一个整体性目标要求，任何一个方面发展滞后都会影响全面建成小康社会目标的实现。只有坚持以经济建设为中心，各方面建设全面推进、协调发展，才能形成经济富裕、政治民主、文化繁荣、社会公平、生态良好的发展格局。经过多年努力，我们在五大建设领域都有了前所未有的长足发展，但按照全面建成小康社会的要求，仍然有许多急需补齐的短板。这就要求我们正视短板，想方设法补齐短板。只有把各个领域的短板基本补齐，才能全面推进经济建设、政治建设、文化建设、社会建设、生态文明建设，促进现代化建设各个环节和各个方面全面发展、协调发展。习近平总书记指出："生态文明建设就是突出短板。在30多年持续快速发展中，我国农产品、工业品、服务产品的生产能力迅速扩大，但提供优质生态产品的能力却在减弱，一些地方生态环境还在恶化。这就要求我们尽力补上生态文明建设这块短板，切实把生态文明的理念、原则、目标融入经济社会发展各方面，贯彻落实到各级各类规划和各项工作中。主体功能区是国土空间开发保护的基础制度，也是从源头上保护生态环境的根本举措，虽然提出了多年，但落实不力。我国960多万平方公里的国土，自然条件各不相同，定位错了，之后的一切都不可能正确。要加快完善基于主体功能区的政策和差异化绩效考核，推动各地区依据主体功能定位发展。要坚持保护优先、自然恢复为主，实施山水林田湖生态保护和修复工程，加大环境治理力度，改革环境治理基础制度，全面提升自然生态系统稳定性和生态服务功能，筑牢生态安全屏障。"

（二）覆盖的人口要全面

"公与平者，即国之基址也。"全面小康，覆盖的人口要全面，是惠及全体人民的小康。全面建成小康社会，是全民共享的小康，不仅要从总体上、总量上实现小康，更重要的是让农村和贫困地区尽快赶上来，让所有人民都进入小康，一个不少。习近平总书记指出："共享发展是人人享有、各得其所，不是少数人共享、一部分人共享。"他多次强调，"小康不小康，关键看老乡"，"全面建成小康社会，最艰巨最繁重的任务在农村、特别是在贫困地区"，"绝不能让一个少数民族、一个地区掉队，要让13亿中国人民共享全面小康的成果"。

要补齐民生领域的短板，让广大人民群众共享改革发展成果。目前，在社会保障、教育就业、公共服务等社会民生领域存在不少短板，积累了不少问题，同人民对美好生活的期待之间还存在很大差距。习近平总书记指出："全面建成小康社会突出的短板主要在民生领域，发展不全面的问题很大程度上也表现在不同社会群体民生保障方面。'天地之大，黎元为先。'要按照人人参与、人人尽力、人人享有的要求，坚守底线、突出重点、完善制度、引导预期，注重机会公平，着力保障基本民生。"农村贫困人口脱贫是最突出的短板。虽然全面小康不是人人同样的小康，但如果现有的7000多万农村贫困人口生活水平没有明显提高，全面小康也不能让人信服。农村贫困人口脱贫是全面建成小康社会的基本标志，必须实施精准扶贫、精准脱贫，以更大决心、更精准思路、更有力措施，采取超常举措，实施脱贫攻坚工程，确保我国现行标准下农村贫困人口实现脱贫、贫困县全部摘帽、解决区域性整体贫困。习近平总书记在《中共中央关于制定国民经济和社会发展第十三个五年规划的建议》的说明中指出:"通过实施脱贫攻坚工程,实施精准扶贫、精准脱贫,7017万农村贫困人口脱贫目标是可以实现的。2011年至2014年,每年农村脱贫人口分别为4329万、2339万、1650万、1232万。因此,通过采取过硬的、管用的举措,今后每年减贫1000万人的任务是可以完成的。具体讲,到2020年,通过产业扶持,可以解决3000万人脱贫;通过转移就业,可以解决1000万人脱贫;通过易地搬迁,可以解决1000万人脱贫,总计5000万人左右。还有2000多万完全或部分丧失劳动能力的贫困人口,可以通过全部纳入低保覆盖范围,实现社保政策兜底脱贫。""治天下也,必先公,公则天下平矣。"解决好社会公平正义问题,也是全面建成小康社会的重要标志。习近平总书记指出:"全面深化改革必须着眼创造更加公平正义的社会环境,不断克服各种有违公平正义的现象,使改革发展成果更多更公平惠及全体人民。如果不能给老百姓带来实实在在的利益,如果不能创造更加公平的社会环境,甚至导致更多不公平,改革就失去意义,也不可能持续。"我国经济发展的"蛋糕"不断做大,但分配不公问题比较突出,收入差距、城乡区域公共服务水平差距较大。在共享改革发展成果上,无论是实际情况还是制度设计,都还有不完善的地方。为此,我们必须坚持发展为了人民、发展依靠人民、发展成果由人民共享,作出更有效的制度安排,使全体人民朝着共同富裕方向稳步前进,绝不能出现"富者累巨万,而贫者食糟糠"的现象。习近平总书记在党的十八届三中全会第二次全体会议上指出:"'蛋糕'不断做大了,同时还要把'蛋糕'分好。我国社会历来有'不患寡而患不均'的观念。我们要在不断发展的基础上尽量把促进社会公平正义的事情做好,既尽力而为、又量力而行,努力使全体人民在学有所教、劳有所得、病有所医、老有所养、住有所居上持续取得新进展。"

(三) 覆盖的区域要全面

"不谋全局者,不足以谋一域。"全面小康,覆盖的区域要全面,是城乡区域共同的小康,一个地区也不能少。习近平总书记指出:"我们实现第一个百年奋斗目标、全面建成小康社会,没有老区的全面小康,特别是没有老区贫困人口脱贫致富,那是不完整的。"从区域来看,到2020年全面建成小康社会意味着全国各个地区都要迈入小康社会,而不是大部分地区进入了小康社会,少数地区还处在贫困状态。经过30多年的改革发展,我国绝大部分地区已经从传统的落后农业社会进入了全面进步的现代社会。但是，部分农村、特别西部地区发展仍然滞后。我们必须加大统筹城乡发展、统筹区域发展的力度，推进城乡发展一体化，努力缩小区域发展差距。不仅要缩小国内生产总值总量和增长速度的差距，而且要缩小居民收入水平、基础设施通达水平、基本公共服务均等化水平、人民生活水平等方面的差距。只有把落后地区的发展搞上去，补齐短板，才能实现全面小康社会。要逐步缩小城乡和区域差距，实现协调发展、均衡发展。城乡区域均衡发展是"十三五"时期的重要目标。习近平总书记指出："努力缩小城乡区域发展差距，是全面建成小康社会的一项重要任务。"我们发展的目的是人民富裕、国家强盛，而发展最大的差距是城乡差距和区域差距，这也是现代化建设最大的难题。从城乡看，6亿多农民与6亿多城镇人口的收入差距超过3倍；从区域看，东部人均国内生产总值平均超过8000美元，中西部最低的地方只有1000多美元，差距也是巨大的。逐步缩小这两大差距，必须加快推进城乡发展一体化。习近平总书记指出："城乡联动，就是要打破城乡二元结构，把发展块状经济与推进城市化结合起来，与推进区域经济协调发展结合起来，与加快农业农村现代化结合起来。"习近平总书记强调："要把工业和农业、城市和乡村作为一个整体统筹谋划，促进城乡在规划布局、要素配置、产业发展、公共服务、生态保护等方面相互融合和共同发展。着力点是通过建立城乡融合的体制机制，形成以工促农、以城带乡、工农互惠、城乡一体的新型工农城乡关系，目标是逐步实现城乡居民基本权益平等化、城乡公共服务均等化、城乡居民收入均衡化、城乡要素配置合理化，以及城乡产业发展融合化。"缩小区域差距，要实施国家区域发展总体战略，促进区域协调发展。"十三五"规划纲要提出："以区域发展总体战略为基础，以'一带一路'建设、京津冀协同发展、长江经济带发展为引领，形成沿海沿江沿线经济带为主的纵向横向经济轴带，塑造要素有序自由流动、主体功能约束有效、基本公共服务均等、资源环境可承载的区域协调发展新格局。"随着西部大开发、中部崛起以及东北等老工业基地振兴等一系列区域发展战略的推进，区域经济增长极、增长带和增长点呈现出从南到北、由东至西不断拓展的新局面。同时，老少边穷地区发展也取得明显成效。中西部地区经济增速已经连续5年超过东部地区，区域发展的相对差距逐步缩小，区域差距进一步扩大的趋势得到初步遏制。

习近平总书记指出："'小康'讲的是发展水平，'全面'讲的是发展的平衡性、协调性、可持续性。"我们要牢牢抓住全面这个核心要求,全国一盘棋,协调发展,不让任何一个领域滞后,不让任何一个人掉队,不让任何一个区域落下,努力缩小差距,实现共同富裕、全面小康。

(作者单位:中共哈尔滨市委党校)

决胜阶段全面建成小康社会面临的机遇和挑战

张 彬

全面建成小康社会这个目标的提出,是要有依据、有底气的。现阶段,我国仍处于并将长期处于社会主义初级阶段的基本国情没有变,人民日益增长的物质文化需要同落后的社会生产之间的矛盾这一社会主要矛盾没有变,我国是世界最大发展中国家的国际地位没有变。在这样的时空方位,综观国际国内大势,我国发展仍处于可以大有作为的重要战略机遇期,全面建成小康社会既面临机遇又面临挑战。只有准确判断重要战略机遇期内涵和条件的变化,全面把握形势,沉着应对挑战和任务,才能赢得主动,赢得优势,赢得未来,确保到2020年实现全面建成小康社会宏伟目标,为实现中国梦奠定坚实基础。

一 决胜阶段全面建成小康社会面临的机遇

进入21世纪,我国进入全面建成小康社会的新阶段。把握住国际国内两个大局,利用好国际国内两种机遇,是全面建成小康社会、实现中国梦的重要认识基础和实践基础。从内部环境看,党的十六大确立全面建设小康社会奋斗目标、十七大对全面建设小康社会作出新部署以来,我们紧紧抓住和利用我国发展的重要战略机遇期,深化改革开放,加快发展步伐,为全面建成小康社会奠定了坚实基础,综合国力迅速提高。2012年中国国内生产总值超过50万亿元,占全球经济的比重提高到10.4%,稳居世界第二大经济体。通过30多年改革发展,我国制造业总体规模跃升全球第一,农业综合生产能力提高,粮食连续10年增产,突破了6亿吨。战略性新兴产业发展壮大,传统产业不断改造升级,现代服务业快速发展,基础设施得到很大完善。城镇化进程加快,城镇人口超过农村人口,城镇化水平明显提高，城乡区域发展协调性增强。

发展潜力巨大。抓住"新四化"（新型工业化、信息化、城镇化和农业现代化）提供的发展空间，用好"新四化"深度融合的后发优势和比较优势，以"新四化"作为推动经济继续向前发展的主要抓手，中国有望继续增长20年，从而改变全球经济版图，为实现中华民族伟大复兴迈出坚实的步伐。如城镇化是我国现代化建设的战略任务，也是扩大内需的最大潜力所在。积极稳妥推进城镇化，把城镇化这一"最大潜力"与改革这一"最大红利"结合起来，形成叠加效应，中国经济就有了长久持续的动力。未来10年快速推进的城镇化，将释放巨大消费能力。城镇化率每年提高1个百分点，再持续20年才能达到70%。如果农村人均消费水平提高到城镇居民平均消费水平的60%，按2012年数据测算，平均每年新增消费规模将超过4万亿元。而且，目前中国居民消费率只有美国的一半，大约为35%，增长空间很大。

政治大局稳定。政局安定，社会稳定，国泰民安，百姓安居乐业，这既是党和国家的奋斗目标，也是人民群众的热切愿望。正如习近平总书记强调的那样，中国人民十分珍惜和平安定的生活。改革开放以来，在深刻总结历史经验的基础上，中国共产党致力于转变执政方式、加强执政能力，寻求与时俱进的变革。中国共产党长期以来致力于健全完善人民代表大会制度和政治协商制度，改革干部人事制度和选举制度，推行政务和党务公开，扩大群众和舆论监督，发展党内民主和社会民主，增强广大人民群众对国家政治生活的参与，使得人民的呼声成为决策的基础，人民的利益要求成为决策的依据，增强了人民对国家政权的共享感和认同感。因此，人心思稳，人心思定，人民群众珍惜历史性的发展机遇，希望继续在安定团结的政治局面下发展经济，提高生活水平，提升综合国力。

改革能够释放发展红利。改革开放是我国发展的"最大红利"。

1978年，改革开放开启了中国经济腾飞的大门，把超过13亿人带入科学发展的全面小康时代。近10年，中国经济以超乎寻常的速度发展，更是与包括体制机制改革红利、人口红利、国企改革红利、资源红利在内的改革红利密切相关。随着可持续发展的巨大"改革红利"不断释放，中国的小康社会建设进程将规避"硬着陆"的风险。更重要的是，改革红利就是制度红利。保障社会公平正义、实现百姓对美好生活的期盼，这些都得依靠改革去实现。

从外部环境看，正如习近平总书记所指出的那样，当今世界，和平、发展、合作、共赢成为时代潮流。随着世界多极化、经济全球化深入发展和文化多样化、社会信息化持续推进，今天的人们比以往任何时候都更有条件朝和平与发展的目标迈进，各国人民比以往任何时候都更加期盼共创美好未来的"世界梦"。世界繁荣稳定是中国的机遇，中国发展也是世界的机遇。和平发展道路能不能走得通，很大程度上要看我们能不能把世界的机遇转变为中国的机遇，把中国的机遇转变为世界的机遇，在中国与世界各国良性互动、互利共赢中开拓前进。这是思考和谋划全面建成小康社会的重要参考因素，也是追求和实现中国梦的重要参照体系。

全球化带来发展新机遇。放眼世界，促进共同发展的有利因素增加。特别是随着世界经济重心向亚太地区转移，我国可以更好更多地利用国际资本、技术和人才，为加快自身发展和推动世界经济发展作出更大贡献。顺应经济全球化的时代大潮，中国的发展已经成为世界经济增长的重要动力。改革开放以来，随着我国综合国力增强，对发展中国家援助的规模、质量和效益不断提升。截至2011年年底，我国为发展中国家累计培训了超过14万名各类人才，帮助受援国建成了2200多个与其人民生产生活息息相关的各类项目。这些无私的理念和付出，不但赢得了广大发展中国家对我们的尊重和信任，也使得各国人民对"中国梦""世界梦"更加理解和支持。

新科技革命方兴未艾。一个国家能不能持续发展，关键在于是否抓住世界科技革命和新兴产业发展潮流。当前，以信息技术为前导并由此带动的新能源、生物技术、海洋技术等新科技革命已初露端倪。虽然发达国家在综合创新能力方面依然优势明显，但我国可以利用国内市场空间大和产业化能力强的优势，利用在部分领域接近或达到技术前沿的条件，通过大力提高国家创新能力，在一些关键领域率先取得技术突破，推动产业结构优化升级，实现跨越式发展，重要战略机遇期依旧。国际力量对比朝着有利于维护世界和平的方向发展。和平与发展仍然是时代主题，新兴市场国家和发展中国家整体实力增强。我们有可能争取到较长时间的和平国际环境。

在对国际国内经济大势的判断中，我们对战略机遇期的认识也不断深化。习近平总书记明确指出，我国发展仍处于重要战略机遇期的基本判断没有变。同时，又提出了要抢抓"新机遇"的重要思想。他指出，国际金融危机发生以来,世界经济已由危机前的快速发展期进入深度转型调整期。我国发展的重要战略机遇期仍然存在,但在国际环境的内涵和条件方面发生了很大变化。我们面临的机遇,不再是简单纳入全球分工体系、扩大出口、加快投资的传统机遇,而是倒逼我们扩大内需、提高创新能力、促进经济发展方式转变的新机遇。我们必须因势利导、顺势而为,努力在风云变幻的国际环境中谋求更大的国家利益。

天下大势,浩浩荡荡;顺之者昌,逆之者亡。在时代前进潮流中如何把握主动、赢得发展,关系着全面建成小康社会的实际效果,影响着中华民族伟大复兴的命运走向。

二 决胜阶段全面建成小康社会的现实性挑战

机遇伴随着挑战。党的十八大之后的五至十年,是全面建成小康社会的决定性阶段。全面审视国内外环境,我国发展也处于面临诸多风险的矛盾凸显期。我国已进入深化改革开放、加快转变经济发展方式的攻坚时期,前进道路上的困难、问题和风险增多。国际竞争空前激烈,全球性矛盾和问题更加突出。这些都给我们实现全面建成小康社会宏伟目标带来新的挑战。

转变发展方式的"爬坡之艰"。在我们这样一个有十几亿人口的发展中大国实现现代化,是一项前无古人的伟大事业,同时也面临着从未遇到的严峻挑战。特别是经济高速增长付出的资源代价面临着从未遇到的严峻挑战。目前,我国绝大多数资源的人均占有量都低于世界平均水平,但是我国已成为世界上煤炭、钢铁、铁矿石、氧化铝、水泥消耗最大的国家。从总体上看,高投入、高消耗、高污染与低产出、低技术、低效益的经济发展模式依然存在。在国际金融危机冲击下,我国实现经济发展方式转变,仍然面临许多严峻挑战。从国内经济大势来说,以习近平为总书记的党中央对经济形势作出了经济增长速度换挡期、结构调整阵痛期、前期刺激政策消化期三期叠加的重要判断:所谓增长速度换挡期,就是我国经济已处于从高速换挡到中高速的发展时期;所谓结构调整阵痛期,就是说结构调整刻不容缓,不调就不能实现进一步的发展;所谓前期刺激政策消化期,主要是指在国际金融危机爆发初期,我们实施了一揽子经济刺激计划,现在这些政策还处于消化期。如何"爬坡过坎""乘势而上",实现经济发展的"转型升级",既是一个大考验,也是一篇大文章。

冲破利益藩篱的"改革之痛"。当前和今后一个时期，改革向纵深推进，既迫在眉睫，又步履维艰。唯其如此，步入攻坚期和深水区的中国改革，需要勇气和信心，也需要智慧和坚韧。正如习近平总书记所指出的，改革"要勇于冲破思想观念的障碍和利益固化的藩篱，敢于啃硬骨头，敢于涉险滩"。一方面，一些系统性的利益格局已经固化，一些曾经的改革受益者为了维护自身利益可能沦为改革继续推进的阻力，冲破盘根错节的利益固化藩篱，面临层层重压。一些人们耳熟能详的改革"重点领域"和"关键环节"，往往由于利益固化的程度更为严重，对利益格局重新"洗牌"的难度也更大。政府改革如此，垄断行业、收入分配、资源价格、难度也更大。任何一项改革都可能"牵一发而动全身"。如收入分配不公、城乡差距、贫富差距、行业差距、区域差距过大等引发的民生问题、社会问题越来越突出。这些倾向不扭转，改革攻坚很难进展。再单纯靠"摸着石头过河"已然无法顺时应势，强化顶层设计成为越来越迫切的课题。再加上一些领域消极腐败现象易发多发，反腐败斗争形势依然严峻，形式主义、官僚主义、享乐主义和奢靡之风仍在不同程度上存在，严重影响了人民群众对改革的信心和期待。这些不利因素，是全面建成小康社会道路上必须清除的"绊脚石"。突破这些制约改革的利益藩篱，才能找到为实现中国梦凝聚共识、攻坚克难的垫脚石。

社会矛盾冲突的"燃点低"。改革开放30多年来，党和政府高度重视发展社会事业，积极探索加强和创新社会管理，取得了显著成绩，人民群众生活水平明显提高，社会大局保持稳定，社会形势总体是好的。但是必须清醒地看到，与经济建设相比，我国社会建设仍显滞后，经济建设与社会建设"一条腿长，一条腿短"的问题日益突出，社会建设存在着许多亟待破解的难题。特别是由于经济发展快、开放程度高、社会转型快、流动人口多，社会治理压力大，社会矛盾出现易发、多发、群发的态势，而且社会矛盾触点多、"燃点低"、处理难，甚至出现"不点自燃，一点就着"的复杂情况，群体性事件、非利益相关性社会冲突等明显增多。党的十八大指出："加强社会建设，是社会和谐稳定的重要保证。必须从维护最广大人民根本利益的高度，加快健全基本公共服务体系，加强和创新社会管理，推动社会主义和谐社会建设。加强社会建设，必须以保障和改善民生为重点。提高人民物质文化生活水平，是改革开放和社会主义现代化建设的根本目的。要多谋民生之利，多解民生之忧，解决好人民最关心最直接最现实的利益问题,在学有所教、劳有所得、病有所医、老有所养、住有所居上持续取得新进展,努力让人民过上更好生活。加强社会建设,必须加快推进社会体制改革。"

当前,全面加强社会建设,创新社会治理,已经成为时代的要求和人民最广泛、最普遍的共识。此外,生态环境、食品药品安全、安全生产、社会治安、执法司法等关系群众切身利益的问题较多,与一些领域道德失范、诚信缺失等现象叠加,使得各种社会矛盾触点多、"燃点低"的情况居高不下。可以说,没有社会结构的优化调整,社会经济发展无以持续。要增强改革发展的协调性和有效性,就必须把社会建设这块"短板"补齐,加快提高社会治理"软实力",切实避免社会"软环境"复杂化。

意识形态安全的"维护之难"。当今世界,各种思想文化交流交融更加频繁、交锋更加激烈,维护国家意识形态安全的任务更加艰巨,增强国家软实力和意识形态影响力的要求更加紧迫。经过 30 多年的改革开放,中国与世界主要大国建立的长期稳定健康发展的新型大国关系取得新进展,中国维护国际安全与国内安全的能力进一步提高,中国特色社会主义制度进一步巩固。与此同时,中国与少数大国之间的结构性矛盾依然突出,中国与周边国家海洋领土问题趋于严峻,恐怖主义、网络安全、环境安全等非传统安全威胁凸显。尽管中国意识形态安全总体稳定,但在复杂的国内外环境下,"西强我弱"的国际舆论格局尚未根本改变,特别是西方国家"民主"输出、西方国家文化霸权、网络信息舆论多元传播、宗教渗透等对中国意识形态安全等构成严重威胁。其中,比较突出的问题是:西方国家利用现代传媒和文化产品输出,大肆宣扬它们的价值观念,质疑中国的改革开放,质疑中国特色社会主义的社会主义性质,对马克思主义及其中国化的主流意识形态安全构成潜在威胁;以美国为首的西方国家通过广播、出版、影视文学、教育等多种途径推行资产阶级意识形态,对中国的生活方式、文化思潮,尤其是社会主义核心价值观构成严重威胁;网络信息舆论多元传播对中国主流意识形态构成威胁,互联网突破了时空边界与意识形态对中国主流意识形态构成威胁,互联网突破了时空边界与意识形态封锁,一些不符合中国国情的政治理念、政治制度和各种思潮通过网络传播,冲击着中国民众的思想,冲淡了中国主流意识形态对社会的主导作用和功能的发挥,造成主流意识形态凝聚力下降,危害着社会稳定和民族团结,进而威胁到中国的国家安全等等。应当看到,没有意识形态安全，全面建成小康社会所需的国家安全就如同海市蜃楼。要实现中国梦，必须制定科学完善的国家安全战略，以全面化解安全挑战，维护意识形态安全。

三 结语

发展永无止境，奋斗永不停歇。面对全面建成小康社会面临的来自国内外的新挑战，我们要从全局和战略的高度，统筹国内国际两个大局，牢牢抓住并充分用好可以大有作为的重要战略机遇期，沉着应对并妥善处理好各种风险和挑战，促进经济持续健康发展和社会全面进步，把我国改革开放和社会主义现代化事业不断推向前进。

全面建成的小康社会，是经济、政治、文化、社会和生态文明全面协调发展的小康社会。从"解决温饱"到"小康水平"；从"总体小康"到"全面小康"，再到发出"全面建成小康社会"的动员令这一系列奋斗目标的提出、发展和完善，表明了我们党对什么是小康社会、如何建设小康社会认识的深化，也彰显了中国特色社会主义道路越走越宽广的历史必然性。为人民美好生活而奋斗。

我们有理由相信，在以习近平为总书记的党中央的坚强领导下，全党始终保持自我净化、自我完善、自我革新、自我提高的昂扬朝气和良好作风，切实推动党风政风和党群干群关系明显好转，我们一定能够在全面建成小康社会的基础上早日实现中华民族伟大复兴的中国梦！

（作者单位：中共吉林省委党校中国特色社会主义理论研究中心）

全面建成小康社会的科学内涵

王小元

全面建成小康社会是中国共产党"两个一百年"目标的重要组成部分，是实现中国民族伟大复兴中国梦的关键一步。当前，我国正处于全面建成小康社会的决胜阶段，坚持"五位一体"的战略布局，推进国家各项建设事业的科学发展具有重要意义。

一 强化执政为民，建设民主中国

党的十八大报告指出：人民民主是我们党始终高扬的光辉旗帜。改革开放以来，我们党总结发展社会主义民主正反两方面经验，强调人民民主是社会主义的生命，坚持国家一切权力属于人民，不断推进政治体制改革，社会主义民主政治建设取得重大进展，成功开辟和坚持了中国特色社会主义政治发展道路，为实现最广泛的人民民主确立了正确方向。在开辟道路和确立方向的基础上，中国共产党强化了执政为民意识，继续朝建设民主中国方向前行。

（一）坚持和完善依法治国

建设法治国家是中国共产党推进政治体制改革的重要目标。江泽民曾经指出："依法治国，就是广大人民群众在党的领导下，依照宪法和法律的规定，通过各种途径和形式管理国家事务，管理经济文化事业，管理社会事务，保证国家各项工作都依法进行，逐步实现社会主义民主的制度化、法律化，使这种制度和法律不因领导人的改变而改变，不因领导人的看法和注意力的改变而改变。"[①] 这一论述为中国共产党依法治国明确了治国的依据、主体、客体、依靠力量和领导力量。十八届五中全会再次明确

[①] 《江泽民文选》第 2 卷，人民出版社 2006 年版，第 34 页。

提出了推进全面依法治国的思想，成为新时期全面建成小康社会的重要战略保障。

（二）坚持和完善人民代表大会制度

人民代表大会制度是保证人民当家作主的根本政治制度，曾经发挥了重要的作用。但是，随着时间的推移，其缺陷也日益明显。完善人民代表大会制度必须从适当减少人大代表数量、实现人大代表专职化和提高人大代表的权威和待遇等方面开展工作。

（三）坚持和完善民族政策

中国的民族政策发端于20世纪40年代，是依据马克思主义民族理论，参照苏联的民族政策，结合中国的民族结构而形成的政策。这一政策为促进新中国的民族团结和社会稳定发挥了很大的作用。习近平总书记指出，全面建成小康社会不能让一个民族掉队。通过完善民族政策，促进各民族共同发展和共同繁荣，是全面建成小康社会的重要政治保障。

二　实现均衡发展，建设共富中国

建设共富中国是中国共产党的执政目标之一。关于如何走向共同富裕，毛泽东作了探索，最终没有真正富起来。改革开放后，邓小平说："我们的政策让一部分人、一部分地区先富裕起来，以带动和帮助落后的地区，先进地区帮助落后地区是一个义务。"[①] 可以看出，中国的发展政策是让一部分人和一部分地区先富裕起来，然后带动其他地区和其他人实现最终共同富裕。

2015年，中国的GDP已经达到了人民币676708亿元，人均GDP 8016美元。经济总量稳居世界第二，既缩小了与美国的差距，也扩大了对日本的领先优势，经济总量占世界比重逐年提高。可以说，中国已经实现了让一部分人和一部分地区先富裕起来的中期发展目标。但是，由于收入分配的严重不公，中国的基尼系数已经达到了0.51的高位，超过了国际警戒线水平。全面建成小康社会要求不让一个人掉队。因此，在未来发展中，为进一步体现发展依靠人民、发展为了人民，发展的成果由全体人民共享，促进国家共同富裕的目标，需要认真思考以下几个问题。

---

① 《邓小平文选》第3卷，人民出版社1993年版，第155页。

(一) 国家要尊重现实，安定富裕阶层

客观地讲，现有富裕阶层致富的原因可能各有不同，且部分富裕阶层的第一桶金并不那么纯。因此，一部分富人有原罪感，表面光鲜，其实内心非常脆弱，总担心现有的财富有朝一日会"无缘无故"失去。为此，政府应该在尊重历史，尊重现有成果的基础上，对过去没有规范的制度进行科学合理规范，用科学发展观引导人民继续致富，让富裕阶层有安全感。同时，要加强教育和引导，鼓励富裕阶层勇于承担社会责任，带动更多人走向共同富裕。

(二) 提高居民收入在国民收入分配中的比重

国民收入是整个社会的收入，包括居民收入、政府收入和企业收入等。不管总量如何变化，居民收入都与其他两种收入从相对量来说都成反比。在过去的30多年中，居民收入增长明显慢于后两者的增长速度，导致居民收入比重不断降低，居民生活水平改善速度长期较慢。因此，政府需要通过提高工资和减税等方式增加居民收入；通过减少流通环节等方式增加企业利润；通过降低"三公"经费占政府收入占GDP比重等手段增加政府有效收入，促进居民收入、政府收入和企业收入共同有序增长，确保居民收入快速增长。

(三) 提高劳动报酬在初次分配中的比重

改革开放以来，为鼓励经济发展，中国各级政府积极吸引内资和外资进入生产领域。且在收入分配方面，鼓励资本收益增长，减少劳动报酬增长，导致劳动报酬的比重逐年降低。在我国的国民收入初次分配中，劳动者报酬比例由2000年的51.4%快速下降为2007年的39.7%。这种情况导致劳动者收入增长缓慢，消费贡献率呈现下降趋势。据西蒙·库兹涅茨研究，西方国家国民收入中由物质资本所贡献的份额已从45%下降到25%，而劳动对国民收入的贡献从55%上升到75%。[1] 因此，为推动中国经济健康发展，政府需要持续通过提高劳动工资的方式，使工资增长快于国民收入增长，扭转劳动报酬低的局面。

(四) 大力提倡和发展社会慈善事业

一个国家、社会和民族的文明程度可以用很多经济社会指标来表示。

---

[1] 黄世贤、鄢立新：《提高居民收入的关键是提高劳动报酬》，《求实》2010年第11期，第41页。

其中慈善事业的发展程度无疑是重要的指标之一，而且是目前容易被忽略的一个指标。① 2016年3月，《中华人民共和国慈善法》正式出台，为我国发展慈善提供了更为清晰的法律依据。这将进一步凝聚民心，促进社会财富均衡分配，改变人民对财富的看法，把人从财富的奴役中解放出来，并将进一步打击慈善领域的腐败行为。

三 推进文化自信，建设文明中国

全面建成小康社会，必须推动中国文化大发展大繁荣，发挥文化引领风尚、教育人民、服务社会、推动发展的作用，实现文化自信。在未来中国的发展中，政府需要思考如何完善文化发展战略、整合中外文化、培育文化企业等方面入手，为全面建成小康社会提供更基础、更广泛、更深厚的支撑。

（一）政府要完善文化发展战略

2002年，中国共产党十六大做出了"要积极发展文化事业和文化产业"的战略决策。2003年，十六届三中和四中全会上进一步提出了要"加快发展文化产业"的决策。2006年，我国发表了第一个《国家十一五时期文化发展规划纲要》。此后，中国文化发展战略逐步从"战略模糊阶段"到"战略清晰阶段"再到"战略主动阶段"迈进。当前，适应国际国内新形势发展需要，不断完善国家文化发展战略，必将在推动中国文化发展繁荣进程中发挥事半功倍的效果。

（二）政府要整合中外文化

一方面，要继续梳理中国优秀传统文化、革命文化和社会主义先进文化。文化的冲突与融合是全球化时代文化发展必然出现的现象，在文化全球化的过程中，每个民族为了保持本民族的特征，延续民族文化命脉，就必须努力保持本民族文化。中国要实现民族的复兴、崛起，也不可能放弃自己优秀的文化。② 因此，政府要本着去其糟粕和取其精华的原则，梳理中国"三大文化"，为中国文化产业发展提供优秀元素。另一方面，要吸收外国文化精华。十八大报告指出，要扩大文化领域对外开放，

---

① 阚吉玲：《社会慈善事业的发展与我国和谐社会的构建》，《理论观察》2007年第4期，第71页。

② 黄旭东：《论文化全球化背景下的当代中国文化发展战略》，《河南社会科学》2009年第3期，第142页。

积极吸收借鉴国外优秀文化成果。政府应本着洋为中用的原则大胆吸收外国文化，注重中西结合，促进中国文化的发展和繁荣。把世界文化发展的普遍真理同中国文化发展的实践结合起来，植根于中国优秀的文化土壤中，形成中国气派、中国作风和中国特色的文化，建设强大的中国文化。

（三）推动文化企业发展

政府要出资鼓励文化企业的发展，包括大型文化企业和微型文化企业的发展，促进文化产业发展的经济效益和社会效益的统一。一方面，要通过大型文化企业来树立品牌。文化企业通过挖掘本民族文化资源中最能代表本民族文化性格的差异化特征，用创意建立起本民族文化资源的符号表达体系，即文化品牌的确立。[①] 另一方面，通过微型文化企业发展来鼓励多样化。微型文化企业具有投资少，门槛低和经营灵活的特点。政府通过鼓励微型文化企业的发展，既能够活跃文化产业市场，又能够承接大型文化企业的相关生产业务，还能够作为大型文化企业与文化消费者的桥梁和纽带。

四 践行群众路线，建设和谐中国

全面建成小康社会是一项伟大的实践活动，也是一场轰轰烈烈的，促进党群关系和干群关系和谐的活动。这场活动以全面建成小康社会为战略目标，以中国共产党领导为保证，以群众的广泛参与为基础。在此过程中，中国共产党需要始终坚持群众路线，厘清践行群众路线和全面建成小康社会的关系。

（一）群众路线为全面建成小康社会提供出发点

全面小康归根结底是人民的小康，必须不断为人民造福。因此，必须坚持人民群众的主体地位，坚持从人民群众的根本利益出发，不断满足人民群众日益增长的物质文化需要；必须更加自觉地实现好、发展好、维护好广大人民的根本利益。党员干部要以人民的根本利益为指向，科学规划，积极引导和发动群众，让参与全面建成小康社会的每一个群众在实践中得到实惠，努力做到发展为了人民，发展的成果由人民共享。

[①] 黄永林：《文化产业发展核心要素关系研究》，《社会主义研究》2011 年第 5 期，第 135 页。

（二）群众路线为全面建成小康社会提供立足点

马克思、恩格斯曾经指出："历史活动是群众的活动，随着历史活动的深入，必将是群众队伍的扩大。"① 全面建成小康社会是中国人民群众的一项伟大活动。在此过程中，中国共产党必须相信群众和依靠群众，正确处理执政党与人民群众之间的关系，努力把最广大的人民群众紧密团结在自己周围，确保广大人民群众通过努力，持续得到实惠，增强获得感，保持参与热情，使全面建成小康社会成为中国共产党和人民群众追求的共同目标，不断扩大中国共产党的执政基础。

（三）群众路线为全面建成小康社会提供方法论

"从群众中来，到群众中去"是毛泽东同志在中国共产党群众路线中关于方法论的论述。全面建成小康社会的决胜阶段，广大党员干部必须重视调查研究，不仅要深挖理论，寻找解决问题的理论依据；而且更要积极深入农村田间地头，深入学校工厂，深入居民社区，深入基层干部，深入偏远山区，问需于民，问政于民，问计于民，向实践，向群众要营养和智慧。在此基础上，不断循环往复，争取"一次比一次地更正确、更生动、更丰富"。②

五 注重生态保护，建设美丽中国

恩格斯曾告诫人们："我们必须时时记住，我们统治自然界决不像征服者统治异族人那样，决不像站在自然界之外的人那样——相反地，我们连同我们的肉、血和大脑都存在于自然界之中。"③ 全面建成小康社会，必注重生态保护。习近平总书记告诉我们，建设生态文明就是要让人民看得见山，望得见水，记得住乡愁。

（一）加快国土整治和规划

国土整治是社会经济发展到一定阶段时，为了保障经济日益繁荣、人类社会持续前进而采取的必要措施。④ 政府要依据《1997—2010全国土地利用总体规划纲要》，制定具有中国特色，适合各地实际需要的整治方案

---

① 《马克思恩格斯文集》第1卷，人民出版社2009年版，第287页。
② 《毛泽东选集》第3卷，人民出版社1991年版，第899页。
③ 《马克思恩格斯选集》第3卷，人民出版社2012年版，第998页。
④ 包浩生、彭补拙、倪绍祥：《国土整治与自然资源研究》，《地理学报》1987年第1期，第62页。

和规划，切实保证土地的科学用途，避免耕地、林地、草地改变用途，守住中华民族继续生存的红线。

（三）加快河道疏浚和湖泊水库建设

2016年以来，武汉等部分地方出现几十年、甚至百年一遇的灾难，严重影响了中华民族的生存质量，降低了幸福感。为此，政府要加大资金投入，加快河道疏浚，使河流发挥两方面的作用：一方面河流要发挥防洪、供水、灌溉、发电、航运、旅游等传统水利功能；另一方面要兼顾河流生态系统健康和可持续性的需求，实现水利功能和生态修复功能的统一，并在开发利用水资源与保护河流生态系统之间寻求相对平衡。[①] 同时，政府需要加大投入，新修和维护各类水库，恢复湖泊原貌。有条件的地方要对湖泊和水库淤塞问题进行治理，扩大水库和湖泊的需水量。坚决禁止任何地方政府出于任何目的违规使用水库，毁坏水库和围湖造地。使水库和湖泊发挥调节河流丰水期和枯水期天然调节器的作用。

（三）逐步提高森林覆盖率

中国在历史上是一个森林覆盖率很高的国家。多年战乱及破坏性开发导致中国森林大量减少，严重危害着中华民族的生存和发展。2011年，中国林业部门颁布《全国造林绿化规划纲要（2011—2020年）》和《占用征用林地定额管理办法》，为中国强化林地保护，提高森林覆盖率提供了政策和法律依据。

（四）加大对污染企业的治理

改革开放以来，中国经济发展速度惊人，环境破坏的速度同样惊人。政府需要从提高企业治污意识、完善治污立法、创新治污手段等方面着手，切实合理规范和加强治污工作。从治理废水、废气和废渣等"三废"着手，加大环境保护力度。治理废水需要从源头做起，对生产和生活用水进行统筹，加强水净化，防止污水直接外排。治理废气就是要大幅度降低我国空气环境中各种污染物的浓度，明显改善居民生活区、重点污染地区和城市的大气环境质量，为我国大气环境质量的宏观控制提供战略保障。[②]

[①] 戴梅：《对河道治理及生态修复的思考》，《水科学与工程技术》2010年第2期，第89页。

[②] 赵其国等：《当前国内外环境保护形势及其研究进展》，《土壤学报》2009年第6期，第1149页。

治理废渣需要综合运用各种措施,能够循环利用的废渣要尽量发挥修路、建房、筑坝等作用。对于一时无法循环利用的废渣要及时做好掩埋工作,防止废渣与人类生产和生活直接接触。

(作者单位:江西理工大学马克思主义学院)

加快推进共享发展战略
实现全面建成小康社会

刘 云

全面建成小康社会是实现"两个一百年"中第一个战略目标，是实现社会主义现代化和中华民族伟大复兴中国梦的重要战略基础。推进共享发展是全面建成小康社会的重要发展战略之一。从基本要求上看，共享发展不仅需要大力发展物质生产，还需要积极进行制度生产和精神生产。从基本意义上看，共享发展不仅有利于保障社会公平正义，还有利于维护社会稳定和谐和实现人民共同富裕。从基本路径上看，推进共享发展不仅要求政府积极提供公共服务，还要求积极利用市场力量和完善社会治理。必须以加快推进共享发展战略实现全面建成小康社会，为实现中华民族伟大复兴的中国梦作出新的贡献。

一 基本要求

党的十八届五中全会在《中共中央关于制定国民经济和社会发展第十三个五年规划的建议》中指出："必须坚持发展为了人民、发展依靠人民、发展成果由人民共享，作出更有效的制度安排，使全体人民在共建共享发展中有更多获得感，增强发展动力，增进人民团结，朝着共同富裕方向稳步前进。"[1] 共享发展是对马克思主义关于人的自由全面发展理论的继承和创新，从马克思主义关于人的自由全面发展看，共享发展不仅需要大力发展物质生产，还需要积极进行制度生产和精神生产。

---

[1] 《中共中央关于制定国民经济和社会发展第十三个五年规划的建议》，《人民日报》2015年11月4日。

（一）继续解放和发展物质生产

唯物史观认为，生产力是社会历史发展进步的最终决定力量，物质资料生产方式制约社会经济各方面生活。生产力发展水平提高是实现共享发展的物质基础。人的自由全面发展不仅仅只是对基本生活需要方面上的物质需求，还包括丰富多样更高层次上的物质需求。生产力发展不仅能为共享发展提供满足人们生存需求的物质财富，还能为共享发展提供满足人们更高层次需求的物质财富。改革开放以来，我国社会主义初级阶段的主要矛盾是人民群众日益增长的物质文化需求同落后的社会生产力之间的矛盾。改革开放初期，人民群众的需求主要体现为物质方面，解放和发展落后的物质生产力，使广大人民群众实现"温饱"并达到小康生活水平是当时的主要发展任务。改革开放30多年来，中国成为世界第二大经济体，综合国力大幅跃升，人民群众的基本物质需求情况发生一定变化，在保证物质需求基本前提下，对更高层次方面的物质需求有所上升，这主要体现在更加注重对高质量产品的需求上。解放和发展生产力是社会主义本质的首要要求，面对发展新形势新任务，共享发展内在要求生产力进一步的解放和发展，需要转变发展方式，更加从供给侧进行结构性改革，以创新驱动引领生产力向更高水平发展，产出高质量产品，从而更好满足人的自由全面发展。

（二）满足人民群众精神发展需求

我国正处于社会主义初级阶段，社会主义主要矛盾不仅体现在落后生产同人民群众的物质需要上，还体现在落后生产同人民群众的精神文化需要上。邓小平就曾预见性地指出："发展起来以后的问题不比不发展时少。"[1] 发展起来之前主要是发展集中力量要解决的是物质问题，发展起来之后，物质问题的基本解决会使人们越来越关注精神文化方面的发展需求，思想上要跟随物质的升级换代进行更新提升，思想文化问题从某种意义上要比物质问题更难以解决。共享发展最本质的要求就是要让广大人民群众公平分享改革发展成果。改革开放30多年的发展历程已经积攒起丰富雄厚的物质财富，人民群众的生活水平有了质的飞跃，但群体差距、地域差距、城乡差距等问题导致人们在思想上产生落差，精神文化生活出现

---

[1] 冷溶、汪作玲、中共中央文献研究室编：《邓小平年谱（1975—1997）》（下），中央文献出版社，第1364页。

不平衡。平衡心理落差，为广大人民群众提供最基本的精神文化需要，大力弘扬社会主义核心价值观，最大限度解决思想分化问题，是共享发展在人民群众精神文化需求方面要重点关注的。人心是最大的政治，公平正义作为当代的时代诉求，必须以共享发展来真切回应，要平衡提升人民群众的思想道德素质和提高精神文化产品质量，人民才会有幸福感和获得感。

（三）构建更加完善的制度供给

唯物史观认为，社会是由生产力、生产关系（经济基础）和上层建筑构成的有机整体。生产关系（经济基础）在社会运行机理中具有重要作用，主要体现为一系列社会制度形成纽带形成人与人之间的交往关系。改革开放实现了由原有的计划经济模式向社会主义市场经济模式转变，市场经济释放出巨大效能并有效刺激经济高速增长，社会群体在市场调节下充分发挥了我国特有的劳动力和人才优势，但政府与市场的关系、政府与社会的关系和市场与个人间的关系等制度性因素未完全理顺清楚，政府干预市场行为在某些领域依然存在，政府在进行社会治理有待完善，市场条件下人与人之间不信任等现象比较突出。处理和优化好政府、市场和社会三者之间的制度关系是实现共享发展的关键，要求优化的制度供给弥补市场的失灵、规范政府的不当干预和人际关系的危机。制度供给包括政治、经济、文化、社会和生态环境等诸多领域都要形成相关制度框架体系，构建共享体制机制，让成熟的制度全面、科学、长期地保障人民根本利益，彻底理顺政府、市场、个人三者之间的关系，为实现共享发展奠定制度上的基础保障。

二 基本意义

我国正处于改革攻坚期和深水区，在改革中解决民生发展问题，破解发展难题，推动共享发展惠及全体人民，不仅有利于保障社会公平正义，还有利于维护社会稳定和谐和实现人民共同富裕。

（一）有利于保障社会公平正义

能否实现公平正义是一个社会健康运行的重要标志之一。共享发展的核心目标就是要实现社会公平正义，公平正义的实现直接关系到人民群众的根本利益。城乡和区域差距过大导致城市居民和农村、东部发达地区和中西部落后地区居民所享受的基础设施、医疗教育、社会保障等极不平衡，造成明显的社会发展环境不公平现象；不同产业和行业从业人员内部由于分工不同也导致了工资薪金水平差距过大，造成收入不公平现象；由于物质利益的分化和不公平导致个人发展机会不平等并衍生出思想分化多变等新情况，在互联网等现代科技条件下对社会公平正义的讨论和不满声音有增多趋势。共享发展允许人们对自己的利益进行充分的阐述，并通过权力赋予和制度设计对弱势群体利益进行保护，从而凝聚社会改革发展共识，传播社会公平正义声音，让公平正义成为每个社会成员切身体会得到，让每个社会成员都能够拥有公平竞争的发展机遇。

（二）有利于维护社会稳定和谐

当代资本主义发达国家对国内实行不同程度上的社会福利制度，这对我国共享发展具有一定借鉴意义，但是资本主义社会的固有基本矛盾决定了经济危机和金融危机的周期性发生，最终给百姓财富造成重大损失，失业率急剧上升，社会产生较大动荡，社会发展陷入停滞甚至倒退状态。我国是社会主义国家，经济上公有制占主体地位，政治上实行人民民主专政的国体，按照社会主义本质和基本原则，遵循社会主义发展规律，可以有效克服资本主义社会的固有弊端。当前改革已步入攻坚期和深水区，我国经济社会发展过程中，社会贫富阶层分化呈加剧趋势，思想呈现多元多样多变态势，人民利益诉求呼声越来越高。提出和落实共享发展是对当下改革发展中出现的问题的积极回应，是社会主义本质的价值回归，能够有效缩小贫富和思想分化，满足人民诉求，保证人民生活幸福，增强社会抗风险性能，防止系统性风险发生，从而有利于维护社会和谐稳定。

（三）有利于实现人民共同富裕

贫穷不是社会主义，贫富悬殊也不是社会主义。实现共同富裕是社会主义本质论中的最终目的。如何实现共同富裕？邓小平指出，"过去搞平均主义，吃'大锅饭'，实际上是共同落后，共同贫穷，我们就是吃了这个亏。改革首先要打破平均主义"[①]。根据改革开放初期基本国情，为激发人们发展积极性，党中央决定实行"让一部分人先富起来，先富带动后富，最终实现共同富裕"的发展战略。实践证明，这是一条通往共同富裕的有效途径。这一思想既致力于发展生产力，又重点解决

---

① 《邓小平文选》第 3 卷，人民出版社 1993 年版，第 155 页。

发展起来后产生的贫富差距问题。"让一部分人先富起来",这是由于起步阶段未发展起来时落后的社会生产所决定的,为经济快速发展起到巨大作用。但发展起来以后,"先富带动后富"没有得到应有重视,贫富差距问题日益突出。改革发展成果丰硕,但由于贫富差距拉大所带来的不公平分配导致人民获得感不强,不仅局限于经济领域,还涉及政治、法治、文化、生态诸多领域,在政治上表现为干群关系恶化,法治上表现为司法不公现象仍存,文化上公共文化产品分配不均衡,生态上环境污染严重。共享发展实际上就要着力解决"先富带动后富"的问题,综合治理人民群众物质和精神上的贫富差距问题,在新的历史条件下有利于实现共同富裕。

三 基本路径

共享发展关键在于落实到位。从基本路径上看,推进共享发展不仅要求政府积极提供公共服务,还要求积极利用市场力量和完善社会治理。

(一) 政府积极提供公共服务

政府摒弃在经济社会发展当中既当"裁判者"又当"运动员"的畸形局面。政府应当自觉规范自身治理社会的角色定位,实行简政放权,管好该管的事物,服务好该服务的对象。定准位、归好位、不越位实际上就是对政府在经济社会发展中担当角色的最简洁有力的诠释。改革开放在取得经济社会快速发展的同时也导致粗放型发展方式积重难返,转变经济发展方式,进行供给侧结构性改革是必由之路,从而更好满足人民群众更高层次物质和精神产品的需要,为人民共享发展奠定基本前提。企业是市场的主体,是创新驱动发展的主导力量。政府应当在简政放权当中为企业提供优质公共服务,减少行政审批,提高企业办事效率;制定适当优惠政策引导企业对传统产业进行改造升级和研制自主创新产品;在税费改革上更倾向于创新型企业,为创新型企业营造优越成长环境。民生是共享发展的主要内容,政府在提供必需的基本公共设施和服务同时,可以引进"PPP"模式,让市场资本和社会大众都能够参与到公共设施和服务建设上来,实现互利共赢,满足人民共享多元化需求。总之,共享发展要求政府必须适应时代发展和需要进行自身转型,以宏观调控等手段提高服务于经济社会的水平,实现角色转换,为打造成为更有效率、更加专业的"服务型"政府奠定基础。

（二）积极利用市场力量共建共享

1978年十一届三中全会开启了中国改革开放之路。以农村改革为切入点，以城市改革为着力点，在计划经济中逐渐引入商品经济因素，从计划到计划与市场双轨，再到市场机制建立，市场力量被引入。市场力量的作用在于以自由竞争优化资源配置，提高劳动效率，释放市场潜力，刺激经济活力。1992年十四大正式确立建设社会主义市场经济体制，中国市场力量的性质与方向得到正式确证。市场力量的发展壮大，有效调动人民积极性，人民生活水平不断改善，市场力量的引入带动了社会力量的发展。当前，如何处理好政治力量与市场力量的关系、市场力量与社会力量的关系成为时代课题，集中表现就是处理好政府与市场的关系的重大问题，处理好政府与市场的关系是实现积极利用市场力量，释放市场活力，调动人的积极性和创造性的重要一环。如何利用市场力量推动共享发展？首先，必须打破固化藩篱，引入竞争机制。市场活力得不到充分展现，市场机制得不到应有发挥，其中一个主要原因就是政府对市场过多干预有关，造成体制机制上的弊端相对较多，市场的自主性，企业的主体意识不够强。必须打破固有藩篱，使市场回归市场，政府以服务者的身份引导各市场主体充分参与竞争，使每个主体都有平等发展机会。其次，必须使市场在优化资源配置中起决定性作用，政府更好发挥宏观调控作用。政府既要服务好市场，同时也要监管好市场，消除市场本身存在的自发性等弊病。构建完善的市场机制有利于将资源分配到最需要的地方，同时政府以宏观调控引导一部分资源分配到弱势群体和贫困地区中，从而既发挥人民共建的积极性，又保证共享发展真正让全体人民都有获得感。

（三）以完善社会治理推进社会建设

共享发展需要完善的社会治理作支撑。共享发展政府转变角色定位，从以往的社会"管控者"向"治理者"转变。实现这一转变，首先要扩大治理主体。原有治理模式是以政府为主导，社会作为被管理对象的状态。根据共享发展要求，要善于将社会群体逐步纳入到社会治理中来，适度发展符合法律法规的社会组织在党和政府的领导和主导下参与社会治理，以协商、监督、调研等方式表达民众诉求，协调同政府的关系，使政府决策等更大程度上符合社会需求和民众利益。其次，共享发展还要构建社会治理制度保障体系。治理必须要有完善的制度作为抓手和工具。制度的建立和完善是一个过程，必须要以理论联系实践进行共享发展制度保障建设。

在全社会全领域中构筑以人民为中心的共享发展制度保障机制，推动经济、政治、文化、社会、生态等各个领域制度完善，以保障人民群众共享经济社会发展各方面权力和利益。

改革发展永无止境，共享发展任重道远。面对新的历史机遇期，必须始终坚持以人民为中心的发展思想，加快推进共享发展，让人民群众更好更全面地享受改革发展成果，促进人的自由全面发展，为实现"两个一百年"战略目标和中华民族伟大复兴的中国梦不懈努力奋斗。

（作者单位：中共中央党校）

全面小康与中国特色社会主义现代化道路

丁 峰 李勇华

2012年党的十八大，明确提出"坚定不移沿着中国特色社会主义道路前进，为全面建成小康社会而奋斗"的主题。此后，以习近平为总书记的党中央鲜明而又具体地提出了"全面建成小康社会和全面深化改革开放的目标"。党的十八届五中全会通过的"十三五规划建议"中指出，"十三五"时期是全面建成小康社会关键的最后五年，是实现这一目标的收官阶段，也是为全面建成小康社会的决胜阶段。厘清全面小康的历史定位，阐明全面小康科学内涵，对准确把握"四个全面"战略布局，积极推进中国特色社会主义现代化建设事业具有重要意义。

一 全面小康是一个历史概念，反映了马克思主义社会发展理论的探索过程

小康作为我国人民对未来社会发展的美好向往的社会发展状态及其实践，经历了从无到有、从模糊到清晰、从简单到全面的历史发展过程。对全面小康内涵的科学理解，要着眼于深厚的实践基础、中国特色社会主义理论创新和中国特色社会主义现代化道路的探索过程。

"小康"描述的衣食丰足、安居乐业的社会生活，体现的是一种社会安定、人民安乐的政治理念，也是仅次于"大同"的一种社会模式。这一表述最早见于《诗经·大雅·民劳》（"民亦劳止，汔可小康"），宋人洪迈在《夷坚志》卷一亦有提及（"久困于穷，冀以小康"），《礼记·礼运》对此作过比较详细的描述："大人世及以为礼，城郭沟池以为固。礼义以为纪，以正君臣，以笃父子，以睦兄弟，以和夫妇，以设制度，以立田

里，以贤勇知，以功为己。……是谓小康。"① 这种充满伦理旨趣的理想政治状态，多反映一种比较宽裕但又不很富裕的传统农业文明的社会生活。

马克思、列宁等经典作家，对类似于体现中国传统农业文明的"小康"概念虽未曾论及，但是在批判资本主义，创立科学社会主义理论过程中，特别是在列宁关于共产主义发展阶段划分与特征描述、苏联社会主义建设的实践过程中，提出过与小康相近的思想，如社会主义社会的发展程度存在着"发达的"与"没有牢固基础的"差别，"这个刚刚从资本主义脱胎出来的在各方面还带着旧社会痕迹的共产主义社会，马克思称之为共产主义社会的'第一'阶段或低级阶段"，但"这还不是完全的共产主义"。② 这种社会发展阶段的划分，一定程度上将介于前现代社会与现代社会之间所存在的小康状态揭示出来。对现代化的问题，马克思早就指出，"工业较发达的国家向工业较不发达的国家所显示的，只是后者未来的景象"。③ 列宁直接提出"共产主义就是苏维埃政权加全国电气化"④ 的著名公式，以此开启苏联的现代化道路。

作为一种反映社会发展状态的概念，"小康"并不能直接反映现代化的历史过程，但是从生产方式与生产关系的角度看待这一概念，就能理解小康与现代化的关联，也就能够把握全面小康与中国特色社会主义现代化发展道路的内在关系。因为"新的工业的建立已经成为一切文明满足的生命攸关的问题"。⑤ 以"新的工业"为标志的新的生产方式及其变革，揭示了现代社会的经济运动规律和发展趋势，成为工业不发达国家向工业发达国家赶超的主要途径。现代化则反映了人类社会从传统的农业社会向现代工业社会转变的历史过程。对中国而言，则是在近代资本主义兴起的国际关系格局下，如何通过发展经济与技术革命，达到并超过资本主义国家，走向世界先进发达国家的历史过程。⑥ 这个过程是与中国共产党对小康社会的探索，对中国特色社会主义现代化道路的探索密切相关的。

---

① 曾亦、陈文嫣：《礼记导读》，中国国际广播出版社 2009 年版，第 175 页。
② 《列宁专题文集·论社会主义》，人民出版社 2009 年版，第 34 页。
③ 《马克思恩格斯选集》第 2 卷，人民出版社 1995 年版，第 100 页。
④ 《列宁专题文集·论社会主义》，人民出版社 2009 年版，第 181 页。
⑤ 《马克思恩格斯选集》第 1 卷，人民出版社 1995 年版，第 276 页。
⑥ 罗荣渠：《现代化新论》，华东师范大学出版社 2013 年版，第 7 页。

二 小康社会是现代化新范式，反映了探索中国现代化建设道路的艰辛过程

1949年新中国成立后，党在1953年12月正式提出"要在一个相当长的时期内，逐步实现国家的社会主义工业化"的过渡时期总路线。1954年周恩来提出"把中国建设成为一个强大的社会主义的现代化的工业国家"[①]的奋斗目标，9月周恩来总理在第一届全国人大一次会议上，提出建设现代化的工业、现代化的农业、现代化的交通运输业和现代化的国防的奋斗目标，并对中国未来社会主义现代化发展做了规划，成为中国式现代化道路的理论前奏。"文革"结束后，党的十一届三中全会开启了中国特色社会主义的探索历程。1979年3月，邓小平提出"中国式的现代化"，指出"现在搞建设，也要适合中国情况，走出一条中国式的现代化道路"。[②] 同年12月6日，邓小平在会见日本首相大平正芳时，第一次用"小康""小康之家"这一新概念来描述"中国式的现代化"。他指出，"我们要实现的四个现代化，是中国式的四个现代化。我们的四个现代化的概念，不是像你们那样的现代化的概念，而是'小康之家'。"[③] 也就是"翻两番，国民生产总值人均达到八百美元，就是到本世纪末在中国建立一个小康社会。这个小康社会，叫做中国式的现代化。翻两番、小康社会、中国式的现代化，这些都是我们的新概念。"[④] "我们的目标，第一步是到2000年建立一个小康社会。"由此，小康社会作为中国现代化发展的重要标志和发展阶段被确立下来。1982年，党的十二大把人民物质生活达到小康水平作为主要奋斗目标，将其作为我国国民经济和社会发展的阶段性标志。此后，邓小平提出了我国从1980年到50年间分"三步走"的战略。小康社会成为国民生产总值翻番，解决温饱问题后的阶段性目标，在理论上成为概括中国走现代化道路的新范式。

20世纪90年代之后，小康社会的理论内涵经历了从"总体"到"全面"、从"三位一体"到"五位一体"、从"建设"到"建成"的发展。党的十五大报告提出要"在20世纪末建立小康社会的基础上，从21世纪开始建设小康社会。"并提出中国特色社会主义建设"经济、政治、文化

[①] 《周恩来选集》下卷，人民出版社1983年版，第136页。
[②] 《邓小平文选》第2卷，人民出版社1994年版，第163页。
[③] 同上书，第237页。
[④] 《邓小平文选》第3卷，人民出版社1994年版，第54页。

协调发展"的"三位一体"格局，小康概念内涵不断丰富。党的十六大确立了全面建设小康社会的奋斗目标。在此基础上，党的十七大提出了社会主义现代化建设"经济、政治、文化、社会"的四位一体的总体布局。到2012年，党的十八大提出要"为全面建成小康社会而奋斗"，提出到2020年全面建成小康社会的宏伟目标，并进一步构建了小康社会"经济、政治、文化、社会、生态"五位一体的目标体系。2014年12月习近平总书记在江苏调研时提出"四个全面"，强调要"协调推进全面建成小康社会、全面深化改革、全面推进依法治国、全面从严治党，推动改革开放和社会主义现代化建设迈上新台阶"，形成"四个全面"战略布局思想，以"全面建成小康社会"战略目标统摄其他三个全面，并以"全面推进依法治国、全面从严治党，推动改革开放"战略举措支撑战略目标的实现。

由此可见，小康概念的演变历史，经历了一个由从传统小康到当代小康，从解决温饱问题到总体小康，从全面建设小康社会到全面建成小康社会的不断深化和具体实践的过程，也是一个探索中国现代化建设道路的过程，反映了我们党对经济建设、政治建设、文化建设、社会建设、生态文明建设和党的建设的理论创新和实践探索，是对中国特色社会主义发展规律的探索结果。这一概念反映了中国在探索现代化发展道路认识不断深化的过程，体现着中国特色社会主义现代化的战略要求，是中国特色社会主义的实践发展与历史逻辑的统一。

三 全面小康是当前奋斗目标，关系中华民族伟大复兴中国梦的最终实现

小康社会，反映了一种社会发展的特定阶段，其明显的特征就是社会生产力发展、人均国民生产总值和人民生活水平不断提高、国家综合国力特别是经济实力显著增强，它既是发展阶段，又是衡量发展阶段的综合指标，更是一种对社会不断进步发展的阶段性目标。而全面小康社会，主要从经济、民生、文化、生态文明和制度建设等维度展开讨论，强调要协调好以经济建设为中心与"五位一体"总体布局、经济发展与社会公平、国际国内两个大局这三个关系[①]。在其内涵上，"中国特色的全面小康社会内涵，可以概括为'九个社会'和'一条道路'。具体来说，小康社会的本

---

① 肖贵清、李戈：《论全面建成小康社会新的目标要求》，《山东社会科学》2016年第2期。

质是共同发展社会和共同富裕社会，此外还是全民学习型社会、全民健康社会和全民健身型社会、安居乐业型安康社会、生态文明型社会、开放创新型社会和知识型社会、社会主义民主社会和法治社会、中华文化文明道德社会。'一条道路'则是指走和平发展道路，维护世界和平，建设和谐世界。"①

建立在传统小农生产和封建土地所有制基础上，等级森严、世袭的宗法社会基础上的小康，强调小富即安、自得其乐的生活状态和社会发展要求，并不能反映社会现代化的本质内涵。对此，邓小平对小康社会的理解，突出了中国特色社会主义性质和制度，并将中国特色社会主义现代化建设的目标任务结合在一起。他指出："不坚持社会主义，中国的小康社会形成不了。"② 从这个意义上说，小康社会内涵应该包括八个方面的内容③，是一个发展阶段与过程内在统一的复合性概念，反映着中国特色社会主义在初级阶段长期过程中的一个具体发展阶段和目标要求。同时，也是一种描述经济发展战略目标的指标。全面建成小康社会鲜明地提出，将中国特色社会主义发展道路、理论创新与制度创新的本质要求结合起来，强调全面建成小康社会，本质上是实现中华民族伟大复兴中国梦，是这一伟大历史使命的阶段性目标。在时间节点上，2020年全面建成小康社会是当前奋斗的目标。

"全面建成小康社会，实现社会主义现代化，实现中华民族伟大复兴，最根本最紧迫的任务还是进一步解放和发展社会生产力。"④ 从历史上看，社会主义并没有像马克思、恩格斯所设想的那样，在欧洲一些发达国家同时建立起来，而是在经济文化比较落后的国家首先建立起来。在这种情况下，要使社会主义国家生存下来，并实现更快的发展，最紧迫的任务，就是尽快建立起国家的工业体系和国防体系，因而各社会主义国家，一开始便确立了加速实现工业化的战略。社会主义的本质要求强调要解放生产力，发展生产力。生产力又是多维的，不能仅仅局限在经济发展方面，而是体现在整个社会的全面发展和永续进步上。全面建成小康社会的目标是

---

① 胡鞍钢：《全面建成小康社会是"四个全面"的龙头》，中国青年网 http://news.youth.cn/wztt/201503/t20150304_6503183.htm。
② 《邓小平文选》第3卷，人民出版社1994年版，第64页。
③ 李君如：《全面建设小康社会的若干问题》，《青海学刊》2003年第2期。
④ 《十八大以来重要文献选编》上，中央文献出版社2014年版，第549—550页。

到2020年，我国经济持续健康发展，转变经济发展方式取得重大进展，在发展平衡性、协调性、可持续性明显增强的基础上，实现国内生产总值和城乡居民人均收入比2010年翻一番；人民民主不断扩大，民主制度更加完善，民主形式更加丰富；文化软实力显著增强，社会主义核心价值体系深入人心，公民文明素质和社会文明程度明显提高，社会主义文化强国建设基础更加坚实；人民生活水平全面提高，基本公共服务均等化总体实现，社会持续和谐稳定，实现国家长治久安；资源节约型、环境友好型社会建设取得重大进展。①

因此，"小康"作为一种理想的社会发展目标，其内涵是随着时代和实践不断丰富、发展的。从最初所反映的传统社会长期处于贫困状态的普通百姓对衣食无忧的生活向往，到中国特色社会主义现代化发展道路的战略选择，是我们党把现代社会价值理念和传统社会发展理想结合起来的睿智创造，也是把人民对美好生活的梦想具体化、现实化，是实现"两个一百年"阶段目标，最终实现中华民族伟大复兴中国梦的决胜阶段和关键一步。

四　全面小康是战略选择，充分体现了"四个全面"战略布局的目标要求

全面小康社会围绕坚持和发展中国特色社会主义这一主题，是立足于社会主义初级阶段基本国情的一个历史发展阶段，在"四个全面"战略布局中，处于战略目标的核心位置，是实现中华民族伟大复兴中国梦的战略选择。当前对全面小康内涵的准确理解，要从"四个全面"战略布局总体要求出发，抓住"全面建成小康社会"目标要求，突出"全面"特点和"小康"指标要求，将两者结合起来。

第一，"小康"内容体系的全面性。首先，全面小康社会是面向全体人民的小康社会，始终体现着人民的主体性。这种主体性无论从地域分布还是群体划分，具有极大的覆盖性和包容性。习近平总书记强调，"小康不小康，关键看老乡""全面实现小康，一个民族都不能少"等重要观点，都强调要紧紧依靠人民，从人民中吸取智慧，从人民中凝聚力量。"全面建成小康社会"，坚持发展为了人民、发展依靠人民、发展成果由人民共

---

① 《十八大以来重要文献选编》上，中央文献出版社2014年版，第13—14页。

享,既是中国特色社会主义的本质要求,也是全面建成小康社会进程中人民主体价值理念的集中体现。其次,全面小康包含了经济建设、政治建设、文化建设、社会建设和生态文明建设"五位一体"的内容,涉及治国理政的方方面面。"没有全民健康,就没有全面小康。"再次,全面建成小康社会要促进人的全面发展。人的发展程度是衡量社会进步的重要尺度。马克思、恩格斯在谈及共产主义时强调,"在那里,每个人的自由发展是一切人自由发展的条件。"① 全面小康社会的建设,要始终以人民利益作为价值准绳,始终以人民群众作为智慧和力量的来源。习近平总书记强调,"我们要全面建成小康社会、进行改革开放和社会主义现代化建设,就是要通过发展社会生产力,满足人民日益增长的物质文化需要,促进人的全面发展。"②

第二,奋斗目标与战略布局的全面性。"两个一百年"与中华民族伟大复兴中国梦的实现是密切相关,不可分割的统一体。围绕"确保到2020年实现全面建成小康社会宏伟目标",党的十八大分别从"经济持续健康发展""人民民主不断扩大""文化软实力显著增强""人民生活水平全面提高""资源节约型、环境友好型社会建设取得重大进展"五个方面做了明确的战略部署。强调要"更加扎实地推进经济发展,更加坚定地推进改革开放,更加充分地激发创造活力,更加有效地维护公平正义,更加有力地保障和改善民生,更加深入地改进党风政风,为国家增创更多财富,为人民增加更多福祉,为民族增添更多荣耀"。③

第三,小康指标要求的全面性。全面小康要体现"民族振兴、国家富强、人民幸福"的要求,综合指标体系和制度建设保障至关重要,全面小康指标要能反映民生建设要求,就是要有"更好的教育、更稳定的工作、更满意的收入、更可靠的社会保障、更高水平的医疗卫生服务、更舒适的居住条件、更优美的环境";"孩子们能成长得更好、工作得更好、生活得更好"④。要实现这些目标要求,需要坚持和完善社会主义基本经济制度;坚持和完善社会主义基本分配制度;建立以权利公平、机会公平、规则公平和结果公平为内容的社会公平保障体系,体现人民的民生诉求。特别是

---

① 《马克思恩格斯选集》第1卷,人民出版社1995年版,第294页。
② 《习近平总书记系列重要讲话读本》,学习出版社2014年版,第109页。
③ 《习近平在2015年春节团拜会上的讲话》,《人民日报》2015年2月18日第2版。
④ 《十八大以来重要文献选编》上,中央文献出版社2014年版,第70页。

在经济新常态下，更要注重在经济领域坚持求稳定、促转型，积极应对国际国内的复杂局面；在社会民生领域坚持共享发展理念，以更务实政策保障人民利益、增进人民福祉；在文化领域坚持对内培育良好风尚，对外塑造中华文化良好形象；在生态建设领域坚持绿色发展理念，实现经济发展与生态文明建设协调发展；在制度建设领域坚持推进政治、经济、军事、党建等维度的制度成熟，构建开放有活力的中国特色社会主义制度体系。这既是全面建成小康社会的目标要求，也是全面建成小康社会的综合衡量指标。

"建设中国特色社会主义的历史，就是建立和建设小康社会的历史。"[1] 从中国特色社会主义发展道路来看，全面小康既是实现中华民族伟大复兴中国梦的关键一步，又是反映现代文明要求的社会发展阶段，体现了阶段目标与发展道路的有机统一。全面建设小康社会的科学内涵，既是对马克思主义人文价值观的重新认识和回归，同时又是在实践上和更深刻的理论思想上的突破，关乎中国特色社会主义现代化建设目标的实现，关乎中华民族伟大复兴中国梦的实现。

参考文献

[1]《马克思恩格斯选集》第1卷，人民出版社1995年版。
[2]《邓小平文选》第2—3卷，人民出版社1993—1994年版。
[3]《习近平总书记系列重要讲话读本》，学习出版社、人民出版社2016年版。
[4]《十八大以来重要文献选编》上，中央文献出版社2014年版。
[5]李君如：《全面建设小康社会的若干问题》，《青海学刊》2003年第2期。
[6]肖贵清、李戈：《论全面建成小康社会新的目标要求》，《山东社会科学》2016年第2期。

（作者单位：浙江农林大学马克思主义学院）

---

① 李君如：《全面建设小康社会的若干问题》，《青海学刊》2003年第2期。

更全面的改革　更坚定的开放
——论全面小康决胜阶段的改革开放

滕明政

在华盛顿同美国总统奥巴马举行中美元首会晤时，习近平总书记指出："改革开放是中国的基本国策，也是今后推动中国发展的根本动力。"改革开放作为国家治理的动力，不仅是理论推演的结果，更是得到实践确证了的。在理论上，矛盾是事物变化发展的根本动力、社会基本矛盾运动构成社会发展的根本动力。而这一原则体现为两条：第一，生产关系一定要适合生产力状况的规律；第二，上层建筑一定要适合经济基础发展要求的规律。而适应的过程就是改革，即改变不适应的，使之适应。这样一来，改革就成为事物变化发展的内在动力。与此同时，一个良好的生态系统必须是开源的，即必须有"源头活水"不断地涌入，否则就会成为"一潭死水"，缺少生机和活力。在这个意义上开放成为事物变化发展的外在动力。

在实践中，改革开放作为动力，已经被1978年以来的中国实践活动所充分证明。所以，习近平总书记明确指出：回顾改革开放以来的历程，每一次重大改革都给党和国家发展注入新的活力、给事业前进增添强大动力。没有改革开放就没有当代中国的发展进步，改革开放是发展中国、发展社会主义、发展马克思主义的强大动力。

社会主义是一个经常变化和改革的社会

恩格斯指出，社会主义"不是一种不变的东西，而应当和任何其他社会制度一样，把他看成是经常变化和改革的社会"。马克思、恩格斯创立了共产主义理论，不是一种"人间天国"，一个没有矛盾的世界，相反，他们强调矛盾是事物变化发展的根本动力,只有不断变化发展才能推动当下社会进入更高一级的形态,促进人的解放,实现人的全面而自由的发展。

列宁承继了这一重要思想,指出:"今后在发展生产力和文化方面,我们每前进一步和每提高一步都必定要同时改善和改造我们的苏维埃制度,而现在我们在经济文化方面水平还很低。我们有待于改造的东西很多。"苏维埃制度只有不断变革,才能前进,才能巩固。

毛泽东在探索中国革命、建设道路时,也从不把马恩本本教条化、苏联经验神圣化,他充分秉承了恩格斯所讲的"马克思的整个世界观不是教义,而是方法。它提供的不是现成的教条,而是进一步研究的出发点和供这种研究使用的方法"。"我们的理论是发展着的理论,而不是必须背得烂熟并机械地加以重复的教条。"根据中国实情,提出了"农村包围城市"的革命道路,提出和平赎买的社会主义改造道路,这些做法不仅在马恩著作中找不到明确的"指示",甚至与同苏联的做法也不完全相同,但它们确实适合中国发展需要的。毛泽东深知变革的重要性,他指出:"马克思主义一定要向前发展,要随着实践的发展而发展,不能停滞不前。停止了,老是那么一套,它就没有生命了。"他又说:"任何国家的共产党,任何国家的思想界,都要创造新的理论,写出新的著作,产生自己新的理论家,来为当前的政治服务,单靠老祖宗是不行的。"

在毛泽东变革探索中国的基础上,邓小平进一步指出:"绝不能要求马克思为解决他去世之后上百年,几百年所产生的问题提供现成答案。列宁同样也不能承担为他去世以后五十年,一百年所产生的问题提供现成答案的任务。真正的马克思列宁主义者必须根据现在的情况,认识、继承和发展马克思列宁主义。""我们现在所干的事业是一项新的事业,马克思没有讲过,我们的前人没有做过,其他社会主义国家也没有干过,所以,没有现成的经验可学。我们只能在干中学,在实践中摸索。"这就要求我们必须具有敢闯敢干的探索精神和勇气。

他强调:"社会主义基本制度确立以后,还要从根本上改变束缚生产力发展的经济体制,建立充满生机和活力的社会主义经济体制,促进生产力的发展,这是改革,所以改革也是解放生产力。"他用一场"实践是检验真理唯一标准"的大讨论结束了僵化的马克思主义教条的束缚,开启了新局面,用"不改革开放只能是死路一条"促使"东方风来满眼春"。总之，邓小平非常明确改革的目的，即"我们要赶上时代，这是改革要达到的目的"。结合30多年来我国改革发展历程可以看得更清楚，是邓小平的改革开放挽救了十年内乱、经济濒于崩溃、人民温饱都成问题的中国，使我们的现代化事业和社会主义事业免遭葬送。我们发展中国、追赶时代的目的正逐步实现。此后江泽民、胡锦涛等中央领导集体继续深化改革，大踏步地追赶时代潮流，使中国稳步地走上了奔向伟大复兴的宽广道路。

习近平总书记上任伊始第一站外出考察就是去深圳莲花山公园向伫立在山顶的邓小平铜像敬献花篮。"释放出了新一代领导人对改革的决心，就是要坚定不移地走邓小平开辟的改革开放道路。"如果没有邓小平同志指导我们党作出改革开放的历史性决策，我们国家要取得今天的发展成就是不可想象的。可以说，改革开放是我们党的历史上一次伟大觉醒，正是这个伟大觉醒孕育了新时期从理论到实践的伟大创造。改革开放30年间我国GDP年增9.8%，远远高于同期世界平均水平3%左右的增长速度。美国学者舒亚·库珀·雷默于2004年5月向全世界打出了"北京共识"的旗帜，以挑战"华盛顿共识"的气派大大提升了中国在世界上的地位。改革开放30年间我国人民生活水平实现了历史性的跨越。城镇居民消费水平年增7.5%。30年脱贫人数几乎相当于2个日本、4个英国、24个瑞典。联合国和世界银行认为，在消灭贫困方面，中国政府作出了巨大的努力，近25年来，全人类取得的扶贫事业成就中，2/3的成就应归功于中国，是发展中国家的典范。

"改革"已经成为当今中国人使用最多的词汇之一，成为民众的一种生活方式。改革开放已辐射到社会生活的一切领域，涉及人们的切身利益、思想观念、生活习惯，促进社会发生整体转型。继续推进中国的发展，要求我们对待邓小平开创的这条正确道路，必须"坚定不移、一以贯之"，因为"改革的意义，是为下一个十年和下世纪的前五十年奠定良好的持续发展的基础。没有改革就没有今后的持续发展。所以，改革不只是看三年五年，而是要看二十年，要看下世纪的前五十年。这件事必须坚决干下去"。

国际社会日益成为一个命运共同体

马克思、恩格斯指出，"资产阶级，由于开拓了世界市场，使一切国家的生产和消费都成为世界性的了……过去那种地方的和民族的自给自足和闭关自守状态,被各民族的各方面的互相往来和各方面的互相依赖所代替了。物质的生产是如此,精神的生产也是如此。各民族的精神产品成了公共的财产。""全球各国人民,尤其是各文明国家的人民,彼此紧紧地联系起来,以致每一国家的人民都受到另一国家发生的事情的影响。"由资本主义发展所推动的全球化把整个世界联结成为一个有机的整体。在这样一个相互联系、相互影响的世界,任何国家都不能逃到一个不受外在影响的"独立王国"中,所谓的闭关孤立只能是自欺欺人。这也成为晚清中国落伍于世界、最终被人欺凌的重要原因。

邓小平对此就曾有过深刻的认识,他指出:"中国长期处于停滞和落后状态的一个重要原因是闭关自守",所以,他强调:"中国要谋求发展,摆脱贫困落后,就必须开放"。在邓小平主政后,他带领当时的中央作出了对外开放的战略决策,在他看来"中国的发展离不开世界","实现四个现代化必须有一个正确的开放的对外政策。我们实现四个现代化主要依靠自己的努力,自己的资源,自己的基础,但是离开了国际的合作是不可能的。应该充分利用世界的先进的成果,包括利用世界上可能提供的资金,来加速四个现代化的建设。这个条件过去没有,后来有了,但一段时期没有利用,现在应该利用起来"。

这种对外开放与对内改革交相辉映、都是为了寻找中国发展动力的重要举措,通过"大胆吸收和借鉴人类社会创造的一切文明成果,吸收和借鉴当今世界各国包括资本主义发达国家的一切反映现代社会化生产规律的先进经营方式、管理方法"。迅速革新中国的经营方式、管理方法,实现飞速的发展。

如果说邓小平当年做出对外开放的决策更多的是认识到全球化时代"中国的大发展离不开世界",尤其是离不开发达资本主义国家,那么现在习近平总书记的开放观则更加重视中国与世界的相互依存,而且在某种意义上突出强调中国对世界大家庭的贡献、作用和影响。这一点尤其体现在习近平总书记"命运共同体"战略构想的提出和中国一系列构建国际新秩序的努力上。

关于"命运共同体",习近平总书记指出:"各国相互联系、相互依存的程度空前加深,人类生活在同一个地球村里,生活在历史和现实交汇的同一个时空里,越来越成为你中有我、我中有你的命运共同体。"习近平总书记强调,面对世界经济的复杂形势和全球性问题,任何国家都不可能独善其身、一枝独秀，这就要求各国同舟共济、和衷共济，在追求本国利益时兼顾他国合理关切，在谋求本国发展中促进各国共同发展，建立更加平等均衡的新型全球发展伙伴关系，增进人类共同利益，共同建设一个更加美好的地球家园。

随着国力不断增强，中国必将在力所能及范围内承担更多国际责任和义务，为人类和平与发展作出更大贡献。中国积极倡导和践行多边主义，积极参与多边事务，高度重视联合国的作用，支持二十国集团、亚太经合组织、上海合作组织、金砖国家等发挥积极作用。建设好丝绸之路经济带、21世纪海上丝绸之路，积极筹建亚洲基础设施投资银行，加入欧洲复兴开发银行，建设自由贸易试验区……

从中国国家治理的角度来看，邓小平当年的开放更多的是引"外来之水"活国内发展，当时中国国家治理的对世界意义在于，中国通过有效的国内治理不向外输出革命、输出贫穷。与"引进来"相比，"走出去"在整个对外开放战略中的占比不突出。而新时期习近平时代的改革则是相互交融，相互影响，并呈现出"走出去"在整个对外开放战略中的占比大幅度提升，2015年，我国境内投资者共对全球155个国家/地区的6532家境外企业进行了非金融类直接投资，累计实现对外投资7350.8亿元人民币，同比增长14.7%，截至去年12月底，我国累计对外非金融类直接投资5.4万亿元人民币。我国的外贸依存度从1978年的10%提高到近年来50%左右。中国的国家治理不仅对国内具有重要意义，而且中国国家治理的"溢出效应"也越来越明显。这也是世界兴起研究中国模式、中国经验、中国道路热潮的重要原因。

顺应全球化的趋势，借助开放的大潮。中国在重要国际问题上不断发出中国声音，提出中国方案，越来越具有参与全球治理的意愿。开放之于当代中国也不再仅是中国依赖世界，利用好国际资源、国际市场来发展自己，而是充分利用好国内、国际两种资源、两个市场。真正把"引进来"和"走出去"结合起来，中国已经不再仅仅依赖这个世界，而是深深融入这个世界，并成为推动这个世界向着更加美好未来——人类命运共同体的积极力量。

更全面的改革，更坚定的开放

正是在这样一个世界大变革大调整、国内深水攻坚改革的时期。无论是习近平总书记上台伊始去改革开放前沿阵地——深圳践志，还是第一个三中全会就确立"全面深化改革"的主题，都表明以习近平为总书记的党中央，"坚定不移高举改革开放大旗的重要宣示和重要体现"，清楚地表明中央深刻认识到"全面深化改革，关系党和人民事业前途命运，关系党的执政基础和执政地位。在整个社会主义现代化进程中，我们都要高举改革开放的旗帜，决不能有丝毫动摇"。对待未来中国的发展，思路有万条条，但最根本的就是——更全面的改革，更坚定的开放。

更全面的改革就是各领域的改革、各主体协同的改革。习近平总书记指出："我们在考虑这次三中全会议题时，就提出要制定一个全面深化改革的方案，而不是只讲经济体制改革，或者只讲经济体制和社会体制改革。这样考虑，是因为要解决我们面临的突出矛盾和问题，仅仅依靠单个领域、单个层次的改革难以奏效，必须加强顶层设计、整体谋划，增强各项改革的关联性、系统性、协同性。只有既解决好生产关系中不适应的问题，又解决好上层建筑中不适应的问题，这样才能产生综合效应。"

这里有两点尤其值得注意：一是"我们的改革历来就是全面改革。我不赞成那种笼统认为中国改革在某个方面滞后的说法。在某些方面、某个时期，快一点、慢一点是有的，但总体上不存在中国改革哪些方面改了，哪些方面没有改"。二是"全面，就是要系统把握各项改革举措，不要盲人摸象、以偏概全。准确，就是要精准把握各项改革举措，不要不明就里、大而化之。特别是要防止一些人恶意曲解全会精神，歪嘴和尚念经，蛊惑人心，搬弄是非"。

就各主体协同推进，习近平总书记指出：随着改革不断深入，各个领域各个环节改革的关联性互动性明显增强，每一项改革都会对其他改革产生重要影响，每一项改革又都需要其他改革协同配合。对涉及面广泛的改革，要同时推进配套改革，聚合各项相关改革协调推进的正能量。如果各领域改革不配套，各方面改革措施相互牵扯，甚至相互抵触，全面改革就很难推进下去，即使勉强推进，效果也会打折扣。

形成改革合力，最终要体现在各项改革举措协调共振上。政策不配套，实践当中必然疙疙瘩瘩，也就谈不上形成合力。要深入研究各领域改革关联性和各项改革举措耦合性，深入论证改革举措可行性，把握好全面深化改革的重大关系，使各项改革举措在政策取向上相互配合、在实施过程中相互促进、在改革成效上相得益彰，发生化学反应，产生共振效果。

更坚定的开放就是中国开放的大门不会关上。……中国将在更大范围、更宽领域、更深层次上提高开放型经济水平。中国的大门将继续对各国投资者开放，希望外国的大门也对中国投资者进一步敞开。我们坚决反对任何形式的保护主义，愿通过协商妥善解决同有关国家的经贸分歧，积极推动建立均衡、共赢、关注发展的多边经贸体制。

习近平总书记强调："太平洋之所以广大，是因为它没有任何自然阻隔，我们不应该为它设定人为的阻隔。"我们将实行更加积极主动的开放战略，完善互利共赢、多元平衡、安全高效的开放型经济体系，促进沿海内陆沿边开放优势互补，形成引领国际经济合作和竞争的开放区域，培育带动区域发展的开放高地。坚持出口和进口并重，推动对外贸易平衡发展；坚持"引进来"和"走出去"并重，提高国际投资合作水平；深化涉及投资、贸易体制改革，完善法律法规，为各国在华企业创造公平经营的法治环境。我们将统筹双边、多边、区域次区域开放合作，加快实施自由贸易区战略，推动同周边国家互联互通。

在二十国集团领导人峰会第一阶段会议上，习近平总书记郑重向世界发出号召："要放眼长远，努力塑造各国发展创新、增长联动、利益融合的世界经济，坚定维护和发展开放型世界经济。"在会见基辛格等中美"二轨"高层对话美方代表时，再次重申了中国深入融入世界的主张，中国继续全面深化改革，坚持开放发展，顺应中国经济深度融入世界经济的趋势，奉行互利共赢的开放战略，发展更高层次的开放型经济。

十八届五中全会提出："坚持开放发展，必须顺应我国经济深度融入世界经济的趋势，奉行互利共赢的开放战略，发展更高层次的开放型经济，积极参与全球经济治理和公共产品供给，提高我国在全球经济治理中的制度性话语权，构建广泛的利益共同体。"

回顾十八大以来，从首次出访俄罗斯、访问非洲三国，并参加金砖领导人会议，积极推动"亲、诚、惠、容"的周边外交方针；到亚信峰会、博鳌论坛、APEC会议等，充分利用主场外交，主动设置议题，积极融入国际多边的游戏规则；到习近平总书记多次访问俄罗斯、美国等的"首脑外交"，彭丽媛的随访及接访等的"夫人外交"，李克强总理多次推销高铁等中国装备的"超级推销员"式外交；再到金砖银行、"一带一路"、亚投行等。中国外交呈现出频繁、主动、开放、多元、建设等特点。这都是以习近平为总书记的党中央深刻认识到"我们的事业是同世界各国合作共赢的事业。国际社会日益成为一个你中有我、我中有你的命运共同体"的有力佐证。因为在全面对外开放的条件下，发挥优势也好，弥补劣势也好，都不是我们关起门来说了算的。要想推动形成更加公平合理的全球治理体系，深度参与新的国际经贸谈判和规则制定，我们就必须更坚定的开放，同世界一起共建共享共赢。

总之，我们要树立世界眼光，更好把国内发展与对外开放统一起来，把中国发展与世界发展联系起来，把中国人民利益同各国人民共同利益结合起来，不断扩大同各国的互利合作，以更加积极的姿态参与国际事务，共同应对全球性挑战，努力为全球发展作出贡献。

（作者单位：北京航空航天大学思想政治理论学院）

供给侧结构性改革助推全面小康社会

祝福恩

习近平总书记指出:"当前和今后一个时期,我国经济发展面临的问题,供给和需求两侧都有,但矛盾的主要方面在供给侧。比如,我国一些行业和产业产能严重过剩,同时,大量关键装备、核心技术、高端产品还依赖进口。……事实证明,我国不是需求不足,或没有需求,而是需求变了,供给的产品都没有变,质量、服务跟不上,有效供给能力不足带来大量'需求外溢',消费能力严重外流。解决这引起结构性问题,必须从供给侧能力,推准在世界供给市场上的定位;必须把改判供给侧结构作为主攻方向,实现由低水平供需平衡向高水平供需平衡跃升。"① 由此可见,2016年是我国推进供给侧结构性改革的攻坚年,要以推进供给侧结构性改革为动力,助推在2020年建成全面小康社会,一步一步向中国梦的目标迈进。

目前我们必须看到我国经济处于新常态的条件下,经济新常态给全面建成小康社会带来许多从来没有的难题、从来没有的困难、从来没有的挑战。在经济新常态大背景下,我国经济发展由高速增长降为中高速增长,这是个L型的"转型再平衡"的发展过程。我们从需求侧看,过去长时期带动经济高增长粗放型的低成本出口、忽视生态要求、大规模开发建设、排浪式消费等主要需求已发生了深刻变化,严峻的事实已证明我们过去的发展模式已走不通了。再从供给侧,由重化工业调整较慢,使部分行业和企业出现严重的产能过剩,特别是钢铁和煤炭、水泥等企业其亏损扩大,问题比较严峻。但在今年开始,党中央把供给侧结构性改革作为国家大政方针,全力推进供给侧结构改革,使部分工业品价格有所回升,并引起工

---

① 《习近平总书记系列重要讲话读本》,学习出版社、人民出版社2016年版,第155页。

业企业效益由降转升，使供给侧结构性改革初见成效。如果供给侧结构性改革的"五大任务"完成得好，特别是去产能、去库存、去杠杆到位，我国工业品出厂价格和工业企业利润会大幅度的增速回升，供给侧定会有望调整到位，实现供需两侧在新的基础上实现新的平衡，使我国经济进一步释放增长潜力，实现发展动能转换，并进入更具创造性和可持续性的中高速增长的新平台，使我国经济发展实现弯道超越。

新常态下我国经济的中高速增长实质是追赶型，完全不同于过去的速度型。目前我国距离全面小康社会目标仍有很大差距。目前我国人均国民总收入均为8000美元左右，与发达国家人均四五万美元相比还有相当大的差距。过去我们经济高速增长期如果说是数量追赶，目前则要求我们实现为质量追赶，以实现高水平、高质量的全面小康社会。因此，在这个时期，创新比重将有所增大，以创新为发展动力，使经济发展由传统的"铺摊子"转身"上台阶"。这内在需要我们立足经济发展新常态，特别是各地经济发展实际，全力推进供给侧结构性改革。供给侧结构性改革实质是着眼发展实体经济，聚焦生产要素的流动重组和优化配置，纠正传统体制下资源错配问题，培育市场主体，为我国经济实现转型升级，加快质量型发展和追赶，为实现全面小康社会目标创造必要的制度和政策供给，完成"十三五"的目标任务。

其一，深化垄断行业的体制改革，放宽市场准入。党的十八届三中全会后，我国经济体制改革力度加大，深度加深，特别是推进供给侧结构性改革使商事制度改革力度空前，在小微企业准入改革上有了重大发展，使之有了从来没有的生机和活力。目前更需要我们在基础产业和服务业领域推进改革，尤其是在石油天然气、电力、电信、铁路、金融、医疗、教育、文化体育等推进供给侧结构性改革。改革开放以来，我们在这些行业采取了一些措施，但力度不大、不强、不深、不系统，并没有打破其行业垄断，其垄断性体制还在发挥作用。特别是在东北地区的负面影响更大，有许多学者把东北经济滞后称之为"体制病"，进而在经济新常态的条件下，这些行业的企业仍缺乏活力和生机。因此对这些垄断行业投资多少，由于体制病没解决其投资作用不大，无法大幅度提高投资效率，提升企业的利润。因此我们要以习近平总书记关于推进供给侧结构性改革精神为指导，推进改革，进一步放宽这些垄断行业的准入条件，使之完全进入市场并成为合格的市场经济主体，大力发展实体经济为全面实现小康社会创造更多的物质财富。

其二，实现制度创新和供给为创新营造体制环境。体制和政策供给是供给侧结构性改革应有之意。推进供给侧结构性改革内在包含着体制和环境的供给。我国改革之所以开始就收到巨大成效，是邓小平改革和破除了阻碍生产力发展的旧体制和发展环境，为经济发展提供了优良的体制环境的供给。在目前经济新常态背景下，我国要改变旧的发展模式和经济发展方式，按五大发展理念要求，实现发展动能的转换，切实培育创新的动力，实现动能转换，以把创新作为发展的第一动力，在根本上解决经济下行的难题。过去我们在许多行业和领域并不是倡导创新，大都走的是模仿、仿照或让出市场换技术之路，在这个阶段，政府职能就是为提供技术路线和规划，现在这条路已走不通，我们市场让出去了，可核心技术人家并没有给我们。所以，只有通过创新推进供给侧结构性改革。这内在要求政府提供体制性、制度性和发展环境的供给，保护知识产权，稳定企业家和科研人员的预期，为推进供给侧改革和创新提供有效激励，促进创新要素流动、聚集和优化配置，提高人力资本质量。所以，习近平总书记在黑龙江省的考察调研时指出，要打造企业家、技术员及领导干部3个群体。除此还要为创新提供必要的经济发展环境和金融支持等，促进实体经济发展。从目前经济发展的现实看，还要着力推进供给侧结构性改革和创新的发展环境，在优良的体制供给和良好的经济发展环境保证下，把供给侧结构性改革和创新落到实处，发挥创新第一动力的作用，以创新动力推进全面小康社会建设。

其三，打破城乡二元体制实现城乡要素流动补上全面小康的短板。在传统城乡二元结构体制下无法做到生产要素的合理流动，导致城乡差别在不断拉大和扩大，使城乡差别由改革之初的1：1.8到现在的1：2.9，进而形成了城乡与农村的各自孤岛，进而影响了经济社会发展和小康目标实现。所以，我们在"十三五"时期要推进体制改革和创新，打破城乡融合的体制阻碍，实现城市发展从孤岛型向网络型的转变，促使小城市和小城镇的发展，加强互联互通形成网络型联系，不断推进基本公共服务均等化，以有力的制度供给推动城乡人口居住和要素的合理流动及产业布局优化调整，由此带来城乡基础设施和房地产投资机会，并在这个基础上形成有助于全面小康社会实现体制机制安排，实现城乡之间生产要素积极流动、交易、优化配置，推动城乡之间经济社会的健康发展，补上农村实现全面小康社会的短板，使广大农村人口和全国人民同步进入全面小康社会，让最广大人民群众在全面小康社会中享受到改革和发展的成果，使之有实实在在的获得感。

其四，发展实体经济引导资源流向提高要素生产率并助推全面小康。推进供给侧结构性改革实质是大力发展实体经济。从我国经济社会发展现实看，要全面提升国家的制造业，制造业是国家竞争力的核心。以往需求侧管理导致了对虚拟经济的过度重视，炒这个、炒那个，出现对实体经济的弱化，这是眼下经济陷入困境的重要原因。党中央提倡推进供给侧结构性改革要解决这个问题，发展工业经济并在这个基础上把服务业发展好，服务业不是虚的、空的，是要在工业基础上的服务业。服务业中发展前景好的是生产性服务业，是为制造业转型升级提供服务的。在供给侧结构性改革过程中，要坚持制造立国、实体经济为本的政策导向和指导理念。对于目前的产能过剩企业和房地产和金融市场等存在经济泡沫的行业，应按中央推进供给侧结构性改革的要求，付诸实践，扎扎实实去产能，去库存，去杠杆，还要提高警惕，采取积极措施抑制各种形态经济泡沫发生和出现，防止一些企业形成大量资源脱实向虚和经济活动的大幅波动，通过供给侧结构性改革和政策引导，使资源向要素生产率高的领域汇聚，以抑制经济下行的问题，实现企业转型升级，以确保全面小康社会目标的实现。

其五，推进干部制度改革完善激励机制，为全面小康提供干部人才支持。习近平总书记在关于黑龙江省经济社会发展的两次讲话中都指出推进干部制度改革，完善人才激励机制。以强有力的干部人才以应对经济发展新常态，成为实现全面建成小康社会的主力军和生力军。所以，我们要在"十三五"的开局年全力推进供给侧结构性改革实践中，切实推进干部体制机制改革，完善人才使用、激励等制度，特别要深化政治体制改革，持续优化政治生态，为经济社会发展提供良好的政治生态环境，创建符合国情和现代治理要求并适应经济社会发展干部人才的长效机制。习近平总书记在黑龙江省视察讲话中指出要培养企业家、技术员及党政干部3个群体。这是习近平总书记从来没有的新论断，这里是把企业家放在第一位，这是发人深思的，是应对经济发展新常态，着眼建成全面小康社会的新的人才观。习近平总书记这论断为培育推动经济社会发展，实现人才体制机制的创新提供了理论指导和体制保障，也有利于我们党和国家在人才体制上少走弯路，同时也使我们党和国家有推进供给侧结构性改革的干部和人才保证，实现全面小康社会建设中有足够的干部和人才支撑，降低制度体制和政策创新的成本的付出，把供给侧结构性改革任务切实落到实处，真抓实干，不等不靠，以苦干实干真干确保全面小康社会目标的实现。

(作者单位：黑龙江省社会主义学院)

加大供给侧治理腐败力度
改革政府主导型经济增长模式

张建明

供给侧有劳动力、土地、资本、创新四大要素，供给侧结构性改革的目标和核心是实现要素的最优配置。而要实现要素的最优配置，改革政府主导型的经济发展模式是关键。相比劳动力、土地、资本、创新四大要素，要素配置的方式即经济发展的模式更为关键。同样，相比打"老虎"、纠"四风"，改革政府主导型发展模式、改进资源配置方式对于治理腐败更为长远、更为基础。资源配置主要有四种方式：一是市场配置。二是政府配置，比如审批、监管等。三是道德配置，比如慈善。四是亲情配置，比如财产继承等。改革开放以来，为了加快经济发展，我国采取了政府主导型的经济发展模式。尽管这种模式一定程度上创造了经济发展的"奇迹"，但带来的负面效应也不容忽视。政府主导型经济发展模式的消极效应之一就是政府权力得不到有效制约，容易滋生腐败现象。这是我国目前腐败现象滋生蔓延的主要原因。所谓政府主导型经济发展模式，是指在市场配置资源的同时，政府以强有力的计划和政策对资源配置施加影响，以达到某种短期和长期增长目标。主要体现在以下方面：政府通过项目审批、土地批租、重要生产资源的价格管制和利率优惠、汇率管制、税收优惠、收费减免等产业政策等手段干预微观经济活动；政府热衷于招商引资、上项目、经营城市，不仅减免地价、减免收费甚至以"零地价"招商引资，而且从金融、财政、税收、环保、审批等多方面给企业以支持。政府公职人员利用"公权"，在对经济资源进行控制的同时，还相当程度的拥有对政策的自由解释权和自由裁量权。在"政府主导型"的市场经济体制下，政府甚至直接介入微观经济管理，代替市场成为市场经济主体。政府主导型的经济发展模式虽然在一段时间里能够使经济得到快速增长，但政府强势介入过程中所产生的权力与资本合谋、权力与利益交换的权力市场化倾向，容易形成"权贵市场经济"和利益集团，容易滋生权力滥用和腐败现象。"制度腐败的经济后果极其严重。而相比之下，经济腐败对于社会福利和经济增长的影响则似乎小得多。制度腐败的政府，是一种设租而非寻租的政府。对一个制度腐败的政府而言，生存主要依赖于通过限制市场和资源的准入条件而创设出的租金，正是这些租金，作为一种利益将整个联盟捆绑在了一起。制度腐败因其对市场机制的严重损害，会大大阻碍发展。因此，无论国际货币基金组织或者世界银行向发展中国家提出了什么建议，只要该国的政府存在着制度腐败，则任何建议都难以产生什么实际效果。"[1] 因此，必须改革政府主导型经济发展模式，充分发挥市场在资源配置中的决定性作用。

一 加快政府职能转变

明确政府职能，加快职能转变是健全权力制约机制、防止权力滥用的前提。改革开放以来尤其是在实行社会主义市场经济以来，政府无所不能、无所不包的全能政府格局已经得到改变。但总的来看，政府职能扩张的趋势仍然没有得到根本改变，政府依然承担着很多本来完全可以由社会或市场去履行和完成的事情，政府仍然掌握着大量的行政权力，直接干预微观经济活动，给权力寻租留下了空间。党的十八届三中全会对政府职能做出了明确界定：宏观调控、市场监管、社会管理、公共服务以及生态建设。《中共中央关于全面深化改革若干重大问题的决定》指出："科学的宏观调控，有效的政府治理是发挥社会主义市场经济体制优势的内在要求。"宏观调控一般是指政府对市场间接调控，即通过市场手段（如财税政策、货币政策等）而非行政命令来配置资源。政府职能转变是市场起决定作用的关键所在。作为公共事务的管理者，政府应当以促进社会公平正义为己任，着力加强社会保障体系建设，促进教育、医疗等方面改革，做好公共服务的提供，并努力形成"多元治理"的公共服务供给模式，建设有限政府、法治政府、服务型政府。从权力角度而言，政府职能转变的问题主要可以概括为减权、分权、放权、限权、治权等若干方面。要尽可能减少权

---

[1] ［美］爱德华·L. 格莱泽、克劳迪娅·戈尔丁主编：《腐败与改革美国历史上的经验教训》，胡家勇、王兆斌译，商务印书馆2012年版，第38页。

力，最大限度减权、分权、放权，严格限权，强化监权。政府要担负起促进社会公平正义的责任。对于政府机构通过行政办法和行政手段做不好的事务，要坚决地从自己手中精简掉，交给其他社会主体（如行业协会、各种基金会、咨询组织、法律服务机构、非政府组织等）承担。要按照公正、透明、专业、独立、诚信、可问责的原则设置监管机构、监管法规和监管程序。这些机构拥有相当独立的规制权、管理权以及行政裁决权，强调专业性。既要建立严格的监管问责制，防止监管机构不监管、失职渎职；又要建立有效的利益保护机构，防止被监管者以逆来顺受的态度对待监管中的不公平，助长了监管机构部分人员违规违法乱监管的风气，影响了政府监管的有效性。要建立行政复议、行政诉讼、行政监察等，要在制度上容许被监管者及相关方向监管机构的监管失当行为提起申诉，从而使得监管机构正常履职，避免权力寻租的产生。

二　充分发挥市场在资源配置中的决定性作用

在资源配置上，就效率而言，市场方式应该是最为可取的。所谓市场经济，就其字面含义而言就是指通过市场来配置资源。"决定性作用"表明了对市场规律的更加尊重。但因为市场也有弊端，所以任意由市场来配置所有资源也会带来极大的副作用，为此要区分资源的不同种类。如果被配置的资源是市场资源，其定价应该由市场来决定。但如果是公共资源，国家公权就会介入，因此就存在"权力寻租"的空间。如果在此过程中，公共权力得不到有效制衡，那么公权就会转变为私权，腐败就会产生。

当前，政府改革就是要解决"政府"与"市场"之间的关系问题。虽然行政审批制度已经进行了很多次改革，大幅削减行政审批项目、精简审批程序一直是建设有限政府的主要标志。但当前很多基层政府和企业还是感到审批事项过多、程序太复杂。事实上，现行的审批事项很多是中央以规章或文件的方式所规定的，地方有权决定的审批项目已经很少。同时，由于国家的官僚机构过于庞大，部门设置过多，职能交叉，机构之间相互踢皮球的情况时有发生。在实际管理时，由于政府职能转变滞后，说是搞宏观管理，结果总是搞成了微观管理，干预了企业和市场的微观活动。而这又会大幅度增加审批事项和审批环节。其中，审批事项和环节是部门获取利益最为重要的途径。在一些地方，部门利益甚至成为滋生腐败的温床。"在那些制度腐败盛行的政体中，政治家们通过对高利经济活动设置准入限制,利用包括垄断授权、限制公司特许权、关税、配额、规制以及其他诸如此类的手段,来故意创设各种租金。这些租金的存在,就使得那些设置租金的政治家们,能够将那些想要寻取这些租金的人牢牢地抓在了自己手中,从而实现其建立一个能够支配政府之联盟的目的。为达到政治目的而操纵经济,这就是制度腐败。而当政治腐蚀经济时,制度腐败也就发生了。"[①]

为此,要进一步简政放权。除了生态环境、国家安全、卫生教育等基础性公共服务事项,其他审批事项基本上要取消。要通过建立三个清单,即权力清单、责任清单、负面清单来减少权力寻租空间。坚持职权法定原则,明确"法无禁止即可为","法无授权不可为","法定职责必须为"。进一步简化行政审批流程、压缩办事时限,全面推行网上审批和并联审批。发达国家对市场经济主要依靠事后的监管,很少通过事前的审批来管理。行政审批除了增加公民和企业的负担、增加社会交易成本外,最大的弊端是容易滋生腐败现象,而且行政部门往往习惯于以行政审批来代表事后的监管。审批之后,就听之任之、放任不管。原因在于:一是由于长期以来受计划经济工作方式的影响,往往把工作的重心放在行政审批上,必然导致对事后监管重视不够、力量不足;二是行政审批可以体现行政机关的"权威",可以高高在上,而监管往往得罪人、吃力不讨好、容易与执法对象产生冲突。只有当问题积累到非常严重的程度,行政机关才集中进行整治。这也是一些地方青睐"运动型执法"的重要原因。事前审批包括"运动型执法"必然导致市场经济秩序混乱。要建立健全"统一开放竞争有序的市场体系",加强市场监管,为各类市场主体营造公平竞争的发展环境。要严格限制对企业的政策扶持,严格限制各种税收优惠、低价供地、低利率、低电价等可能扭曲市场的政策手段,促使特惠式政策向普惠式政策转变。要保证各市场主体的自由进入和自由退出,进一步推动市场要素市场化。

三 严格控制政府规模和财政规模

有限政府是权力受到严格限制、职能范围有限的政府,也是规模有限

[①] [美]爱德华·L. 格莱泽、克劳迪娅·戈尔丁主编:《腐败与改革美国历史上的经验教训》,胡家勇、王兆斌译,商务印书馆2012年版,第37页。

的政府。政府规模包括内在规模与外在规模。内在规模即政府职能、政府权力的规模，外在规模是指政府机构的规模、公务人员规模、行政费用的规模。虽然政府职能、政府权力的大小是政府规模的关键性因素，但外在规模是政权履行职能和行使权力的平台和载体。"国家必须限制自己的开支，即精简政府机构，缩小其规模，尽可能减小管理范围，尽可能少干预公民社会方面的事物。"①

（一）按照建设服务型政府的要求推行大部门制，控制政府规模和财政规模

党的十八届三中全会指出："统筹党政群机构改革，理顺部门职责关系。积极稳妥实施大部门制……严格控制机构编制，严格按规定职数配备领导干部，减少机构数量和领导职数，严格控制财政供养人员总量。"② 政府机构设置太细，机构分散、冗杂必然导致行政审批事项过多。一个政府部门设立以后，必然要对社会经济事务进行管理，在现行行政机构管理社会事务主要依靠行政审批的情况下，部门设立越多，行政审批事项就越多。而且一个部门不管职能大小、人数多少，为显示本部门的重要性，部门领导无不竭尽全力地增编制、增人员、增预算。有了编制、有了人员，就要办事，无事也会生事，内部形成摩擦扯皮、管理内耗重。这一点，英国学者帕金斯专门作过研究。与现行政府机构结构设置过细、分散相对应，行政机构内部还设立了许多过细的内设机构，造成程序繁杂、环节重重。部门越多，问题就越严重。机构分散、冗杂，必然造成政府应当履行的公共服务职能难以履行，建设服务型政府阻力重重。在现行行政机构及其内设机构不作大的缩减和调整的情况下，行政审批制度改革已经很难有大的作为。同时，机构分散、冗杂是建设服务型政府的重大障碍。在过去30多年的时间里，一些政府部门逐步成为利益主体，公共权力部门化，部门权力利益化，部门利益政策化甚至法律化已经成为各界所诟病。政府职能一般由政府机构来行使，而政府规模也常由政府机构数量来判定。"在（法国）这样一个国家里，十分明显，国民议会如果不简化国家管理，不缩减庞大的官僚队伍，不让市民社会和舆论界创立本身的、不依靠政府权力的机关，那么一旦失掉分配内阁位置的权限，同时也就失掉任何实际影

---

① 《马克思恩格斯选集》第1卷，人民出版社1972年版，第25页。
② 中共十八届三中全会：《中共中央关于全面深化改革若干重大问题决定主要内容》。

响了。"① 一个政府内部所设机构的数量越多，所需要的工作人员和设施就越多，政府支出就越多，政府规模必然越大。

我们可以从横向和纵向两方面来看待政府机构。横向指的是同级政府的机构数目。机构数目和工作部门越多，政府职能范围就越大。纵向指的是政府的层级数量。政府层级越多，政府的规模就越大。实行大部门制，不仅使政府大幅度减少行政审批，而且可以使政府把职能重心放在对市场经济的事后监管上。既可以尽量减少政府对微观经济不必要的直接干预，从源头遏制腐败，又可以使政府集中精力加强对市场的事后监管，保证市场经济健康有序。

发达国家的内阁机构相当于我国的政府组成部门，大多比较精简。美国内阁机构只有15个，日本仅为12个。英国、法国、德国、加拿大、澳大利亚等都在14—19个之间。发达国家内阁机构之所以较为精干，除了政府管得少外，还得益于大部门制。"所谓大部门制，就是把一些职能相近的部门或职能相关的部门重组为一个大部门，下设若干个相对独立的执行机构。大部门主要以宏观管理为主，基本没有审批事项，执行机构主要执行法律，依法开展市场监管。这些执行机构相对独立，主要用于对市场经济的事后监管，且履行监管职能不受大部制约。设立相对独立的执行机构或称监管机构，主要用于对市场经济的事后监管。"② 与发达国家相比，我国政府机构设置还有调整的必要。如涉及农业的，我国有水利部、农业部、国家林业局等，美国只有一个农业部。20世纪70年代末以来，发达国家开展了一场"新公共管理"运动，其中一个重要方面就是政府在实行大部门制的基础上设立大量的执行机构，来贯彻执行政府的决策和行政法律法规。事实证明，大部门制确实能够使公共权力得到有效配置，做到权责分明，组织结构优化。政府机构设置应按照行政三分制的要求，统筹规划，根据管理要素设置精干合理的大部门，数量则是少而精。目前情况下，中央政府组成部门应控制在20个以内，地方一级还可精简，经济部门、政务部门、社会部门数量应大致平衡。

（二）缩减财政税收占国民经济中的规模和比例，提高财政绩效

缩减财政权是遏制腐败的直接途径。政府作为最大的消费主体，政府

---

① 《马克思恩格斯选集》第1卷，人民出版社1972年版，第641页。
② 参见本人拙作张建明《行政服务中心法律问题研究》，《法治研究》2009年第2期。

采购始终存在着巨大的寻租空间。缩减财政规模对于遏制腐败有着重要意义。尽管财政税收占国民经济的比重大小与腐败之间并没有直接的线性关系，与财政绩效本身也没有直接的线性关系。"我们认为，在影响公众选择国家权力边界的因素中，对政治腐败状况的认知应是关键因素之一。对政治腐败程度的认知应与他们愿意让渡的国家权力的范围成反比。众所周知，西北欧福利国家具有非常高的财政支出规模（按占GDP比重测量高达45%—55%），它们同时又是最清廉的国家。"① 但考虑到我国还是一个发展中国家，如果财政税收占整个国家GDP的比重过高，显然会加大监管难度和监管成本，还会影响到企业的经营效率和整个经济的效率。从目前国际比较中，在发展中国家中中国的财政税收占整个国家GDP的比重已经偏高，应当予以控制。同时，要努力提高财政的绩效，尤其是要提高社会保障在整个财政收入中的比例。不同领域的财政支出，发生腐败的概率并不相同。"腐败发生概率因财政支出领域不同而不同，在腐败发生概率较低的再分配领域，如社会保障，公众对国家腐败程度的认知不会影响他们对该类支出应当减少抑或增加的态度；与此相反，在腐败概率较高的经济型支出领域，公众对相关财政支出规模的态度，与他们对国家腐败程度的认知呈反比关系；换言之，如果他们认为国家腐败严重，他们就会希望国家财政缩减在经济发展领域的支出规模，反之亦然。"② "中国公民对政府财政在交通通讯等基础设施上的支出的扩张的支持度，与他们眼中的腐败严重程度显著负相关，与他们对国家治理腐败的状况的认知呈显著正相关；而在财政支出在养老保障、失业保障以及医疗卫生的扩张的支持度上，则不受他们对国家腐败严重程度和国家治理腐败成效的认知的影响。"③

强化国有资产特别是国有企业的监管

国有资产分为经营性国有资产和非经营性国有资产。对非经营性国有资产，主要是要大幅度减少数量。数量越少，越有利于监管，越有利于减少腐败。党政机关办公用房应当一律由机关事务管理部门统一管理，除了

---

① 张光、吴进进：《腐败与国家权力的边界：理论探讨与中国的证据》，《经济社会体制比较》2014年第4期。
② 同上。
③ 同上。

办公等必需外,其余房产应当全部向市场出售变现,作为政府财政收入。政府机关今后需要办公场所的,可以向市场购买或租用。对经营性国有资产的国有企业,要按企业的功能划分为公益类国有企业和商业竞争类国有企业。公益类国有企业应当按社会公益需要提供优质高效公共服务产品。对于界定为公共政策性企业的国有企业,应使其退出营利性市场业务领域、专注公共政策目标的实现。对于商业性国有企业,应使其剥离行政垄断业务,通过市场化手段增强企业活力和提高企业效率,同时建立国有资本灵活退出机制,逐步退出部分国有资本,投向更符合公共服务和国家战略目标的企业。同时,建立若干个国有资产经营公司的基础上授权对其所属国有公司行使出资人职权的商业化主体,国资委只负责对国有企业的宏观和战略管理。建立国有企业董事会,划清政府与国有资产经营公司、国有资产经营公司与被投资企业之间的边界。要深化国有企业监管体制改革,大力发展混合所有制经济,加快国有企业股权多元化和上市进程。凡具备上市条件的,都应当上市。企业上市后,就成为了公众公司,社会监督增强。耶鲁大学教授陈志武经过研究,认为对上市公司的监督,媒体的作用十分重要。他将上市公司的监管与监督分成五层:第一层,董事会;第二层,证券市场参与者;第三层,媒体;第四层,行政监管;第五层,法庭诉讼。他认为,"这五层缺一不可,但监管监督效率与成本却差别很大,它们在问题发生的不同阶段起着不同的作用,从下面的分析中我们会看到,因为董事会成员常以公司管理层和当事人为主,在许多实际情况中这一层监管并不有效,另一方面,政府行政监管与法庭通常是在事态尾声或极端严重时才介入,这两层监管的举证责任重,成本最高,主要起到事后补救作用。市场和媒体对公司的监督通常更直接,甚至在事态刚刚发生或正在发生时就可产生效果。"[1] 他分析了近年来我国涉及企业诉讼的210个对媒体的诉讼案例后得出结论:"目前媒体法律实践中存在一些严重问题。媒体监督是企业监督中十分薄弱的一个环节。"[2] 要加强对国有企业的外部监管,进一步深化国资监管体制改革。要加快推进国有资本经营预算制度的实施。财政部门、国资监管机构以及其他具有国资监管职能的部门和单位要按照各自职责,分工负责,切实做好国有资本经营预算工作。要

---

[1] 陈志武:《非理性亢奋》,中信出版社2008年版,第145页。
[2] 同上书,第161页。

严格规范企业国有产权转让行为，加强对企业国有产权转让的全过程管理，国有产权转让收入应按规定及时、足额直接上缴同级财政。研究制定灵活、高效的国有产权转让办法和流程。要强化对国有企业的外部审计。加强企业领导人员经济责任审计，重视审计结果的运用，将审计结果作为企业领导人员任免、薪酬考核的重要依据。

要建立规范有效的公司治理结构，强化对企业"一把手"的监督制约。法人治理结构是现代企业制度的核心。要按照建立现代企业制度的要求，深入推进规范化公司制改造，建立健全权责统一、运转协调、有效制衡的公司法人治理结构。规范公司股东会、董事会、监事会和经营管理层的权责，完善权力机构、决策机构、监督机构和执行机构之间的制衡机制。要改变企业决策机构和执行机构混同、监督机构隶属于执行机构的现象，从源头上解决企业缺乏监督或监督不力的问题。要大幅度削减国有企业监管层级，实行一级法人，对财务、投资、销售实行集中管理，减少管理风险、降低腐败概率。要强化国有企业集团内部财务管理和预算管理，建立和完善内审机制，强化事前预防和事中监督，有效防范和化解经营风险。加强国有企业内部审计，强化内部财务监督管理。要定期披露企业财务情况、审计结果等重要信息，接受社会监督，提高国资监管的透明度。要健全国企领导人员廉洁从业规范。强化国企领导人员的忠实义务；禁止相互为对方及其配偶、子女和其他特定关系人从事营利性经营活动提供便利条件；不准在企业资产整合、引入战略投资者等过程中利用职权谋取私利；不准擅自抵押、担保、委托理财；不准利用企业上市或上市公司并购、重组、定向增发等过程中的内幕信息为本人或特定关系人谋取利益；不准授意、指使、强令财会人员提供虚假财务报告；不准违规自定薪酬、兼职取酬、滥发补贴和奖金。建立公司高层信息公开和薪酬制度。公司董事、高管人员与公司的交易，包括出售股票、业务交易等，都必须向董事会报告并遵守"竞业禁止"原则。

（作者单位：浙江省社会主义学院）

以混合所有制为突破口
推动国有企业改革

顾保国

一 国有企业改革的历史回溯

1978年,我们党召开了具有重大历史意义的十一届三中全会,开始对国家经济管理体制和经营管理方式进行调整和改革。这一重大决策,标志着国有企业改革掀开了历史性篇章。

党的十一届三中全会确立以扩大企业自主权为主要形式,调整国家与企业之间利益关系的国有企业改革方针,在企业内部建立各种形式的经济责任制,在企业领导体制上实行厂长(经理)负责制。1979年5月,国务院制定并发布《关于扩大国有工业企业经营管理自主权的若干规定》和《关于国有企业实行利润留成的规定》,这两个文件就企业可拥有部分计划、销售、资金运用、职工福利基金和激励基金使用权等作了说明,使企业向具有一定的自主权和相对独立利益的经济实体转变。由此,启动了对国有企业以扩权让利为基本思路的改革。

1984年,党的十二大明确提出,经济体制改革的中心环节是搞活国营大中型企业。在所有权与经营权分离的条件下,出现了承包经营责任制、租赁制、资产经营责任制、税利分流以及股份制试点,探索搞活企业的多种经营方式。1986年,国务院发布了《关于深化企业改革,增强企业活力的若干规定》,提出要推行各种形式的承包经营责任制,给经营者以充分的经营自主权。1987年,国家经委具体部署推行企业承包经营责任制。此后,承包制就在国有大中型企业中全面推开,到年底,已有80%的大中型企业实行了承包制。1988年2月,国务院又颁布了《全民所有制工业企业承包经营责任制暂时条例》,进一步推动了承包制的全面推开。到1990

年，全国95%的工业企业实行了第一轮承包。

1992年10月，党的十四大提出，"我国经济体制改革的目标是建立社会主义市场经济体制"，"就是要使市场在社会主义国家宏观调控下对资源配置起基础性作用"。同年7月，国务院颁布实施了《全民所有制工业企业转换经营机制条例》，以法规形式明确了国有企业转换经营机制的目标，制定了落实企业14项经营自主权的具体措施。从此，我国成功地进行了计划、价格、财税、金融等宏观经济体制的改革，大大加快了国有企业进入市场的步伐。

1999年9月，党的十五届四中全会明确提出"大力发展股份制和混合所有制经济"，阐述了公有制和混合所有制的关系。2002年11月，党的十六大又明确指出，除极少数必须由国家独资经营的企业外，积极推行股份制，发展混合所有制经济。党的十六届三中全会进一步指出，大力发展国有资本、集体资本和非公有资本等参股的混合所有制经济，实现投资主体多元化，使股份制成为公有制的主要实现形式。

2013年11月，党的十八届三中全会再度提出了混合所有制改革，并且进一步指出"国有资本、集体资本、非公有资本等交叉持股、相互融合的混合所有制经济，是基本经济制度的重要实现形式"，明确了混合所有制改革是下一步国有企业改革的新方向。2015年9月，国务院日前印发《关于国有企业发展混合所有制经济的意见》，明确了国有企业发展混合所有制经济的总体要求、核心思路、配套措施，并提出了组织实施的工作要求。

二 混合所有制为推动国有企业发展提供了战略机遇

以国有资本、集体资本、非公有资本等交叉持股、相互融合为特征的混合所有制经济已明确成为我国基本经济制度的重要实现形式。这是我们党认真总结改革开放来的实践经验作出的重大决策，是对社会主义初级阶段基本经济制度内涵的丰富和发展。

混合所有制是国有资本保值增值的强力促进剂。国有资本作为政府实现特殊公共目标的资源，其保值增值关系着维护社会稳定、保障就业、增进社会全体人员福祉以及保障国家经济安全等诸多方面，与其他所有制资本以盈利为唯一目标有着本质区别。因此，通过混合所有制促进国有企业的保值增值，对所有资本的意志和利益进行协调以保证企业的健康有序发展,是现阶段国企改革中的重要新课题。混合所有制要通过转方式、调结构等多项改革措施促进国企的盈利能力,增强国有企业的激励和约束机制,切实推动国有企业的公司制改造以及现代企业制度的建立和完善。国有企业是国民经济的骨干和基石,只有保持国有企业的营收和利润增长势头,才会确保国有资产保值增值,才能为国家经济社会发展和财政增收作贡献力量。

混合所有制是提高国有经济竞争力的重要助推器。加强国企竞争力是国企改革的重要标准,更是国企改革在世界范围内追求的实力标准,也是从我国"一带一路"战略和新一轮对外开放提出的要求。公有资本和非公有资本的交叉持股、相互融合,融合成一个新的混合所有制企业,共同按照法律法规和相互商定的章程从事经营,这有利于调动社会各方面的积极性共同发展。混合所有制是我国利用市场力量配置资源、振兴经济、实现与国际接轨,并更好地参与到国际竞争的有效经济手段。

混合所有制是放大国有资本功能的倍增器。放大国有资本功能是国企价值观转变的重要体现,是为了适应世界范围内配置资源的需要,是下一步国企改革与发展基调的主旋律。混合所有制放大国有资本功能的主要途径是通过混合所有制,在竞争性国企中引入民间资本,用少量的国有资本和尽可能多的民营企业合作,而国企又处于相对控股的地位,使国企更加拥有市场资源的支配权与话语权,实现真正做强做优。例如中国建材通过混改,达到了"社会资本占到70%,85%是混合所有制",营业收入由2006年的20亿元跃升到2016年底的3000亿元,成为世界范围内最大的水泥企业,在国内外两个市场增强了控制力,实现了放大国有资本的功能。

三 新一轮国有企业改革面临的深层次问题

从世界范围来看,各国对国有经济的认识和看法并不是一成不变的,往往会随着经济发展阶段和意识形态的变化而进行不断调整。世界各国基本上都有一定数量的国有资产和国有企业,如何对国有企业进行有效管理本身也是一个世界性难题。目前,我国国有企业改革已经进入了攻坚阶段,产生出许多深层次的矛盾和问题,严重影响着社会发展进步、和谐稳定。正确研究解决国企改革中存在的问题,是关系到深化经济改革成败的重中之重。

（一）布局方面与其战略定位不匹配

十八届三中全会所作出的《关于全面深化改革的决定》中对于国有资本的战略定位明确指出，国有资本投资运营要服务于国家战略目标，更多投向关系国家安全、国民经济命脉的重要行业和关键领域，重点提供公共服务、发展重要前瞻性战略性产业、保护生态环境、支持科技进步、保障国家安全。

但现实情况却是相当一部分国有资本配置严重偏离了这一定位，目前国有企业广泛分布在市场化程度比较高、竞争比较激烈的加工工业和一般竞争性服务行业，行业分布面过宽、过散、过杂的特征十分明显，似乎难以体现所谓的"战略性"和"前瞻性"。由此引发的问题是竞争领域市场的公平性受到损害，与此同时，行政性垄断在许多行业内普遍存在。例如李克强总理曾经指出，我国虽然是世界上互联网用户最多的国家，网络速度在世界上的排名位列80名以后。不仅与日本等发达国家存在较大的差距，甚至还比不上一些发展中国家，这一切当然是与行业内部所存在的行政性垄断密切相关的。相反，在公共卫生、基础研究、义务教育等一些该由国有经济和国有资本充分发挥作用的领域，国有资本投入却严重不足。

（二）出现了一些对于国有企业改革的错误舆论导向

随着混合所有制改革的不断向前推进，一些"党管国企不利于自主经营，不利于企业按照市场规律办事和创业"的鼓噪不绝于耳，宣传什么党组织不懂经济，要少参与企业决策和管理等。还有一些人呼吁要"进行彻底市场化""政府全面退出市场"等，变相鼓吹、推行新自由主义，企图通过削弱、瓦解甚至取消公有制的主体地位来改变我国的根本经济制度。尤其是在国企改革中，有些人竟然认为国企改革就是卖国企、混合所有制改革就是要搞私有化等，甚至有人呼吁要彻底取消国企、消灭公有制，认为中国经济改革的最根本出路就是私有化。这些错误认识，不仅弱化了国企党建，也影响着混合所有制改革朝着正确健康的方向发展。事实上，改革开放以来，正是因为有了党的领导，有了党对经济工作的运筹帷幄，我国才会在国际竞争中脱颖而出，成为全球第二大经济体；正是因为有了党的领导，我们的国有企业才能在政治稳定、方向明确的大环境下不断壮大。事实证明：凡是取得优异成绩的国企，都是党的领导坚强有力、党的建设全面到位的企业。腐败问题频发、国有资产流失、效率低下的国企，都是党的领导和党的建设弱化、虚化、淡化、边缘化的企业。

(三) 国有企业的效率不高

现代企业制度是人类历史的一项重大发明，1993 年十四届三中全会《关于建立社会主义市场经济体制若干问题的决定》明确提出："建立现代企业制度，是我国国有企业改革的方向"，并把现代企业制度的特征概括为：产权明晰、权责明确、政企分开、管理科学。但一直以来，国有企业并没有真正建立现代企业制度，导致国有企业的经营效率仍然低下，多年来国有及国有控股企业的利润率、资产回报率及股本回报率与民营企业相比都有一定差距。再加上税负成本、制度性交易成本、人工成本、融资成本、能源成本、物流成本等这些成本偏高因素的制约，严重影响着国有企业的效率提升，造成资本投资回报率明显下降。同时，企业法人治理结构不完善、有效性差，监督制约机制薄弱等问题十分突出。

更为严峻的是，上述问题还往往相互交织在一起，一方面，不合理的布局在很大程度上制约了效率的提升；另一方面，效率的低下又使得国有企业寄望于强化行政垄断和增加各种要素补贴来增加利润，这显然有悖于市场经济公平竞争的基本原则，同时也无法实现稀缺资源的合理配置。

四 推动混合所有制改革的相关战略举措

国有经济是中国特色社会主义的重要制度基础，是提升国家竞争力和保障国家经济安全的强有力支柱。2015 年 8 月，中共中央、国务院下发的《关于深化国有企业改革的指导意见》指出："坚持社会主义市场经济改革方向。这是深化国有企业改革必须遵循的基本规律。"发展混合所有制经济的根本目的是壮大国有经济的影响力、控制力和竞争力、加强中国特色社会主义的制度基础、提升国家竞争力。推动混合所有制改革要走科学发展道路的要求，着重使部分国企发展由原来的粗放型发展方式向集约型发展方式转变。这是实行混合所有制经济必须坚持的基本原则，也是判断实行混合所有制经济成效的基本标准。

(一) 混合所有制改革应当始终坚持党的全面领导

习近平总书记指出："坚持党的领导、加强党的建设，是我国国有企业的光荣传统，是国有企业的'根'和'魂'，是我国国有企业的独特优势。"他还强调："坚持党对国有企业的领导是重大政治原则，必须一以贯之；建立现代企业制度是国有企业改革的方向，也必须一以贯之。所以，混合所有制改革应当始终坚持党的领导，充分发挥党组织的政治核心作用。中国特色现代国有企业制度，'特'就特在把党的领导融入公司治理各环节，把企业党组织内嵌到公司治理结构之中，明确和落实党组织在公司法人治理结构中的法定地位，做到组织落实、干部到位、职责明确、监督严格。"

强化党对国有企业的领导、强化现代企业制度下发挥党组织的政治核心作用，是加强国有企业党的建设的主基调。要把党的领导融入公司治理全过程，发挥好党组织在企业中抓党的建设、带好队伍、参与重大决策、党管干部、反腐工作等方面的积极作用，增强国有企业广大职工群众的归属感和凝聚力，切实把发挥党组织的政治核心作用摆在首位。

（二）应当借鉴世界各国的成功经验

世界各国由于各自的国情不同，在制度环境、文化背景有较大的差异，国有资产的管理体系也不尽相同，但是在国有资产管理方面存在许多共同的规律。所以我国的混合所有制改革应当参考英国、德国、法国和新加坡等国家的成功经验。例如英国对铁路等企业实行黄金股，国家对重大事项具有否决权，或国有资本只有分红权而没有经营权。新加坡淡马锡公司的董事会由政府公务员、民营企业家、专业人士三类人员组成。虽然淡马锡公司为新加坡政府全资控股，但新加坡政府不干预公司在商业运营上的决策。尤其是在投资决策时，政府公务员作为国家股东代表政府在国家宏观利益上行权，而在运营效率和经济收益上由其他方面的董事决定，从而有效实现了国家控制和市场运行之间的平衡，明确界定了政府与企业的权利和责任。

（三）应当贯彻分类指导的原则

我国目前大约有10万多家国有企业，截至2016年底，资产总额144.1万亿元，净资产16.9万亿元，无论从总量还是占GDP的比重都是世界各国最高的，涉及行业范围从核工业、电力、自来水、金融、工业制造、零售，需要制定明确、统一且具有指导意义的分类方法。由于分布在不同行业的国有企业实际上发挥着不同的作用，应当根据国有企业所处行业的不同选择不同的混合所有制改革模式。

对于保障国家安全和人民生活水平的基础行业，应当维持独资或绝对控股，谨慎引入非国有资本，从而避免非国有资本因为追逐利益而牺牲公众利益。例如英国水务公司在私有化后，居民自来水价格5年内上涨了60%。所以对于交通运输、公用事业和公共工程和建筑等公益类和保障类行业，应当在国家财力允许的范围内加大国有资本的投入，以确保行业正常运转和稳定、实现社会效益为目标。

战略类行业是国家为了实现特定任务而需要进行产业控制的行业，这类行业应当是混合所有制改革的重点，电信、电力和金融等行业应当适当引进非国有资本，重点是打破各种形式的行政壁垒，放开市场准入。这样才能通过内部改善企业治理结构，外部打破垄断来提高经营效率。

竞争性行业是除了保障类和战略类以外的行业，对于钢铁、房地产和信息服务等竞争性行业，我国以往国有企业改革的实践表明国有资本退出竞争领域有利于市场的公平竞争，鉴于目前仍有大量的国有企业涉足竞争性领域，应当为国有资本陆续退出竞争性行业制定合理的时间表。

(四) 围绕产业链增加核心竞争力

推动混合所有制改革，增强国企竞争力，要围绕产业链打造核心竞争力，通过高度一体化的产业链经营模式，彻底贯通技术创新链和产品价值链，将其产品的竞争力、成熟的经营模式、丰富的市场经验以及雄厚的资本实力等优势发挥到极致，进而牢牢控制整个行业的研发、生产加工、市场营销等关键环节，最终确立企业的核心竞争力。

围绕产业链打造核心竞争力应当着力打造以技术创新链和产品价值链为核心的高度融合的产业链，加强产业链整合与市场细分，扩大劳动分工，提高专业化水平和经济效率，通过整合产业链实现多元化经营，打通相关产业各环节，逐步提高行业的专业化经营水平。这样既能提高产业链融合度，又能提高专业化水平，在增加效率的同时降低了风险。打造多元化的国有企业发展格局，鼓励跨领域经营的集团公司对相关行业企业进行兼并和重组，并为具有发展潜力和经营特色的小企业创造发展空间，扶持其加快成长，形成市场交叉、功能互补、高效竞争的国有企业发展格局。

(五) 建立相互制衡的股权结构

现代企业能够吸纳大量投资者根本原因就是能够有效兼顾各类出资人的利益，而其核心就在于建立相互制衡的股权结构促使企业高效运转，以此来规避"大股东侵占小股东利益"，"小股东侵占国有资产"和"高管层代理成本过高"等现象，实现利益分配的多赢局面。所以，混合所有制企业不仅要实现股权多元化，更为重要的是要实现股权结构的相互制衡。一方面，要实现股权结构的相对集中，在市场经济发展较为成熟的欧美国家中，股份相对较多的股东大约拥有10%—20%的股份，在企业中实现了相对控股,这种相对控股可以有效规避一股独大和股权分散的严重弊端,也提供了行使股权的足够激励。另一方面,股权制衡也应当迫使拥有较多股份的股东在试图通过决议时得到小股东的认可,从而可以保障小股东的利益。

有效制衡就是要在企业内部完善股东大会、董事会、监事会和管理层的功能并切实发挥作用,建立外部董事制度,在董事会下面设立战略、提名、薪酬与考核等专门委员会,逐步形成出资人、董事会、监事会、经理层各负其责、协调运转、有效制衡的现代企业制度,使企业经营机制进一步得到转换。给予非国有股东和国有资本股东平等的权利和同等的保护,真正激发国企活力,最终实现混合所有制改革的目的。

(六)混合所有制改革应当充分发挥各类资本的组合优势

党的十八届三中全会《决定》指出,"各种所有制资本取长补短、相互促进、共同发展"。这里的核心是取长补短,只有取长补短才能相互促进,共同发展。其中国有资本的长处在于拥有良好的信用资源,熟悉政府工作流程,能够准确地把握国家宏观政策的战略意义和终极目标;鼓励非国有资本投资主体通过出资入股、收购股权、认购可转债、股权置换等多种方式,参与国有企业改制重组,参与国有控股上市公司增资扩股,参与国有企业经营管理。民营企业的优势在于对于瞬息万变的市场能够作出及时的反映,被市场竞争检验过的生存能力,有效的激励机制和快速的决策机制、灵活的用人机制和持续的创新能力;外资企业的优势表现为领先的管理能力,先进的技术水平和全球范围内的资源配置能力。以湄洲湾的一个石化基地为例,4家股东分别是福建某国有资产公司、美国的埃克森、中石化、沙特的石油巨头,公司在国际市场上形成了很强的竞争力。

(七)完善职业经理人制度和市场用工制度

国有企业领导人的身份在政商之间来回切换的事实,往往会对国有企业经营者的工作动力和努力方向产生困扰。这种经营者长期利益和国有企业的长期利益的不一致往往也是民营资本投资国有企业的困惑之一。本轮混合所有制改革中政府要实现从"管企业"向"管资本"转变,本质上也是一种在企业具体事务方面的放权。

推行市场化导向的选人、用人机制,加快建立职业经理人制度。实行更加市场化的选聘和退出机制,推行职业经理人制度,更好发挥企业家作用。一方面要使企业家能够有真正的权利,即在董事会的授权下,按照自己的职责独立自主行使职权，并能够获得合理的薪酬；另一方面要有责任追究和退出的机制，按照有效的绩效评价结果，对没有履行职责的要进行责任追究。通过建立激励约束机制，充分激发企业家精神，推动国有企业健康持续发展。

参考文献

［1］桁林：《"大国有"战略下国企改革的任务与趋势——对国企三次改革大潮的反思》，《福建论坛》（人文社会科学版）2011 年第 10 期。

［2］陈东琪、臧跃茹、刘立峰、刘泉红、姚淑梅：《国有经济布局战略性调整的方向和改革举措研究》，《宏观经济研究》2015 年第 1 期。

［3］金碚：《论国有企业改革再定位》，《中国工业经济》2010 年第 4 期。

［4］杨卫东：《论新一轮国有企业改革》，《华中师范大学学报》（人文社会科学版）2014 年第 3 期。

［5］平新乔：《新一轮国企改革的特点，基本原则和目标模式》，《经济纵横》2015 年第 2 期。

［6］李慧：《二十年来国有企业改革历程的回顾》，《北京党史》1998 年第 1 期。

［7］陈锴：《产权多元化语境下国有企业改制问题》，《天府新论》2011 年第 4 期。

［8］张明泽、李忠海：《国企改革演进的关键路径——基于混合所有制视角》，《现代经济探讨》2016 年第 7 期。

［9］李跃平：《回归企业本质：国企混合所有制改革的路径选择》，《经济理论与经济管理》2015 年第 1 期。

（作者单位：求是杂志社宣传联络部）

把军民融合发展上升为国家战略，军队将担负起全面建成小康社会的重大历史责任

崔向华

在全面建成小康社会进入决胜阶段之际，党的十八届五中全会隆重召开，审议通过了《中共中央关于制定国民经济和社会发展第十三个五年规划的建议》。这是一次为全面建成小康社会谋篇布局、为迈向第一个百年目标凝心聚力的重要会议，对于坚持和发展中国特色社会主义，实现"两个一百年"奋斗目标、实现中华民族伟大复兴的中国梦，具有十分重要的意义。全会对党和国家的工作作出了全面部署，也对国防和军队建设提出了新的要求。习主席从世界经济发展和新军事变革的大局出发，深刻洞察我国经济社会和军事发展面临的机遇和挑战，提出"把军民融合发展上升为国家战略，是我们长期探索经济建设和国防建设协调发展规律的重大成果，是从国家安全和发展战略全局出发作出的重大决策"。并将实施军民融合发展战略融入整个国家安全发展战略全局综合考量，纳入"四个全面"战略布局中统筹实施。深刻表明习主席军民融合深度发展重大战略思想的核心要义，就是在党的统一领导下，着眼实现"两个一百年"奋斗目标，服务支撑"四个全面"战略布局，把国防和军队现代化建设融入国家经济社会发展体系之中，筑牢安全和发展两大基石，实现富国与强军相统一。中国梦引领强军梦，强军梦支撑中国梦。军队要为全面建成小康社会做贡献。

一　深刻认识新形势下大力实施军民融合发展战略的重要意义

中共中央总书记、国家主席、中央军委主席习近平强调，把军民融合发展上升为国家战略，是中国长期探索经济建设和国防建设协调发展规律

的重大成果,是从国家安全和发展战略全局出发作出的重大决策。将军民融合发展上升为国家战略,必将对实现中国梦、强军梦产生重大而深远的影响。习主席在十二届全国人大三次会议解放军代表团全体会议上发表的重要讲话,深刻阐明了新形势下大力实施军民融合发展战略的重要性紧迫性,为加快形成全要素、多领域、高效益的军民融合深度发展格局指明了方向。军队要担负起维护重要战略机遇期的重大历史责任。习主席站在时代发展和战略全局的高度,重点就实施军民融合深度发展战略问题作出系统阐述,对巩固发展军政军民团结提出新的要求。实现全要素、多领域、高效益军民融合深度发展,是一项长期的战略任务,需要各部门、各领域以强军目标为引领,以新形势下军事战略方针为统揽,紧密结合自身工作实际,按照重点突破带动一般发展的思路,不断探索创新,努力形成所有领域应融即融、资源要素充分利用、综合效益显著提升的体制机制和法规政策。

　　习主席的重要讲话,主题重大,内涵丰富,思想深邃,充分体现了习主席对实现中国梦强军梦的深谋远虑,按照"四个全面"战略布局统筹推进经济建设和国防建设的坚定决心,对新形势下军民融合发展特点规律的深刻把握,具有很强的战略性、针对性和长远指导意义。充分体现了习主席的"四个全面"战略布局,植根于实践又指导实践。实施军民融合发展战略,是推进"四个全面"战略布局的题中应有之义。要把军民融合发展放在"四个全面"战略布局中去谋划和推动,正确把握和处理经济建设和国防建设的关系,使两者协调发展、平衡发展、兼容发展。要加快形成全要素、多领域、高效益的军民融合深度发展格局,丰富融合形式,拓展融合范围,提升融合层次。要强化大局意识、强化改革创新、强化战略规划、强化法治保障,努力推动军民融合向深度和广度发展,为全面建成小康社会做贡献。

　　把握战略要义,明确发展目标。习主席指出:"必须同心协力做好军民融合深度发展这篇大文章,既要发挥国家主导作用,又要发挥市场的作用,努力形成全要素、多领域、高效益的军民融合深度发展格局。"这是军民融合深度发展的总目标,也是军民融合将要形成的新形态新布局,重点是明确规范政府与市场的地位作用功能,促进信息、技术、人才、资本、设施、服务等要素在军地之间双向流动、渗透兼容;实现由武器装备科研生产、军队保障、人才培养、国防动员等领域的融合向基础设施、海洋、空天、信息及国防教育、民兵预备役、边海空防管理等重要领域延伸；发挥市场在资源配置中的决定性作用，激励多元力量、优质资源服务国防建设，做到一份投入、多份产出，实现经济效益、国防效益、社会效益最大化。

习主席的重要讲话，全面部署了深入实施军民融合发展战略，开启了富国强军的新征程。将军民融合发展上升为国家战略，是我们党在战争形态信息化、技术形态军民通用化、经济形态市场化条件下作出的重大决策，必将对实现中国梦、强军梦产生重大而深远的影响。当前，我国发展正处在由大向强的关键时期，统筹国家安全和发展面临诸多难题。面对这些难题，如何实现经济和国防两大建设的协调发展、平衡发展、兼容发展，考验着我们的战略智慧。目前，各主要国家展开的激烈军事竞争，实质是对未来20到30年国防安全主导权的争夺，背后是现代国防安全理念与理念的交锋、体制与体制的竞赛，比拼的是谁的军事制度更具适应性、更具变革能力，更能够通过融合来凝聚国家意志和全社会力量，支撑和孵化更高层次的技术创新。在这种激烈竞争中，不进则退，小进慢进也是退；不融合则败，慢融合浅融合也会败。如果不能在军民深度融合上取得重大突破，国防安全就将失去重要支撑力。

科学判断我国军民融合发展所处的历史方位。习主席指出，"我国军民融合发展刚进入由初步融合向深度融合的过渡阶段"。如何科学判断历史方位，是正确制定实施军民融合战略的前提。习主席这一重要论述，准确判明了我国军民融合发展所处的历史方位。近些年来，我国在军民融合发展上迈出了坚实步伐，取得了丰硕成果，促进了经济实力和国防实力的同步增长。但总体上看，目前我国的军民融合层次还比较低，范围还比较窄，程度还比较浅，与强军目标的要求相比，与世界发达国家军民深度融合相比，还存在不小差距。而且，迄今为止重要的融合进展，主要发生在一些利益格局相对简单、矛盾纠葛比较少的领域和环节。当前，军民融合已进入破除主要障碍的攻坚期和破解深层矛盾的关键期。作出我国军民融合刚进入由初步融合向深度融合的过渡阶段的正确判断，有利于我们清醒认识现阶段军民融合面临的各种矛盾问题的根由所在，有利于科学制定和实施军民融合发展战略。

理解把握军民融合战略的总体目标。习主席在重要讲话中，把军民融合发展上升为国家战略。国家战略必定会有一个总体目标。这对我国军民融合战略总体目标的理解至关重要。习主席提出的"加快形成全要素、多领域、高效益的军民融合深度发展格局",就是我国军民融合发展战略所要实现的总体目标。其中,"全要素"是指融合的资源形式,要求实现包括人才、资金、物资、技术、信息、管理等全要素的军民融合。"多领域"是指融合范围,要求实现武器装备科研生产、人才培养、后勤保障、动员、经济布局、基础设施以及海洋、空天、电磁网络等多领域的军民融合。"高效益"是指融合效果,要求实现经济建设和国防建设共用一个经济技术基础,以及军民资源能够互通、互用、互动的军民融合。实现高效益,要求努力同时实现"两个最大化",即实现经济建设的国防效益最大化和国防建设的经济效益最大化,进而实现富国强军的统一。

对国防和军队来说,军民融合深度发展到底意味着什么呢?是借用民力解决国防和军队的问题吗?不是。军民融合深度发展最本质的东西,是在经济社会与国防之间建立一个开放系统,消除军内军外一切妨碍体系作战能力生成的条条块块和融合障碍,实现两个"贯通":首先在国防和军队内部基本消除各竖烟囱的格局,真正形成统一规划、统一融合需求、统一资源配置,实现"国防和军队系统内的贯通";在这个基础上,再消除军地之间相互隔离的格局,实现"军地大系统间的贯通"。这样才能根本消除"多头提需求、分散搞对接"问题,才能加快形成体系作战能力。

——明确战略指导,把握融合实质。正确的战略指导是引领军民融合深度发展的行动指南。党的十八大以来,习主席把握世界发展大势、立足国家安全发展大局,在继承和发展党长期形成的"军民兼顾、军民结合、寓军于民、军民融合"思想基础上,对推动军民融合深度发展作出了一系列重要论述,逐步形成了习主席军民融合深度发展重大战略思想,成为新的历史起点上贯彻落实"四个全面"战略布局,实现经济建设与国防建设融合发展的重要战略指导。深入学习贯彻习主席军民融合深度发展重大战略思想,重点应从四个方面领会其精神实质。

坚持问题导向。随着国家经济社会发展、国防和军队改革的深入推进,我国军民融合发展在取得一些显著成就的同时,仍然面临着严峻挑战。对此,习主席深刻指出:"我国军民融合发展刚进入由初步融合向深度融合的过渡阶段,还存在思想观念跟不上、顶层统筹统管体制缺乏、政策法规和运行机制滞后、工作执行力度不够等问题。"从而为坚持以问题为导向,以强烈的责任担当破解制约军民融合发展的深层矛盾,拿出切实管用的办法措施,实现经济建设和国防建设协调发展、平衡发展、兼容发展,提出了明确要求、指明了努力方向。

二 把握军民融合战略的四大环节,增强全国军民融合发展的整体性、协调性。"四个强化"是实现军民融合发展的战略途径

军民融合式发展丰富和发展了军民结合、寓军于民的指导方针。军民结合、寓军于民,是中国共产党处理经济建设和国防、军队建设关系问题一贯坚持的指导方针。当前,军民融合已进入破除主要障碍的攻坚期和破解深层矛盾的关键期,要在经济社会与国防之间建立一个开放系统,消除军内军外一切妨碍体系作战能力生成的条条块块和融合障碍。应注重优化军民融合发展战略布局,推动从国家顶层到各个区域军民融合发展的"一张图"规划、"一盘棋"建设,增强全国军民融合发展的整体性、协调性。

为有效实施军民融合发展战略,需要站在国家安全与发展战略全局的高度,高度重视军民融合发展与其他国家重大战略的协同推进、互为支撑和一体互动关系,妥善谋篇布局、勾画蓝图、规划部署。

以军民融合方式拓展战略新兴领域生存和发展空间,既要努力掌握经济建设和国防建设的主动权,培育生产力、战斗力生成的新增长点,也要抢占未来军事和科技制高点,掌握未来国际战略博弈的先机。

优化战略布局,实现一体运作。今年7月下旬,中共中央、国务院、中央军委联合下发的《关于经济建设和国防建设融合发展的意见》明确提出,要"进一步把国防和军队建设融入经济社会发展体系,把经济布局调整同国防布局完善有机结合起来,不断提高经济建设和国防建设融合发展水平"。贯彻这一要求的关键抓手,就是将国家战略与区域战略相衔接,顶层统筹与区域规划相配套,融合需求与区域发展相适应,优化军民融合发展战略布局,推动从国家顶层到各个区域军民融合发展的"一张图"规划、"一盘棋"建设,增强全国军民融合发展的整体性、协调性。

强化区域战略统筹。当前,区域融合发展自成体系的问题还较为突出,在区域资源统筹、政策出台、项目建设等工作中,地区利益分割和行业壁垒较为严重,对上缺乏与国家重大战略的有机衔接,横向缺乏跨域之间的有效协同,很多处于低水平融合、粗放型布局状态。优化融合布局,就需要将区域融合发展纳入国家战略体系进行总体考虑,与"一带一路"建设、长江经济带发展、京津冀协同发展三大区域发展战略,以及东、中、西、东北地区"四大板块"相互助力、统筹推进,在区域层面将国家战略竞争力、社会生产力和军队战斗力的同步提升有机结合,形成与国家战略紧密衔接的、与区域发展有效协同的融合局面。

注重军事需求牵引。当前,一些区域融合发展中存在"重民用轻军用""向战场聚焦不够"等现象,只看到生产力发展的显性效益、眼前利益,看不到战斗力提升的隐性效益、战略利益,影响了区域经济布局调整同军事战略布局的衔接匹配。在军委管总、战区主战、军种主建的新体制下,优化军民融合战略布局,就要按照"发挥军事需求主导作用"的要求,妥善处理战斗力与生产力、市场与战场、建设与运用等关系,将"以行政区划为基础"的区域经济发展布局同"以战区划设为基础"的军事空间布局有机结合起来,确保不同作战方向的军事需求和所属区域的社会经济资源条件及融合潜力有效融合。

注重功能特色设计。在我国区域发展不平衡,国家资源、力量投入有限的情况下,结合军民融合资源要素分布情况,综合考虑各区域融合建设基础与潜力,明确各区域在军民融合发展全局中所承载的支撑军事斗争准备、发挥改革创新引领、促进海洋经济开发等特色功能,因地制宜确定融合发展重点、实施路径和方法策略,推动国家战略在区域层面的差异化落地,进而实现资源富裕地区与经济发达地区、金融产业活跃区域与加工制造业密集区域、军事斗争准备基础厚实地带与相对薄弱地带间的协调均衡发展。

加强战略协同,突出优势互补。习主席指出:"战略问题是一个政党、一个国家的根本性问题。战略上判断得准确,战略上谋划得科学,战略上赢得主动,党和人民事业就大有希望。"当前,国际形势正在发生新的深刻复杂变化,在新兴国家群体性崛起、"多强制衡"的国际新体系加速形成的国际战略背景下,我国经济进入全面建成小康社会的决胜阶段,面临的生存发展压力、多元安全威胁不断增大。基于此,党的十八大以来,国家确立了推动"一带一路"建设、长江经济带发展、京津冀协同发展三大战略,以及实施军民融合发展、创新驱动发展,建设海洋强国、航天强国、网络强国等一系列重大战略部署,核心目的是在新的历史起点上,为协调推进"四个全面"战略布局,有效应对日益多元的安全威胁,更好地实现"两个一百年"奋斗目标提供战略指引、确立战略方向、明确战略抓手、巩固战略支撑。为此,有效实施军民融合发展战略,需要站在国家安全与发展战略全局的高度，高度重视军民融合发展与其他国家重大战略的协同推进、互为支撑和一体互动关系，妥善谋篇布局、勾画蓝图、规划部署。重点应从以下三个方面增强战略协同。

深化协同意识。要认识到，军民融合发展与其他国家重大战略都是国家安全和发展战略体系的重要组成部分，是党和国家从不同视野、不同角度、不同领域提升治国理政能力的重大举措，是推动国家安全利益与发展利益有机融合的可靠保证。进而用党和国家的意志统一军地思想、深化融合共识，最大程度凝聚推动各项战略实施的合力，妥善处理维护和平、备战止战、遏制危机与和平崛起的关系。

统筹规划部署。在规划和设计各项重大战略的"施工图""路线图"时，既要以军民融合发展战略引领统筹经济建设和国防建设全局，也要在确立融合发展的目标、任务、途径和举措时，充分考虑和兼顾国家其他重大战略要求；既要将军民融合战略贯穿于推动海洋强国、航天强国、网络强国等其他国家重大战略实施的全过程和全领域，也要抓住国家实施"一带一路"建设、长江经济带发展、京津冀协同发展的历史机遇，优化军民融合战略布局，促进各个战略设计的有机衔接、相互兼容。

衔接战略支撑。在制定政策法规时，着眼国家战略与区域战略相衔接、顶层统筹与行业设计相配套、融合需求与其他战略需求相匹配，促进国家、行业和区域层面法规、政策、制度、标准的有机配套，形成能够体现各大战略要求、支撑各大战略实施、系统完备、衔接配套的政策法规体系；在确立战略抓手时，充分考虑军事需求与区域发展需求、行业领域建设需求的关系，妥善处理服务战斗力和生产力、市场和战场的关系，做好统筹谋划、整体设计，确保既立足战略全局，将主要资源投向最急需的战略方向、重点区域，也要着眼贯彻"创新、协调、绿色、开放、共享"的发展理念，实现一份投入兼顾多种收益，获得最大的战略产出效益。

经略新兴领域，强化战略重点。从国际战略形势和战争形态发展看，随着海洋、空天、网络等战略新兴领域在国家战略全局中的地位作用不断上升，新兴领域安全形势日益严峻。为此，需要我们主动顺应世界经济和军事发展的大势，把握国家利益拓展的新机遇，加强战略谋划、做好前瞻设计，以军民融合方式拓展战略新兴领域生存和发展空间，既要努力掌握经济建设和国防建设的主动权，培育生产力、战斗力生成的新增长点，也要抢占未来军事和科技制高点，掌握未来国际战略博弈的先机。

捍卫海洋利益拓展。随着国家改革开放的深入发展，海洋已经成为维护我国家主权、安全、发展利益的重要领域。采取军民融合方式经略海洋，对于打破我海上方向战略困局，积极营造有利的海洋战略环境，具有积极和重大的现实意义。为此，亟须适应国家利益不断拓展的形势，加强海上方向军地航海保障能力建设、军民融合基础设施建设，健全集军事斗争准备、维权管控和经济开发需求为一体的军民融合维权管控体系，为统筹海上军事斗争准备提供有力支撑，为开发和利用海洋资源提供广阔空间，为打造面向21世纪海上丝绸之路提供战略抓手。

支撑空天领域竞争。空天领域系统巨大、专业众多、技术尖端，开发利用空天领域必须依赖强劲的科学技术实力和强大的国民经济基础，需要举全国之力，汇聚和整合军地资源，把空天领域建设发展纳入军民融合发展战略中谋划布局。一方面，要把握空天领域发展的新特点、新需求，把军民融合的范围从传统的航空领域延伸到航天、临近空间等各个领域，打开空天领域军民融合发展的新空间；另一方面，正确处理空天领域国防建设需求与国家经济建设需求的关系，从国家经济社会发展和国防军队建设全局推动资源统筹、利益共享，确立战略目标相一致、资源配置相适应、战略部署相衔接的"军民一体、空天一体"全局互动发展路径。

服务网络强国建设。推进网络安全和信息化军民融合，是信息时代国家安全与发展的战略选择，是建设网络强国的战略运筹，是打赢信息化局部战争、加速军队信息化建设进程的客观需要。当前，应大力贯彻改革创新理念，在军地需求统筹、组织管理、运行模式、政策制度等方面先行先试，探索构建具有示范借鉴意义的中国特色网络安全和信息化军民融合发展模式、路径和制度机制，完善网信军民融合政策法规体系；要结合国家"十三五"规划实施，围绕国防和军队建设重大需求、重要战略方向军事斗争准备需要，着力推动网络安全战略防御体系、信息资源开发利用与共享、核心关键信息技术协同创新与转化、军民一体信息产业创新等专项工程建设，实现以重点突破牵引带动全局发展。

针对我国军民融合发展所处阶段以及存在的突出问题，习主席强调：要强化大局意识、强化改革创新、强化战略规划、强化法治保障。"四个强化"从思想认识、方法路径、发展规划、法治保障等方面对军民融合深度发展提出了具体要求，为当前和今后一个阶段军民融合发展提供了基本遵循。实质就是在贯彻军民融合发展战略过程中，要求从国家安全和发展利益大局出发考虑问题，在改革创新中求发展，进一步完善上下衔接、完善配套、操作性强的规划计划体系，构建起结构合理、门类齐全、衔接配套的军民融合政策法规体系，运用法治思维和法治方式来解决制约军民融合发展的体制性障碍、结构性矛盾、政策性问题。

强化大局意识，是推进军民融合深度发展的基础前提。思想观念是行动的先导，军民融合要融得顺畅、合得高效，各部门在思想上首先应高度自觉，达成共识。军地双方要树立一盘棋思想，站在党和国家事业发展全局的高度思考问题、推动工作，坚决防止"大利大干、小利小干、无利不干""愿意融别人、不愿意被别人融""共享别人的资源可以、分享自己的资源不行""我的地盘我做主"、挤压排斥竞争对手等不良问题和倾向。要自觉在大局下行动，大局要求从国计民生考虑就服从国计民生的需要，要求从国防建设考虑就服从国防建设的需要，按照职责和分工抓好军民融合发展工作任务，做到责任到位、措施到位、落实到位。

强化改革创新，是深入实施军民融合发展战略的制度保障。打破军民二元分离结构、推动军民融合深度发展，根本出路在改革创新。要在国家层面建立推动军民融合发展的统一领导、军地协调、需求对接、资源共享机制，着力解决制约军民融合发展的体制性障碍、结构性矛盾、政策性问题，努力形成统一领导、军地协调、顺畅高效的组织管理体系，国家主导、需求牵引、市场运作相统一的工作运行体系，系统完备、衔接配套、有效激励的政策制度体系。

强化战略规划，是深入实施军民融合发展战略的基础。坚持体系论证，坚持科学统筹，坚持运用先进理念、方法、手段，把规划论证搞扎实。做好"十三五"统筹建设规划编制工作，与国民经济和社会发展"十三五"规划、军队建设发展"十三五"规划同步论证，以便国家安排预算和军地各部门衔接规划重大项目。中央和地方财政部门要按事权划分建立专门资金渠道，落实军民融合发展资金保障。要加强督导检查、建立问责机制，强化规划刚性约束和执行力。

强化法治保障，是深入实施军民融合发展战略的根本要求。善于运用法治思维和法治方式推动军民融合发展，充分发挥法律法规的规范、引导、保障作用，加紧推进军民融合发展的综合性法律立法工作，提高军民融合发展法治化水平。认真贯彻执行党中央、国务院、中央军委关于统筹经济建设和国防建设的意见，规范统筹建设中的重大问题。

"四个强化"的战略举措,从思想到行动、从规划到执行,指明了实现军民融合发展的战略途径。

三 党的奋斗目标就是军队的奋斗目标,党的历史任务就是军队的历史任务。以强烈的责任担当推动军民深度融合发展

军民融合发展作为一项国家战略,关乎国家安全和发展全局,既是兴国之举,又是强军之策。正确认识和处理经济建设和国防建设的关系,是社会主义现代化建设必须正确认识和处理的重大课题。新中国成立60多年来,我们党始终高度重视、艰苦探索,不断深化对推进经济建设和国防建设协调发展规律的认识。毛泽东同志早就指出:"中国必须建立强大的国防军,必须建立强大的经济力量,这是两件大事。"邓小平同志提出要走"军民结合,平战结合,军品优先,以民养军"的道路。江泽民同志强调"我国现代化建设的一条重要经验,就是坚持国防建设与经济建设协调发展的方针,在经济发展的基础上推进国防和军队现代化"。胡锦涛同志提出要"走出一条中国特色军民融合式发展路子"。党的十八大以来,习主席着眼实现中国梦、强军梦,提出深入实施军民融合发展战略,并作为一项国家战略加以推进,为新形势下实现富国和强军统一指明了前进方向。

自新中国成立以来,我们党就特别注重对经济建设和国防建设协调发展规律的探索,在不同的历史时期,面临不同的安全和发展形势,提出了"军民两用""军民结合""寓军于民""军民融合""军民深度融合"发展战略思想。在这些重要战略思想指引下,我国经济实力快速提升,国防实力显著增强,走出了一条有中国特色的军民融合发展路子。

军民融合深度发展,是一项兴国强军富民的国家战略。军队既是保卫者又是建设者,要以高度政治自觉和强烈使命担当贯彻落实全会精神。推动军民深度融合发展,是一个重大的战略工程,是一项长期的艰巨任务。习主席强调,军地双方都要深化认识,更新思想观念,打破利益壁垒,做到应融则融、能融尽融。必须以强烈的责任担当,凝聚国家意志,举全国之力,军地同心一起推动落实。

把军民融合上升为国家战略,事关国家安全和发展战略全局,事关全面建成小康社会大局。"国家大柄,莫重于兵。"我军面临着前所未有的挑战,也迎来了难得的发展机遇。在新的历史起点上实施军民融合发展战

略，实现发展和安全兼顾、富国和强军相统一。"十三五"时期，是我国民族复兴进程中至关重要的5年，是全面建成小康社会的决胜阶段。党的奋斗目标就是军队的奋斗目标，党的历史任务就是军队的历史任务。我军作为党绝对领导下的人民军队，必须以更加积极、更加有效的行动为如期全面建成小康社会贡献力量。为加快推进国防和军队建设努力奋斗！

当前，我国正处于由大到强发展的关键时期，我们前所未有地接近世界舞台中心。伴随着发展壮大步伐加快，我国面临的各种外部压力和风险挑战急剧增多。在新形势下，能否处理好经济建设和国防建设的关系，使两者协调发展、平衡发展、兼容发展，事关国家安全和发展战略全局，事关中华民族的复兴伟业，考验着党的执政能力和智慧。深入实施军民融合发展战略，一方面，国防和军队建设可以源源不断地从经济社会大母体中获取技术最先进、成本最便宜、性能最稳定的物质和技术来源，增强发展后劲，加快强军兴军进程；另一方面，可以充分发挥国防建设对经济社会发展的拉动作用，为促进科技创新、提升产业水平，实现经济结构转型升级注入新动能。这样就能将有限的社会资源转化为双向互动、相互促进的经济竞争力和军事战斗力，从根本上化解民族复兴进程中"大炮"和"黄油"争抢资源的矛盾。

党的十八届三中全会对军民融合发展方面作出全面部署，提出围绕提高国防科研和武器装备自主创新能力，健全国防工业体系，完善国防科技协同创新体制，改革国防科研生产管理和武器装备采购体制机制，引导优势民营企业进入军品科研生产和维修领域，改革完善依托国民教育培养军事人才的政策制度，拓展军队保障社会化领域，涵盖国防科技工业、武器装备、人才培养、军队保障社会化、国防动员等领域。落实好这些部署，要在国家层面加强统筹协调，发挥军事需求主导作用，加快把国防和军队建设融入国家经济社会发展体系。

军民融合式发展充分体现了世界军事发展的新趋势。随着科技产业革命和新军事变革的迅猛发展，国防经济与社会经济、军事技术与民用技术的界限趋于模糊，世界军事强国纷纷打破军民分割、自成体系的格局，更多地利用国家资源和社会力量提升整体防务能力。美国是实施军民一体化建设的典型国家，90%以上军品都由民营企业生产；俄罗斯充分发挥国防工业对国民经济的带动作用，军民两用技术在国防工业中占70%以上。英国、法国、以色列等国也大力推进军民技术双向转移、军地资源双向利用，大大提高了国民经济平战转换的能力和效率，提高了国防实力与国防潜力。各国实践充分证明，军民融合式发展已成为顺应世界新军事变革发展的大势所趋。

为实现中华民族伟大复兴中国梦的战略目标，习主席在提出中国梦这个概念不久，就提出了努力建设一支听党指挥、能打胜仗、作风优良的人民军队，是党在新形势下的强军目标。在此后两年多的时间里，习主席几十次到部队视察、考察，就国防和军队建设发表了一系列重要论述。这些重要论述让我们深切感受到习主席的治军方略和对军队建设的深切关怀，也让每一位当代军人在内心点燃起强军报国的满腔热情。

习主席指出，今后一个时期军民融合发展，总的是要加快形成全要素、多领域、高效益的军民融合深度发展格局，不断丰富融合形式，拓展融合范围，提升融合层次。我理解，"全要素"指的是融合对象，包括信息、技术、人才、设施、服务等各类资源，在军民两大体系之间共享共用和渗透兼容。"多领域"指的是融合范围，也就是实现国防和军队建设与经济社会发展诸领域深度融合、相互兼容。它包括基础设施建设、武器装备科研生产、军队人才培养、军队保障、国防动员和军民科技协同创新等重点领域，以及海洋、空天、信息等新兴领域，广泛涉及陆、海、空、天、网等多维空间。"高效益"指的是融合效果或评价标准。军民融合的最终目标是实现经济建设和国防建设共用同一个兼容的经济技术基础，做到一分投入、两分产出、多重效益，实现投入产出比值最大化，做到生产力和战斗力双提升。

富国才能强兵，强兵才能卫国。经济建设是国防建设的基本依托，只有国家经济实力增强了，国防建设才能有更大发展。国防建设是我国现代化建设的战略任务，只有把国防建设搞上去了，经济建设才能有更加坚强的安全保障，同时加强国防建设对经济社会发展也具有重要拉动作用。实践反复证明，经济建设和国防建设的关系处理不好，就会走弯路、吃苦头。我们既不能走历史上有些朝代文盛武衰、国富兵弱的老路，也不能走当今世界有些国家穷兵黩武、搞军备竞赛最终拖垮国家的邪路。经过新中国成立60多年特别是改革开放30多年来的发展，我国经济总量跃居世界第二，综合国力显著增强，这为建设巩固国防和强大军队奠定了雄厚物质基础。要抓住这个难得的历史机遇，同全面建成小康社会进程相一致，全面推进国防和军队建设。

建立健全国防动员体制机制。我们的军队是人民的军队，我们的国防是全民的国防。要加强国防教育，增强全民国防观念，使关心国防、热爱国防、建设国防、保卫国防成为全社会的思想共识和自觉行动。国防动员是军民融合的重要组织形式和桥梁，要建立健全国防动员体制机制，深化民兵预备役体制改革，优化后备力量规模、结构和布局，完善平时征用和战时动员等法规制度，增强打赢未来战争的国防潜力。深化国防和军队改革，专门成立军委国防动员部，履行组织指导国防动员和后备力量建设职能，领导管理省军区，就是从顶层上建立健全国防动员体制机制的实际举措。

边海防工作是治国安邦的大事，关系国家安全和发展全局。要强化忧患意识、使命意识、大局意识，勇于作为，敢于担当，努力建设强大稳固的现代边海防。坚持把国家主权和安全放在第一位，贯彻总体国家安全观，周密组织边境管控和海上维权行动，坚决维护领土主权和海洋权益，筑牢边海防铜墙铁壁。坚持军民合力共建边海防，统筹边海防建设和边境沿海地区经济社会发展，发挥军警民联防的特色和优势，坚决维护边疆安全稳定和繁荣发展。

不断谱写军民鱼水情时代新篇。全心全意为人民服务是我们这支军队的根本宗旨。来自人民、为了人民，始终与人民血肉相连、生死与共，是我军的制胜之本、力量之源。习主席在十八届中共中央政治局常委同中外记者见面时就宣示，要与人民心心相印、与人民同甘共苦、与人民团结奋斗；在2012年底中央军委扩大会议上强调，军队要带头牢记和落实这个要求。

军政军民团结是实现富国和强军相统一的重要政治保障，是我党我军特有的政治优势。坚如磐石的军政军民关系，是实现中国梦、强军梦的政治基础，是我们战胜一切艰难险阻、不断从胜利走向胜利的重要法宝。革命战争年代，人民群众积极参军参战，地方政府积极拥军支前。新形势下，军地双方要共同努力，弘扬拥军优属、拥政爱民的光荣传统，开展军民共建与和谐创建活动，把双拥工作抓得更加扎实有效，为实现中国梦、强军梦提供坚强保证。

军队要视人民为亲人、把驻地当故乡。自觉服从服务于党和国家工作大局，利用自身资源和优势，勇于承担抢险救灾等急难险重任务，积极支援地方经济建设和脱贫攻坚工作，支援西部大开发等区域发展、地方基础设施重点工程和社会主义新农村建设，做好扶贫帮困、助学兴教、医疗扶持等工作。积极参加地方生态文明建设，同时也要抓好部队节能降耗、资源节约工作，最大限度降低或避免军事活动对生态环境的影响，以实际行动建设美丽中国。协助地方做好维护社会稳定工作，发挥战斗队工作队生产队作用，加强反渗透、反分裂、反恐怖斗争，模范执行党的民族宗教政策，做好宣传工作和群众工作，履行好维护国家安全和社会稳定的重要职能。

革命军人是红色基因的代代传承者，要以强烈的责任感和使命感，认真履职尽责，行动统一到党中央、中央军委和习主席决策部署上来，坚决拥护改革，积极支持改革，自觉投身改革；全面实施军民融合发展战略，形成全要素、多领域、高效益的军民深度融合发展格局；积极参加和支援地方经济社会建设，勇于承担抢险救灾等各项急难险重任务，深入开展军民共建与和谐创建活动，巩固和发展军政军民团结，勇敢承担起我们这一代革命军人的历史责任。

（作者单位：总政宣传部）

从严治党转会风
为实现中国梦保驾护航[*]

李兴元

"治国必先治党，治党务必从严。"全面从严治党必须标本兼治，把作风建设作为突破口、挺在前，像抓其他五大方面作风那样上紧会风建设的发条，打好整治会风中的"四风"攻坚战，切实把党的根基稳固好、血脉接续好、力量凝聚好、形象树立好。

一 科学把握会风的内涵作用、准确判断会风建设形势是转变会风的前提

会风既是会议主体客体的综合素质、政治倾向、精神境界、道德风范的外在表现，也是党风的重要组成部分，是党的性质、宗旨、纲领、路线、形象、纪律规范在会议中的重要体现。

会风是一面多棱镜，不仅连着文风，体现着党风政风，而且严重影响从严治党、深化改革、实现中国梦的实效及行风社风家风。转变会风就是践行"三严三实"、整治"四风"，就是为实现中国梦保驾护航。改进党风政风、引领行风社风家风，必须持之以恒转变会风，把创新、协调、绿色、开放、共享"五大发展理念"贯穿于加强会风建设全过程。

总的看，自党的十八大以来，党中央更加注重"文山会海"一起治，会风文风等作风一体建设，"紧箍咒"越念越紧，"组合拳"越打越猛，以实际行动开辟了会风建设"四化"（制度化、规范化、常态化、长效

---

[*] 本文系 2015 年度国家社会科学基金项目"党的作风建设制度化规范化常态化长效化研究"（批准号：15XDJ019）的阶段性成果。本文未经本人许可，谢绝复制外传。若公开发表，此条务请一定注明。

化）蹄疾步稳新的春天，会风等作风建设已步入刚性执行、全面推进阶段。特别是以习近平总书记为核心的党中央以上率下，上任伊始就发出"改进会风"及其他工作作风的动员令——中央"八项规定"，并坚持"治已病"和"治未病"两手抓，早打招呼早提醒、早敲警钟早预防，在多种重要场合，反复强调改进会风，在很短的时间内，推动密集出台了一系列与改进会风密切相关的规定，并以钉钉子的精神，打响了改进会风持久战、攻坚战，彰显了党中央踏石留印、抓铁有痕、会风不转决不收兵的坚定决心、坚强意志，有力地警示震慑了会风不正的党组织和党员干部，荡涤了会风中的一些"污垢"。如：2012年12月，中央政治局《关于改进工作作风、密切联系群众的八项规定》第二条明确指出，"要精简会议活动，切实改进会风，严格控制以中央名义召开的各类全国性会议和举行的重大活动，不开泛泛部署工作和提要求的会，未经中央批准一律不出席各类剪彩、奠基活动和庆祝会、纪念会、表彰会、博览会、研讨会及各类论坛；提高会议实效，开短会、讲短话，力戒空话、套话。"2013年1月，中央政治局"六条禁令"明确规定"各地都不准到省、市机关所在地举办乡情恳谈会、茶话会、团拜会等活动"。2013年8月，《中宣部、财政部、文化部、审计署、国家新闻出版广电总局联合通知》要求"制止豪华铺张，提倡节俭办晚会；严格控制党政机关举办文艺晚会。不得使用财政资金举办营业性文艺晚会……不得借举办晚会之机发放礼品、贵重纪念品"。2013年9月，财政部等3单位制定《中央和国家机关会议费管理办法》，画出了严格控制会议规模、数量，规范会议费管理，实行分类管理、分级审批，"不得到明令禁止的风景名胜区召开会议"及其他"三个不得、五个不、六个严禁"的红线底线。2013年11月，中共中央、国务院印发的《党政机关厉行节约反对浪费条例》和2013年12月，中办、国办印发的《党政机关国内公务接待管理规定》，也对办会作出明确规定。2014年群众路线教育期间，习近平总书记又反复强调，"要从解决'四风'问题延伸开去……努力改进学风、文风、会风，加强治本工作……使党的作风全面纯洁起来"。2016年2月，习近平总书记还对学习毛泽东同志《党委会的工作方法》作出重要批示，认为这篇讲话"深刻总结了党委会工作的一般规律，是一篇加强党委领导班子建设、提升党的领导水平和执政能力的光辉文献"，要求将其纳入"两学一做"学教内容。2016年7月，财政部等对外发布不满3年重新修订、更为严格的《中央和国家机关会议费管理办法》,特别强调,"各单位应当将非涉密会议的名称、主要内容、参会人数、经费开支等情况在单位内部公示或提供查询,具备条件的应当向社会公开",对违规开会报销的"将依法依规追究会议举办单位和相关人员的责任,如行为涉嫌违法的,移交司法机关处理",进一步释放出执纪必严、违纪必究的强烈信号。这充分说明,党中央整治会风决不搞"一阵风",越往后办法越多、执纪越严,越往后会风建设体系化制度化常态化的步伐越坚实。事实也充分证明了这一点。

目前,全国各地的一些会议特别是中央和省市级会议,大会少了、讲话短了、程序简了、简报减了、会时缩了、会费降了、会风清了,办会中的迎来送往和奢靡之风收敛多了,因违反会议纪律制度被曝光受处理的常态化了,老百姓的满意度升高了。如据反映,"2013年,以中央纪委监察部名义召开的全国性会议只有3个,数量与往年同期相比大幅减少……委部机关会议费下降59%"。2013年,"武汉市召开全市性会议32次,同比减少50%以上"。而仅2012年一年,武汉市某市直单位"就接到了1300多个开会通知,平均每个工作日要开5个会",但会风建设形势依然严峻复杂,会风根本好转依然任重道远,一些地方会杂(会议门类名目繁杂)、会多(办会主体多、会议总量多)、会频(一周多次)、会长(临时加议题,发言不守时,随意拖长)、会粗(会议准备服务不到位,粗制滥造)、会繁(会议及其服务流程太繁太细)等问题尚未根本好转,仍有不少会议老病未除,新病和心病又接踵而至。如今,会风不正问题已经成为经济社会发展的一大"公害"顽疾和领导者的烦心事,一些人则陷入了对会议的批判误区。鉴此,会风建设只能加强,不能削弱,只能坚持不懈地抓在手上、放在心上、落实到行动上,决不能不愿担当、不敢担当、当老好人,时紧时松,甚至放松放手、放任自流。

二 挖掘会议问题和会风不正的表现、梳理会风不正的现实和根源是转变会风的关键

(一)问题表现

1. 会风中的"四风"问题时有发生。有的搞"形象工程""面子工程"热度不减,形式胜于内容,心思多在"会外"。最突出的是规格求高、规模求大、会费求多,"小会大开,短会长开",照猫画虎,搞"文字游戏"。有的为开会而开会、为跟会而开会、为减"会"而减会。有的

落实民主集中制有名无实，会前不接地气，会中听不得"异声"，会后相互应付差事。有的会议文件起草存在权力部门化、个人化、利益化。有的项目会、培训会（班）、招商引资会不规范、有猫腻。有的暗箱操作、"靠会吃会"，在执行《中央和国家机关会议费管理办法》上钻空子、搞变通，把开会当成"隐性福利"和冲破制度笼子的一把钥匙及旅游观光的陪衬，一些本末倒置的公款"借壳游""傍会游"、会在前、游在后的"顺道游""插播会议游"伺机而动。近年来，中纪委及各地纪委通报多起借培训之名，违反中央"八项规定"精神、组织公款旅游典型案例就是明证。

2. 放权不揽责、不担当不作为不督查等新不良会风滋生蔓延。一些地方、单位出现了开会"不为"、低效和目的不纯、"为推责而开会"等新问题。一些基层党组织和支部成员重业务轻党建，落实"三会一课"和民主生活会等制度不认真、不经常，更有甚者弄虚作假。

3. 会议的顶层设计水平和管理、服务水平与转作风的标准要求有差距。主要是会议门类、名目、层次、总量多，办会主体多，"五个层层"（层层传达、部署、分解、把关、督查）和"两个年年"的工作模式（年年上会研究、年年发文动员部署常规工作的会议和评先推优、民主测评的会议太多、流程太繁太细）演变为频次太高、督查考核太勤的"五类会议"，让大家不堪重负。特别是"一把手"和一些业务综合部门赴会负担过重，一些基层开会缺计划、总量不控制，一些会议走过场，会议成果转化不力不及时，一些会议统筹不够、准备不足，工作人员责任心不强。虽据有的地方调查，"大型会议少了，但专题会、小型会多了，尤其是党政分管领导、议事协调机构组织召开的专题性、临时性会议增多"，防止反弹任务艰巨。

4. 对会风会纪问题管而不严，失之于宽。特别是对那些不拘"小节"的"三族"（吸烟族、闲聊族、低头刷屏族）和"四者"（迟到早退者、顶"头"替会者、先斩后奏者、我行我素不请假不请示不报告者）问而不究的多，致使会议效果大打折扣。

（二）历史及现实根源

毋庸讳言，会风问题由来已久，它既不是什么新病怪病、一家独有的"地方病"，更不是什么"中国特色"，而是一个亟待解决的普遍性、全球性难题。会风问题之所以长期存在、禁而未绝，甚至有的回潮反弹，既有内因外因、会议制度、管理改革和民主政治建设等客观因素，也有会议观、政绩观、价值观和思想文化等历史原因及人性和工作生活习惯因素。

三 标本兼治转会风是全面从严治党、全面纯洁党风政风、保持先进性纯洁性这一马克思主义政党"本质属性"的必由之路

"办好中国的事情，关键在党。"会风痼疾的形成非一日之寒，治理会风顽症也非一朝一夕，实现会风根本好转必须坚持问题导向，着重从影响会风的主要因素下手，着力在突出"九个字"上下功夫、求实效。

（一）突出一个"识"字

习近平总书记强调，"工作作风上的问题绝对不是小事……任其发展下去……我们党就会失去根基、失去血脉、失去力量"。因此，一定要树立战略思维和作风建设永远在路上的观念，站在全面纯洁党的作风、实现"中国梦"和国家治理能力治理体系现代化的高度，把抓好会风建设作为抓好作风建设、兴党强国的重要一环，持续滚动推进；一定要深刻认识会议是人类文明进步的标志，是全球通用、行之有效的工作方法和社会管理、全球治理方式，是会风的重要载体，中国共产党是靠会议起家领航、定策"定调"、推进马克思主义"三化"，靠会议集体研究解决关系党的生死存亡和民族复兴的重大问题的党，老百姓呼唤名副其实、与时俱进的会议和为民务实、高效清新的会风，谁能顺势而为、先行一步，推动会议实现"两增两减，一不再一取代"，谁就能引领会风建设，决不能陷入对会议的简单否定误区；一定要深刻认识会风建设是一个系统工程，必须多管齐下，以推进会风建设"四化"为核心，和文风等作风建设一体进行，统筹推进、协调推进，把从严治党的要求贯穿于会风转变全过程；一定要深刻认识开会是践行民主集中制、实现善治的重要渠道，但不是解决矛盾、化解冲突的唯一方式，也不都是最直接最有效的方式，转变会风、精文简会重在标本兼治，贵在抓长抓细，必须打通整个经络，想方设法提高会议的含金量和效能，恢复会议的本来面目和魅力风采，决不能把会议妖魔化，搞简单化、极端化，把不该砍掉的会议和有益环节通通砍掉；一定要牢牢把握会风建设规律，让会风建设水平与党的性质宗旨和党作为世界第一大执政党的地位形象及十八大提出的建设学习型、服务型、创新型马克思主义执政党目标相适应，与中国作为世界第二大经济体的地位形象和国家及人民事业发展乃至全球治理的新阶段新要求新期待相适应，党的建

设特别是作风建设推进到什么阶段,国家治理乃至全球治理推进到什么阶段,会风建设就要率先推进到什么阶段;一定要确立良好会风的标准,进行对标研判常态化"回头看",实行整改不销号不罢休,确保会风的正能升、负能降。

(二)突出一个"领"字

常言道,老大难老大难,老大带头执行、监督问责就不难。实现会风根本好转关键是要树立正确的会议观、政绩观、价值观,从上抓起,以上率下,抓好各级党组织和"关键少数"的"官风"及其在会风建设中的"主体责任"和第一责任人的责任。一是要把会风建设纳入党风廉政建设考核体系,完善各级党组织特别是基层党组织会风建设评价机制,补齐会议制度体系短板,把会风会纪表现与"评星定级"、评先评优切实挂钩。二是要持续加强对各级"一把手"的会风会纪专项教育,把整治会风中的"四风问题"和社会承诺"回头看"作为检验领导班子和"一把手"加强党风廉政建设的重要标准和成效。各级"一把手"也要敢于担当持续抓,对会风小节和整治会风不利的不留情面,予以曝光问责。三是要加强领导干部、领导机关、业务主管部门执政能力、治理能力建设,实现执政治理方式方法多元化,从根本上减少对会议的过度依赖和办会中的繁文缛节。要注重掌握会议以外行之有效、现代便捷的解决问题的新方法,主动优化会议流程、服务流程,提高办会的科学化、人性化水平。

(三)突出一个"顶"字

职能多、权力交叉重叠则会多会滥是客观规律。一是要坚持深化改革、转变职能、简政放权,推进依法办事,加快建设责任政府、法治政府、有限"政府"和有限"组织",从根本上解决会多会滥的问题。要注重运用法规文件明晰各级组织、政府及上级领导和业务主管部门的权责,把该交的职权职能还给市场、社会和自治主体及一家业务主管部门,大幅减少议事协调机构和"多头执法"会、检查考核会。二是要坚持推进会风建设"四化",不断优化议事决策规则等涉会制度,以制度的刚性约束和规范运行保障精简会议落到实处。要加快建立"会议清单和负面清单"制度及各级党政会议及其分管领导会、协调会总量、频次和会时控制制度,主动缩减一些会议门类名目并调低例会、年会、评先推优等会议的频次(由每周每年一次为两周两年一次),形成按时开会散会习惯。三是要构建转变会风的长效机制,实现常规工作不再年年开会行文、制度化规范化、按规矩常态办理。要出台《会议意见建议和领导批示及会议决定等重要成果办理规程和转化机制》等制度，防止开会走形式，集思广益形成的会议成果被束之高阁。要通过强化分工负责问责等，把"一把手"和业务综合部门开会参会比例大幅降下来。要出台《多会单位同比环比排名通报制度》和省市统一的项目（招投标）会、培训会（班）、团拜会、招商引资会指导意见等，倒逼会风转变。四是要以加强会前咨询协调和会上会下、会内会外统筹治理为手段，提高办会的科学化水平。各级办会部门要大幅减少因同一事情重复开会，把能合并、能套开的会一次安排完成。

（四）突出一个"简"字

大道至简，"简"不仅是一种作风，而且是一种美德。一定要秉承"绿色发展"理念，坚持"绿色办会"，在确保会议实效情况下，坚持"五个从简"。一是会议规模从简，把参会陪会人员数量减下来。要严格区分会议责任，坚持人会相适原则，减少广覆盖、全覆盖的会议，即便是系统会议，原则上也只安排管事的领导、与会议主题密切相关的同志参加，其他同志一概不参会陪会。二是会议流程特别是议程从简，把会时减下来。少开闭幕会、少安排表态性发言。三是会议文件从简，尽可能把会议文件特别是不挂文号的非正式文件数量、重量都减下来。要加强对各地各单位打印纸消费情况的监测控制，与上级文件、制度大同小异的不再上会、出台，与会议无关的材料、刊物搭售一律禁止。四是会费支出从简，把会议成本减下来。要加强会费预算审批公示，加强对会议支出底层科目的审计，会议文件尽可能双面打印、电子版拷贝、甚至借助手机等平台无纸化进行，加强对会议用餐用酒的专项控制，真正把会议成本降下来。五是会议职能功能从简，把与会无关的内容和一些打擦边球的会外活动尽可能剔除出去。

（五）突出一个"严"字

"从严治党，关键在治、要害在严。"只要真管真严、敢管敢严，会风建设就没有什么解决不了的问题，"三严三实"必须体现在办会的全过程，不断增强会议制度的执行力和办会人员的责任心。会议制度会议纪律要严格制定、广而告之、常态提醒，严肃执行、不搞例外，特别是要常态化开展执行最新的《中央和国家机关会议费管理办法》"回头看"，加强对会议日程、接待审批单据的审核和会费审计及会外活动的明察暗访；会议规格、规模、次数、费用（特别是开支大的接待会、培训会、运动会、联欢会）和新增会议要严格审批、严格控制,多开一揽子解决、一次了事的会。承办以上级名义召开的《会议方案》要限时报批、留有余地、拖后追责；会议文件要规范起草、妥善保管,涉及全体人员和公共利益的要广泛征求意见,甚至委托第三方起草,并先行公示；会议考勤要持续严肃坚持,对"三族""四者"等会议小节和会风会纪表现要依次记入《作风档案》,毫不例外地与年度考核、绩效工资、"评星定级"、评先推优、干部任用切实挂钩,实行约谈、曝光,让与会人员再也不敢"习以为常"。会议责任要严格追究,要坚持用《中国共产党问责条例》等倒逼会风转变,对办会工作中失职渎职,会议安排、会议文件差错较多、报道严重错误和造成不良影响的,严肃处理。如是,则会风必正、党风必正、民心必顺、腐败必败、国家必强！

（六）突出一个"实"字

"会风实不实,关键看落实。"办会的根本目的是为了解决问题,促进和谐发展。办会必须正确处理民主与效能的关系,把绩效管理的"4E"标准（经济 economy、效率 efficiency、效益 effectiveness 和公平 equity）贯穿于会前会中会后。一是会前准备要扎实,谋划到位,防范差错。要注重细节,严把会议方案科学制定关、任务分解定责关、文件材料校核审签关、会务环节统筹管理关、重要细节亲自过问督查关,对会议调整事项要避免顾此失彼。二是会中安排和服务要扎实,周到细致,以人为本,有宾至如归之感。既要改进服务方式,制作人人清楚、精细化的《会务手册》,不让与会人员多跑冤枉路,也要落实会议制度,纠正会议通知、人员落实低效做法。三是会议督查问责要扎实,不当老好人,敢于担当。要常设会风会纪督查组,对会议精神落实情况要"回头看",督查要有结果有通报有问责"兑现"。

（七）突出一个"清"字

习近平总书记指出,"风清则气正,气正则心齐,心齐则事成。"会风清一是要坚持清心寡欲。在涉及相关政策和法规制度的会议文件起草、拍板环节,要坚决整治"靠会吃会",谋一己或部门、小圈子之私利。二是要坚持清风拂面。严防商业中的"铜臭味"向会场驻地扩散,严格督查礼品进入会场驻地,严禁安排无关人员的接待。三是要保持清醒头脑。要探索严肃党内政治生活的有效途径,在召开民主生活会、组织生活会和年度工作总结会、述职述德述廉会时,一定要安排上级领导参加,安排督查组，监督开诚布公、揭短亮丑、整改落实情况。四是要坚持清廉办会。严肃治理巧立开会名目和办会中的"未富先奢"，会议的级别、规格、人头费标准必须与会议本身及本地本单位本部门的收入相适应。

（八）突出一个"民"字

习近平总书记指出，"作风是否确实好转，要以人民满意为标准"。转变会风一定要坚持"开放发展""共享发展"理念和正确的办会观，秉承办会亲民、为民、便民、利民、安民、惠民的办会宗旨，把帮助呼吁解决老百姓普遍关心关注、期盼解决的民生等突出问题作为重要内容，努力践行开放办会，做到会前广泛征求民意，会中广泛邀请群众代表或听证或建言监督，会后及时广泛向社会公开会情（特别是政策、法规制度），切实保障公民的知情权、参与权、监督权，让人民群众在点点滴滴中切实感受到实实在在的成效和变化。

（九）突出一个"网"字

互联网既是现代生活中一个"最大变量"，也是改进会风的最大增量。要坚持"创新发展"理念，加强信息化建设，多加学习掌握运用网络"会议"、网络调研调查访谈及"三微"（微博、微信、微视频）等替代传统会议的新型工作手段、领导方法、治理方式，坚持用"互联网＋"等智能化人性化的先进手段方法创新办会模式、优化办会流程、提升办会效能。要加快智慧城市建设步伐，大力普及数字化阅读，努力实现一般性会议文件材料无纸化，直达与会人员的手机并方便下载复制，努力实现会议高清、远程视频系统全覆盖，不断提高其利用率、通畅率，让聆听、传达、贯彻会议精神一揽子进行、一次性完成，从高层直达基层，从而大幅减少层级化管理和"五个层层"类会议及异地开会次数、会议纸张等耗材使用，大幅降低会议的显性和隐性成本。要大力开发虚拟会议系统，早日让足不出户却如同同处一室开会成为现实。要大力研发简便易行、难以作弊的会议考勤系统及用事实、用业绩、用纪律说话，定性与定量相结合的网络测评投票软件，以此实现对"三族""四者"的有效全程监控和治理，减少推优测评、投票类会议。

（作者单位：宁夏纪委、宁夏社会科学院）

全面小康决胜阶段与反腐败的"压倒性胜利"

董 瑛

反腐败是兴党兴国兴军之举,是建成小康、深化改革、依法治国、从严治党的重要保障。党的十八大以来,以习近平同志为总书记的党中央把反腐败作为协调推进"四个全面"战略布局、贯彻落实"五大发展理念"、提振党心民心的突破口,坚持"老虎""苍蝇"一起打,坚持无禁区、全覆盖、零容忍,反腐败斗争"压倒性态势"正在形成,赢得了全党上下和海内外的回应肯定,为建成全面小康社会、实现中国梦厚植了基础、凝聚了力量、增强了自信。

全面小康决胜阶段也是反腐败夺取"压倒性胜利"阶段

十八届五中全会指出,到2020年全面建成小康社会,是我们党确定的"两个一百年"奋斗目标的第一个百年奋斗目标,"十三五"时期是全面建成小康社会决胜阶段,"十三五"规划必须紧紧围绕实现这个奋斗目标来制定;同时强调"反腐倡廉建设永远在路上,反腐不能停步、不能放松","十三五"期间要构建不敢腐、不能腐、不想腐的有效机制,形成与全面建成小康社会相适应的"更加成熟更加定型"的"制度笼子",夺取反腐败斗争的"压倒性胜利",努力实现干部清正、政府清廉、政治清明,为经济社会发展营造良好政治生态。

回顾党的历史,邓小平同志在党内最早提出我国小康社会建设的伟大目标和"三步走"的时间标识,党的十六大、十七大、十八大据此先后作出了全面建设小康社会和全面建成小康社会的战略目标和时间标识;同时,邓小平同志提出了制度建党、廉洁政治的建设目标和时间标识。1992年南方谈话时,邓小平同志强调:要坚持两手抓,一手抓改革开放,一手抓廉洁政治建设，"在整个改革开放过程中都要反对腐败"，要求全党把廉政建设"作为大事来抓"，特别强调"还是要靠法制，搞法制靠得住些"。当时，邓小平同志还提出了制度建党的阶段性时间标识，指出："恐怕再有三十年的时间，我们才会在各方面形成一整套更加成熟、更加定型的制度。"可见，邓小平同志当时设想到建党一百年的时候建成包括廉政制度在内的"一整套更加成熟、更加定型的制度"。

党的十八大以来，习近平总书记围绕党风廉政建设和反腐败斗争作了一系列重要讲话，成为当代中国马克思主义的鲜活内容。其中关于反腐败斗争形成"压倒性态势"、取得"压倒性胜利"的相关论述，内涵丰富，思想深刻，意义重大，为新时期党风廉政建设和反腐败斗争提供了目标遵循。2015年1月13日，习近平总书记在十八届中央纪委五次全会上强调，"反腐败斗争形势依然严峻复杂，主要是在实现不敢腐、不能腐、不想腐上还没有取得压倒性胜利"。2016年1月12日，习近平总书记在十八届中央纪委六次全会上指出，党的十八大以来反腐败斗争取得新的重大成效，"不敢腐的震慑作用充分发挥，不能腐、不想腐的效应初步显现，反腐败斗争压倒性态势正在形成"；并强调"两个没有变"，"党中央坚定不移反对腐败的决心没有变，坚决遏制腐败现象蔓延势头的目标没有变"。

为此，党的十八届三中全会通过的《中共中央关于全面深化改革若干重大问题的决定》顶层设计："到二〇二〇年，在重要领域和关键环节改革上取得决定性成果"，"形成系统完备、科学规范、运行有效的制度体系，使各方面制度更加成熟更加定型"。紧接着，党的十八届四中全会围绕全面依法治国、依规治党、法纪相依、依法反腐作出战略部署，强调坚持依据宪法法律治国理政与依据党内法规管党治党相结合，制度治党、管权与治吏相统筹，党内法规与国家法律相衔接。2015年10月，党的十八届五中全会制定了国民经济和社会发展第十三个五年规划的建议，明确"十三五"时期是全面建成小康社会的决胜阶段，把"各方面制度更加成熟更加定型"作为全面建成小康社会新的重要目标要求，到2020年实现"两个一百年"奋斗目标的第一个百年奋斗目标；同时，全会再次重申"反腐倡廉建设永远在路上"的战略定力，在全党达成"十三五"期间"反腐不能停步、不能放松"的战略共识，确立了构建"不敢腐、不能腐、不想腐"的有效机制，为经济社会发展营造良好政治生态，也即"形成科学的权力结构"和"制度笼子"的战略目标。随后，中央修订颁布了《中国共产党巡视工作条例》《中国共产党廉洁自律准则》《中国共产党纪律处分条例》等反腐败党内法规，加快完善以党章为根本的党内法规体系。按照中央的战略布局，"科学的权力结构"和反腐败"制度笼子"是国家治理体系的重要领域，是全面建成小康社会的重要目标内容，也为全面建成小康社会提供有力有效保障。

由此可见，夺取反腐败斗争的"压倒性胜利"，是以习近平同志为总书记党中央坚定不移的战略决心和目标自信，是到2020年形成与全面建成小康社会目标相适应的"更加成熟更加定型"的"不敢腐、不能腐、不想腐"的体制机制，构建起"决策科学、执行坚决、监督有力"的"科学权力结构"，真正"将权力关进制度的笼子里"。

反腐败斗争"压倒性胜利"务求取得五项"决定性成果"

着眼于"腐败问题越演越烈"的"大量实事"，着眼于"腐败和反腐败两军对垒，呈胶着状态"的"严峻复杂"形势，到2020年，即在"十三五"期间的五年的时间里，要实现反腐败斗争"压倒性胜利"的目标，必须以重点问题为导向，力求在权力结构改革、反腐败学科体系建设、反腐败队伍职业能力建设、人民群众对反腐败的"获得感"、反腐败"特区"试验等五个重要领域改革上取得"决定性成果"，以此整体推进反腐败体制机制改革和制度保障。

第一项"决定性成果"：必须啃下全面深化改革中的"硬骨头"——构建"决策科学、执行坚决、监督有力"的科学权力结构改革

权力结构，作为人类阶级社会的基本存在，作为国家治理体系和政党制度安排的基本问题，作为党和国家的顶层领导制度和组织制度，其"好""坏"关系人心向背，关系国家治理成败。历史表明，"权力过分集中"的权力结构，既是苏东剧变的"总病根"，也是中国"腐败问题越演越烈"的"总病根"。"病，非人夙来之物也，能得之，亦能除之。未除者，未得之法也。"因而，权力结构改革，成为防治腐败、建设廉洁政治的治本之策，也是全面深化改革的"硬骨头"。习近平总书记曾深刻指出："反腐倡廉的核心是制约和监督权力"，"要强化制约，科学配置权力，形成科学的权力结构"。"十三五"期间，必须围绕全面建成小康社会乃至实现中国梦的伟大目标，直指"权力过分集中"这一"体制性障碍""结构性矛盾"，与推进国家治理体系和治理能力现代化以及"四个全面"战略

布局相适应，发挥军队权力结构改革为党和国家权力结构改革的示范、导航、保障作用，"依法设定权力、规范权力、制约权力、监督权力"，从权力的分解、配置和运行上，理顺权力与权力、权力与权利的权限边界和法律关系，理顺党代会、全委会、常委会的权限边界和法律关系，理顺党、人大、政府、政协、司法、群众的权限边界和法律关系，建立决策科学、执行坚决、监督有力的科学权力结构和权力运行机制，真正把权力关进制度的笼子里，从制度上、根本上消除腐败滋生蔓延的土壤，啃下全面深化改革中的"硬骨头"，以权力结构改革的重点突破，推进党的建设制度改革和政治体制改革取得决定性成果，朝着"不能腐"的长效目标迈出坚实步伐。

第二项"决定性成果"：必须构建反腐败"中国话语"——中国特色的反腐败学科体系

反腐败是一项科学性、思想性、理论性很强的学科工程。解决中国的腐败问题，打赢反腐败这场没有硝烟的战争，实现反腐败的"压倒性胜利"目标，无疑需要中国特色的科学理论作指导，需要中国气派的学科体系作支撑，需要中国风格的话语体系作阐释。改革开放30多年来，反腐败虽然不断取得阶段性重大成果，但是滋生腐败的土壤依然存在，反腐败形势依然严峻复杂，反腐败学科体系尚处于探索甚至空白状态，在国家四大学科目录中至今没有纪检监察相应学科，"腐败问题越演越烈"的情势已经对国家治理、执政党建设、经济转型、和谐社会形成了严峻的挑战，反腐败战略到了不得不调整的时候，反腐败理论到了不得不创新的时候，反腐败学科到了不得不创立的时候，迫切需要中国特色的反腐败学科体系提供理论支撑和方法指引。不论是实现当前"以治标为主"（不敢腐）的战略调整，还是实现将来"以治本为主"（不能腐、不想腐）的战略定力，反腐败必须学科化、专业化，且是中国化的学科化、专业化，即以学科化、中国化的反腐败理论引领中国反腐败的实践、研究和创新。

在30多年的反腐败斗争实践中，各界人士先后用西方的权力寻租理论、委托代理理论、管理博弈理论、成本收益理论、公共选择理论、新制度主义等分析和阐释中国的腐败问题，试图以此构建中国反腐败理论框架和话语体系。但是，"腐败问题越演越烈"的严峻复杂形势表明，西方的反腐败理论体系在中国遇到了水土不服的问题，西方的理论框架无法诠释和指导中国的反腐败，研究、回答、指导中国腐败和反腐败问题要从中国的特殊国情、党情、干情、民情出发，要从中国和中华民族的特殊历史和现实出发，要从中国共产党革命、建设、改革的特殊实际出发，要从中国共产党执政兴国、实现中国梦的历史必然性和特殊使命出发。可见，破解中国当下反腐败困局，探寻中国反腐败经验、规律，必须挖掘和借鉴中国历史上几千年的反腐败和监督经验得失，开展反腐败学科特别是纪检监察学科的研究和建构，力求用中国的理论研究指导中国反腐倡廉实践、阐释中国反腐倡廉道路、形成中国反腐倡廉话语体系，切实改变以西方理论框架和反腐败体系为蓝本的研究范式，切实防止出现选择性、运动式的反腐路径和偏好，切实改变监督资源分散、监督权能虚弱、公权腐败易发多发的制度缺陷，以中国特色反腐败学科体系的"决定性成果"引领和保障中国反腐败"压倒性胜利"目标的实现。

第三项"决定性成果"：必须克服反腐"本领恐慌"——建设反腐败职业能力标准

反腐败是一项学科性、职业性、实务性很强的专业工程。要取得反腐败这场没有硝烟的攻坚战、持久战的"压倒性胜利"，不仅需要中国特色的科学理论作指导、学科体系作支撑，还需要职业能力作基础、专业人才作保障。在反腐败的大布局下，一些地方之所以"两个责任"（主体责任和监督责任）不落实，一些领域之所以"腐败滋生的土壤依然存在"，一些单位之所以"无案可查""纹丝不动"……，全面从严治党的本领恐慌、反腐倡廉的能力不足、反腐专业人才缺乏是产生以上问题的重要原因。有的地方出现不重视反腐败的人在领导反腐败，不懂得监督的人在搞监督，不会查案的人在查审案件，不知纪检队伍建设规律的人在配置纪检干部。反腐败斗争开展30多年来，领导班子和干部队伍中反腐败人才明显不足，通用型领导和通识型干部居多，甚至一些地方反腐败能力不足的问题非常突出，"两个责任"弱化、异化、虚化的情况不同程度存在，以致江西省原副省长胡长清在受审时反省："组织的管理和监督对我而言，如同是牛栏关猫，进出自由"；安徽省原副省长倪发科在受审时感叹："假如'八项规定'、'反四风'、'老虎、苍蝇一起打'的重大举措早出台3—5年，我可能也不至于痴迷上疯狂的石头，犯下如此重罪"。

因此，要在"十三五"期间的五年时间里，实现反腐败斗争的"压倒性胜利"目标，必须切实防止出现反腐败"能力不足的危险"，务求在各级党委、政府的反腐倡廉能力和纪检监察队伍的职业能力建设上取得"决定性成果"。"十三五"期间，可借鉴我国历史上"彰善瘅恶、肃正纲纪、小大相制、内外相维"的监督能力建设成果，以及其"人众、秩卑、位尊、职广、权重"的监察队伍建设经验，借鉴当前正在全国推行的从律师和法学专家中公开选拔立法工作者、法官、检察官办法，开展党委、政府反腐败的能力测评、研究和提升工作，创新反腐败队伍职业能力建设体制和机制，整合反腐败机构、职能和人员，注重领导班子和反腐败队伍的职业背景和学术学科整合配置，多种方式选配专业型、专家型人才，改善反腐败领导班子及其队伍素能结构，力争在三至五年内实现县级以上党委、政府和反腐败机关的领导班子中至少有一名专家、学者、律师等专业人才，提高各级党委、政府推进全面从严治党、加强党风廉政建设的能力，推进反腐败机构和队伍的职业化、专业化、专家化建设，形成中国特色的反腐败职业能力建设标准和范式，着力打造敢反腐、想反腐、能反腐的"铁军"。

第四项"决定性成果"：必须破解反腐败动力"短板"——增进群众对反腐败的"更多获得感"

反腐败是一项公共性、民意性、参与性很强的民心工程。人民群众不仅是腐败的"对立物"，更是反腐败的主人、主体和生力军，是党和国家监督体系中"最深厚之伟力"。70年前，毛泽东在与黄炎培的"窑中对"中就指出："只有人民来监督政府，政府才不敢懈怠。只有人人起来负责，才不会人亡政息。"同样，习近平总书记在党的群众路线教育实践活动总结大会上指出："人民群众中蕴藏着治国理政、管党治党的智慧和力量，从严治党必须依靠人民，要织密群众监督之网，开启全天候探照灯，各级党组织和党员、干部的表现都要交给群众评判。"面对"腐败问题越演越烈"的"大量事实"和"严峻复杂"形势，只有人人起来反腐，才是真正的反腐；只有人人起来监督，才能将公权看住管牢。在这场关乎党的生死存亡、关乎群众民生福祉的反腐败斗争中，亿万群众的目光在聚焦，亿万群众的掌声在支持，亿万群众的心口在点赞。但是，在现阶段的反腐败斗争中，总体上看，广大群众的主人和主体作用远远发挥不够，一些地方反腐败主要还是靠专门机关的孤军奋战，广大群众被当成反腐败的"观众"和"看客"，甚至人民群众当中对反腐败存在不少困惑、疑虑甚至杂音和误判，并没有形成抗战时期成千上万的民众参与抗日、共同"打鬼子"的全民行动机制和氛围。广大人民群众积极有序参与反腐败之时，就是腐败被遏制在可能的最低限度之日。

因此,"十三五"时期,要取得反腐败斗争的"压倒性胜利",还必须在真正发挥群众反腐败的主体作用、增进人民群众对反腐败的"更多获得感"上取得"决定性成果",与时俱进地丰富人民群众对反腐败"获得感"的"更多"内容,拓宽人民群众对反腐败"获得感"的"更多"层面,提升人民群众对反腐败"获得感"的"更多"层次,开辟人民群众对反腐败"获得感"的"更多"路径,建立民众有序参与和支持的相应平台、通道和机制,破解专门机构力量不足、人民群众参与无门的问题,把主力军和生力军两支队伍结合起来,以形成反腐败的人民战争,构筑强大而紧密群众监督网络,发挥人民群众运用新兴媒体参与和支持反腐败的深厚伟力。

第五项"决定性成果":必须探索"涉险滩"的路径——开展反腐败"特区"建设以防范"颠覆性错误"

反腐败是一项政治性、政策性、战略性很强的风险工程。腐败会对党和国家造成致命伤害,"最终必然会亡党亡国";同样反腐败"反不好"也会对党和国家造成致命伤害,甚至导致"亡党亡国"。苏共执政期间,查处的腐败案件几乎每隔十年翻一番,不仅陷入"反不好"的"反腐败陷阱",最终成为"唯一一个在自己的葬礼上致富的党";墨西哥、智利、马来西亚等国家,至今深陷"中等收入陷阱"而生产力发展举步维艰,同时执政党陷入"反腐败陷阱"而公信力严重受挫;中国封建社会的大明王朝,虽然在"惩处腐败"上达到了中国乃至世界反腐败历史的一个高度,但是"不敢腐、不能腐、不想腐的体制机制"始终未能设计和形成,最终陷入"反不好"的"反腐败陷阱"和"人亡政息"的"历史周期律"。历史表明,试点是"改革方案的试验田",是"改革风险的'缓冲区'"。

"敢于试验"是中国共产党人革命、建设和改革的一条成功经验。习近平总书记在中央深改组第十三次会议上特别指出:"试点是改革的重要任务,更是改革的重要方法。"2015年7月1日,全国人大常委会对中央深改组第十三次会议精神迅速作出回应,发布《关于授权最高人民检察院在部分地区开展公益诉讼试点工作的决定》,据此最高人民检察院首批选定北京、内蒙古等13个省份的检察院,重点针对生态环境和资源保护领域,开展为期2年的试点工作。而反腐败作为关系到党和国家"生死存亡"的生命工程,作为人类社会的共同历史难题,更需要通过"特区"试验，摸索经验，寻找规律。因此，反腐败"特区"试点建设是贯彻落实十八届三中全会和中央深改组会议精神、推进反腐败体制机制改革和纪检体制改革的重要任务，也是取得反腐败斗争"压倒性胜利"的重要方法。

在反腐败的整体布局和实践中，不论是"减少腐败存量"，还是"遏制腐败增量"；不论是构建"不敢腐"的体制机制，还是构建"不能腐""不想腐"的体制机制；不论是推进"决策科学、执行坚决、监督有力"的权力结构改革，还是深化"刷新吏治"的选人用人体制改革；不论是治理"家族式腐败""塌方式腐败""系统式腐败"，还是优化从政环境、重构政治生态……，这些都是全面深化改革中必须要啃下的"硬骨头"，也是全面从严治党中必须要涉过的"险滩"，因而也是亟待在反腐败"特区"中进行试验和破解的重要任务和内容。因此，"十三五"期间，迫切需要根据中央精神和布局，选择不同的地区和层级，设立反腐败"特区"，开展多种形式和内容的"特区"试验，寻找啃"硬骨头"的方法，探索"涉险滩"的路径，以试点的空间换取改革的时间，以可控的局部风险防止发生"颠覆性错误"，迈开步子、蹚出路子，化难为易、化险为夷，"为治本赢得时间"，积小胜为大胜，带动全局性的战略突破，从而实现"不敢腐、不能腐、不想腐"的"压倒性胜利"战略目标。

"坚持不忘初心、继续前进"，永葆党的先进性和纯洁性。在"十三五"期间，需要以"看准了的，就大胆地试，大胆地闯"的精神，鼓励争当反腐败改革的促进派和实干家，力求在反腐败的5个重要领域改革上取得"决定性成果"，即以权力结构改革解决反腐治本问题，以学科建设解决反腐指引问题，以职业能力建设解决反腐本领问题，以不断增进群众对反腐败的"获得感"解决反腐动力问题，以"特区"试点建设解决反腐风险问题，从而带动"不敢腐、不能腐、不想腐的体制机制"和"决策科学、执行坚决、监督有力"的"科学权力结构"的系统构建、整体推进，夺取反腐败斗争的"压倒性胜利"，把全面从严治党的任务和要求真正落到实处。

（作者单位：中共浙江省委党校马克思主义研究院）

全面小康与民主政治建设

崔洪亮

全面建成小康社会是党的十八大报告明确提出的目标,在实现全面建成小康社会的进程中,我国的经济、政治、文化、社会、生态文明水平都将得到质的飞跃。人民民主是社会主义的生命,发展社会主义民主政治是党始终不渝的奋斗目标。对于有着几千年封建专制历史和文化传统的中国来说,党领导社会主义民主政治建设是一个艰难的奋斗历程。对于中国这样一个特殊的大国,任何形式的拿来主义都是靠不住的,社会主义民主政治建设需要中国办法。走自己的路,建设有中国特色社会主义,是邓小平理论的关键所在,也是在中国发展社会主义民主的根本指导原则。党的十一届三中全会以后,出于对历史的反思和发展民主的决心,党的十二大提出建设高度的社会主义民主的目标。党的十三大前后,我们开始认识到我们正处于并将长期处于社会主义初级阶段,在这个基础上,我们坚持一切从实际出发,逐步提出建设有中国特色的社会主义民主的目标,这是中国共产党根据解放思想、实事求是的原则,把马克思主义民主理论同当代中国国情相结合的产物。几十年来,我党在社会主义民主政治建设的理论和实践方面取得了辉煌成就,也经历过些许挫折,在全面建成小康社会新时期,社会主义民主要继续前进,也一定能够获得巨大的进步。

一 民主及中国式民主

"民主"一词源于西方,从字面上来看它代表人民统治,通常被认为是一种相对家族统治、军人独裁、寡头治理的政治体系和制度安排,它通常与限任制度、选举制度、协商制度以及政策辩论相联系。民主具有正效应和负效应,从其产生以来,很多国家尝试着运用民主手段实现国家运行,有些国家民主运行良好,正效应显著,有些国家或者其特定时段民主运行不良，导致国家和社会管理中出现诸多问题，甚至政权解体。民主是把双刃剑，如何运用得当是全世界政治探索的重要课题。

在过去的几十年间，国际上某些标榜民主的国家曾对新中国的民主产生质疑，直到现在，这种呼声依然很高。在全球化的大背景下，这些国家实行文化霸权主义，并通过互联网等方式将中国社会无民主的言论渗透到中国公民意识中，试图通过这种途径达到其不可告人的目的。在这一过程中，政治素养不高、政治辨别能力不高的群众和青少年受到的影响尤其巨大，社会主义民主政治需要被正名。首先，民主不是一个有无的问题，而是一个程度问题。民主是个系统工程，其差异性表现在完善程度方面，绝对的民主与绝对的不民主都是不存在的。世界上只有民主程度较高与民主程度较低的国家，没有绝对民主的国家或绝对不民主的国家。其次，哪种民主制度更优越也不是短时间、短视野下能够明辨的，在探索民主的道路上，人类进无止境，没有哪种民主制度可以称得上是完美的，起码目前世界上的民主制度都或多或少的存在缺陷，某种民主制度在这方面是优秀的，在其他方面也许会输给另一种民主制度，架构在价值取向基础上的民主制度无法达到四海皆准。中国是个大国，更曾是个落后的大国，在这样的国家里搞民主建设，我们没有成型的案例可以遵循。西方的民主较为成熟了，但是地域的、人口的、经济的、文化的差别使我们无法对其照单全收，更何况价值取向的差异是致命的。中国需要走自己的民主道路，建立并完善自己的民主制度，这就是社会主义民主，中国式民主。

自由竞选、多党政治、分权制衡等西方国家民主的"通用指标"并不是民主化的唯一指标。民主化的任务是防止民意不受理性主导和防止权力不受民意控制，前者导致民粹化，后者导致寡头化，两者都不是民主建设的理想方向，都是坏民主。个别人的权力垄断、寻租与滥用固然可怕，多数人的暴政妄为也会妨害国家发展，好的发展态势应介于二者之间，保持权力的生态平衡。中国式民主更有希望接近这种平衡。中国式民主更注重民主的实质性而非程序性，更强调民主结果和实质公平。形式公平和实质公平是按社会的基本结构为出发点的分类，形式公平是程序上所体现的公平以及应用评价程序的公平形式，是一种抽象公平，它不管制度是否公平，只关心制度的实现，因而是一种表面的公平。按照罗尔斯的说法，形式公平是对原则的坚持，对体系的服从，如对每个人同样的对待就是形式公平。实质公平是要求对每个人要根据优点对待，根据工作对待，根据身份对待，根据法定权利对待等，它着眼于内容和目的的公平性，兼顾了形式与结果的平等与特殊性。中国的民主政治建设中民主的程序性和实质性应当是既有机统一，又侧重实质的。正像马克思在《哥达纲领批判》中所讨论的工资问题一样，按劳分配就是形式公平，同样的劳动获得同样的消费资料，这是公平的，又是不公平的，因为由于每个工人的家庭情况不同，同样的劳动下那些需要供养更多家庭成员的工人其生活水平必定较低，这是一种局限性，要在以后更高级的共产主义阶段实行按需分配，废除资产阶级法权，实现实质公平。

二 社会主义民主的新发展

全面建成小康社会新时期，我国的经济、政治、文化、社会、生态文明水平都将得到质的飞跃。经济是一个国家综合实力的基础，一定的政治是一定的经济的反映，经济状况决定政治水平，政治水平影响经济状况。全面建成小康社会新时期，社会主义民主将会得到新发展。

民主不是抽象的，而是历史的，具体的。在过去的几十年中，我国一直是经济欠发达的社会主义国家，我国一直处于社会主义初级阶段，发展高度民主政治所需要的主客观条件并没有充分具备，我国的民主需要很长一段时间的发展过程，社会主义民主建设不可能一步到位。我国还没有根本摆脱经济文化落后的状态，更不具备高度民主所需要的高度发达的经济文化基础。（1）经济落后的背景下公民对民主政治的冷漠严重制约社会主义民主政治的发展。从改革开放30多年的实践来看，我国的生产力已经得到高度发展，党的十八大以后，由于市场在配置资源中开始起决定性作用，这使得我国的社会主义经济达到了改革开放以来的新高度。然而，对于中国这样一个特殊的国家，我们不能忘记除了拥有地大物博的地缘优势，我们还面临着人口众多的现实国情。纵观世界，地大物博不独有，而人口众多则是极其特殊的情况，总量的巨大突破在人口基数平均后变得并不那么乐观。改革开放之初，我们凭借着丰富的自然资源和劳动力市场迅速获得了较快的经济发展，可是这种发展注定要以牺牲环境为代价，以拉大贫富差距为代价。这使得中国社会出现了这几种人：身处饥饿边缘的人、疲于生计的人、忙于致富的人、享受富贵的人和一切金字塔尖上的人。这种社会分层规律使得一些人、很多人、甚至是多数人无法超越基本的物质需求层面而将注意力集中到民主政治中来。群众对民主政治的这种不关心、不在乎、不考虑的冷漠态度使得社会主义民主政治的发展受到一定制约。(2)封建意识残余和资产阶级思想影响的长期存在严重制约社会主义民主政治的发展。我国经历了两千多年封建社会的历史和一百多年半殖民地半封建社会的历史,封建意识残余和资产阶级思想的影响长期存在。这些思想束缚着公民参与政治生活的积极性,使得公民不想参与、不能参与、不敢参与民主政治生活。同时,我们身处于国家资本主义社会和社会主义社会长期和平、发展、合作的时代,在这样的时代,不同民主文化间有共识、有冲突、有渗透。从开始到现在,某些国家,一些组织和一群人总是在这样那样的场合公开批评我们的社会主义民主政治,总是以这样那样的方式大肆鼓吹和渗透资本主义民主思想,总是用这样那样的理由试图把西方的自由和民主搬到中国上演。在这些情况下,我国民主政治受到了严重的制约。(3)认识和把握社会主义民主政治的发展规律要有一个过程,不能一蹴而就。尽管面对上述诸多困难,我国的民主建设仍然在过去几十年中取得了重大的进展。今天,中国的经济总量已经跃居世界第二位,2015年我国居民人均可支配收入近2.2万元,2015年国内汽车保有量为2.8亿辆,平均每百户有31辆私家车。到2020年全面建成小康社会时,中国的经济总量和质量还要比现在更可观,中国的经济实力已经具备了发展高质量民主的条件。到了2020年,由于市场经济的更高水平发展,公民也会得到更全面的发展,市场经济、等价交换的概念会更加深入人心,而在等价交换的过程中,交换行为是自发的、自愿的和平等的,这种经济上的平等思想的形成势必延伸至政治领域,使公民更关注民主地位,关注自身政治权利,并主动获得民主知识,参与民主活动。

  国际上有很多学者用民主质量作为衡量一个国家民主程度的依据,而学者们又找到了多种评估民主质量的量化指标。虽然这些指标在学界并没有达到一致,但是主要方面大致相同。坎贝尔首先对民主质量概念予以"操作化",将民主质量等同于政治质量和社会质量之和,即民主质量 = 政治质量 + 社会质量。民主质量取决于政治质量与社会质量的加权,其中政治质量取决于自由、平等、法治等其他民主体制的属性,社会质量则主要表现为经济发展和社会秩序稳定等非政治领域的绩效。因此,坎贝尔公式可演绎为:民主质量 =(自由 + 民主体制的其他属性)+(非政治领域的绩效)。全面建成小康社会进程中经济建设处在核心地位,新时期的经济水平的突飞猛进必然会让中国人民摆脱物质层面的困境,继而更加关注精神层面的需求。由于比较充分的介入市场经济,实行平等竞争、等价交换,民主与平等的观念会深入人心,人民的政治素养和政治需求会越来越高。高度发展的经济使得在这种经济环境下的人产生了更为先进的政治观和文化观,这种变化让每个人自主或不自主地参与到民主生活之中,实现民主决策、民主管理、民主监督。经济状况的变革使我国民主的社会质量得到大幅度提升,从而使我国的民主质量在非政治领域得以提升;同时,全面建成小康社会整个过程也需要民主建设的成果来促进。全面建成小康社会与社会主义民主政治是相互影响、相互促进、相互依存的两方面:没有较高的市场经济绩效就无法促进高质量民主的形成,没有民主政治的推进,实现全面建成小康社会的总目标也无法顺利完成。此外,全面深化改革、全面依法治国、全面从严治党又从各自角度出发完善着社会主义民主政治的政治质量,这使得我国的民主质量在全面建成小康社会新时期在政治和非政治两个领域、主动和被动两个方面都得到提升,社会主义民主政治必将得到更全面更深入的发展。

(作者单位:中共吉林省委党校政治学教研部)

全面建成小康社会视域下公民主体观念增强的路径选择

吴大兵

全面建成小康社会是我国社会主义现代化建设的具有里程碑意义的目标。归根结底，这一目标体现的是人民群众的广泛意志和热情愿望，人民群众本身的进步和发展同样是这一目标内在的基本要义。而公民主体观的增强正是这一要义首要的内涵。基于当前我国公民主体意识的种种缺陷与不足，在全面建成小康社会过程中如何突破现行的困境，找到科学合理的路径并形成良性的推动机制，是增强公民主体观念的重要课题。

一 以超越公民的落后意识为前提

在改革开放的初期，思想解放是首要任务，所谓不破不立。在全面深化改革，加快实现经济发展方式的转变的当下，解放思想的根本含义不仅在于解放，更在于超越，这种超越既体现于思维上的突破、理念上的理性归位，更是在复杂多元的社会意识和价值取向中明辨是非，决断取舍。

（一）着眼于公民创新思维的养成，努力超越惯性思维

惯性思维是一种习惯，习惯用固定的立场、观点、方法来认识和观察事物。作为一种既有的经验、启示或理论，这种习惯无疑有它独有的认识论意义。但仅仅作为一种常规的习惯性思维显然是不科学的。在全面深化改革的语境下，这种"习惯"集中表现为一种受之经验和教条思想的禁锢下的思维定势、情感的麻木乃至意志的消沉。在具体领域中，依然会以计划经济的思维去认识和思考当下的市场经济运行；依然会认为政府是能"包办"的全能性政府；依然会崇尚贤人政治、"臣民"政治，等等。受制约于这些惯性思维影响，公民的政治参与，往往是被动、消极的，乃至是麻木的，其实践成效往往也是形式的、虚假的和无效的。那么，要解决

这一时代发展诉求与民众思维定势的严峻对立矛盾和问题，唯一的路径是，也只能是超越，而绝非简单的变革和转变。

要超越惯性思维，可着力培养和锻炼超前思维、深入思维、超障思维和创新思维等。超前思维，就是要站在深入把脉经济社会发展规律的基础上，站在政治参与在转变经济发展方式中的巨大推动力发挥的维度，使思维富于前瞻性、预见性，未雨绸缪。深入思维，就是洞悉政治参与的本质与经济发展的实质，切实把握实践中的每一具体环节和重要因素，理清问题或矛盾的本源，保障思维的正确取向。超障思维，就是超越思维中的障碍，看清事物发展的方向和本质。在政治参与中，包括排除参与过程中的心理障碍、知识障碍以及人为因素的制度体制障碍。创新思维，创新无疑是人类社会发展的内驱力，惯性思维的突破本身过程就是创新过程。在政治参与的过程中，这一创新包括从观念、心理、认知更新，更具化到实践层面的路径和方法的开拓。

(二) 着眼于公民落后观念的抛弃，积极扬弃传统思想

如果说惯性思维和僵化思维决定人们对事物认识和判断的起点，那么在这些思维影响和制约下所形成的既定思想观念，势必会先入为主地影响结论。当下，我们一旦掀开人们消极政治参与的神秘面纱，就会发现一些落实的陈旧的传统思想观念依然在骨子里发挥着它们的抑制作用。这些思想主要包括：跟从忠孝之道、君臣之道的臣民的思想，崇拜王权主义的贤人的政治观念。臣民思想的背后既有对国家的忠诚、对民族的热爱，但更多呈现的是奴化心态，是对政治参与的淡视，对封建等级制的认同。王权至上的政治观念，既有对政体的认同、对精英政治的服从，但更多呈现的是对政治的无知，是对自身基本权利的根本放弃。在全面深化改革中，这些陈旧、落后的思想如果不能进行有效的"扬弃"，其结果不仅可能导致更多消极思想的变种，更有可能在这些固化的思想观念影响和制约下，推进的战略、实现的路径、达到的目标将举步维艰，乃至成为空中楼阁。

鉴于此，对传统思想进行"扬弃"发展就显得极为重要了，从实践路径来看可从两个方面着力：一方面，本着科学理性认真梳理当下我国公民政治参与的思想观念。对积极的成分予以弘扬，比如爱国观、民族观、和谐观等，这是中华民族兴旺发达的基本因子。对消极的成分，比如奴化的思想、愚忠理念、等价观等，要进行正确的引导和清除。以此，从实现转变经济发展方式的角度，营造人们良好的思想氛围，把有序的政治参与演

化为人们自觉的实践行为。另一方面,把公民政治参与的实践始终置于转变经济发展方法的实践中。通过学习、教育和锻炼,着力提高人们的认知水平,增强人们对政治参与意义和作用的认识;通过具体的实践活动的锻炼,纠正人们在思想认识、实现方式上现存的不足、缺失和错误,不断提高人们政治参与的实际能力;通过相应的制度设计、规则细化,引导民众政治参与的有序推进,增强民众政治参与的自信。

(三)着眼于公民科学理性观念的树立,积极甄别社会思潮

当前,在意识形态领域所存在的多元思想和观念,同样影响和制约着我国公民的有序政治参与,在政治思想方面由于政治建设与经济建设还不完全匹配,主流意识形态面临考验,实用主义和机会主义,封建意识和落后思想残存;在法律思想方面,由于"重经济、轻法治"的价值导向,人们的"人治"思想依然较为浓厚、"权大于法"的意识依然较为严重;在哲学思想方面,由于理论转型没有跟上社会发展,文化交流加剧西方思潮的影响渗透,市场经济刺激个人欲望的过度释放,认识论上的怀疑主义、历史观上的虚无主义、价值观上的功利主义残存;在道德思想方面,由于传统伦理观念的影响,社会主义主流道德建设的乏力,使人们道德认知的困惑,担心忧虑情绪在加深,道德观念的迷误,泛道德化倾向在加重,道德标准的虚化,相对主义在蔓延。在文艺思想方面,由于认知的缺陷,依然存在"非意识形态"化倾向、消费主义和功利化倾向,泛娱乐化倾向等。这些对公民政治参与的影响是重大的甚至是致命的。

社会存在决定社会意识,经济基础决定上层建筑。针对当前上述问题:一是要加强公民观教育,增强公民有序的政治参与意识。一个国家实行何种政治制度与这个国家的具体国情和历史文化条件密切相关,我国政治发展道路更当遵从这一规律。纠正和清除人们对西方政治制度体制的盲从和追逐。二是加强公民的理想信念和民主法治教育,筑牢抵御西方思潮的思想根基。要以"中国梦"为引领,要不断推动社会主义核心价值体系落地生根;将民主法治贯穿政治建设的全过程,特别是通过提高广大公民的认知,提升其民主法治观念和思维方式,形成一个民主法治健康发展的良好氛围。三是努力解决当前人们反映强烈的实际问题。要通过切实维护群众利益来赢得民心。特别是要围绕就业、教育、住房、医药卫生、社保、收入分配等方面,用改革的思路和发展的办法增进民生福祉。如此,从思想观念上给社会给大众以正确的引导。

二 以增强公民的主体意识为基础

如果说思想的解放开启了行动先导,那么主体意识的自觉则是实践推进的最根本驱动。增强公民政治参与的主体意识,当前应致力于树立平等观念、增强权利意识和增强进取精神三个维度上的努力。

(一) 着眼于社会特权、等级观的消除,努力培养公民的平等观

平等无疑是公民有效实现政治参与的必要前提。在平等的内涵上,它包括政治平等、经济平等、社会地位平等,以及法律面前人人平等。在现实社会实践中,对于平等的理解存在不少曲解,在践行时还存在不少问题。目前看来集中于:一是受制约于历史上传统平均主义思想的影响,计划经济体制时期的平均主义的影响,以及对"共同富裕"概念的曲解,把平等简单化为平均主义最为突出。二是特权思想影响依然存在。这源于我国的特权主义和官僚主义同我国实行的中央高度集权的管理体制有密切的关系,与我国历史上封建专制主义有关系,也与党政机构及各企事业单位领导机构长期缺乏严格的行政法规和个人负责制有关系。三是效率和公平之间的矛盾依然突出。由于长期以来实行的公平优先的分配政策,以及由效率优先带来的贫富差距扩大,导致了对平等观的重要影响。四是面临着法律面前人人平等难以实现的挑战。这里包括由于人们个体的差异,人们的法治观念参差不齐,在法律实践上存在着"人情大于法,金钱大于法"的现象,在司法实践中,存在着违法不究,执法不严,司法领域无人权的现象。这些,对平等观实现都是尖锐的挑战。

培养公民的平等观,一是转变领导干部角色,促使官本位向民本位的转化。官本位意识作为专制社会官僚政治的产物,它是一种与现代文明相悖离,与中国共产党的立党宗旨严重对立的社会意识。在推进科学发展过程中,领导干部应摆正与人民群众的地位关系,树立以人为本、以民为本的意识,切实转变观念,树立民本意识。二是要调整公民心态,正确认识当前我国贫富差距的现状。应采取强有力措施抑制贫富差距拉大的趋势,在经济社会发展过程中强调"效率优先、兼顾公平"的原则,努力使全体人民既能获得改革开放带来的利益,又能公平地参与经济、政治和社会各项活动。三是强化法律平等,维护法律尊严。要使领导干部树立法治思想,认真学习各类法律,形成依法行政的良好习惯,杜绝权大于法,以权废法现象的发生。要大力发展和普及全民教育,不仅要从认知上增强,更

要从思维观念上改变和提升,从能力上展示。把"法治"与民众的生产生活实际紧密结合起来,依法办理和处置现实问题,形成良好的社会氛围。同时,积极加大社会的法律救助,增强弱势群体的法律保障,有效维护社会的正义,维护法律的尊严与权威。

(二) 着眼于公民基本权益的保障,努力增强公民的权利观

权利在本质上是价值关系或利益关系,它涉及经济、政治和文化多层面。在这里我们着重在政治参与背景下探讨政治权利。就这一概念本身来说,学界有不同的见解,我们认为这一定义应包括以下几方面的内容:一是政治权利本质上是社会成员的共同利益要求;二是政治权利以建立在特定经济关系和利益基础上的政治权力为前提条件和后盾力量;三是政治权利体现着社会成员和社会群体与政治权力之间的关系;四是政治权利是法定的资格性规定。在具体形式上表现为:对公共事务的决定权;担任国家公职的权利;对国家权力的监督,包括罢免权、复决权、请愿权;公民的联合行动权,包括政治结社权、游行、示威权、发表政治见解权;知政权等。公民的政治权利在实践的实现上还存在不少的差距。

政治权利作为公民政治生活中重要前提,增强政治权利观,一是要提高公民参政议政的意识和能力,积极培育合格的公民。从思想观念上,树立公民政治参与的自尊、自信,强化权利主体意识;通过培训教育提升公民的知识素质;通过实践锻炼,增强公民的判断能力、决策能力、创新能力和监督能力等各项参政议政的能力。二是搭建公民有序政治参与载体平台。本着简便、有效的原则,进行分门别类的搭建各项实践载体,使公民参政、议政、建言、监督等作用多维度展开,全领域推进。三是优化社会环境。要通过党委政府的积极推动,社会广泛力量的支持和合作,清除公民政治参与的种种障碍、阻力,营造良好的公民政治参与氛围。四是健全制度保障。巴克曾说:政治自由的实现依赖于现实制度的细节和要素。各国实践也表明:公民政治权利的顺利行使必须通过一套健全的法律制度,离开这些法律制度保障,公民的政治权利便不复存在。

(三) 着眼于权责一致的普遍遵从,努力增强公民的义务观

政治权利本质上是政治权利主体单个成员利益与全体成员的共同利益之间的利益关系,政治权利和政治义务是矛盾的统一体,其最终指向都是特定利益的实现。改革开放以来,随着经济社会的发展,我国民主法治的进步,对权利的保障不断增强,公民的权利意识也日益增强,一如人们称

呼的"权利的时代"。但在权利意识增强的另一面是对"义务观"的熟视无睹，甚至是恣意践踏。小到对社会行为规范的不遵从，对生产生活规则的不遵守；大到对集体事务的不作为，对国家、对我们整个民族发展的漠视和不担当。进一步分析，可看到，健全的人格、基本的诚信、与人的友善、规则的认同、法治的理念、民族的自信、社会的责任等，都受到前所未有的冲突和挑战。现实中义务观的这一困境，根源于对权利的无度追逐、对义务观的残缺理解和重视，因此，在时代前行的大潮中，树立正确的义务观就显得极为急迫和重要。

从普通公民来看，增强义务观，重在增强他们对社会的认同、对国家和民族的认同和自信。包括用爱国情怀、民族精神，激发公民的义务观；用崇高信念、远大理想，培养公民的义务观；用集体观念、团队精神，增强公民的义务观；用诚实做人、守信办事，树立公民的义务观；用遵纪守规、严格公正执法，强化公民的义务观。从党员特别是党的领导干部而言，增强义务观，重在增强党性，增强党的使命感。也就是党员特别是党的领导干部在生产生活实践中，应牢记党的宗旨使命不动摇，严守党的纪律，成为守法的模范，成为经济社会发展的中坚力量，成为社会生活中自觉而高效履行义务的先进示范。从整个社会环境来说，要通过教育、宣传、鼓励和鞭策，形成人们自觉履行义务的良好氛围。

三 以增强公民的进取意识为动力

社会性是人作为政治动物的本质。一方面我们看到，政治生活本身的程序性、纪律性和专业性，必然要求政治参与的严肃性。另一方面，情感是动机的先导，它势必又要求政治参与中政治主体的情感得到激发和调动。而情感本身具有的偶发性和随意性，使得只有对这种情感进行正确的引导和激励，才有可能使其富于理性和走向科学。

（一）着眼于公民理性自觉的培养，努力激发公民政治参与的热情

一般认为，在一个完整的政治活动中，政治认知是前提，政治情感是动力，政治意志是保证，政治理想是目标。政治情感源于政治主体的内心活动，它发动和导向人们的政治行为。而情感本身的多重性和复杂性，使得政治情感同样是复杂多变的。一个理性的政治情感应该是积极正向的，相反一个非理性的政治情感可能就是消极的或负向的。就当前我国公民政治情感实际观察，中国特色社会主义事业建设的成功推进，对广大公民树

立民族的自信、国家的自强、政党的认同和政体的维护夯实了强大的思想基础和物质基础，但在另一方面，传统落后的消极思想，比如"臣民"心态，西方政治思潮和价值，比如无政府主义、怀疑主义等，这些因素在认知上也严重地影响着人们的视角判断，从价值上影响着人们的正确选择。在政治情感的层面，将造成政治行为主体对现实政治的激情或者冷漠。情感本身的非理性将会愈发突出。特别是在当下，观念的转变和利益的调整都是前所未有的，如何激发公民政治参与的正向热情也就更有实践的价值了。

基于当前存在的问题，激发公民政治参与的正向热情可从两个层面思考：从内容上来看，要加强公民政治观教育，以马克思主义的政治观教育为引领，把中国传统政治文明的精髓渗入教育其中，坚定发展方向自信和民族文化自信；要加大国情教育，从历史的维度正确理解我们的发展目标，正视发展中面临的问题和矛盾，树立公民正确的权利意识和义务观；积极提升公民的辨别力，认清不同文化、国情背景下的文化价值差异，调整自己的政治情感冲动。特别是应清除那种唯利是图的"单向度的人"思想。从方式方法上，要摒弃传统的说教"灌输"方式，要从载体打造上吸引民众，从平台建设上锻炼民众，从实现路径上便捷民众，从体制机制上保障民众，并积极优化社会环境，从而激发和引导公民有序的政治参与热情。

（二）着眼于国家认同感的提升，积极增强公民政治参与的自信心

如果说情感是动机的先导，那么自信则一定是行动持续的动力保障。在全面深化改革下，公民有序的政治参与需要情感，但更需要自信。这种自信是基于对中国共产党执政地位的认同，对中国特色社会主义事业远大理想的认同，集中体现为对中国特色社会主义政治发展的道路自信、理论自信和制度自信。从当前实际来看，民众在政治参与的自信度上由于认知上的缺失，以及受外来文化因素的干扰，还是有不少问题的，比如形式主义现象、"无用"论、政治冷淡等突出，以致在学界还有部分人"不谈政治"，回避所谓"意识形态"。在另一面则是"西方"化的一边倒，把西方的民主"范式"奉为标尺，到处丈量；相反，对我国的民主政治则大肆贬低、无端指责。民主政治是经济发展的保证，公民对政治参与的自信，无疑是民主政治发展的动力，更为经济发展方式的转变提供保障。

着眼于国家认同感的提升，积极增强公民的政治参与自信心，一是要

培养公民政治参与的"道路自信"。国情、历史与文化决定一个国家的政治发展道路。中国特色社会主义民主政治发展道路是历史的选择，也是人民的选择。培养公民政治参与的"道路自信"，就是要培养公民的国情认同、历史认同和文化认同。针对发展中的不足和问题，需要继续推进政治体制的改革，完善相应的运行机制，使其不断地优化，促进我国政治体制的优势不断发挥活力充分彰显。二是要培养公民政治参与的"理论自信"。伴随着我国经济社会发展的政治理论，即经验的总结也是教训的启示。这一理论源于科学的理论指导，坚实的实践支撑，并被实践所反复证明是正确理论，也是发展开放的理论。培养公民政治参与的"理论自信"就是要，让广大民众认识、理解、掌握和运用这些理论，并以科学的态度辨清各种歪理邪说，把理论的自觉性践行于伟大的社会实践中。三是要培养公民政治参与的"制度自信"。着力培养人们的制度认知和制度意识，并通过实践的锻炼和广泛的宣传，使政治参与主体真切体会我国政治制度的优越性。同时，积极推进我国政治制度的完善和发展，真切地体现人民群众的愿望和诉求，充分彰显我国政治制度的旺盛生命力。

（三）着眼于公民政治参与的实效性，努力增强公民政治参与的开拓性

政治参与的开拓性也就是创新性，指的是政治参与的主体善于运用已掌握的基本知识、理论和方法，提出新观点、新思路、新方法，创新性地参与政治活动。实际上，政治生活本身就是不断发展的，既有的理论与方法都需要在实践中得以检验和不断发展和丰富，即便是最基本的原理也需要与实践本身的发展紧密结合才是"求真"的内在要求和本色。比如马克思主义基本理论与中国实践相结合，所创造的革命建设理论和中国特色社会主义理论，都是遵循这一"开拓性"的典范。在实践中，由基层民众所创造产生，并不断发展和完善起来的基层民主自治制度，同样是人民群众的实践创造。在中国特色社会主义民主政治发展道路上，没有现存的经验，更没有既定的方式，相反是更多的"险滩""激流"和"礁石"，这就要求增强公民有序政治参与的开拓性显得重要而迫切。

立足当前有的人怕越"雷池"的萎缩状态，有的却肆意损伤或破坏民主政治的无序参与，增强公民政治参与的开拓性，一是坚持以马克思主义这一根本的立场和观点不能动摇，加强中国特色社会主义理论的研究、宣传和大众化，使之成为公民有序政治参与的强大思想基础、理论基础和方法论的指导。二是增强公民政治观教育，包括政党观、民族观、民主观、

自由观、权利与义务观等，在促进公民政治认知的同时，着力提升他们的主体地位意识。三是注重政治参与过程中的实践创造。特别是在实现转变经济发展方式中，针对实践中能运用科学理论和方法，突破旧有的惯性思维的制约、传统经验的羁绊，提出对既定制度设计的完善设想、对现行路径改进对策的思想和做法，都当积极鼓励和保护。四是及时纠正实践中的无序参与行为。从制度、法规和程序上畅通公民有序政治参与的路径和形式，保障政治参与的有效性和有序性，清除那种把政治参与作为不受约束的个人生活行为的荒诞怪论。

（作者单位：重庆社会科学院）

文化自信是治国理政的基本力量

温宪元

文化为治国理政提供有益启示，文化自信是治国理政的基本力量。2014年9月，习近平总书记出席纪念孔子诞辰2565周年国际学术研讨会暨国际儒学联合会第五届会员大会开幕会。在讲话中明确提出了治国理政要善于借鉴中国优秀传统文化。他说："中国优秀传统文化，可以为治国理政提供有益启示，也可以为道德建设提供有益启发。""只有坚持从历史走向未来，从延续民族文化血脉中开拓前进，我们才能做好今天的事业。"今年5月17日，习近平总书记在北京主持召开哲学社会科学工作座谈会并发表重要讲话。讲到"文化自信"时强调指出："坚定中国特色社会主义道路自信、理论自信、制度自信，说到底是要坚定文化自信，文化自信是更基本、更深沉、更持久的力量。"7月1日，习近平总书记在庆祝中国共产党成立95周年大会上的讲话中进一步强调："文化自信，是更基础、更广泛、更深厚的自信。"习近平总书记在"文化自信"问题上发表的一系列重要论述，不仅进一步强化了文化自信的自我认知，回应了种种相关争论，而且也增强了文化的确定性认识，并蕴涵了规范性矫正的政治意图。无疑，改革开放的实践证明，文化自信是道路自信、理论自信、制度自信的必然结果和深远目标。

一 社会主义是文化自信的核心价值

当代中国价值观念，就是中国特色社会主义价值观念。中国特色社会主义是社会主义而不是其他什么主义，其核心价值就是中国特色社会主义价值观念。2013年12月30日，习近平总书记在主持十八届中央政治局第十二次集体学习时明确指出："当代中国价值观念，就是中国特色社会主义价值观念，代表了中国先进文化的前进方向。"人们对当代中国的文化自信取决于对社会主义核心价值观的自信，当下，国人主要集中于不断推进和实现马克思主义中国化，其侧重点在于回答如何运用马克思主义来分析和解决当代中国的现实问题。

道路决定命运，理论指导行动，制度是根本保证，文化是基本力量。2013年1月5日，在新进中央委员会的委员、候补委员学习贯彻党的十八大精神研讨班开班式上，习近平总书记借用清朝诗人郑板桥"千磨万击还坚劲，任尔东西南北风"的诗句，着力强调了十八大提出的"道路自信、理论自信、制度自信"。道路自信是三个自信中的首要方面，决定了其他两个方面的自信。换言之，没有道路自信，也就谈不上理论自信和制度自信。基于这一认识，此后，习近平总书记又强调指出，我国5000多年文明史，源远流长。而且我们是没有断流的文化。建立道路自信、理论自信、制度自信，还有文化自信。文化自信是基础。中华文化渗透到中国人的骨髓里，是文化的DNA。2014年12月20日，习近平总书记到澳门大学新校区横琴校区考察时，与大学生进行"中华传统文化与当代青年"的座谈时再次提出"文化自信"。坚持文化自信是实现中国梦的"必须"，是执政党治国理政的基本力量。《求是》曾刊文指出：文化自信，是对自身文化价值的充分肯定，是对自身文化生命力的坚定信念。回顾百年历史，中国人的文化经历了从傲慢自信到失落自信再到回归自信的漫长曲折过程。时下，在"中国梦"的语境下，中国特色社会主义的产生和发展是中国历史发展进程不断锤炼和反复选择的必然结果，也是历史发展规律的客观体现。因此，文化自信来源于对历史规律的学习和准确把握，正如习近平总书记指出的："历史是最好的老师。在漫长的历史进程中，中华民族创造了独树一帜的灿烂文化，积累了丰富的治国理政经验，其中既包括升平之世社会发展进步的成功经验，也有衰乱之世社会动荡的深刻教训。"这种对于历史的重视、对于历史的学习，是中华民族历来的传统。"历史是一个民族、一个国家形成、发展及其盛衰兴亡的真实记录，是前人各种知识、经验和智慧的总汇。重视对历史的学习和对历史经验的总结与运用，善于从不断认识和把握历史规律中找到前进的正确方向和道路，这是我们党90年来之所以能够领导中国革命、建设、改革不断取得胜利的一个重要原因。"马克思主义中国化的发展进程中，中国共产党逐渐确立了发展中国特色社会主义的正确道路，实现了马克思主义中国化的两次理论飞跃，建立了不断完善的中国特色社会主义制度体系，形成了中国特色社会主义文化创新系统，中国特色社会主义的四个自信来源于对中国特色社会主义道路的正确选择、对中国特色社会主义理论体系和制度体系内容的准确把握、对源远流长的华夏民族记忆和圆融大气的中国智慧。社会主义是文化自信核心价值的坚定信念，让我们在中国特色社会主义道路上走得更远更坚定。

二 人民群众是文化自信选择和评判的主体

人民群众是文化自信的选择主体。2012年11月29日，习近平总书记在参观《复兴之路》展览时指出，实现中华民族伟大复兴，就是中华民族近代以来最伟大的梦想。这个梦想，凝聚了几代中国人的夙愿，体现了中华民族和中国人民的整体利益，是每一个中华儿女的共同期盼。历史告诉我们，每个人的前途命运都与国家和民族的前途命运紧密相连。国家好，民族好，大家才会好。实现中华民族伟大复兴是一项光荣而艰巨的事业，需要一代又一代中国人共同为之努力。2013年12月26日，习近平总书记在纪念毛泽东同志诞辰120周年座谈会上发表讲话时指出：站立在960万平方公里的广袤土地上，吸吮着中华民族漫长奋斗积累的文化养分，拥有13亿中国人民聚合的磅礴之力，我们走自己的路，具有无比广阔的舞台，具有无比深厚的历史底蕴，具有无比强大的前进定力。中国人民应该有这个信心，每一个中国人都应该有这个信心。我们要虚心学习借鉴人类社会创造的一切文明成果，但我们不能数典忘祖，不能照抄照搬别国的发展模式，也绝不会接受任何外国颐指气使的说教。只有走中国人民自己选择的道路，走适合中国国情的道路，最终才能走得通、走得好。人民群众对文化自信的选择和文化自信对人民的担当共同汇成中国发展进步的合力。人民是历史的创造者，群众是真正的英雄。人民群众是我们文化自信基本力量的源泉。人民对美好生活的向往，就是我们的奋斗目标。"人民"一词，成为习近平总书记担任党和国家领导人之后使用频率最高的词汇之一，成为新一届党的领导集体坚持群众史观的鲜明标识。

人民群众是文化自信的评判主体。人民群众不仅最终决定文化自信的选择问题，也拥有在文化实践过程中文化自信的评判权利。在文化自信选择和评判主体的问题上，习近平总书记明确地将人民摆在最高的位置。他反复强调，中国共产党之所以坚定不移地走中国特色社会主义道路，根本原因在于这条道路是人民群众自己的选择。2013年3月19日，在担任中共中央总书记后第一次出访前夕接受金砖国家媒体联合采访时指出：只有走中国人民自己选择的道路，走适合中国国情的道路，最终才能走得通、走得好。路在脚下生成，并在脚下延伸。3月23日，在莫斯科国际关系学院的演讲中，习近平总书记形象地提出了"鞋子论"。他说："鞋子合不合脚，自己穿了才知道。一个国家的发展道路合适不合适，只有这个国家的人民才最有发言权。"这一形象的比喻反映了习近平总书记关于人民史观的严格遵循：治国理政必须随时随刻倾听人民群众呼声，尤其需要倾听劳动阶层的呼声；治国理政必须随时随刻回应人民群众期待，尤其需要回应劳动阶层的期待。

三 解决现实问题的能力是文化自信的根本

解决现实问题的能力是文化自信的根本。时代在发展，社会在进步，全面深化改革是当代中国最鲜明的特色和时代特征，在全面深化改革中推进"五位一体"进程和加强党的建设，不断提升国家治理体系和治理能力现代化，是这个时代亟须解决的现实新命题。当前，我国社会正在经历深刻转型：经济增长和阶层结构分化引发价值观变迁，人们的生活方式、利益诉求、思想观念和价值取向日趋多元多样；对外开放不断扩大，中外各种思想、思潮、观念、理论，相互激荡、交流交锋交融；传播新技术的广泛应用极大地改变了文化生产、传播和消费方式，人们精神文化需求和满足方式更趋个性化。在工业化城市化信息化深入推进和城乡人口大规模流动背景下，不同地域人们的生活方式和文化习俗错综交叠，对公共文化服务公平、保障公民基本文化权益提出了挑战；广大农村地区传统民俗活动呈复兴趋势，城市区域外来文化、流行文化、通俗文化成为时尚——价值和文化的多样化无法回避。在这种经济社会快速发展的现实背景下，文化自信正在经受我国文化发展所呈现的丰富多样和竞合发展大趋势，亟须国家主流意识形态和社会主义核心价值观的引领；亟须加快公共文化服务体系建设和文化产业体系发展，从而充分发挥社会主义先进文化整合社会多元价值、增强中国特色社会主义事业建设认同感的积极作用。

文化自信并不来源于中国道路的完美无缺。中国道路依然在探索之中，征途上仍然还有许多重大的矛盾和问题等待克服和解决。在这样的条件下，文化自信就是直面问题和战胜困难与挑战的勇气和魄力，就是认识和解决现实问题的清醒和理性，就是对未来美好前景的坚定信心。正如习近平总书记指出的,中华民族是具有非凡创造力的民族,我们创造了伟大的中华文明,我们也能够继续拓展和走好适合中国国情的发展道路。随着中国特色社会主义不断发展,我们的制度必将越来越成熟、制度的优越性必将进一步显现、道路必将越走越宽广。面对一系列重大现实问题,按照社会主义的价值原则,坚持人民主体的根本立场,逐步转变和调整思维方式和实践方式,我们的文化自信将化为克服和解决矛盾挑战的动力和能力,化为人民群众对幸福美满的美好生活的追求。

第一,展现中华优秀传统文化的独特魅力。2014年9月24日,习近平总书记在人民大会堂出席纪念孔子诞辰2565周年国际学术研讨会暨国际儒学联合会第五届会员大会开幕会并发表重要讲话。他谈道:中国优秀传统文化的丰富哲学思想、人文精神、教化思想、道德理念等,可以为人们认识和改造世界提供有益启迪,可以为治国理政提供有益启示,也可以为道德建设提供有益启发。在5000多年文明发展进程中,中华民族创造了博大精深的灿烂文化,要使最基本的文化基因与当代文化相适应、与现代社会相协调,以人们喜闻乐见、具有广泛参与性的方式推广开来,把跨越时空、超越国度、富有永恒魅力、具有当代价值的文化精神弘扬起来,把继承传统优秀文化又弘扬时代精神、立足本国又面向世界的当代中国文化创新成果传播出去。也就是说,优秀传统文化深沉的历史积淀、博大的文化精神、高远的思想境界可以为今天中国的文化自信"添瓦""争分"。但前提是必须对其经过积极的、科学的当代转换,并有效地、广泛地传播出去,这样才能在提升我国文化自信水平上发挥积极作用。

第二,努力传播当代中国的价值观念。当代中国价值观念包括中国特色社会主义价值观念、社会主义核心价值观、中国梦等,这些价值观念是当代中国文化自信的代表,是当代中国先进文化的前进方向,习近平总书记不断强调,要把培育和弘扬社会主义核心价值观作为凝魂聚气、强基固本的基础工程,要加强提炼和阐释,拓展对外传播平台和载体,把当代中国价值观念贯穿于国际交流和传播方方面面。

第三,重塑社会主义国家的正面形象。我国国家文化形象经历了一个由美化到妖魔化的过程,如何定位当代中国的国家形象,习近平总书记指出,要重点展示中国历史底蕴深厚、各民族多元一体、文化多样和谐的文明大国形象,政治清明、经济发展、文化繁荣、社会稳定、人民团结、山河秀美的东方大国形象,坚持和平发展、促进共同发展、维护国际公平正义、为人类作出贡献的负责任大国形象，对外更加开放、更加具有亲和力、充满希望、充满活力的社会主义大国形象。

第四，坚持以人为本的价值导向。不断完善政策的制定、实施过程和绩效评价。我们制定各项文化政策的根本目的，是通过文化政策促进公共文化服务体系建设和加快文化产业体系发展，从而满足人民群众日益增长的精神文化需求、公平保障人民群众文化权益的实现。我们强化政策绩效评价，是因为当下还有不少文化政策缺乏操作性，实施效果不佳，很大程度上与政策过程不完整尤其是缺失政策实施绩效评价有关。评价一项政策的优劣，不仅要看这项政策是否推进了具体的文化发展，最终要看这项政策是否有利于广大人民群众的根本利益。

四 文化自信必须正确处理好几个关系

文化自信如何成为治国理政的基本力量，笔者认为，必须正确处理好以下三个方面的关系。

一是必须正确处理好中国传统文化的传承与弘扬的关系。习近平总书记特别重视中国传统文化的传承。他指出，抛弃传统、丢掉根本，就等于割断了自己的精神命脉。一方面，中国传统文化是中华民族的生存方式和精神家园，要坚持继承下去。人们所热议的传统文化的当代价值，实质上是指传统伦理或精神文化在今天的作用。中国传统文化对当代中国社会的作用，突出表现为对社会主义核心价值观的涵养。优秀传统文化内涵丰富，可诠释、印证和丰富社会主义核心价值观的内涵，其所倡导的价值追求、道德精神等，对于匡正社会风气和教化民众有着重要作用。另一方面，要以扬弃的态度对待中国传统文化。对历史文化特别是先人传承下来的道德规范，要坚持古为今用、推陈出新，有鉴别地加以对待，有扬弃地予以继承。"有鉴别"就不是全盘肯定或全盘否定的态度，不是历史虚无主义或文化保守主义的态度；"有扬弃"是在经过分析鉴别的基础上，坚决剔除其过时落后的糟粕，积极继承吸收其合理优秀的成分。扬弃的实质，就是要实现优秀传统文化的时代化，增强文化自信和价值观自信，继续拓展和走好适合中国国情的发展道路。在对待中国传统文化方面，20世纪80年代的主要倾向是全盘否定传统文化、主张全盘西化。而20世纪90年代则出现了一种文化保守主义的思潮，主张全盘肯定和回归传统文化。如果说新自由主义、历史虚无主义显示出对西方资本主义发展模式的强烈膜拜，那么，文化保守主义在政治问题上的显著特点就是刻意拔高儒学或国学对当代道德建设、社会发展乃至国家政治生活的指导意义，试图将儒学意识形态化，甚至主张以儒教代替马克思主义。新自由主义、历史虚无主义与文化保守主义并不是对立的，在某种程度它们还会殊途同归。比如，在指责中国革命、否定以马克思主义为代表的中国先进文化传统上，他们是能够合流的，对此我们要有清醒的认识。我们必须按照习近平总书记关于充分利用中国优秀传统文化治国理政的精神，坚持马克思主义基本原理必须同中国具体实际紧密结合起来，科学对待中华民族文化传统。我们必须坚信中国优秀传统文化的丰富哲学思想、人文精神、教化思想、道德理念等，可以为当代中国的治国理政提供有益启示。我们必须坚信在以马克思主义中国化的中国共产党带领中国人民进行革命、建设、改革的长期历史实践中，中国共产党人始终是中国优秀传统文化的忠实继承者和弘扬者，这就是文化自信成为习近平总书记治国理政理论与实践的文化历史逻辑。

二是必须正确处理好当代中国核心价值的研究与传播的关系。今年7月1日，习近平总书记在庆祝中国共产党成立95周年大会上的讲话中指出："我们要坚信，中国特色社会主义理论体系是指导党和人民沿着中国特色社会主义道路实现中华民族伟大复兴的正确理论，是立于时代前沿、与时俱进的科学理论。"社会主义核心价值体系是一个社会意识形态的主体和灵魂。引领社会思潮，需要坚持马克思主义的指导地位，坚持社会主义主流意识形态，自觉排除各种错误思潮的干扰。某些西方势力常常打着"多元化"的幌子，欺骗发展中国家的民众，为发动"颜色革命"制造舆论。苏联、东欧国家之所以发生剧变，其中一个决定性的原因就是在思想上放弃了马克思主义的指导地位。实际上，资本主义社会是严格坚持维护资产阶级利益的，决不允许其他思想对它搞"多元化"。所以，在当今世界多种思想、多元文化倾向激荡交融的新形势下，我们更应旗帜鲜明地坚持马克思主义在意识形态领域的指导地位，反对指导思想的"多元化"，确保意识形态发展的正确方向。中国特色社会主义理论体系，是马克思主义在当代中国的最新理论成果。在与各种社会思潮的比较、鉴别和斗争中，作为马克思主义中国化成果的中国特色社会主义理论体系始终是社会思潮的主流，必须以中国特色社会主义作为不断发展的马克思主义引领社会思潮前进的方向。多元的思想与文化是不同群体、不同阶层的利益在观念层次的反映，存在着差异和冲突，中国特色社会主义的共同理想有利于超越群体、阶层的利益冲突，最大限度形成思想共识，齐心协力建设社会主义。因此，坚持和巩固中国特色社会主义这一共同思想基础，是实现中华民族伟大复兴和"两个一百年"奋斗目标的思想保证，是最大程度凝聚人心、团结奋斗的精神动力。必须坚定中国特色社会主义道路自信、理论自行、制度自信，不断培育中国人民的精神家园。

三是必须正确处理好西方文化成果的吸纳与扬弃的关系。今年7月1日，习近平总书记在庆祝中国共产党成立95周年大会上的讲话时强调："全党同志必须牢记，我们要建设的是中国特色社会主义，而不是其他什么主义。历史没有终结，也不可能被终结。中国特色社会主义是不是好，要看事实，要看中国人民的判断，而不是看那些戴着有色眼镜的人的主观臆断。中国共产党人和中国人民完全有信心为人类对更好社会制度的探索提供中国方案。"任何一个民族文化的发展，都需要吸收外来文化。没有吸收和借鉴，就谈不上积累和创新，发展和完善就失去了基础。社会主义要实现对资本主义的全面超越，就必须站在人类已有文明成果的基础之上。所谓"西化"，就是在思想文化上用资本主义意识形态取代社会主义意识形态，在经济上用资本主义私有制取代社会主义公有制，进而企图在政治上用西方的多党制和议会制取代共产党的领导地位和人民民主专政的国家制度。所谓"分化"，就是利用一切手段和各种机会，腐蚀我们队伍的意志薄弱者，培育国家上层领导人和知识分子中的"持不同政见者"，分化瓦解党的队伍，企图分裂我们的党、我们的民族和我们的国家，使我国重新陷入旧中国那种四分五裂、一盘散沙的状态。西方非常重视文化和意识形态领域的工作，把这种所谓"软实力"作为"西化""分化"中国的重要手段。当前，西方思潮对意识形态方面的渗透十分明显。在我国一些人文社会科学领域，存在着照搬西方国家的体系、观点和方法的现象。值得注意的是，有的不是学术上的偏向，而是公开排斥马克思主义的指导地位。近年来，国内出现的新自由主义、民主社会主义以及借"普世价值"推行西方经济政治制度等思潮，就是西方意识形态浸染的结果。美国推行文化霸权，企图以美国文化主宰世界，按照美国的价值观改造世界，对此我们要有清醒的认识和高度的警惕。总之，吸收西方文化成果要有选择，要以我为主，为我所用，不能盲目无选择地照搬、照抄。只有这样，才能在吸收西方文化积极成果的同时，防止西方对我国"西化""分化"

的图谋。

我们须知,当今时代的文化已成为世界范围内经济社会发展的价值维度。文化自信已经成为治国理政"更基本、更深沉、更持久的力量",也理应为中国社会各界所认知与重视。文化是一个民族发展的不竭动力,是社会文明的创造力所在,只有立足于文化自信之根,才能保证中华民族的持续健康成长。

(作者单位:广东省社会科学院)

生态价值观与生态资本观
——全面小康的生态文明建设观

张　勇

"十三五"时期,是我国经济发展进入新常态后的第一个五年规划期,也是全面建成小康的决胜时期。全面小康,就是全面建成小康社会,其核心要义是全面,要求经济社会发展不能有短板,"十三五"规划期间的重要任务就是要补齐全面小康的短板。生态文明建设是我国经济社会发展的一块典型短板,人民群众关于一般性的物质文化需要不断提升的同时,对清新空气、青山绿水的需求非常急迫。为此,党的十八届五中全会提出了包括"绿色发展"在内的五大发展理念,并将这"五大发展理念"写入"十三五"规划纲要。要真正推动绿色发展,必须摆脱生态文明建设理念与实践之间的"两张皮"的问题。生态价值观与生态资本观,是联系生态文明建设理念与实践的逻辑要点,是打破生态文明建设理念与实践之间的"两张皮"的重要抓手,应该成为全面小康背景下生态文明建设观的核心内容。

一　生态价值观与生态资本观：保护和改善生态环境就是保护和发展生产力

工业革命以来,伴随着科学技术的推广与应用,人类社会的物质财富空前丰富,生活水平空前提高。但是,在人与物的关系极大改善的同时,人与自然的关系也陷入了前所未有的困境之中。新中国成立的60多年中,在取得民族独立的基础上经济高速增长,工业化、城市化水平快速提升,一个赶超型国家在数十年中几乎走完了发达资本主义国家数百年才走完的路程。但是,在经济高速增长的同时,发达国家上百年工业化过程中分阶段出现的环境恶化问题,在我国已经集中出现,不仅造成了巨大的经济损失,还给人民生活和健康带来严重威胁,直接危及全面建设小康社会的进程。为此,党的十七大报告首次提出了生态文明建设理念,十八大报告提出了加快生态文明制度建设的任务和要求。生态文明代表了人类未来发展的方向,生态文明建设是我们党顺应世界发展趋势、实现中华民族永续发展的战略抉择。要建设生态文明,必须正确处理好经济发展同生态环境保护的关系,要正确处理,就必须充分认识和理解经济发展同生态环境保护的关系。

在传统经济学理论中,对价值的认识是从个人利益的角度出发的,只注重那些能够给个人带来收益的资源和价值。随着人类对自然环境的影响乃至破坏的规模和程度日益扩大,逐步导致了空前严重的生态环境危机,如生态恶化、环境污染和资源枯竭等,人们开始认识到生态资源的价值,出现了生态经济学的研究范畴,也形成了生态价值理论,将地球生物圈作为生命维持系统或人类生存系统的价值定义为生态价值。根据生态价值理论,生态价值是通过生态服务功能体现出来的对人类直接或间接的作用。这些作用对人类来说是必不可少的。而所谓生态服务功能是指生态系统所提供的支撑和保护人类活动或影响人类福利水平的功能或服务,例如生物生产功能、维持大气组成、稳定和改善气候、控制洪水减轻洪涝和干旱灾害、环境净化、维持物质和基因库等[1]。从生态价值观出发,生态环境不但具有价值,本身就是财富的载体和表现形式,更重要的是,生态环境还能够给人们带来新价值,换言之,生态价值能够资本化。理论界已经有部分研究者将生态价值上升到了生态资本的高度,将存在于自然界可用于人类社会活动的自然资产定义为自然资本或者生态资本。例如,世界银行的经济学家伊斯梅尔·萨拉格丁认为,资本至少可分为4种:(1)人造资本,通常被认为是财政和经济,机器、工厂、道路均可视为人造资本;(2)自然资本或者说生态资本指一切自然资源;(3)人力资本,指对个人的教育、卫生健康和营养方面的投资;(4)社会资本指一个社会发挥作用的文化基础和制度等。他认为,所谓的可持续性是指"我们留给后代人的四种资本(人造资本、自然资本、社会资本、人力资本)的总和不少于我们这一代

---

[1] 沈满洪:《生态经济学》,中国环境科学出版社2008年版,第286页。

人所拥有的资本的总和"[①]。再如，我国经济学家刘思华先生认为，生态资本与物质资本、人力资本一起，可统称为可持续发展资本，而生态资本包括四个方面：一是能够直接进入当前社会生产与再生产过程的环境资源，即进入生产过程的自然资源和环境吸纳并转化废物的能力；二是满足人类生命需求的各种生态要素及质量，包括水环境质量、大气环境质量等；三是生态系统作为一个整体状态对人类社会生存与发展的有用性；四是自然资源的质量变化和再生量变化即生态潜力[②]。

习近平总书记提出的"保护生态环境就是保护生产力、改善生态环境就是发展生产力的理念"就是生态价值观和生态资本观的生动表述。十八届中央政治局2013年5月24日就大力推进生态文明建设进行第六次集体学习。习近平总书记在主持学习时指出，要正确处理好经济发展同生态环境保护的关系，牢固树立保护生态环境就是保护生产力、改善生态环境就是发展生产力的理念，更加自觉地推动绿色发展、循环发展、低碳发展，决不以牺牲环境为代价去换取一时的经济增长[③]。在这次学习中，习近平总书记还强调，要实施重大生态修复工程，增强生态产品生产能力。习近平总书记强调的牢固树立保护生态环境就是保护生产力、改善生态环境就是发展生产力的理念可谓切中经济发展与生态环境之间关系的要害。改革开放以来，导致生态环境问题恶化的根源之一，就是一些地方领导把以经济建设为中心理解成了单纯追求经济的高速增长，自觉不自觉地把经济发展与生态环境对立冲突的境地，单纯强调经济增长，生态文明建设往往成为理念和实践之间的"两张皮"。之所以出现这种现象，就是他们没有把生态环境视为重要的财富和价值，没有把保护和改善生态环境作为保护和发展生产力的重要举措，反而把保护和改善生态环境作为保护和发展生产力的障碍。习近平总书记强调的牢固树立保护生态环境就是保护生产力、改善生态环境就是发展生产力的理念，深刻地体现了生态价值观和生态资本观，要正确处理好经济发展同生态环境保护的关系，必须树立生态价值观和生态资本观，在保护和发展生产力的高度上理解保护和改善生态环境。理解了生态价值和生态资本的概念，树立了生态价值观和生态资本

[①] Ismail Serageldin, Sustainability and the Wealth of Nations—First Steps in an Ongoing Journey, March, 1996.
[②] 刘思华：《对可持续发展经济的理论思考》，《经济研究》1997年第3期，第55页。
[③] 《习近平谈治国理政》，外文出版社2014年版，第209页。

观，就在认识上打破了将经济发展与生态环境置于对立冲突境地的思想窠臼。也正是因为如此，习近平总书记才多次强调，推进生态建设，既是经济发展方式的转变，又是思想观念的一场深刻变革。

二 新常态与全面小康背景下生态需求的战略性变化呼唤生态价值观与生态资本观

中国经济经过了 30 多年的高速增长，经历了 2008 年国际金融危机的冲击，在进入 21 世纪的第二个 10 年的时候，中国经济社会在努力走向全面小康的同时，出现了一些新现象，这些新现象说明，中国经济社会发展状态出现了重要变化，呈现出新的阶段性特征。

阶段性特征之一，是中国在经历了 30 多年的高速经济增长之后，进入了上中等收入经济体行列。根据世界银行 2010 年标准：人均国民收入为 1005 美元或以下者，属于低收入经济体；人均国民收入在 1006—3975 美元之间，属于下中等收入经济体；人均国民收入在 3976—12275 美元之间，属于上中等收入经济体；人均国民收入为 12276 美元或以上的属于高收入经济体。2010 年的中国人均国民收入，按照世界银行的数据口径，2010 年中国人均国民收入为 4260 美元，按照中国国家统计局的数据口径，2010 年中国 GDP 401202 亿元，按 13.4 亿人口和 1∶7 汇率计算，约人均 4277 美元，从两种口径来看，中国都已经迈过了上中等收入经济体的及格线。这对于中国经济发展具有重要阶段性意义，这说明中国经济发展接近了邓小平"三步走"战略目标。1987 年 4 月 30 日，邓小平会见西班牙工人社会党副总书记、政府副首相格拉时提出了"分三步走"的发展战略规划。邓小平说："我们原定的目标是，第一步在八十年代翻一番。以一九八〇年为基数，当时国民生产总值人均只有二百五十美元，翻一番，达到五百美元。第二步是到本世纪末，再翻一番，人均达到一千美元。实现这个目标意味着我们进入小康社会，把贫困的中国变成小康的中国。那时国民生产总值超过一万亿美元，虽然人均数还很低，但是国家的力量有很大增加。我们制定的目标更重要的还是第三步，在下世纪用三十年到五十年再翻两番，大体上达到人均四千美元。做到这一步，中国就达到中等发达的水平。"[①] 在 1987 年 11 月召开的中共十三大上，这一战略规划被确定

---

① 《邓小平文选》第 3 卷，人民出版社 1993 年版，第 226 页。

为我国经济发展战略。经济社会发展要均衡，之所以强调全面小康，是在总体性的人均收入指标达到一定程度的基础上对于全面发展的考虑和要求。

阶段性特征之二，是中国经济在经历多年高速增长之后，经济增长率和消费价格指数持续下降，双双达到近年来的最低点（如图1所示），同时面临增长速度换挡期、结构调整阵痛期、前期刺激政策消化期三期叠加带来的一些新问题。这些新现象、新问题共同构成了中国经济发展的新状态。中共中央习近平总书记在2014年5月考察河南时首次使用"新常态"的概念来概括这一新状态，7月在党外人士座谈会上再提"新常态"，11月在APEC工商领导人峰会开幕式上首次全面阐释了中国经济新常态。2014年底召开的中央经济工作会议强调，"认识新常态，适应新常态，引领新常态，是当前和今后一个时期我国经济发展的大逻辑"。2015年底的中央经济工作会议上，"认识新常态，适应新常态，引领新常态，是当前和今后一个时期我国经济发展的大逻辑"被再次强调。

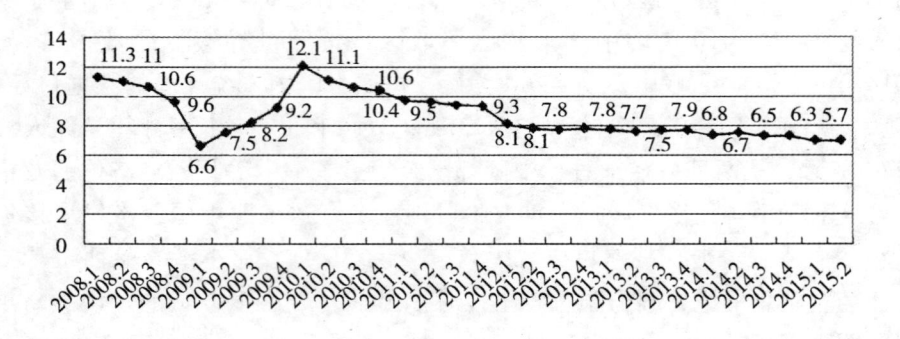

数据来源：国家统计局网站

图1　2008年国际金融危机后中国经济增长率季度数据

中国经济社会发展状态呈现出新的阶段性特征的条件下，中国社会需求也随之出现重大战略性变化。其中，重大战略性变化之一，是全社会对生态产品和生态服务需求的战略性变化，生态环境保护问题，生态环境改善问题，逐步上升成为中国经济社会发展需要重视的关键环节，经济发展与生态环境保护之间的矛盾上升成为中国经济社会发展的主要矛盾，生态文明建设本来就是全面小康的短板之一，在人民群众关于生态产品和生态服务的旺盛需求面前，生态文明建设自然也就面临新的压力和挑战，在客观上呼吁生态文明建设要树立生态价值观与生态资本观。

三 生态修复：全面小康时代践行生态价值观与生态资本观重要抓手

生态环境作为价值和资本，长期以来没有受到重视。随着生态环境资源的稀缺性日益突出，生态环境资源的存量无法满足人类正常需要，成为制约人类生存和发展的瓶颈性因素的时候，才被人类重视。人们开始着手保护生态环境，力求生态资本的存量不再减少，更进一步开展研究和实践，寻求生态资本存量的增加。在这样的背景下，生态修复成为了生态经济学研究和生态保护工程实践的热点。相对于被动保护现有生态环境免受破坏的相关措施，生态修复的对象是已经被破坏了的生态环境，其立意和追求在于通过人的活动恢复生态系统合理的结构、高效的功能与和谐的内部关系，进而保持生态平衡，显然，生态修复是一种更为积极的生态保护，是提升生态生产力的积极手段，是全面小康时代践行生态价值观与生态资本观的重要抓手。十八届中央政治局2013年5月24日就大力推进生态文明建设进行第六次集体学习时，习近平总书记在强调保护和改善生态环境就是保护和发展生产力的同时强调要"实施重大生态修复工程，增强生态产品生产能力"[①]，就是对生态修复再造生态价值、增加生态产品和财富存量、提升生态资本的积极作用的强调。

所谓生态修复，是指重建已损害或退化的生态系统，恢复生态系统的良性循环和功能的过程。具体来说，就是根据生态学的基本原理，通过生物、生态、工程的技术和方法，人为地改变和切断生态系统退化的主导因子或过程，调整、配置优化系统内部及外界的物质、能量和信息等流动过程和时空次序，使生态系统的结构、功能和生态学的潜力尽快成功地恢复到原有乃至更高的水平。相对于单纯的生态保护，生态修复对已损害或退化生态系统的重建或者恢复，是更为积极的生态保护措施。

生态修复研究的历史可追溯到19世纪30年代，但将生态修复真正重视并作为生态学的一个分支进行系统研究，是20世纪80年代以后才开始的，而目前生态修复已成为世界各国的研究热点并在很多国家和地区多有实践。在生态修复的研究和实践中，围绕着这一概念形成了生态恢复

[①] 《习近平谈治国理政》，外文出版社2014年版，第209页。

(Ecological Restoration)、生态修复（Ecological Rehabilitation）、生态重建（Ecological Reconstruction）、生态改建（Ecological Renewal）、生态改良（Ecological Reclamation）等多种表述。这些表述虽然在含义上有所区别，但是都具有"恢复和发展"的内涵，即借助于外部力量特别是人力使原来受到干扰或者损害的系统恢复后使其可持续发展，并为人类持续利用。如生态恢复（Ecological Restoration）是指对受到干扰、破坏的生态环境修复使其尽可能恢复到原来的状态。Reclamation 是指将被干扰和破坏的生境恢复到使它原来定居的物种能够重新定居，或者使与原来物种相似的物种能够定居。Rehabilitation 是指根据土地利用计划，将受干扰和破坏的土地恢复到具有生产力的状态，确保该土地保持稳定的生产状态，不再造成环境恶化，并与周围环境保持一致。Reconstruction 是指通过外界力量使完全受损的生态系统恢复到原初状态。Renewal 是指通过外界力的力量使部分受损的生态系统进行改善，增加人类所期望的人工特点，减少人类不希望的自然特点。

　　自觉地推动绿色发展、循环发展、低碳发展，决不以牺牲环境为代价去换取一时的经济增长，能够解决生态环境不再继续遭到破坏的问题；而积极实施生态修复，是将已经被破坏的生态环境恢复起来。习近平总书记强调实施重大生态修复工程，增强生态产品生产能力，是站在更高的战略高度上部署全面小康进程中的生态文明建设，是转变发展方式和修复生态双管齐下。在许多发达国家，河流生态修复已经成为一个新兴产业——2004 年美国用于河流生态修复工程项目的经费已达数十亿美元；欧盟的欧洲生命计划（EU-life）中，重要内容之一是河流生态修复[1]。我国学者吴季松将生态修复的过程定义为创造第二财富——自然资产的过程，并对生态修复的产业化前景进行了大胆的预测，到 2050 年，随着世界循环经济的发展和循环经济体系的建成，必然带来一批循环型产业的发展，其中，生态修复产业将和旅游业等共同成为世界十大产业之一[2]。

四　个案观察：保护和改善生态环境就是保护和发展生产力

　　在树立、践行生态价值观与生态资本观，保护和改善生态环境就是保

---

　　[1]　章轲：《我国 90% 流经城市河段重度污染　生态修复渐起步》，《第一财经日报》2005 年 11 月 25 日。

　　[2]　吴季松：《新循环经济学——中国的经济学》，清华大学出版社 2005 年版，前言。

护和发展生产力方面，北京近年来在建设"绿色北京"方面的探索是值得关注的个案。在建设"绿色北京"的战略思路下，北京在保护和发展生态生产力方面，在实施生态修复方面，做出了积极的探索。从北京的实践看，保护和改善生态环境就是保护和发展生产力，生态修复在增强生态产品生产能力的同时，促进了生产力的发展，体现了生态价值观与生态资本观的实践意义。

北京山区县的"沟域经济"是保护生态环境就是保护生产力、改善生态环境就是发展生产力的鲜活证据。2005年初，《北京城市总体规划（2004年—2020年）》提出将"西部发展带"作为北京主要的自然生态保护屏障，加强生态修复与环境保护工作，接着北京市委、市政府出台了《关于区县功能定位及评价指标的指导意见》，制定了《北京市"十一五"时期功能区域发展规划》，将北京的18个区县划分为首都功能核心区、城市功能拓展区、城市发展新区和生态涵养发展区四类区域。其中，生态涵养发展区包括门头沟、平谷、怀柔、密云、延庆5个区县。生态涵养发展区各区县在探索正确处理经济发展同生态环境保护关系的过程中，探索出了既能保护生态环境，又能促进经济发展的"沟域经济"发展模式，其核心内涵是以山区沟域为单元，依托良好的生态环境，丰富的生态资源，以其范围内的生态环境、自然景观、文化历史遗址为基础，以特色农业旅游观光、民俗文化旅游、科普教育、养生休闲、健身娱乐等为内容，通过对沟域内部的环境、景观、村庄、产业统一规划，建成内容多样、形式不同、产业融合、特色鲜明的具有一定规模的沟域产业带，以点带面、多点成线、产业互动，形成聚集规模，最终促进区域经济发展、带动农民快速增收致富。目前，"沟域经济"在北京市生态涵养发展区各区县蓬勃发展，形成了保护生态环境和经济发展协同并进的良好局面。

北京市门头沟区是实施生态修复、增强生态产品生产能力的典型个案。门头沟区的生态修复针对区域生态恶化的特点，选取了煤矿废弃地、采石废弃地、采沙废弃地、公路边坡、废弃煤窑以及退化山体六类比较典型的生态破坏类型进行生态修复，共采用了20多项国内外生态修复先进技术。门头沟区生态修复的做法和经验，已经引起了国内外的关注。2007年，国家科技部将门头沟区确定为"国家生态修复示范基地"。为进一步引进国内外先进技术和模式，充分调动国内外科技资源参与门头沟区生态建设和修复工作的开展，同时也为扩大本区在这方面的影响力和辐射力，门头沟区从2005年起多次召开国际生态修复研讨会，与国际城市与区域规划师协会、国际生态工程学会、国际生态学研究所等多家国际机构达成了共同开展门头沟区生态修复、引进国际企业参与的合作意向。门头沟区的生态修复不但改善了生态环境，还为门头沟区的"沟域经济"发展提供了助力，是建设生态文明的重要战略举措。

北京市的实践充分说明，保护和改善生态环境就是保护和发展生产力。未来，在全面建设小康社会的征途上，更要坚定的树立践行生态价值观与生态资本观，在生态文明建设的实践中体现保护生态环境就是保护生产力、改善生态环境就是发展生产力的理念。

特别的，我们应该在生态修复这一新兴产业方面做积极的尝试，因地制宜地探索生态修复和发展生态产业结合的发展路径，使生态修复真正成为生态环境保护的新途径，进而能够为区域经济的发展发挥"造血"功能。正如同习近平总书记2016年1月5日在重庆召开的推动长江经济带发展座谈会上发表的重要讲话中指出的，"当前和今后相当长一个时期，要把修复长江生态环境摆在压倒性位置，共抓大保护，不搞大开发。"[1] 对此，笔者有几点建议：第一，加强相关政策研究，加大政策支持力度。生态修复作为迅速发展的新兴事物，目前政策支持相对滞后，缺乏相关的政策支持必然限制生态修复及产业化发展。例如，将被破坏土地修复后的土地产权、使用性质方面的问题就亟待政策方面的解释与支持。再如，生态修复属于长期建设，慢工出细活，并且覆盖多个管理和专业领域，各部门能否给予长期、持续的倾斜性政策支持，也是影响生态修复及其产业化发展的关键因素。第二，探索创新生态修复的投融资机制。目前生态修复的投资者几乎就是政府，这种由政府出资的单一融资模式无疑存在弊端。一方面，生态修复工程需要投入大量资金，容易导致财政负担；另一方面，政府独立投资运作，使项目相对缺乏灵活性。因此，可以考虑社会资本的介入，通过社会融资方式大量吸收社会资金，引导多元主体参与生态修复，推动生态修复高速发展。第三，在依靠科学技术引导生态修复的同时，积极发展替代产业，探索生态修复和发展生态产业结合的发展路径，

---

[1] 《习近平在推动长江经济带发展座谈会上强调走生态优先绿色发展之路让中华民族母亲河永葆生机活力》，《光明日报》2016年1月8日第1版。

引导当地居民从低附加值产业向生态产业和高端旅游业、服务业方向发展，提高当地农民收入，以获取群众支持，使生态修复工程获得长久的生命力。

（作者单位：中共北京市委党校经济学教研部）

中国共产党的公信力建设

胡振平

作为执政的中国共产党,它的公信力关系着国家的稳定和广大人民群众积极性的调动,关系着党和国家制定的方针政策能否得到切实贯彻执行,关系着全面小康目标和中华民族复兴大业能否实现,最终又关系着广大人民群众的福祉。然而,在中国历经曲折进入了改革开放新的历史时期,并且逐步在经济社会发展等方面取得了令世人瞩目的伟大成就的时候,党在群众中的公信力却出现了问题,在一部分群众中,对于党和国家的干部,对党和国家的一些权力机关,对于当今中国特色社会主义体制,乃至对于中国共产党的不信任,往往溢于言表,尤其是在一些网络和私人的空间里,这种不信任还有不小市场。此类现象应当引起我们注意,也必须在党和国家的建设中加以解决。

一 基础

公信力是近些年才兴起的名词[①],顾名思义是指获得广大公众信任的能力。2013年,十八届三中全会公报作为中央重要文件提出了"公信力",指出:"必须切实转变政府职能,深化行政体制改革,创新行政管理方式,增强政府公信力和执行力,建设法治政府和服务型政府。"由于我们国家的执政党是中国共产党,"中国特色社会主义最本质的特征是中国

---

① 按照百度搜索:1999年,黄晓芳在《公信力与媒介的权威性》中将"公信力"定义为"媒介在长期的发展中日积月累而形成,在社会中有广泛的权威性和信誉度,在受众中有深远影响的媒介自身魅力",这是新闻传播学界较早的提出公信力概念的文章。2003年发生的"非典"促使国内的理论界对政府公信力开始研究。

共产党领导"①，政府公信力很自然地就涉及着中国共产党的公信力，而国内外许多人的意见乃至攻击往往也是冲着共产党来的，所以讲公信力不能不分析中国共产党的公信力。

中国共产党在新中国成立前被国民党妖魔化，成了共产共妻、杀人如麻、十恶不赦的党。但是，她以二十八年为广大人民翻身解放而奋斗牺牲的历史，唤醒了群众。谣言不攻自破，共产党也最终在人民的支持和拥护下夺取了政权，建立了新中国。刚刚执政的中国共产党在全国人民中的威望如日中天，有着极高的公信力，不仅广大工农群众有了强烈的翻身感，连许多地主资本家也感觉到共产党是为着中华民族繁荣富强而真心实意地奋斗的党。为什么那么多在外留学和工作的知识分子，如钱学森等，纷纷不避艰险，抛弃了很好的待遇，不顾西方国家的阻挠，毅然回国，就是基于对共产党和新中国的信任。

这一历史事实表明：第一，宣传舆论十分重要，它既可以造谣惑众，煽风点火，误导群众，陷害对方；也可以让人们了解事实的真相和原委，从而了解你，不至于被误会，不至于因别有用心人的造谣而乱了人心。其中话语权更为重要，掌握了话语权就能掌握宣传舆论的主动权，可以引领舆论，创造社会氛围。第二，更要看到，公信力固然需要宣传造舆论，但是根本的还是要靠事实的教育，靠人家对你真心真情的了解。中国共产党的公信力所涉及的是二大群体，一方是党，另一方是广大人民群众。要让公众信任共产党，最重要的是共产党能够经得起信任，即有着良好的信用。信用和信任是相互依存的，不守信用，也就会失去人们的信任。信任是人内心里生成的东西，不能光靠宣传，而要靠历史的真相、人们真实的感受才能培育起来。须知，花言巧语可以欺骗一时，但终究会被事实戳穿。当年国民党对共产党的谣言不就是这样吗?！这还仅仅是对于相互独立外在的群体间双方信任和信用的要求，譬如市场上的买卖双方。而共产党与人民群众还不是单纯的外部关系，共产党是来自广大人民群众，而且从来就宣称代表着广大人民群众根本利益的，那么就要让广大群众感受到共产党的真心真情，体会到共产党是自己人。也只有上升到这样的高度，才能使党和人民群众的信任关系超脱局部的、眼前的利益，做到相濡以

---

① 《习近平在庆祝中国共产党成立95周年大会上的讲话》，《文汇报》2016年7月2日第2版。

沫、生死与共；也只有达到这样的高度，人们才会理解共产党奋斗过程中走过的弯路，犯过的错误，不至于揪住那些曾经犯过的错误不放。

习近平总书记在庆祝中国共产党成立95周年大会上的讲话提出的"不忘初心，继续前进"极为重要，是我们党公信力建设的关键。回想党成立之初，那些先驱大都是二十多岁的青年，有知识有文化，完全能够寻找一个好的工作，甚至在仕途商途上升官发财。为什么他们要挺身而出组织和加入中国共产党？为什么他们要抛妻别子甚至背弃了个人富裕的家庭，投身革命，在反动派的屠刀下奋起抗争？没有别的，只是为了救国救民！没有别的，只是因为一颗滚烫的赤子之心！中国共产党就是这样一些优秀人士集合起来的奋斗群体。尽管在为着中华民族复兴的征程中历经无数艰难曲折，曾有过不少背离者、逃跑者、叛徒和腐败分子，但是这个党这个群体的初心没有变。这个初心就是站在马克思主义的价值立场和科学理论基础上，为着中国人民特别是广大劳动群众的翻身而奋斗，为着中华民族摆脱帝国主义列强的残暴欺压自立自强于世界民族之林而奋斗，并最终为着人类的自由和彻底解放而奋斗！正是这种真诚的初心，才能得了民心，中国共产党才能组织和动员起亿万民众，与国民党一起形成抗战的统一战线，并在国际的支持下取得抗日战争的胜利，也正是这种初心感动了上帝——广大人民群众，才能推翻蒋家王朝，建立起人民的新中国。

"路漫漫其修远兮，吾将上下而求索"①，对于中国共产党来说，要能团结民众实现伟大的理想，不仅要有真诚的救国救民的愿望，还必须在斗争的实践中找到一条正确的道路。在革命战争年代就是为着寻找一条把马克思主义和中国实际相结合的革命道路，共产党不知作出了多大牺牲。新中国成立后，党也面临着艰难的中国特色社会主义的探索过程，这条探索之路更加史无前例，因此也更加惊心动魄、代价沉重。其中，既包含了我们认识错误造成对部分干部群众的伤害，也包含着相当一些党员干部在和平建设年代经不起权力、金钱和美色的考验，淡化、忘记乃至背叛了共产党人的初心，极大地破坏了共产党的形象。这也就是当今中国共产党出现公信力问题的主要原因。除此以外，还有国内外敌对势力借机的造谣中伤，以及西方强势话语权对其意识形态的传播和渗透等原因。

然而，中国共产党经受了考验，不仅初心不改，而且反思"文革"等

---

① 屈原：《离骚》。

严重错误，不断地总结实践探索中的经验教训，走上了改革开放新的历史时期，在把马克思主义与当今时代特征相结合，与中国国情相结合中，探索出了中国特色社会主义道路，形成了中国特色社会主义理论，创造着中国特色社会主义制度。虽然，我们还在路上，还要进一步地探索和创新，但是，瑕不掩瑜，共产党执政以来，短短六十多年时间，从根本上改变了我国积贫积弱任人欺负的落后状态，中国已经成为世界上第二大经济体，并且在消除贫困人口，改善人民生活，创新科技，惩处腐败，保护环境等各个方面已经和正在取得举世瞩目的成就。这些成就不仅体现出了共产党不改初心，也逐步证明了这个理论是正确的理论，这条道路是通向全面小康和实现民族复兴的康庄大道。所以，中国共产党人可以自豪地说，在建设公信力上，我们已经有了客观的基础，只要牢记中央的号召"不忘初心，继续前进"，也就一定能像解放之初那样真正赢得亿万群众的信任。

二　困难

如果说解放初，共产党取得了广大群众的高度信任是因为人们对于国民党反动派的腐败政权丧失了信心，更因为共产党所作所为极大地赢得了民心并挟革命胜利者之余威；那么今天，中国共产党要赢得广大群众的信任，则有了不少难点，其中非常重要一点在于，共产党自身是执政党，群众诸多诉求需要通过共产党领导的政府来解决，而其不满之处也会冲着政府冲着执政党而来。政权、权力，是个好东西，有了它便可把令来行，甚至号令天下，可以成为实现我们理想的有力手段；但是政权、权力对于掌握权力的人的腐蚀作用，也是绝对不可小觑的，它不仅会使人飘飘然，忘乎所以，而且会让人私心膨胀。公权私用以及公权为少数统治阶级、统治者滥用，就会成为压在广大群众头上的祸害。毛泽东为什么在离开西柏坡前往北平时说要上京赶考？为什么他在七届二中全会上讲"夺取全国胜利，这只是万里长征走完了第一步"，并且强调"两个务必"？又为什么在延安时他与黄炎培讨论历史周期律？因为他知道政权、权力是共产党执政后面临的更加严峻的考验。后来的历史，特别是近几十年许多干部蜕化变质的事实，也证明了这种腐蚀的厉害。周永康、徐才厚等人，就是在权力的腐蚀下背叛了党的初心，沦为腐败分子的典型，一批批腐败分子极大地破坏了党、政府和军队的组织，极大地损害了党、政府和军队的公信力。

分析这些干部堕落的原因，不仅仅是思想意志不坚定经不起金钱美色的诱惑，还与我们的体制、机制和法制有重要关系。我们国家历来是个人情社会，官本位严重，民主法治意识比较淡漠，虽然改革开放以来党一直强调民主法治建设，也取得了很大进步，但是旧的传统根深蒂固，更由于涉及当政者自身利益，推进比较艰难，已经建立的制度往往被软化、虚化了，干部权力过于集中，加上实际上往往是一长制，缺乏监督，或者监督不力，尤其是法治不健全，造成了一些官员可以胆大妄为，谋取私利。

还应当指出，在法治体系尚不健全，特别是有法不依、执法不严还相当严重的情况下，市场经济负面效应与权力的负面效应的叠加，更加剧了腐败现象的丛生。中国特色社会主义是基于中国国情（经济文化等方面比较落后）以及当今时代的特征（和平和发展成为当今世界的两大问题），中国共产党所作出的一种选择。它实际上是利用当今时代给予的机遇，参与到经济全球化的进程中去，实行两个开放政策（对外开放和对内开放，即建设市场经济体制），把国内外各种资源、资本、力量都充分地调动起来，以实现我国社会主义经济文化等各方面的超常规发展。这条道路是马克思主义中国化的最新成果，由于它符合实际，所以极大地推动了中国经济政治社会文化生态的发展，使我们今天得以看到民族复兴的曙光。然而，也必须看到市场机制在优化资源配置的同时，作为一种经济运行方式，又有着一定的"价值指向"[①]，不可避免地会给人的价值观形成带来多重的复杂效应。"它培育了具有独立、自由、平等意识的主体，促进了自我的觉醒；它培养了一种积极进取的意识，激发了每个参与者的能动性、创造性和开拓精神；它还培养了一种功利和效益的意识，使自己的一切经济行为都是为着提高效益为着在竞争中获胜以实现自己利益的最大化。"但同时"它会诱发导致个体至上的利己主义、不讲伦理的功利主义，以及产生单纯追求金钱和物质的价值忽视精神文化的价值，单纯追求效率而忽视社会公平等倾向"[②]。市场经济的负面效应加剧了一些党员干部价值观的蜕变，使之逐步丧失了应有的理想信念，从而把人民赋予的为人民办事的权力看成了自家的财产，在权力不受到严格制约的状况下，以权谋私，权

[①] 这里用"价值指向"，在于表明市场经济体制本身的两重性，即既有自然属性，又有着社会属性。我们将它拿来为社会主义制度所用的时候，不能不注意到它还有着一定的社会属性，即客观上有一定的价值指向，会反作用于人们的价值观。参见本人拙著《市场经济与价值观》第三章，第三节，上海社会科学院出版社1998年版。

[②] 见本人拙著《市场经济与价值观》，上海社会科学院出版社1998年版，第98页。

钱交易、权色交易、权权交易泛滥起来，乃至到了坑害百姓、坑害军队、坑害国家的地步。这些也表明，中国特色社会主义是我们国家兴旺之路，也是一条十分艰巨的道路。作为执政的中国共产党，必须以强有力的手腕，建立民主法治的政治体制，以保证前进的社会主义方向；必须以最坚决的态度惩治腐败，割除附在人民政权上的毒瘤；也必须以入心入脑的方式取得自己的话语权，在党员干部乃至广大群众中树立远大理想，在运用市场经济体制的同时抵制其负面效应，从而使整个社会健康发展。

公信力与话语权直接相关，公信力强则话语权强，公信力弱则话语权也弱；反之，公信力也要话语权来维护，不重视话语权，就会在他人的话语下失去公信力，"三人成虎"这个成语就告诉我们话语权的重要性。在参与经济全球化的进程并实行市场经济体制的大环境下，共产党如何取得话语权，也需要坚持不懈地努力。当今世界资本主义依然占据着绝大的优势，尤其是苏联解体之后，西方一些人士更是得意洋洋，发出了历史终结的狂妄论调。怎奈历史的走向与他们开了个玩笑，中国特色社会主义却正在崛起。意识形态的不同特别是中国经济发展迅猛，使得长期以来处于霸权地位的美国视中国以潜在的威胁。当前虽然已经不是过去两大阵营对峙的局面，但有些人冷战思维还没有消除，在与中国发展经济贸易等关系（这也是它自身利益的需要）的同时，又搞亚太再平衡战略，暗中企图遏制中国。为此，他们还特别重视利用所掌握的话语权，利用我国在前进中的问题，利用国内的不同政见者，甚至利用造谣惑众的办法，诋毁中国，渗透中国，搞乱中国。由于他们经济文化科技等方面的优势，在意识形态上掌控的力量很强，所以真正要确立中国共产党人的话语权还很不容易。除了自身硬气，即经济政治文化社会生态的发展和党自身建设的卓有成效，还要有有力、有效的传播机制、功能和技巧。

从以上诸多方面可以看到：当前中国共产党的公信力建设特别重要，因为全面建成小康社会和中华民族的伟大复兴都进入了关键时刻，特别需要广大人民群众与党的同心同德、共同奋斗；与此同时，党的公信力建设又面临着相当大的难度，它要求共产党人不忘初心，克己奉公，加倍努力地奋斗！

三 化理论为方法、化理论为德性和化理论为制度

尽管中国共产党在建设公信力上面临着诸多困难，但是也有着许多优

势，其中最重要的是二条：第一条，不忘初心的中国共产党的坚强领导；第二条，已经找到了一条中国特色社会主义道路，形成了中国特色社会主义理论，并且在不断完善着中国特色社会主义制度。这里特别要强调的是中国特色社会主义理论，它是历经六十多年实践探索而形成，"又在客观实际中得到证明的理论"，用毛泽东的话来说是"真正的理论"①。

习近平总书记在庆祝中国共产党成立95周年大会上的讲话从八方面强调了"不忘初心，继续前进"，充分体现了党的坚强决心，也体现了党对广大党员干部的要求。他强调的初心，首先也是最根本的就是"坚持马克思主义的指导地位，坚持把马克思主义基本原理同当代中国实际和时代特点结合起来，推进理论创新、实践创新，不断把马克思主义中国化推向前进"②。这里说的马克思主义和马克思主义中国化，就是指中国特色社会主义理论。它不仅是一些具体的政策措施，还有着深刻的哲学根基，既包含着世界观、价值观也包含着方法论，是当代深化发展了的马克思主义哲学。也因此，它具有很强的理论指导作用。

毛泽东在《实践论》中指出："马克思主义的哲学认为十分重要的问题，不在于懂得了客观世界的规律性，因而能够解释世界，而在于拿了这种对于客观规律性的认识去能动地改造世界。"他还指出："无产阶级和革命人民改造世界的斗争，包括实现下述任务：改造客观世界，也改造自己的主观世界——改造自己的认识能力，改造主观世界同客观世界的关系。"③今天，我们通过艰难的实践探索而逐步形成的中国特色社会主义理论，就是对于客观规律性的认识，就是要拿来指导我们当下的实践，改造中国这个世界，也改造我们自己的主观世界。这叫"实践——认识——实践"，也叫"以客观现实之道，还治于客观现实之身"。

对于理论向实践的飞跃，我们过去研究得不够，实际上大有文章可做。笔者认为要"化理论为方法，化理论为德性，化理论为制度"。前面两个化，是冯契先生早在20世纪50年代就提出来的④，已经有学者进行了研究。后一个化，即"化理论为制度"，是本人从当前实际出发提出的。

---

① 《毛泽东选集》第3卷，人民出版社1991年第2版，第817页。
② 《习近平在庆祝中国共产党成立95周年大会上的讲话》，《文汇报》2016年7月2日第2版。
③ 《毛泽东选集》第1卷，人民出版社1991年第2版，第292页。
④ 见《冯契文集》第1卷，华东师范大学出版社1996年第1版，第20页。

理论向实践的飞跃其中介是人，是实践着的人，或者说是实践着的一群人——一个组织起来的人群，组织起来的党。而关键中的关键，则将理论内化为自己的立场观点方法。延安整风的伟大意义也就在于以科学的理论——中国革命实践中形成的毛泽东思想，统一了全党的认识，化为广大党员干部的行动指南，从而转化为巨大的物质力量，使中国革命从一个胜利走向新的伟大的胜利。而今天，我们也必须把中国特色社会主义理论化为广大党员干部的立场观点方法。

第一，要化为对于中国特色社会主义的坚定信念。中国共产党带领中国人民建设的是社会主义，而不是其他什么主义。我们选择的中国特色社会主义道路，则是从中国实际出发通向美好的社会主义前景，通向中华民族复兴的正确道路。只有确立和坚定了这样的信念，广大党员干部才能真正做到站在最广大的人民群众的立场上，廉洁奉公，真心实意地为人民服务，为实现中国特色社会主义而奋斗；才能正气浩然地做到权为民所用、利为民所谋，抵制权力和市场带来的腐蚀作用，赢得群众的信任。人的德性是与人的理想信念紧密相连的。当前社会上道德风气的败坏，特别是干部中出现的诸多腐败现象，其根子在于理想信念的缺失。不信马克思主义，不信社会主义，就必然会信其他的东西，尤其是会信"钱"、信自己的物质享受，从而堕落下去。理想信念是人生之大目标，是根本的价值追求，只有解决了"为什么人的问题"，真正树立了"为人民"这样的目标，才能抵御各种诱惑，成为一个高尚的人、纯粹的人，成为大有益于人民的人，也只有这样的党员干部才能取得群众的信任。老百姓了解共产党，信任共产党，并不只是听党的宣传，而是看党的所作所为，尤其是身边党员干部的所作所为。把中国特色社会主义理论化为广大党员干部的理想信念，这是建设党的公信力的根本途径。

第二，要化为党员干部的思维方法和工作方法。中国特色社会主义理论是实事求是探索出来的成果，它本身就是充满辩证思维的理论，是实事求是和辩证思维的统一。可以说，没有这样科学的方法论，也就没有中国特色社会主义；同样，没有实事求是和辩证思维，也理解和把握不了这个理论。一些党员干部理想信念的动摇，以及他们在贯彻执行党的方针政策上的不力，往往是与其理论修养不足，没有把握实事求是和辩证思维的方法有关。马克思主义哲学方法论最根本的就是两条：理论与实际相结合，分析和综合相结合。无论是认识世界还是改造世界都离不开这两条。还要特别指出的是，在此基础上，面对当今时代特征和我们的主要任务，中国共产党还形成了科学发展观，它更直接地为今天的建设事业提供了方法论上的指导。我们干部的思想方法必须转到以人为本，全面、协调、可持续的科学发展观上来。但是在实际工作中，一些干部犯错误往往就是背离了这些要求，或者是主观主义教条主义，或者是形而上学猖獗。譬如，GDP至上，污染环境，破坏生态；譬如，相当多的政绩工程、形象工程、拍脑袋工程；再譬如，把向党负责向上负责和向群众负责向人民负责对立起来，把人民群众的长远的根本的利益与眼前的利益对立起来；好大喜功，强迫命令等等。而它们对于群众带来的危害，甚至严重的危害，是引起群众不满乃至失去群众信任的重要原因。而要克服这些问题，必须让广大干部深入实际，了解国情民情，并且要学理论学哲学，学会用马克思主义的方法论来认识和处理问题。

第三，要化理论为制度，使广大人民群众切切实实地感受到中国特色社会主义制度的优越性。这条是我们党正在做的，也是整个改革开放所要做的事情。正如习近平总书记指出的："中国特色社会主义是不是好，要看事实，要看中国人民的判断，而不是看那些戴着有色眼镜的人的主观臆断。中国共产党人和中国人民完全有信心为人类对更好社会制度的探索提供中国方案。"① 当今世界，各式各样的政权、人物都打着人民的旗号，以博取人们的支持。中国共产党与西方那些政党政客所不同处，在于她的立足点是马克思主义，是唯物史观，她认定了历史是广大人民群众创造的，因而坚决站在无产阶级和人民大众的立场上，为着人类从人压迫人、人剥削人的制度下解放出来而奋斗。尽管，我们还不能达到共产主义的最高理想，还在为建成中国特色社会主义而奋斗，但是我们的价值立场、价值目标没有改变，也不能改变！我们就是要把这样的价值立场和价值取向融进中国特色社会主义制度建设中去，从而使广大人民群众体会到中国共产党的政权绝不是代表少数人的利益，中国共产党搞市场经济也并不意味着被资本和金钱所绑架。民主法治建设要全面强化，带有某种封建色彩的特权要逐步取消，劳动者的合法权益要有切实的保障；在利用资本发展经济的同时，又要节制资本的无限贪欲，逐步提高劳动者及其工会在企业中的合

---

① 《习近平在庆祝中国共产党成立95周年大会上的讲话》，《文汇报》2016年7月2日第2版。

法地位；不断提高民众特别是劳动群众参政议政的权力和渠道，不断加强民众对于政府和官员监督的权力和渠道……当然，还必须全面加强执政党自身的制度建设以确保其先进性。

　　以上是培本固元，即让人民信得过的问题。然而，还必须掌握宣传和话语权。中国共产党虽然掌握着国内的主流媒体，做了大量的工作，但效果并不理想。原因很多，十分重要的是，宣传工作也要讲方法，即实事求是和辩证思维。所谓实事求是，一要客观，二要真诚，失去这两条就会弄虚作假，适得其反！所谓辩证思维，就是除了对恶意造谣攻击必须绳之以法外，不能搞"一言堂"，既要唱响主旋律，又要百花齐放、百家争鸣，在讨论中逐渐做到，澄清事实，分清是非，坚持真理，修正错误，团结大多数；对于我们的工作也必须取分析的态度，决不文过饰非。只有这样才能使人心服口服，真正赢得话语权，也才能在人民大众中赢得强大的公信力！

（作者单位：上海市社会科学院）

群众路线：践行"三严三实"的命脉与根本路径[*]

王 青

作为世界观与方法论、内在自觉与外在约束相统一的有机整体，"三严三实"即严以修身、严以用权、严以律己，谋事要实、创业要实、做人要实，共同构成了领导干部必备的为人做事的主要链条，体现着共产党人最基本的政治品格和行为准则，明确了党员干部的修身之本、为政之道、成事之要。践行"三严三实"的应有之义和根本目标，在于发挥密切联系群众的最大政治优势，扎根于群众、立足于群众并最终服务群众。群众路线作为保持党同人民群众血肉联系的桥梁纽带，不仅是党的生命线和根本工作路线，也是践行"三严三实"的命脉与根本路径。在协调推进"四个全面"战略布局的新征程中，只有始终不渝地坚持群众路线，才能为践行"三严三实"提供最坚实、最可靠的保障，才能使"三严三实"落地生根、开花结果。

一 "以百姓心为心"，践行严以修身

严以修身是"三严三实"的基础。习近平总书记指出："严以修身，就是要加强党性修养，坚定理想信念，提升道德境界，追求高尚情操，自觉远离低级趣味，自觉抵制歪风邪气。"[①] 严以修身的本质是严以修心，而修心的最高境界在"以百姓心为心"，始终把人民放在心中最高位置，做到心中有民不忘本。

---

[*] 基金项目：教育部人文社会科学规划项目"十六大以来党的群众工作新进展及前瞻性研究"（12YJA710068）阶段性研究成果。

[①] 中共中央文献研究室、中央党的群众路线教育实践活动领导小组办公室：《习近平党的群众路线教育实践活动论述摘编》，党建读物出版社、中央文献出版社2014年版，第41页。

（一）坚持党性和人民性相统一

党性修养是严以修身的根本任务和关键环节。习近平总书记强调："党性是党员干部立身、立业、立言、立德的基石。"① 我们党具有鲜明的阶级性和广泛的群众性，始终把植根人民、造福人民当作最宝贵的政治文化基因和历史使命，当作为人民谋利益的党性原则的核心内容。因此，党性和人民性是一致的、统一的，二者之间在本质上具有紧密联系、相互交织、密不可分的内在规定性，不能割裂开来、对立起来、搞碎片化。这就要求领导干部弄清楚"为了谁、依靠谁、我是谁"，深刻认识忠诚于党就是忠诚于人民，站稳党性立场就是站稳群众立场，把对党负责与对人民负责统一起来，矢志不移为党和人民事业奋斗；坚持以人为本、以民为本，树立以人民为中心的工作导向，把"为大多数人谋幸福"作为一切工作的价值诉求和实践旨归，"心中始终装着老百姓，先天下之忧而忧，后天下之乐而乐，真正做到心系群众、热爱群众、服务群众"②。

（二）以服务人民为首要标准坚定理想信念

革命理想高于天。理想信念是共产党人精神家园的核心和灵魂，是党员干部安身立命的主心骨、修身立业的压舱石。习近平总书记形象指出："理想信念就是共产党人精神上的'钙'，没有理想信念，理想信念不坚定，精神上就会缺'钙'，就会得'软骨病'。"③ 衡量理想信念是否坚定具有客观标准，首要而根本的是看一个党员干部是否真正全心全意为人民服务。因为共产主义、社会主义理想信念最本质、最朴素、最真实的基点，就是让人民群众过上越来越幸福的生活，使每一个人都能全面而自由地发展，说到底就是全心全意为人民服务。各级领导干部要用为人民服务的初心补钙壮骨、立根固本，拧紧"总开关"，挺直精神脊梁，练就金刚不坏之身，以坚定不移的意志、百折不挠的毅力、勇往直前的精神，始终不渝地为崇高理想信念奋斗终生。要深入到人民群众创造历史的伟大实践中，增进对理想信念的情感认同，增强造福人民的使命感和责任感，带领群众共同把宏伟蓝图变成美好现实。

---

① 中共中央文献研究室、中央党的群众路线教育实践活动领导小组办公室：《习近平党的群众路线教育实践活动论述摘编》，党建读物出版社、中央文献出版社 2014 年版，第 6 页。
② 习近平：《做焦裕禄式的县委书记》，中央文献出版社 2015 年版，第 68 页。
③ 中共中央文献研究室：《十八大以来重要文献选编》上，中央文献出版社 2014 年版，第 80 页。

（三）在密切联系群众中提升道德境界

国无德不兴，人无德不立。道德问题始终是党员干部做人为官的首要基本问题。习近平总书记强调："面对纷繁复杂的社会现实，党员干部特别是领导干部务必把加强道德修养作为十分重要的人生必修课，努力以道德的力量去赢得人心、赢得事业成就。"① 道德建设的核心是强化宗旨意识，密切与人民群众的血肉联系。作为党员领导干部，任何时候任何情况下都要虚心放下架子，主动沉下身子，与群众同甘共苦、打成一片，真正把自己的道德修养、人格力量根植于人民群众的美德之中，在同人民群众的密切联系中提升从政道德素质和服务人民本领；要时时刻刻注意以德修身、以德立威、以德服众，用高尚道德品行影响和感染身边的群众，"激励人民群众崇德向善、见贤思齐，鼓励全社会积善成德、明德惟馨"②，凝聚起实现中国梦的强大精神力量和有力道德支撑。

二 以群众利益为重，践行严以用权

严以用权是"三严三实"的核心。习近平总书记指出："严以用权，就是要坚持用权为民，按规则、按制度行使权力，把权力关进制度的笼子里，任何时候都不搞特权、不以权谋私。"③ 领导干部践行严以用权最根本的要求是始终坚持以群众利益为重，自觉把权力当作为人民服务的公器，做到为民用权、依法用权、阳光用权，使手中权力成为人民的福祉。

（一）增强宗旨意识，坚持为民用权

为民用权是严以用权的出发点和落脚点。权力为谁所有、为谁所赋、为谁所用，是权力形成及其运用的基本制约因素。领导干部是掌握权力的"特殊群体"，这个问题弄不清楚，就会使"四风"之害反弹回潮而难以遏制。任其发展下去，在党和群众中间就会像横亘着一堵无形之墙，我们党就有失去民心、"霸王别姬"的危险。习近平总书记再三强调："公权为

---

① 习近平：《深化改革发挥优势创新思路统筹兼顾　确保经济持续健康发展社会和谐稳定》，《人民日报》2014年5月12日。
② 习近平：《深入开展学习宣传道德模范活动　为实现中国梦凝聚有力道德支撑》，《人民日报》2013年9月27日。
③ 中共中央文献研究室、中央党的群众路线教育实践活动领导小组办公室：《习近平党的群众路线教育实践活动论述摘编》，党建读物出版社、中央文献出版社2014年版，第41页。

民，一丝一毫都不能私用。"① 各级领导干部要深深懂得，权力不是与生俱来的，也不是天上掉下来的，而是人民赋予的，姓公不姓私，只能拎着"乌纱帽"为民干事，决不能将权力沦为谋一己之私的工具。无论何时何地都必须"把人民利益放在行使权力的最高位置，把人民群众满意作为行使权力的根本标准"②，恪守为民之责，善谋富民之策，多办利民之事，真正实现权力取之于民、用之于民、造福于民的价值。

（二）扎紧制度笼子，坚持依法用权

按规则、按制度行使权力，把权力关进制度的笼子，是严以用权的保障。权力意味着一种支配的力量，具有自我扩张、自我膨胀的特点。防止公共权力异化，关键是用制度规范权力，保证权力沿着制度化、科学化和法制化的轨道运行。习近平总书记指出："权力是一把双刃剑，在法治轨道上行使可以造福人民，在法律之外行使则必然祸害国家和人民。"③ 这就要求领导干部牢记"有权不可任性"，给权力设定边界，套上"紧箍咒"，不搞权力寻租，不与民争利，最大限度地运用权力造福于民；带头依法依规用权，法定职权必须为、法无授权不可为，切实保障人民群众对美好生活的向往和追求；坚持公正用权、公平处事，不因私利抛公义、不因私谊废公事，平等保护群众合法权益，真正让人民群众在每一个司法案件中都感受到公平正义。

（三）接受群众监督，坚持阳光用权

加强权力运行监督，让人民监督权力，让权力在阳光下运行，是严以用权的最高境界。知屋漏者在宇下，知政失者在草野。"群众的眼睛是雪亮的"，群众的监督也是最无私无畏的。习近平总书记强调："不想接受监督的人，不能自觉接受监督的人，觉得接受党和人民监督很不舒服的人，就不具备领导干部的起码素质。"④ 因此，各级领导干部要充分认识到有权必有责、用权受监督、违法要追究天经地义，党内不允许有不接受监督的

---

① 中共中央文献研究室、中央党的群众路线教育实践活动领导小组办公室：《习近平党的群众路线教育实践活动论述摘编》，党建读物出版社、中央文献出版社2014年版，第39页。
② 习近平：《领导干部要牢固树立正确世界观权力观事业观》，《学习时报》2010年9月6日。
③ 中共中央文献研究室：《习近平关于协调推进"四个全面"战略布局论述摘编》，中央文献出版社2015年版，第117页。
④ 中共中央文献研究室：《十八大以来重要文献选编》上，中央文献出版社2014年版，第136页。

特殊党员，把自己的所作所为置于群众的视线之内，习惯于在"聚光灯""放大镜"下行使权力。要织密群众监督之网，引导群众履行监督责任，激发和鼓励群众大胆提意见、敢于评头品足，真心帮助领导干部改进提高，让人民群众不断看到实实在在的成效和变化。要建立健全体制机制，使各种监督更加规范、更加有力、更加有效，让阳光洒遍权力运作的每个角落，给权力涂上防腐剂，确保权力行使始终沿着为人民服务和受人民约束的健康轨道运行。

三 一心为民、两袖清风，践行严于律己

严以律己是"三严三实"的根本。习近平总书记指出："严以律己，就是要心存敬畏、手握戒尺，慎独慎微、勤于自省，遵守党纪国法，做到为政清廉。"① 践行严以律己，关键在于坚持克己奉公、廉洁自律，做到一心为民、两袖清风，赢得人民群众的信任和称赞。

（一）常怀敬畏之心

"畏则不敢肆而德成，无畏则从其所欲而及于祸。"对于党员干部来说，只有常存敬畏之心，才会时刻如临深渊、如履薄冰，谨言慎行、严于律己。刘云山指出："从严管理干部，首先要管好领导干部特别是一把手，让领导干部正确认识自己，敬畏法纪、敬畏组织、敬畏群众。"② 从现实角度考量，领导干部必须做到"三敬畏"。一是敬畏法纪。充分认识党纪国法是戒条、法典的道理，带头遵纪守法，不搞特殊、不兴例外，防止"破窗效应"，让法纪成为约束自身行为的"带电高压线"，以实际行动带动党风、政风和社会风气好转，团结带领人民群众向法治国家、和谐社会不断迈进。二是敬畏组织。认清个人的成长进步、职位升迁归根到底是组织培养教育的结果，不能辜负组织的期望，夙兴夜寐、尽心竭力，兢兢业业、干干净净为党和人民工作，随时准备为人民利益牺牲一切。三是敬畏群众。悟透群众是真正的英雄，始终紧紧依靠群众，从人民群众伟大实践中汲取智慧和力量；牢记"水能载舟，亦能覆舟"，始终站稳群众立场，切切实实维护好、实现好、发展好最广大人民的根本利益。

---

① 中共中央文献研究室、中央党的群众路线教育实践活动领导小组办公室：《习近平党的群众路线教育实践活动论述摘编》，党建读物出版社、中央文献出版社2014年版，第41页。
② 《全国组织部长会议在京召开 刘云山出席会议并讲话》（http://news.xinhuanet.com/politics/2014-01/22/c_119087271.htm）。

(二) 坚持自重自省自警自励

严以律己的本质要求，就是自重、自省、自警、自励。党员干部只有坚持"四自"要求，才能始终保持人民公仆本色，坚守固有的原则，铭记自身的使命，担起肩负的责任。习近平总书记告诫领导干部："要有'与人不求备，检身若不及'的精神，时刻自重自省自警自励，努力做到'心不动于微利之诱，目不眩于五色之惑'。"[1] 这就要求各级领导干部：一要自重，一言一行都要做民众的表率，自觉维护党全心全意为人民服务形象，视百姓为"衣食父母"，切实做到情为民所系、权为民所用、利为民所谋；二要自省，常怀律己之心，常修为政之德，坚持"吾日三省吾身"，深刻反省自己的思想行为是否符合人民的利益诉求，做到无愧于人民群众的重托与厚望；三要自警，常思贪欲之害，常弃非分之想，防微杜渐、警钟长鸣，时刻警醒自己坚持立身不忘做人之本、为政不移公仆之心、用权不谋一己之私；四要自励，不断鞭策自己提升服务基层、服务群众的本领，一心为公、敢于担当，把实现人民群众对美好生活的向往作为人生的奋斗目标，为党的事业和人民幸福呕心沥血、鞠躬尽瘁。

(三) 做到为政清廉

清正廉洁是为民公仆最基本的品质，贪污腐败是人民群众最痛恨的丑恶行为。清廉与腐败水火不相容，要做到为政清廉，就必须坚定不移地反对腐败。习近平总书记强调指出："我们必须下最大力气解决好消极腐败问题，确保党始终同人民心连心、同呼吸、共命运。"[2] 领导干部要自觉把反腐倡廉当作毕生的政治必修课，把廉洁从政作为至关重要的生命线，始终绷紧清正廉洁这根弦，筑牢拒腐防变的思想防线，达致两袖清风、一心为民的境界，积极营造风清气正的良好政治生态。要坚持以零容忍态度惩治腐败，毫不手软地"打虎""拍蝇"，着力解决发生在群众身边的不正之风和腐败问题，切实维护人民合法权益，让群众切身感受到建设廉洁政治的实际成效。要发挥人民群众主体作用，紧紧依靠人民群众的支持和参与进行反腐败斗争，让腐败分子陷入人民战争的汪洋大海之中而心惊胆战，织就一张令其难以逃脱的天罗地网，从根本上遏制腐败的严峻形势。

---

[1] 中共中央文献研究室：《十八大以来重要文献选编》上，中央文献出版社2014年版，第341—342页。

[2] 中共中央纪律检查委员会、中共中央文献研究室：《习近平关于党风廉政建设和反腐败斗争论述摘编》，中央文献出版社、中国方正出版社2015年版，第6—7页。

四　为人民谋福祉，践行谋事要实

谋事要实是"三严三实"的前提。习近平总书记指出："谋事要实，就是要从实际出发谋划事业和工作，使点子、政策、方案符合实际情况、符合客观规律、符合科学精神，不好高骛远，不脱离实际。"[①] 践行谋事要实，归根结底要牢固树立"万事民为先"的理念，把群众诉求作为谋事之基，把群众满意作为最高标准，把群众福祉作为谋事之要，全心全意为人民谋利益。

（一）深入群众调查研究摸透实情

了解实际、掌握实情是谋事要实的出发点。对马克思主义政党而言，最广大人民的根本利益，群众的衣食住行、安危冷暖、喜怒哀乐，任何时候都是最大、最主要的实际。摸清实际情况，必须进行全面而深入的调查研究。习近平总书记强调："调查研究是谋事之基、成事之道。没有调查，就没有发言权，更没有决策权。"[②] 各级领导干部要深入基层群众开展调查研究，"尤其对群众最盼、最急、最忧、最怨的问题更要主动调研"[③]，用脚步丈量民情，掌握全面、真实、丰富、生动的第一手材料，从而为谋事提供必需和可靠的依据，为成事奠定深厚的基础。要诚心诚意地向群众请教，通过调查研究汲取群众的智慧营养，凡是涉及群众切身利益的决策都要坚持"开门谋事"的原则，提高社会公众的参与度，广泛听取群众意见，从群众中寻找解决问题的方案和办法，确保各项决策和工作部署契合客观实际、体现群众意愿，切实做到民有所呼、党有所应。

（二）真心实意为群众谋实事

为群众谋实事是谋事要实的着力点。谋事要实，重在谋实在事；人民群众的所需所求，正是党员干部要谋要办的实在事。习近平总书记指出："为群众办实事、办好事，要从实际出发，尊重群众意愿，量力而行、尽力而为，不要搞那些脱离实际、脱离群众、劳民伤财、吃力不讨好的东

---

①　中共中央文献研究室、中央党的群众路线教育实践活动领导小组办公室：《习近平关于党的群众路线教育实践活动论述摘编》，党建读物出版社、中央文献出版社2014年版，第41页。

②　习近平：《加强对改革重大问题调查研究　提高全面深化改革决策科学性》，《人民日报》2013年7月25日。

③　习近平：《谈谈调查研究》，《学习时报》2011年11月21日。

西。"① 各级领导干部要俯身亲民，及时了解广大群众需要什么、期盼什么，把群众的诉求当作谋实事的核心内容，把群众的所思所盼当作谋实事的要义关键。既要谋关系国计民生的大事，也要谋涉及人民群众切身利益的小事，使所谋之事生成广大群众看得见、摸得着的实惠，在"润物细无声"中送去党的关怀和温暖，充分展现对人民群众"一枝一叶总关情"的深情厚爱。要让群众来评判为民谋实事工作的成效，把群众满意不满意、拥护不拥护、赞成不赞成作为衡量和检验谋事要实的最高标准，得到人民发自内心的认同和拥护。

（三）全心全意为人民谋幸福

为人民谋幸福，让人民过上更好生活是谋事要实的落脚点。人民群众热爱生活，希望创造和享受美好的生活，包括更好的教育、更稳定的工作、更满意的收入、更可靠的社会保障、更高水平的医疗卫生服务、更舒适的居住条件、更优美的环境，等等。习近平总书记强调："人民对美好生活的向往，就是我们的奋斗目标。"② 领导干部要把民之所望作为施政所向，把群众福祉作为谋事之要，履行对人民幸福生活的承诺和责任，让群众的"幸福指数"成为评价工作绩效的核心指标，打造广大人民的幸福梦。要把心思和精力都用在为群众谋福利上，引导广大群众树立通过勤劳致富改善生活的理念，焕发劳动热情、释放创造潜能，依靠辛勤努力共创美好未来。要有为民改革的大抱负、造福一方的真追求，以敢于啃"硬骨头"、敢于涉险滩的勇气坚定不移地推进改革，提升改革含金量，增强群众获得感，从而把"谋事要实"真正落到实处。

五　带领群众务实干事，践行创业要实

创业要实是"三严三实"的关键。习近平总书记指出："创业要实，就是要脚踏实地、真抓实干，敢于担当责任，勇于直面矛盾，善于解决问题，努力创造经得起实践、人民、历史检验的实绩。"③ 践行创业要实旨在

---

① 《论群众路线——重要论述摘编》，中央文献出版社、党建读物出版社2013年版，第138页。
② 中共中央文献研究室：《十八大以来重要文献选编》上，中央文献出版社2014年版，第70页。
③ 中共中央文献研究室、中央党的群众路线教育实践活动领导小组办公室：《习近平党的群众路线教育实践活动论述摘编》，党建读物出版社、中央文献出版社2014年版，第41—42页。

为群众务实干事、担当重任，依靠人民创造历史伟业。

（一）带领群众真抓实干

"空谈误国，实干兴邦。"真抓实干是做好一切工作的根本保证，是党员干部干事创业的基本立场。共产党人以改造世界为己任，从来都是注重实践、崇尚落实的行动派。习近平总书记强调："凡是有利于党和人民事业的，就坚决干、加油干、一刻不停歇地干；凡是不利于党和人民事业的，就坚决改、彻底改、一刻不耽误地改。"[①] 领导干部要时刻把人民群众安危冷暖放在心上，以"天下大事必做于细"的态度，做到"利民之事，丝发必兴；厉民之事，毫末必去"。要始终保持求真务实的工作作风，坚决反对群众反映强烈的"四风"，发扬"钉钉子"精神，咬定青山不放松、一张蓝图干到底，以抓铁有痕、踏实留印的韧劲开创事业发展的新局面。要"把创新摆在国家发展全局的核心位置"[②]，激发亿万人民的聪明才智和创造活力，鼓励群众脚踏实地、埋头苦干，让大众创业、万众创新在全社会蔚然成风，让人们更好地实现精神追求和自身价值。

（二）敢于为人民担当

敢于担当是我们党的优良作风和鲜明品格，是领导干部的基本素质和职责要求。有多大担当才能干多大事业，尽多大责任才会有多大成就。习近平总书记指出："我们做人一世，为官一任，要有肝胆，要有担当精神，应该对'为官不为'感到羞耻。"[③] 各级领导干部要以天下为公、为人民担当，忠实履行全心全意为人民服务的根本宗旨，自觉把使命放在心上、把责任扛在肩上，对工作任劳任怨、尽心竭力、善始善终、善作善成，决不辜负党和人民的信任与重托。要敢于较真碰硬、敢于直面困难，保持明知山有虎、偏向虎山行的劲头，关键时刻豁得出来、顶得上去，"真正成为带领人民群众战风险、渡难关的主心骨"[④]，努力"做我们时代的劲草、

[①] 习近平：《时时铭记事事坚持处处上心　以严和实的精神做好各项工作》，《人民日报》2015年9月14日。

[②] 《中共中央关于制定国民经济和社会发展第十三个五年规划的建议》，人民出版社2015年版，第8页。

[③] 习近平：《脱贫攻坚战冲锋号已经吹响　全党全国咬定目标苦干实干》，《人民日报》2015年11月29日。

[④] 习近平：《做焦裕禄式的县委书记》，中央文献出版社2015年版，第9—10页。

真金"①。要尊重人民主体地位,发挥人民首创精神,最大限度地调动一切积极因素,为敢于担当提供强大力量支撑,动员人民群众团结奋斗,带领人民群众改天换地,凝聚起推动党和人民事业不断从胜利走向胜利的正能量。

(三) 创造人民满意业绩

党员干部业绩的本质属性是实现最广大人民的根本利益,提升人民群众的生活品质。"金杯银杯不如老百姓的口碑。"群众对领导干部的业绩最为关注,看得最清楚,也最有发言权。正如习近平总书记所指出的:"检验我们一切工作的成效,最终都要看人民是否真正得到了实惠,人民生活是否真正得到了改善,人民权益是否真正得到了保障。"② 领导干部要有福荫子孙的长远眼光、泽被后世的宏大胸怀,树立正确政绩观,遵循"政绩之本,在于为民",做到"民之所好好之,民之所恶恶之",不搞劳民伤财的"形象工程""政绩工程",以实实在在的工作成果造福百姓、取信于民。要在对干部的评判体系中加入更多群众的权重,以群众为"考官",以群众拥护不拥护、赞成不赞成、答应不答应为衡量政府工作绩效的"晴雨表"和"试金石"。要"按照人人参与、人人尽力、人人享有的要求"③,创造更加公平正义的社会环境,使人民群众在共建共享中有更多获得感、更强满意度,使发展成果犹如阳光普照惠及全体人民,脚踏实地、一步一个脚印走向共同富裕。

六 成为有益于人民的人,践行做人要实

做人要实是"三严三实"的保证。习近平总书记指出:"做人要实,就是要对党、对组织、对人民、对同志忠诚老实,做老实人、说老实话、干老实事,襟怀坦白,公道正派。"④ 领导干部践行做人要实,最基础最根本的就是以诚待民,以实干事,努力成为有益于人民的人。

---

① 中共中央文献研究室:《十八大以来重要文献选编》上,中央文献出版社2014年版,第341页。
② 中共中央文献研究室、中央党的群众路线教育实践活动领导小组办公室:《习近平党的群众路线教育实践活动论述摘编》,党建读物出版社、中央文献出版社2014年版,第8页。
③ 《中共中央关于制定国民经济和社会发展第十三个五年规划的建议》,人民出版社2015年版,第32页。
④ 中共中央文献研究室、中央党的群众路线教育实践活动领导小组办公室:《习近平党的群众路线教育实践活动论述摘编》,党建读物出版社、中央文献出版社2014年版,第42页。

（一）忠诚于人民

这是做人要实的前提。"天下至德，莫大乎忠。"对人民忠诚是至高至重的政治品格，是战胜各种艰难险阻的精神支柱，也是为民执政、为民谋利的根本保证。习近平总书记强调："党的干部必须做人民公仆，忠诚于人民，以人民忧乐为忧乐，以人民甘苦为甘苦，全心全意为人民服务。"[①] 各级领导干部要始终把忠于党、忠于人民融入血脉、浸入骨髓，对人民一心一意、真心实意、全心全意，甘当螺丝钉、甘做铺路石、甘为孺子牛。要以对党和人民的大忠大爱，大刀阔斧攻克体制顽瘴痼疾、突破利益固化藩篱，以增进人民福祉、促进人的全面发展为出发点和落脚点，正确处理最广大人民根本利益、现阶段群众共同利益、不同群体特殊利益的关系，着力解决涉及群众切身利益的突出问题。要更多关注困难群众，做到雪中送炭、纾难解困，以"但愿苍生俱饱暖"的情怀踏踏实实为民造福，以愚公移山之志苦干实干，"齐心协力打赢脱贫攻坚战，众志成城实现脱贫攻坚目标"[②]，确保贫困地区和贫困人口与全国一道迈入全面小康社会。

（二）做老实人、说老实话、干老实事

这是做人要实的核心。习近平总书记指出："老实做人、做老实人，是共产党员先进性的内在要求，是领导干部官德的外在表现，也是我们党的一贯主张。"[③] 做老实人最重要的是坚持原则。领导干部要把甘做勤政为民的老实人作为最高准则，时刻把人民装在心里，想群众之所想、急群众之所急、解群众之所忧，踏踏实实做人，兢兢业业工作，勤勤恳恳奉献，锲而不舍、驰而不息地为广大人民谋福祉。说老实话最关键的是实事求是。要扎实践行群众路线，从群众中来、到群众中去，悉心体察民情、倾听民声、顺应民意，做到言必行、行必果，提高政府公信力和执行力，避免"塔西陀陷阱"和"老不信"现象。干老实事最本质的是求真务实。要始终把老老实实为人民办事作为不懈追求，深怀爱民之心，善谋富民之策，恪守为民之责，出实策、鼓实劲、崇实干、求实效，用实实在在的行

[①] 中共中央文献研究室：《十八大以来重要文献选编》上，中央文献出版社2014年版，第338页。

[②] 习近平：《脱贫攻坚战冲锋号已经吹响　全党全国咬定目标苦干实干》，《人民日报》2015年11月29日。

[③] 习近平：《领导干部要认认真真学习　老老实实做人　干干净净干事》，《学习时报》2008年5月26日。

动给群众带来真真切切的好处。

（三）襟怀坦白、公道正派

这是做人要实的基本要求。作为一种政治品质、一种思想作风、一种行为规范，襟怀坦白、公道正派是领导干部的为人之本、从政之基。习近平总书记强调指出："领导干部要坚守正道、弘扬正气，坚持以信念、人格、实干立身；要襟怀坦白、光明磊落，对上对下讲真话、实话。"[①] 这就要求各级领导干部坚持大公无私、公私分明、先公后私、公而忘私，干干净净做事、清清白白做人、堂堂正正为官，做到君子坦荡荡，从容天地间，以良好的形象和过硬的素质推动党和人民事业不断向前发展；始终把群众利益放在首位，把服务人民、造福人民作为核心价值和最高职责，从而不为私心所扰，不为名利所累，不为物欲所惑，以公道正派的人格力量赢得社会的尊重和群众的敬仰；带头讲大局、重品行、作表率，增强党同人民群众业已深厚的血肉联系，使广大群众更紧密团结在我们党周围，同心同德、群策群力，共同推进"四个全面"战略布局，从而为实现"两个一百年"奋斗目标和中华民族伟大复兴中国梦，凝聚起排山倒海、气吞山河的磅礴力量。

（作者单位：山东理工大学马克思主义学院）

---

① 习近平：《坚持从严治党落实管党治党责任　把作风建设要求融入党的制度建设》，《人民日报》2014年7月1日。

建构中国特色利益冲突防范机制探析

魏淑琰　张国生

利益冲突是导致腐败发生的重要根源,探析防范利益冲突机制,能够遏制领导干部以公谋私,有利于从根源上遏制腐败。防范利益冲突制度的核心是预防,即围绕权力和利益之间的关系,作出合理的权力安排和利益安排,从而达到预防腐败的目的。十八大报告明确指出:"反对腐败、建设廉洁政治,是党一贯坚持的鲜明政治立场,是人民关注的重大政治问题。这个问题解决不好,就会对党造成致命伤害,甚至亡党亡国。"[①] 我国当前正处于快速发展期,改革开放仍在加速推进,社会转型尚未完成,各种问题复杂多变,反腐倡廉建设依然任重道远。为了更好地推进我国的廉政建设,有效的遏制和防止腐败,本文借鉴了国(境)外的一些国家或地区在防范利益冲突机制,并结合我国全面建成小康社会的目标背景,探索建构中国特色利益冲突防范机制。

一　严密的法律体系是建构防范利益冲突机制的前提

为防范利益冲突,公职人员行为,一些发达国家专门制定出台了《利益冲突法》,并建立了一套以《利益冲突法》为核心的法律体系。例如,美国的防范利益冲突法律体系主要有3部法律法规,包括《政府道德法》《利益冲突法》以及《美国行政部门雇员道德行为准则》,其中《利益冲突法》是将反腐败领域中的防范利益冲突法条添加进刑法当中,对于利益冲突行为所要面临的相应的处罚做了详细规定;加拿大在1973年即通过《政府官员利益冲突章程》,2006年又将其上升到法律层面,即《政府官

[①] 《坚定不移沿着中国特色社会主义道路前进　为全面建成小康社会而奋斗》,2012 年 11 月 8 日。

员利益冲突法》，其中对利益冲突规则、管理和执行制度、公开登记制度、行政货币处罚制度等内容做了明确规定，并与《公共服务价值与道德规范》《公职人员利益冲突及离职规则》《信息公开法》《外国公职人员腐败法案》等法律法规相辅相成，构成了加拿大的防范利益冲突法律体系。这些国家在防范利益冲突法律制度建构方面的经验可以为我国建立中国特色的利益冲突防范机制、甚至出台专门的《利益冲突法》提供了有益的经验。

第一，对利益冲突主体、禁止行为和相关的预防性规定（财产报告和资产处理等）等内容以及相应的惩处措施和程序进行全面详细的规定，使法律具有可操作性。当前我国虽然存在着大量内容涉及防范利益冲突的党纪国法，但是并不成体系，零散地分布于各种准则、条例、通知、决定和规定之中，使得我国的防范利益冲突制度表现出预防效果不佳、惩罚措施不明、内容过于分散、调整对象各异、执行力度薄弱和可持续性不足的弊端。在美国的防范利益冲突法律中，其内容较为系统全面的规定了禁止对象、禁止行为和相关的预防性规定（财产报告和资产处理等），并对相应的标准、程序和处罚措施作出了明确规定，具有很强的可操作性。[①]

第二，构建适合中国国情的利益公开、利益回避、利益处理和离职后行为限制等相关配套制度。针对利益冲突问题的立法，其本质关注的是公职人员的伦理问题，而伦理问题的存在是由其历史、文化和社会环境等因素综合决定的。因此，构建防范利益冲突机制不是仅仅通过立法就可以解决的问题，立法只是防范利益冲突机制建设的一个方面和重要步骤。我们还需要在立法的同时，加强相关法律知识的宣传，使社会公众真正理解认同防范利益冲突的重要性，为防范利益冲突体系的有效运行构建良好的外部环境。回避制度是指为了消除公职人员可能因亲属关系等因素产生的对公共行政的负面影响，而对公职人员任职资格、执行公务等方面做出的一系列的限制性规范的总和。它是一种提前预防的制度规范，以避免公职人员所执行的公务涉及其亲属相关的利益，陷入"情与法"相冲突的境地。使公职人员回避而不参与其事，不仅可以杜绝可能因此而产生的利益冲突，也可以提高公众对政府行政公正性的信心。回避制度是现代社会重要

[①] 尹志强：《防范利益冲突机制建设研究》，硕士学位论文，中共中央党校，2014年，第32页。

的人事管理制度之一，是防范利益冲突的基础性制度。许多国家的法律中都有所涉及，对回避内容与惩罚措施进行详细的规定。香港的《公务员守则》中规定政府人员能否根据一般许可接受受限制利益，《接受利益公告》把提供利益者的身份分为亲属[①]、私交友好、其他人士及商人/商业机构/会社。要求国家公职人员不仅要回避直系亲属和姻亲的利益，而且要回避商业合作伙伴、亲朋好友的利益。

第三，加大违犯法律法规的利益成本。严厉的惩处措施是防范利益冲突的最后防线。理论上讲，腐败收益与腐败成本的对比关系决定着腐败动机的产生。同样，如果利益冲突成本低，行为风险小，就会在相当程度上助长公职人员涉入利益冲突动机的产生。在利益冲突导致腐败多发的形势下，加大利益冲突成本、腐败成本，形成利益冲突的惩戒机制对于防范利益冲突具有重要意义。其一，提高发现、查处利益冲突概率。我国在反腐败方面长期存在着腐败发现率低、腐败潜伏期长等问题，及早发现并查处公职人员利益冲突行为，有利于遏制其发展趋势，避免最终发展为腐败案件。为此，应加强审计监督，鼓励社会和舆论监督，完善监督机制，提高发现、查处利益冲突概率。其二，提高政治成本。将利益冲突行为与公职人员的组织考核、职务升迁等结合起来，公职人员一旦有利益冲突行为，视其严重程度可给予其限制职务升迁等处罚。其三，提高其经济成本。对公职人员利益冲突经济处罚作明确规定，提高其经济成本，扩大适用罚金等财产刑，使之为利益冲突行为付出高额的经济代价。其四，提高其精神成本。精神成本可分为两种，一是担心被发现的心理负担，二是被发现后的"身败名裂"。为此，可将公职人员利益冲突行为公之于众，对其造成舆论压力，接受舆论谴责，让公职人员为其利益冲突行为付出高昂的精神代价。

二 健全的执行体系是防范利益冲突的关键

制度的生命关键在于执行。在我国，虽然有许多有关防范利益冲突的

[①] 亲属指：配偶（包括妾侍）、与该名政府人员共同生活，一如夫妇的任何人士；未婚夫、未婚妻；父母、继父母、合法监护人；配偶的父母、配偶的继父母、配偶的合法监护人；祖父母、曾祖父母；子女、由法庭判令受其监护者；配偶的子女、由法庭判令受配偶监护者；男女孙及男女外孙；子女的配偶；兄弟姐妹；配偶的兄弟姐妹；异父或异母所生的子女；继父与前妻或继母与前夫所生的子女；兄弟姐妹的配偶；父母的兄弟姐妹；父母的兄弟姐妹的配偶；父母的兄弟姐妹的子女。

法律及规章,但是其中很多制度规章在实践中的执行效果并不理想。借鉴国(境)外在加强制度执行力方面的经验,健全我国的制度执行体系可以通过健全相关组织机构、完善考核机制等方式努力。

一方面,加强制度执行体系建设,要健全相关组织机构。一些国家和地区为防范利益冲突设立专门的反腐机构,比如香港特别行政区的廉政公署、新加坡的贪污调查局、韩国的反腐败委员会;有的国家和地区则设立预防利益冲突和腐败的机构,如法国的预防贪污腐败中心,是一所专职的预防腐败机构。

另一面,加强制度执行体系建设,重点则是要创新考核评价方式和奖惩机制建设。考核评价方式是一种行为导向,加之以奖惩机制建设,可以有效增强防范利益冲突制度规定的执行力。我国可以逐步将对防范利益冲突工作纳入到党风廉政建设责任制的考核中,明确各级党委和政府职责。探索出能够适应实际情况的有效的防范利益冲突工作考核方式,特别是要重视网络的应用。以墨西哥出台的《信息公开法》为例,规定所有墨西哥公民有权监督国家公务人员的收入情况,希望以此来遏制腐败行为。为确保这项制度得到执行,墨西哥国家审计局在互联网上开通了专门的网站,在网站上公开国家公职人员的收入情况。我国可以适当借鉴墨西哥经验,将网络科学合理的引入国家公职人员的考核评价之中。考核的重点应集中在对信息公开情况、利益回避制度执行情况以及利益冲突处理情况。在考核的基础之上,建立奖惩机制,明确奖惩标准。"完善的防范利益冲突制度,最终效果是要看落实,这就需要强化监督机制、评价机制、奖惩机制、认识机制等实施机制。"[①] 长期从事廉政建设研究的李成言教授曾表示:"在整个实施过程中,要对利益冲突行为形成有力的监督,对官员廉政状况及处理利益冲突的情况,要给予全方位的较为科学的评价。"[②] 我国现有的防范公职人员利益冲突制度执行不力的现状迫使我国政府更加重视制度的执行。因此,当前我国迫切需要建立一套行之有效的实施机制,建立与防范公职人员利益冲突相配套的监督机制、评价机制、奖惩机制,以保障相关制度的贯彻落实。此外,还可以考虑借鉴廉政公积金等激励性制度,建立有效的激励机制,以减少公职人员的腐败动机,强化落实效果。

---

① 李松:《给利益冲突套上缰绳》,《瞭望》2010年第10期。
② 同上。

三 完善监督机制是建构利益冲突机制的保障

权力失去制约和监督,必然会导致腐败行为的出现。孟德斯鸠曾指出:"一切有权力的人都容易滥用权力,这是万古不变的一条经验。有权力的人使用权力一直到遇有界限的地方才休止。"① 加强对权力的监督,建构完善的权力监督体系,是防范利益冲突的重中之重。"不断推进权力运行程序化和公开透明,使权力运行中的各种制约要素和监督主体环环相扣、紧密衔接、良性互动。"② 为此,可以从推进政务公开、加强党内监督、鼓励引导舆论监督等方面进行努力。

第一,不断推动政策制定和政务的公开透明,让权力在阳光下运行。阳光是最好的防腐剂。我国政府要加快服务型政府建设,进一步提高政府透明度,对于不涉及国家机密的政务应该向社会公开,鼓励群众监督政府;减少行政审批范围、程序和内容,减少权力寻租空间;进一步对行政自由裁量权进行规范清理,缩小私欲干扰公权的操作空间。尊重人民群众的主体地位,加快人民群众沟通渠道建设,发挥群众的监督作用,不断推动监督机制的制度化和规范化,使利益冲突行为无处藏身。

第二,加强党内监督。首先,加强党内监督,根本上还是要以制度约束权力,为此,应进一步加强党内制度建设,使相关制度具体化、可操作化。其次,党内监督须建立在对监督对象的清楚了解基础之上,因此,党内监督只有在公开透明的条件下才能有效进行,这就需要加强党内生活和党务活动的公开性和透明性。最后,要以党员为本,确立党员本位原则,以健全体现党员主体地位的党内民主监督制度为基础,以构建制约有效的党内权力监控机制为重点,强化广大党员的监督主体地位。

第三,鼓励引导舆论监督。新闻媒体被誉为与行政、立法、司法并列的"第四权力",是利益冲突行为的有效监督主体,更承担着向人民群众进行监督利益冲突宣教的重任,可以为防范利益冲突机制塑造良好的社会氛围,关系着制度能否得到良好运行。其中,应充分重视网络对于防范利

---

① [法]孟德斯鸠:《论法的精神》,商务印书馆1982年版,第154页。
② 颜广明:《反腐倡廉:维护社会公平正义的紧迫任务和重要途径》,《安徽行政学院学报》2011年第6期。

益冲突的重要作用,加强对网络的合理引导。自 2008 年"网络反腐年"以来,每年都有不少官员因为网络曝光而受到党纪国法的追究,例如重庆的"雷政富案"、山东省的"单增德案"、黑龙江的"孙德江案"等。"数据显示,2009 年 6 月至今,最高检'12309'收到举报线索十几万件,控告申诉案件二十余万件,与来信、来访数量基本持平。网络举报较开通举报网站前增加约 8 倍。"① 在信息化时代,我国的防范利益冲突机制建设也要与时俱进,充分利用网络大众化、即时性强、成本低、互动性好、保密性较强的特性,做好相应的技术支持和相应的网络引导服务工作,规范网络防范利益冲突监督机制,使其成为我国防范利益冲突机制建设中的重要组成部分。

四 完善教育机制,提高公职人员自觉意识

在防范利益冲突中,廉政教育对于公职人员的行为指导是必不可少的。为避免公职人员出现公共利益与私人利益的冲突,从而导致腐败,因此在思想上为公职人员树立强烈的自我约束意识,是避免或减少腐败发生的有效手段。要建立防范利益冲突机制,需加强公职人员的伦理道德教育和职业教育。其着眼点在于加强和完善行使公共权力的责任观念、责任规范、责任机制,把加强对党员领导干部的权力观、地位观、利益观教育与防范利益冲突教育结合起来,升华党内规章中廉洁自律、作风建设及警示训诫等特色内容。通过开展伦理道德教育让公职人员真正从内心"不想腐";通过职业技能培训,能够规范公职人员的行为,指导其有效避免利益冲突。客观地说,我国当前的廉政教育体系还存在较多不足,效果还有待进一步提升。

首先,通过教育手段使公职人员充分认识到防范利益冲突问题的重要性。树立利益冲突可控性观念,引导公职人员必须以公共利益为重的意识,正确处理好公共利益与私人利益的关系,防范私人利益破坏公共政策和行政行为的公正性、客观性。建立健全有利于防范利益冲突的核心价值,例如正义公平、平等性、责任、公开透明、效率性、廉洁诚实、依法办事、公正无私等,形成不宽容利益冲突的组织文化,为保障防范利益冲

---

① 《多名贪官因网络举报落马》,最高检:网络举报仍提倡实名,《法制日报》2012 年 6 月 14 日(http://news.xinhuanet.com/politics/2012-06/14/c_123279760.htm)。

突机制的有效运行奠定基础。利益冲突的发生与权力的是否正当行使关系密切。权力是把双刃剑，运用权力者，须时刻约束自己权力欲望，除了通过外在的制度将权力装进笼子里，更要将权力装进自身内心的道德、法律意识的框架之中。只有对于利益冲突的危害有清醒的认识，才能有效避免利益冲突。廉政教育和职业教育中，应该将利益冲突问题从不正之风之中区别出来，针对利益冲突的内涵、产生的原因、行为表现和如何有效避免等进行系统的讲解，让国家公职人员对于利益冲突问题知其然也知其所以然，在思想层面上树立防范利益冲突的警觉性。

其次，要把握防范利益冲突教育的层次性。利益冲突问题可能发生在每一个承担着公共责任的国家公职人员身上，尤其是掌握较大权力的领导干部和"实权"部门。因此针对不同的对象，防范利益冲突教育应该有针对性、层次性的进行。针对广大的普通国家公职人员，应重视对其进行职业道德的教育和职业技能的培训。而对掌握有较大权力的领导干部，则应在普遍教育的基础上，有针对性地对其所处的部门可能产生的利益冲突进行深入讲解分析，增强其避免利益冲突的意识和技能。以美国为例，美国政府为提高对公职人员防范利益冲突教育的有效性和针对性，专门编制了具有很强操作性的行政伦理指导手册和典型案例选编等材料。我们也可以学习借鉴，编制出适合我国国情，并具有较强体系性和操作性的《防范利益冲突指导手册》，详细说明公职人员可能面临的利益冲突问题、主管机构、解决方案、咨询程序、处罚规定、适用条款及疑难解答等，对我国公职人员行为进行指导修正。除此之外，加强领导干部教育的同时要让其树立正确的权力观并坚持做到"权责统一"，权力越大，其承担的公共责任就越大，失误造成的损失就大，惩罚也越严厉。

再次，要创新教育的内容方式。重视教育对象思想的多元化、需求的层次性和思维的独立性，提高教育的针对性，真正做到教育内容"入耳、入脑、入心"。不断创新教育培训的方式方法，少教训、少说教、少灌输，充分结合社会实际和现代的科技，使教育的形式更加灵活、生动、深刻，有效的教育形式才能打动人的内心。改变防范利益冲突的教育方式，可以通过实地参观学习的方式带领公职人员参观反腐倡廉教育基地，把理论说教和思想学习转变为亲身感受，提高公职人员的思想觉悟，使他们认识到腐败的危害，进一步提高廉政教育的针对性和实效性。

党的十八大以来,中国的反腐败已初见成效,反腐败不能一味地追惩,要做好事前监督,将反腐败扼杀在萌芽之中。建立健全防范利益冲突制度正是基于事前监督的原则,规范公权力的运作,减少腐败的发生。

参考文献

[1][美]戴维·伊斯顿:《政治生活的系统分析》,王浦劬译,人民出版社2012年版。

[2][法]孟德斯鸠:《论法的精神》,商务印书馆1982年版。

[3]《习近平谈治国理政》,外文出版社2014年版。

[4]庄德水:《防止利益冲突与廉政建设研究》,西苑出版社2010年版。

[5]程文浩:《预防腐败》,清华大学出版社2011年版。

[6]尹志强:《防范利益冲突机制建设研究》,硕士学位论文,中共中央党校,2014年。

[7]李松:《给利益冲突套上缰绳》,《瞭望》2010年第10期。

[8]颜广明:《反腐倡廉:维护社会公平正义的紧迫任务和重要途径》,《安徽行政学院学报》2011年第6期。

[9]《多名贪官因网络举报落马》,最高检:网络举报仍提倡实名,《法制日报》2012年6月14日(http://news.xinhuanet.com/politics/2012-06/14/c_123279760.htm)。

[10]王岐山:《深入推进党风廉政建设和反腐败斗争——在中国共产党第十八届中央纪律检查委员会第三次全体会议上的工作报告》,2014年1月13日。

[11]《坚定不移沿着中国特色社会主义道路前进 为全面建成小康社会而奋斗》,2012年11月8日。

(作者单位:中共上海市委党校党史党建教研部)

试论列宁党内民主思想中的党员
主体作用理论及其当代启示

张 帆

列宁时期的党内民主实践主要包括主观与客观两个层面的内容：主观层面主要是指党员在参与党内民主生活的过程中充分发挥主体作用，自觉、自主、自由地享受民主权利。客观层面主要是指党通过一系列的制度构架充分保障、维护、发展党员对党内民主生活的参与，充分保障党员的主体作用。与此相对应，党员主体作用的相关理论与党内民主制度的组织建设理论则共同构架了列宁党内民主思想的理论逻辑与内容框架。本文的目的在于通过对列宁相关论述的整理与阐述，从党员主体作用的角度理解列宁的党内民主思想，以期为当前中国共产党的建设，尤其是党内民主建设提供重要的理论与现实指导。

一 党员主体作用的基础

党员的主体作用，是指广大党员在党的一切活动中能够发挥积极主动的作用，能够处于主体性的地位。这种主体作用主要体现在党员能够自由、自主、自觉地行使自己的权利，履行自己的义务，积极参与党内事务及党的管理活动，从而牢固树立党员的主体意识和主人翁意识。党员主体作用的实质是党员自主性、能动性和创造性的发挥，是把党员的权利和义务统一于党员能动实践的过程。因此，要正确有效发挥党员的主体作用就必须在一定的组织范围内，必须通过组织的有效监督与规范来充分发挥党员的主体性作用，来行使党员的基本权利、履行基本的义务。

列宁指出："俄国社会民主工党是民主地组织起来的。这就是说，党内的一切事务是由全体党员直接或者通过代表，在一律平等和毫无例外的条件下来处理的；并且，党的所有负责人员、所有领导成员、所有机构都是选举产生的，必须向党员报告工作，并可以撤换。"① 这里列宁明确表达了从组织上保障党员主体作用的思想，即通过组织制度的构架来使党员的党员主体作用在客观的制度框架内进行发挥，从而既实现了发挥主体作用的客观基础，又实现了避免广大党员在发挥主观能动性时有可能出现的不良无序现象。

把组织性作为党员自主作用发挥的基础，主要是基于以下两个方面的考虑。

首先，通过组织性来保障党员的民主参与。党员主体作用最重要，也是最本质的表现形式，是党员对党的各项活动的积极主动参与。这种参与一方面需要党员自身自我能力的积淀，需要对党所公开的各种信息作出符合规律的判断；另一方面也需要有客观的组织制度对这些参与行为提供可靠的保障。列宁曾经明确告诉全党："希望大家不要忘记，我们的党章保障每个人都可以向代表大会陈述自己的意见。"② 列宁是在这里向广大党员强调，有坚定的组织章程来保障广大党员的主体地位，从而使他们能够充分行使自己的权力，充分地参加到党的各项事务中去。因此，只有首先有了组织的客观设置，才能有党员主体作用的保障机制。

其次，党组织也能够实现党员在行使权力时能够有序、规范，并最终达到权力本身的行使效果。党员主体作用的本质表现是党员对党的各项事务的积极、主动、自觉的参与。这种参与再具体化就是党员充分行使党所赋予的各项权力。这些权力的行使需要有客观的组织制度来加以规范，从而避免权力本身在行使的过程中破坏了党的事业的顺利健康发展。在这方面，列宁重点强调的是要通过组织性来有效地防止党员自发挥主体作用的时候出现破坏党的团结和统一的情况。他指出："行动一致，讨论和批评自由——这就是我们明确的看法。只有这样的纪律才是先进阶级民主主义政党所应有的纪律。工人阶级的力量在于组织。不组织群众，无产阶级就一事无成。组织起来的无产阶级就无所不能。组织性就是行动一致，就是实际活动一致。"③ 这里列宁明显强调了党员自主与组织规范的有机统一，希望通过组织性来使党员的主体作用合理化、规范化、有序化，不会因为

---

① 《列宁专题文集·论无产阶级政党》，人民出版社 2009 年版，第 346 页。
② 《列宁全集》第 9 卷，人民出版社 1987 年版，第 265 页。
③ 《列宁专题文集·论无产阶级政党》，人民出版社 2009 年版，第 341 页。

自主而破坏了统一。

二 党员主体作用发挥的基本原则

党员主体作用的发挥是党员对自身权利的行使，是党员对党内事务的自觉、自主参与。因此党员主体性也更加的带有个体化和具体化的特点。个体化是指在党员主体作用发挥的过程中个人的自我判断与自我行为的色彩更加突出，具体化则是指这些个体化的行为都具体到了日常党的各项工作和事务中。因此，党员主体作用在发挥的过程中应当遵循一定的原则，在这些原则性的要求下，与客观的组织制度一起共同对党员主体作用进行规范，从而使这种主体作用产生更大的效果以推动党的各项事业的健康发展。

（一）统一原则

统一原则是指在党员主体性作用发挥的过程中必须始终坚持党的统一的原则，必须在党的统一的基础上进行个人权利的自由行使，必须以为了维护党的统一为出发点而发挥党员的主体作用，决不能以党员主体作用的发挥为名造成党的分裂。

列宁强调指出："我们向全党声明：我们反对任何分裂行为。我们主张服从代表大会的决议。我们反对抵制中央委员会，并且珍惜合作；我们同意选派与我们思想一致的人参加中央委员会，即使他们在中央委员会里只占极少数。我们深信，工人的社会民主党组织应当是统一的。但是，在这些统一的组织里，应当对党内的问题广泛地展开自由的讨论，对党内生活中各种现象展开自由的、同志式的批评和评论。"[①] 这里列宁明显是把党内民主中党员主体作用的发挥限制在了能够促进、维护党的统一的范围之内，要求在代表大会和中央委员会的双重统一下实现党员的民主权利，发挥党员的主体作用。

之所以要首先强调党员主体作用发挥时的统一原则，列宁主要是从党的战斗力和无产阶级的战斗力的方面来考虑的。因为只有党的如钢似铁的统一才能实现党的战斗力的凝聚，也才能使无产阶级在为争取人类的解放而进行的斗争中充满力量。列宁指出："工人阶级的力量在于组织。不组织群众，无产阶级就一事无成。组织起来的无产阶级就无所不能。组织性

---

① 《列宁全集》第 12 卷，人民出版社 1987 年版，第 362 页。

就是行动一致，就是实际活动一致。当然，任何行动和任何活动，只有它们是在前进而不是在后退，是从思想上团结无产阶级，提高无产阶级，而不是降低、腐蚀、削弱无产阶级，它们才是有价值的。没有思想的组织性是毫无意义的，它实际上会把工人变成掌权的资产阶级的可怜仆从。"① 因此，只有能够促进党的团结、统一的党员参与才是真正的党员主体作用的发挥，才是合乎无产阶级斗争需要和无产阶级政党发展规律的党员主体性。

(二) 权威原则

党员主体作用的发挥是个人在党的统一的基础上，在组织制度的框架内，在受到党的条文和组织保护的情况下对党的各项事务的有序有效参与。但是，这里的党员主体作用也必须受到限制，必须在一定的权威之下来实现。否则，党员主体作用的任意发挥会对党造成致命的打击。这种打击主要体现在造成党内无休止的争论，造成党的路线、纲领、方针、政策在党内以不同意见的形式而无法实行，甚至还会造成党分裂和瓦解的恶果。因此，必须把主体作用和权威约束有机地统一起来，把民主和集中有机地统一起来。不能只讲民主不讲统一、只讲主体作用不讲权威约束。

根据列宁的思想，这里的权威指的就是党的代表大会。党的代表大会是通过全体党员的民主选举而产生的，是党的最高权力机关。中央委员会由代表大会选举产生，作为党的执行机关，执行代表大会通过的决议和章程，向代表大会负责，从而通过代表大会向全体党员负责。因此党的代表大会具有最高的权力机关的性质。列宁指出："党内的一切事务是由全体党员直接或者通过代表，在一律平等和毫无例外的条件下来处理的；并且，党的所有负责人员、所有领导成员、所有机构都是选举产生的，必须向党员报告工作，并可以撤换。……这些代表应当由全体党员选出，代表们作出的决定，就整个地方组织说来，是对问题的最高的和最后的决定。"② 因此，党员的民主权利和个人主体作用的发挥必须把党的代表大会作为最高的权威，在代表大会还没有作出最后决定的时候充分发挥党员主体作用，行使民主权利。在代表大会作出最终决定之后，就必须要坚决服从代表大会的决议，放下争论，坚定不移地服从党的这个最高权力机关的

---

① 《列宁专题文集·论无产阶级政党》，人民出版社2009年版，第341页。
② 《列宁全集》第14卷，人民出版社1988年版，第249页。

一切章程和决议,即使是中央委员会也不能同代表大会所作出的决议相抵触。

三 党员主体作用的具体内容

党员主体作用主要体现在党员在党的事务中的参与实践。因此,党员主体作用的具体化就是党员在党内各种活动的参与实践的具体化。而这种参与必须是党员独立自主的参与,必须是党员自觉自愿的参与。这些参与活动包括了以下几个具体的活动内容。

——知情与决定。列宁认为,"应该使所有的工人组织在充分了解情况的基础上说明自己赞成哪些决定,不赞成哪些决定"。[①] 对党的情况的充分了解与党员主体作用发挥的前提条件直接联系,是党员主体作用的发挥以及积极参与党的各项活动的前提与基础。广大党员要想能够充分地参与到党的事务中去,就必须首先对党的纲领路线、方针政策、制度原则有一个最基本的了解。只有在事先知情的情况下,才能有效地参与到其中去,才能正确地发挥党的主体性作用。因此,在公开性作用下的对党的内部事务的发展、运行的具体情况的了解和认识至关重要,直接决定着其他的党员主体行为是否能够充分有效地发挥出来,决定着党内民主是否能够朝着正常有序的方向发展。

而对党的各种情况的充分了解并不是目的,作为手段,其只是为更好地参与到党的工作中服务。这种参与的具体表现就是党的各项事务原则上都要由党员来决定。或者是通过全体党员,或者是通过党员代表来进行最终的裁决。列宁指出:"现在整个党组织是按民主原则建立的。这就是说,全体党员选举负责人即委员会的委员等等,全体党员讨论和决定无产阶级政治运动的问题,全体党员确定党组织的策略方针。"[②] "任何对党的一般路线的分析或对党的实际经验的总结,对党的决定的执行情况的检查,以及关于如何纠正错误的方法的探讨等等,都决不能事先交给按某种'纲领'等等形成的集团去讨论,而只能直接交给全体党员讨论。"[③]

——选举与罢免。选举与罢免是党员参加党内民主活动、发挥党员主

[①] 《列宁全集》第13卷,人民出版社1987年版,第62页。
[②] 《列宁专题文集·论无产阶级政党》,人民出版社2009年版,第346页。
[③] 同上书,第296页。

体作用的最为根本的方式。列宁指出："我们布尔什维克一向承认，在新的条件下，在向政治自由过渡的情况下，必须转而采用选举原则。"① 根据列宁的看法，在党内的民主选举活动中，党员可以根据自己的判断和认识，自主独立地对党的领导机关、党的代表成员、党的报告纲领等进行投票表决。这一过程的展开正好就是党员自主性作用，即党员主体作用不断发挥的过程。针对党员选举行为的内容列宁指出："党的所有负责人员、所有领导成员、所有机构都是选举产生的，必须向党员报告工作，并可以撤换。"② 包括党的中央机关的选举也"必须是直接选举，必须在代表大会上进行"。③

同时，选举权也必须与罢免权结合起来，列宁指出："任何由选举产生的机关或代表会议，只有承认和实行选举人对代表的罢免权，才能被认为是真正民主的和确实代表人民意志的机关。真正民主制的这一基本原则，毫无例外地适用于一切代表会议。"④ 因此，"要进行顽强不懈的努力……使所有的高级机关都成为真正选举产生的、要汇报工作的、可以撤换的机关"。⑤ 可以说，选举和罢免作为党员对党负责，运用主体作用使党不断得到巩固、发展和完善的重要手段，既是党内民主的重要组成部分，也是党员主体作用体现的基本表现形式。

——检查监督与发表意见。列宁认为，党员主体地位的体现和主体作用的发挥还应当体现在党员有对党的各项事务进行检查监督，并对不同意或不满意的地方提出自己的批评建议。列宁认为："党本身必须对它的负责人员执行党章的情况进行监督，而'监督'也不单单是在口头上加以责备，而是要在行动上加以纠正。……谁不善于要求和争取使自己的受托者完成他们对委托人所负的党的责任，谁就不配享有党员的称号。"⑥ 由此可见，列宁把党员的监督活动不断向纵深方向推进，希望党员在发挥主体作用的时候能够把监督工作扩展到问题最为核心的层面——行动的层面。列宁苦心孤诣，直到晚年还在为如何保证党员独立的检查监督而苦苦探索。

---

① 《列宁全集》第12卷，人民出版社1987年版，第78页。
② 《列宁专题文集·论无产阶级政党》，人民出版社2009年版，第346页。
③ 同上书，第345页。
④ 《列宁全集》第33卷，人民出版社1985年版，第102页。
⑤ 《列宁全集》第14卷，人民出版社1988年版，第346页。
⑥ 《列宁专题文集·论无产阶级政党》，人民出版社2009年版，第347页。

列宁为此专门设计了独立于中央委员会的党的监察委员会，直接由代表大会选举产生，向代表大会负责，与中央委员会处于平等的地位，实现权力的制衡。他说，必须"应该形成一个紧密的集体，这个集体应该'不顾情面'，应该注意不让任何人的威信，不管是总书记，还是某个其他中央委员的威信，来妨碍他们提出质询，检查文件，以至做到绝对了解情况并使各项事务严格按照规定办事"。①

党员通过检查监督的行为发现了问题，接着就要能够指出问题，对问题发表自己的意见和看法。列宁认为："要真正民主地决定问题，只召集该组织选出的代表开会还是不够的。必须让该组织的全体党员在选举代表的同时就整个组织所关心的有争议的问题都能人人独立地发表自己的意见。"② 同时，"还应当使所有参加工作的人和各种小组有权把自己的决定、愿望和要求既向委员会反映，也向中央机关报和中央委员会反映。……做到让全体党的工作者进行充分的磋商。"③ 为了实现制度化的运作，列宁特意指出："在每一次党员大会上，在选举代表会议的代表以前，必须先讨论有争议的政治问题，必须听取彼得堡委员会即地方领导组织的报告人的报告，还要让持有不同观点的人发言。"④

总之，在当时情况下，列宁从党内民主的不同表现形式阐述了党员主体作用的基本内容，以及在具体政治实践中党员应当如何发挥党员主体的巨大作用。正是列宁的科学理论和正确主张，才使得其领导下的布尔什维克既团结统一，又充满生机与活力，每一个党员都能够充分发挥自己的主体作用，享受党内民主的基本权利，在领导工人运动的过程中实现了党的不断巩固与发展。

四 列宁相关理论的当代启示

2002年中国共产党的第十六次代表大会的政治报告指出，"党内民主是党的生命，对人民民主具有重要的示范和带动作用。"⑤ 因此党内民主建设至关重要。而党员主体作用的实现与发挥则是建设党内民主的重要内容

---

① 《列宁专题文集·论社会主义》，人民出版社2009年版，第365页。
② 《列宁全集》第14卷，人民出版社1988年版，第248页。
③ 《列宁全集》第7卷，人民出版社1986年版，第6页。
④ 同上书，第251页。
⑤ 《十六大以来重要文献选编》上，中央文献出版社2005年版，第39页。

和不可或缺的环节。以习近平同志为总书记的新一代中央领导集体，在深入推进全面建设小康社会的过程中提出了"全面从严治党"的要求。这既是对马克思主义经典作家党建理论的继承与发展，也是当前形势下进一步加强党的建设的伟大工程的切实举措。我们今天在学习习总书记系列重要讲话精神的同时，一方面要结合新的形势与新的发展来具体地学习，同时也要结合经典作家的经典论述灵活地学习，将之与最新讲话的精神，最新发展特点融会贯通、充分兼顾。列宁的党内民主思想中的党员主体作用理论，为我们党在党员主体作用的提高和保障两方面提供了重要的启示。根据列宁的思想和指导，我们认为，我们党在党员主体作用的发挥方面可以从以下两个方面着手：

（一）培育和提高党员自身的素质

党员主体作用的主体是党员本身，党员主体作用的发挥也同样要靠党员自己。所以，党员的自身素质在发挥主体作用时就起到了至关重要的作用。因为，一个党员自身素质的高低和自身能力的大小直接决定着该党员在对待具体事务中的立场、观点、方法、态度。而这些问题则直接影响到党员主体作用发挥所产生的效果。效果的好坏又会影响到党的决策与判断。因此，党员的自身素质在党员发挥主体作用的过程中尤为重要。

如何提高党员的自身素质？我们认为应当要通过学习使全党形成一股学习的风气，努力地构建学习型政党。学习型政党是对执政的中国共产党建设的总体要求，也是对党内每一个党员所作出的具体要求。执政的中国共产党通过学习努力提高自己的执政水平，科学执政、民主执政、依法执政；而党内的每一个党员则通过学习来坚定自己的共产主义信仰，掌握马克思主义的立场和方法，提高服务人民的水平，深化对社会主义核心价值体系的认知等等。学习的内容决定了学习的方式。每一个党员不但要向书本学习，同时还要向实践学习、向人民学习。党员不但要从书本中，还要从实践中，从人民的历史活动中来丰富自己、提高自己、发展自己，并在这一过程中使自身的党内主体地位与之相伴随而一起发挥出来。这不但是对中国共产党自身有着巨大的推动作用，也是更好地服务于人民的客观要求。

（二）通过一系列组织机制的构建来保障党员主体作用的发挥

党员的主体作用不但要使党员自身能够得以正确有效地发挥，同时还要能够通过一定的外部制度措施来加以保障。这种外部制度主要包括参与制度、选举制度和监督制度,其中的核心就是以党员监督为主要表现的监督制度。

党内民主的贯彻需要党员主体性作用的发挥,而党员要发挥主体性作用就要积极地参与到党的各项事务中去。因此参与制度的主要内容和目的就是要使广大党员能够通过制度化的参与对党内事务来发挥作用。这里面主要包括党内信息的通畅,党内决策的民主,党内批评与自我批评的自由等等。这些参与内容只有通过制度化才能使党员的自主性参与程度与参与水平得到提高。选举制度是党内民主的重要表现形式,也是党员发挥自主性作用的普遍形式之一。选举是党员自主性选择领导组织的活动,这里面既包括党员的选举也包括党员的被选举。这一活动的制度化可以保障党员自主地选择自己所信任的,也必然充满活力、锐意进取的坚强的领导集体。

除了参与制度与选举制度外,我们认为最重要的还有监督制度,甚至可以说是处于核心地位。监督虽然就其实质来说也属于参与活动的一种形式,但它和其他的参与活动相比更为重要,对党内民主、对党员主体作用的发挥具有更大的作用和意义。因此监督和参与就有了同等重要的地位。以此类推,监督制度和参与制度的地位同等重要,甚至超过了参与制度。

按照列宁对俄共进行建设时的设想,党的各级监察机关是与各地党委平行,具有同等地位的独立的党的机关,只对党的代表大会负责。这样就形成了党的领导机关和全体党员的有效监督与制约。《中国共产党党章》中也明确规定,党的纪律检查委员会由各级代表大会选举产生,要对授予其权力的机关——各级代表大会负责,这是在阐明在法理意义上的党员监督制度的独立性与自主性。但是党章同时还规定了各级纪律检查委员会要在各级党委的领导下展开工作。这两种规定看似矛盾,其实是党的民主集中制原则的一种具体化。既保证了纪律检查委员会相对于其他部门的那种独立性,使党员可以自主地对党的各个部门及其政策制定情况进行必要的监督,同时又能使这种监督权不被滥用以致出现像苏联那样党的纪律检查机关成为了排除异己、打击不同意见的工具。

党的这种既相对独立,又接受领导的监督制度是党员发挥自主性作用的重要保证,也从另一个侧面证明了党的监督制度的重要性。所谓监督,其实就是对党的各项事务进行的一种监察和督促。其目的既是对以往的错误或过失进行的一种矫正,也是对有可能在未来发生的不利于党的发展的危险的一种预防。参与是为了决策的科学以及党的领导集体的强有力，而监督则可以检查这种决策的正确与合理以及领导者自身的行动，避免出现个人专权和权力集中的情况。党员也只有在监督制度的保障下，才能真正地在党内具有权力，以及权力本身才能具有强大的威力和震慑力。因此，要实现党员自主性作用的有力发挥，就必须使党员的监督权通过强大的制度加以保证。使这种权力的使用既合法、又合理，既能发挥最大的效力、又能保证不被滥用和错用。所以，使党员的自主监督权通过制度建设规范化对于党内民主的实现至关重要。

党内民主是党的生命，而党内民主的核心是党员发挥自主性的主体作用，充分享有党内民主的各项权利。只有这样，党内民主才能真正地落到实处，才能真正地成为加强和改进党的建设的助推器，才能够真正成为人民民主的典范。

（作者单位：陕西师范大学）

中外政党比较视角下中国共产党严明党纪思考

周敬青

党的纪律是党的各级组织和全体党员必须遵守的行为规范，是维系政党组织存续的关键要素，是从严治党的重器，是维护政党团结统一的基本条件。中国共产党是一个政治坚定、组织严密、有铁的纪律的政党。党的先锋队性质和先进性要求决定党规党纪必须严于国家法律。"要认真总结我们党 90 多年、无产阶级政党 100 多年、世界政党几百年来制度建设的理论和实践成果，联系实际、求真务实，探索适合自己的党内法规制度建设途径。"中国共产党要善于学习借鉴国外政党严明党纪的有益经验，把严明党纪作为提高党的凝聚力和战斗力的基础，坚持全面从严管党治党，使党始终成为中国特色社会主义事业的坚强领导核心。

一 通过政治规矩对政党及其党员的行为形成强制性规范约束

通过国家的法律规定和党的纪律，规范保障政党清正廉洁。一些国家在宪法中明确写入有关政党的条款。《德意志联邦共和国基本法》规定了政党的角色，将其作为政治意志汇聚的公共过程的组成部分："政党应参与人民政治意志的形成过程"，规定政党的内部组织结构必须遵守"民主原则"，这意味着政党必须确保其各个委员会能够经选举产生。在党内组织决策过程中重视党员主体地位，让党员参加决策过程，发挥党员作用。此外，政党须"公开说明其财产以及经费之来源与使用情况"。联邦德国 1967 年颁布实施了《政党法》，严格规范约束政党的行为。该《政党法》共 7 章 41 条，其内容规范了政党民主、政党财富以及政党查禁三大主题，为政党活动奠定了法律基础。德国《选举法》规定所有竞选公职的人员均须"披露收入类型"。德国社民党还审查通过委任、党内职务或政治职务获取主要或额外收入的党员是否按时足额交纳党费。此外，还有关于收受和拒绝（例如来自议会小组、政治基金会或外国人的）捐赠的明确规定。通过以上途径，德国社民党力求防止金钱对其决策者的总体表现乃至单向决策产生影响。新加坡政府被公认为亚洲最廉洁的政府之一。新加坡注重依法治贪，对政党和社会中的贪污舞弊行为严惩不贷。制定了《防贪污法》和《贪污贿赂没收法》等一系列缜密的防止贪污的法律。新加坡人民行动党制定了严格的品格考核制度、法院宣誓制度和行为跟踪制度以强化对党员的约束。越南的《申诉控告法》规定，人民群众有权向有关党政部门、群众组织控告违反党纪国法的现象，控告人对处理结果不满意，还可向上一级部门申诉，甚至可向法院起诉。

注重以党章为根本大法和核心构建严密的党内纪律体系。执政党长期巩固执政地位，必须要有严格的党内纪律，包括党内的根本法规和各项具体纪律规范，而党的章程则是党内纪律制定的基本依据。如，法国社会党的党章中就设置了大量的关于维护党的纪律条款，对违反党内纪律的行为进行处罚。如，法国社会党党员如果玷污党的形象、违反党章、违背党的代表大会或党组织的决议、违背党的基本原则以及行为卑劣从而严重损害党的形象和根本利益的，要按照党内纪律的有关规定，视情节轻重分别给以警告、严重警告、撤销党内职务、留党察看直至开除党籍等党纪处分。如，《新加坡人民行动党章程》关于党内纪律的规定主要包含两部分内容：一部分是一般的纪律规定；另一部分是有关纪律检查机关或监督机关权力和责任的相关条款。具体明确地规定了党员涉嫌违纪、违纪党员处分、处分执行程序、纪律委员会的设立和运行规范等内容。规定了党员不论级别高低，一律没有特权，高级干部必须直接向总理进行财产申报并定期接受检查。严格的党内纪律是新加坡人民行动党长期执政的重要保障，也是维持其执政合法性的关键因素。

坚持党的领导是中国特色社会主义最本质的特征，是社会主义法治最根本的保证。党的十八届四中全会绘就了建设法治中国的宏伟蓝图。只有贯彻"党要管党、从严治党"方针的内在要求，建立起完善的执政党党内法规制度体系，才能树立起清正廉洁的执政党形象，锻造法治中国建设的坚强领导核心，团结带领人民建设法治中国。要完善党内法规制度体系，把党内法规制度建设作为社会主义法治体系建设的有机组成部分一体推进。近年来，中央开展了对党内法规和规范性文件集中清理工作，取得了一定的成效。党的十八届四中全会对全面推进依法治国作了总体部署，对完善党内法规制度体系提出了新的更高要求，那就是要从构建社会主义法治体系、建设社会主义法治国家的高度，进一步加强和完善党内法规制度体系建设。提高党内法规执行力，把"党要管党、从严治党"真正落实到位，打造法治中国建设的坚强领导主体。党内法规的生命力取决于其执行力，其价值也要在执行中体现。改革开放以来，党内主要法规制度逐步齐全，基本实现了"有法可依"。党的十八大以来，高压反腐、遏制"四风"等揭露破获了一系列大案要案，涉案者上至个别党和国家领导人，下至基层小官巨腐。这些典型案件的发生，揭示了党内法规的执行力存在问题，也暴露出在党内法规的执行上不同程度地存在着"有法不依、执法不严、违法不究"等问题，应当引起我们深思和警醒。只有提高党内法规的执行力，才能把"党要管党、从严治党"真正落实到位。要加强对党内法规执行的监督检查，对党内法规执行不力、违反党内法规的党组织、党员领导干部要严肃追究其责任，从而保障党内法规得到严格遵循和实施，保障党承担起法治中国建设的领导主体责任。

辩证把握依规治党与依法治国关系。党的十八届四中全会通过的《中共中央关于全面推进依法治国若干重大问题的决定》提出全面推进依法治国总目标，即建设中国特色社会主义法治体系，建设社会主义法治国家。将党内法规体系纳入中国特色社会主义法治体系建设之中，作为依法治国总目标的重要内容之一，是重大的理论创新。依规治党对依法治国起着导向示范和政治、组织保障作用。国家法律法规与党内法规制度具有不同的主体对象、范围、地位、功能、作用，但都具有强制性和约束力。依规治党对依法治国起着导向示范作用。依规治党给人民传递的是党对自身党内法规具有敬畏意识，以自觉遵守党内法规的行为为示范，更有能力确保自身在宪法和法律范围内活动，更有决心维护国家法律的尊严。邓小平同志指出："国要有国法，党要有党规党法，没有党规党法，国法就很难保障。"中国共产党作为执政党、领导党，只有自身严格地按照党规党法行事，才能确保党在宪法和法律的范围内活动，才能带头维护国法的尊严和权威。依规治党对依法治国起着政治、组织保障作用。中国共产党作为长期执政的执政党以自身严密的政治优势、组织纪律、组织行为、组织力量保障依法治国的治国方略落实。依法治国也有助于依规治党，促进政党自身法治精神、制度文化、制度执行力的养成。党的十八届四中全会把法治建设成效纳入领导干部政绩考核体系，把能不能遵守法律、依法办事作为考察干部重要内容。这些规定对领导干部法治思维能力、依法办事的能力提升必将起到促进作用。全面推进依法治国，要求执政党必须提高依法执政水平，严格按照宪法和法律治国理政；要求党员特别是领导干部必须做遵纪守法的模范，对法律怀有敬畏之心，牢记法律红线不可逾越、法律底线不可触碰；要求党员干部通过牢固树立法治意识，自觉运用法治思维和法治方式想问题、作决策、办事情，带动全社会尊法、守法、用法。随着执政党对国家法律法规的敬畏遵循意识的养成，必将促进政党自身法治精神、制度文化、制度执行力的提升。

依法治国最根本是依宪治国，把公权力关进制度之笼；依规治党最根本的是依章治党，从严治党。国有国法，党有党规。法律是治国之重器，宪法是治国之基石。国家的根本大法是宪法，宪法是为一个国家设计关系这个国家前途命运的制度安排，因为国体、政体、公民的权利义务等，都在宪法中得到集中的表达。宪法的价值与意义首先在于"限权"，即把公权力关进制度之笼，借此保证国家各项权力在法治的轨道上运行。治大党若治大国，"没有规矩，不成方圆"。党章是为一个政党设计关系这个政党的前途命运的制度安排。因为党的整体意志和共同理想、党的理论基础和政治主张、党的性质、宗旨、指导思想和奋斗目标、组织设计、组织制度、组织架构、权力运行方式、权力约束监督机制等都在党章中得到集中表达，所以党章是党的根本大法。党章是从严治党的根本准则。要以党章为准绳，以更严的标准、更严的纪律要求和约束各级党组织和广大党员干部，把党规党纪的笼子织得比国家法律笼子更大、眼儿更小、标准更严。每个党员干部应牢记党纪严于国家法律，牢记党的纪律刚性约束，牢记党规党纪界限不可逾越。心有所敬，行有所循；心有所畏，行有所止，把对党规党纪的高度尊重和敬畏，内化于心，外化于行。以严标准、高要求管住党员干部，实现干部清正、政府清廉、政治清明，打造清廉中国。

二 加强监督制约机制维护党纪权威

国外一些政党内部设置具有高度独立性的纪律检查机构，以对党员和党团的行为、活动进行监督和制约。如，法国社会党中央协调委员会及其各级党部中的协调委员会是该党内部的"司法机关"，对纪律处分案件具有最终的裁定权。德国社民党的监察委员会是维护政党纪律的独立机构。

一些政党重视党内监督。如,越南共产党六大成立了中央监察委员会和地方各级监察委员会作为党内监督机构。委员会成员由同级党的全体委员会会议选出,且受同级党委和上级监委的双重领导。越南共产党也注重加强党的纪检监察机构建设,设立了申诉机构和仲裁委员会,用于处理各级党委关于党纪问题的建议及党员申诉,为保障党内民主提供了有效渠道。古巴共产党十分重视党纪监督的作用,建立了一整套监督机制。一些政党注重运用惩戒性措施从严治党。越南共产党对党员处分设有谴责、警告、撤销职务、开除党籍四种方式;对党组织处分设有谴责、警告、解体三种方式。德国社民党的专职工作人员禁止收受奖励和礼品,如,不得收受机构或公司好处,在该好处与其职务相关的情况下尤其如此。这类好处包括银行、储蓄银行或信贷机构提供的恩惠,公用事业行业(电、水)提供的服务或供给品,公司以及旅行和度假折扣,或者公寓或不动产购买或租赁折扣。

中国共产党的十八大报告强调:健全干部管理体制,从严管理监督干部。党要管党,关键是管好干部,要加强对关键岗位干部的重点管理;从严治党,首先要从严监督领导干部,必须突出抓好领导干部这个"关键少数"。对干部选拔、任用和监督问题,中国共产党一直都有非常深刻的认识。早在1979年,邓小平同志指出:"我们一定要认识到,认真选好接班人,这是一个战略问题,是关系到我们党和国家长远利益的大问题。如果我们在三几年内不解决好这个问题,十年后不晓得会出什么事。要忧国、忧民、忧党啊!要看到这是个带有根本性质的问题。""一定要趁着我们在的时候挑选好接班人,把那些表现好的同志用起来,培养几年,亲自看他们成长起来。选不准的,还可以换嘛。解决组织路线问题,最大的问题,也是最难、最迫切的问题,是选好接班人。"要突出领导干部这个关键,教育引导各级领导干部自觉接受监督,讲原则、守规矩、拒腐蚀。

三 注重维护政治纪律以保障政党内部团结和统一

政党作为将国家机构与社会机构联系起来的制度化的政治组织,一般都有着明确的政治目标、系统的组织机构和组织原则以及一整套为保证实现其政治目标而设计的政党纪律即党的组织和全体党员必须共同遵守的党内行为规范。国外一些政党注重通过维护政治纪律以保障政党内部团结统一。英国政党要求党员自觉严格遵守党纪,在重大政治问题上应与党魁保持高度一致。英国议会中的多数党组阁，掌握政府权力，如果多数党失去了在国会中的多数席位，就必须重新选举，这样一来，任何一位国会议员如果给自己的政党投反对票就等于为其他政党获得执政权增加了筹码。由于英国国会中的一般议员不能像美国国会议员那样，随着年龄、资历的增长而增加其权势，所以政治事业成功的唯一道路就在于政党领袖的青睐和提拔。所以，当国会中的议员收到政党领袖关于如何对待某一政策法案并如何进行投票的指示时，他们一般不会冒着毁掉自己政治前程的风险而抗拒党魁的命令。英国政党政治的这一特点决定了执政党的政策容易得到通过，不会被推翻，因此执政地位牢固，政党政治可以得到持续稳定的发展，只有在大选时才可能出现政党更替的现象。美国的民主党和共和党以竞选联盟作为组织形式，吸收党员比较随意（公民在大选时登记一下即可成为某党党员），党员不固定，组合多变，党组织对党员也没有任何纪律约束，更不能进行任何违纪制裁，完全是一个松散的政治联盟，结盟关系在每一次投票中都不断发生变化。但美国两大党却驰骋美国政界多年，让人觉得难以置信。其实，其党内权力机构相互制衡的关系弥补了党内纪律松散所带来的不稳定性。美国民主、共和两党的议会党团同全国代表大会及全国委员会不发生任何联系，完全独立行事，执政党议会党团对总统有相当大的独立性，同一政党的参议院议会党团和众议院议会党团之间也是各行其是，这就形成了由多个支点支撑的、相互制约的党内权力机构。由于美国实行的是联邦制，党的全国性机构与州和地方组织之间不是直接的领导与被领导关系，又从纵向上形成党内权力制衡关系。这类政党的党内政治纪律维护主要体现在议会中督促党员贯彻本党的主张。可见，国外不同性质的政党的政治纪律方面宽严不一，政党对其成员的控制力度也就大有不同，但在事关政党团结和统一以及执政权等关键问题上，对党内政治纪律的要求都是比较严格的。

"从严治党，最根本的就是要使全党各级组织和全体党员、干部都按照党内政治生活准则和党的各项规定办事。这些年，一些地方和部门自由主义、分散主义、好人主义、个人主义盛行，有的是搞家长制、独断专行，以至于一些人不知党内政治生活为何物，是非判断十分模糊。"强化党的政治纪律，一是要健全党内民主集中制，防止和克服家长制作风。民主集中制是党长期形成的根本组织制度，它对于促进组织成员的团结、协作具有重要的作用。但是，一些党组织没有很好地执行民主集中制的原则，工作中积累的矛盾、分歧缺乏解决的正常政治渠道，容易形成与正常组织抗衡的"团团伙伙"。要严格执行民主的各项程序，防止和克服家长制作风和"一言堂"的现象的产生。二是加强对党员干部的教育和监督，提高党内政治生活的质量。"党内政治生活是党组织教育管理党员和党员进行党性锻炼的主要平台，从严治党必须从党内政治生活严起。有什么样的党内政治生活，就有什么样的党员、干部作风。一个班子强不强、有没有战斗力，同有没有严肃认真的党内政治生活密切相关；一个领导干部强不强、威信高不高，也同是否经过严肃认真的党内政治生活锻炼密切相关。"要进一步加强对党员干部的思想教育，强化监督管理工作。要认真贯彻执行民主集中制原则，进一步坚持和完善党组织议事规则和程序，凡属重大问题决策、干部任免和大额度资金的使用、重点工程的招投标等，必须经集体讨论，不准个人或少数人说了算；要充分发挥民主生活会的预防和监督功能，倡导党内批评和自我批评的优良作风，切实提高民主生活会的质量，通过运用民主集中制的原则，增强领导干部解决自身问题的能力。

（作者单位：中共上海市委党校科研处）

古巴、越南执政党党内问责探析

于秀秀

十八大以来，中国共产党将问责作为从严治党的利器，尤其重视党内问责。近年来，不少党的领导干部因违纪违规，如失职渎职、贪污腐败或其他责任而相继被问责，因此有关党内问责的研究也应紧跟现实需要。越南、古巴与中国同属于社会主义国家，执政党都是马克思主义政党，同属于强规范型政党，通过梳理分析越南共产党和古巴共产党有关党内问责的一些做法和经验，以期给中国共产党党内问责的建设提供一些有益的借鉴。

一　对腐败分子进行严肃问责，以问责推进反腐

在和平年代，执政党最大的危险就是腐败，对于长期执政的政党而言更是如此。长期执政的政党因长期掌控国家权力和公共资源，一旦监督问责力度不够，就极易产生腐败。古巴共产党（以下简称古共）和越南共产党（以下简称越共）历来十分重视反腐斗争，将反腐作为问责工作的重中之重，严格遏制党内腐败。古共通过设立全国反腐败委员会来发现腐败问题，遏制腐败现象，而越共则对腐败分子进行严肃的追责问责，有腐败行为的党内领导干部除追究其法律责任外还会追究其党内责任。

反腐离不开专门的反腐问责机构来保障反腐斗争的常态化和长效性。古共中央设全国反腐败委员会，由中央政治局委员、国务委员会副主席、中央组织部长担任委员会主席，成员由总检察长、部长会议代表、监察审计部部长、内务部长等组成。委员会领导和指导全国的反腐败工作，每月定期开会研究反腐败形势，负责查处有关贪腐的大案要案。中央要求各级党组织包括省市党委和各基层支部，每月讨论一次防止和反对腐败问题，检查本地本单位是否存在问题，出现问题及时纠正。古共前领导人菲德

尔·卡斯特罗曾言明"我们必须将腐败控制在踝关节以下,决不能让它达到我们的脖子位置"。① 古共也的确建立起一套严密的党政齐抓共管的反腐倡廉机制,同腐败和不良现象做坚定不移的斗争。越共在2012年十一届五中、六中全会加大反腐力度,五中全会成立由总书记任主任的中央反腐委员会。2013年,其七中、八中全会提出了党建的任务,包括落实党员干部的财产收入申报制度,继续总结和落实四中全会决议,成立7个监督检查组,加强对腐败问题的查处力度,继续贯彻落实官员信任投票制度等。在力度不断加强的反腐进程中,越共党内一大批贪腐分子被追究党内责任。

反腐和问责关系十分紧密,对此美国学者博瑞斯·马尼科夫就曾深刻地指出"缺乏透明度和问责制是腐败泛滥的另一个原因——在缺乏这些制度的情况下,腐败行为更容易维系。如果人民没有问责政府官员的机制,他们就等于开了一张空白支票。腐败官员能安然无恙地待在办公室是因为无透明度使他们掩盖了腐败(拒绝提供任何信息或索性提供错误信息),缺乏问责制又使他们有机会滥用职权而不担心有严重结果"。②

社会主义国家执政党进行反腐倡廉建设是永葆其执政生命力的根本大计,中国共产党在反腐过程中实行党风廉政建设责任制实质上就是强化对责任者的追责问责。将反腐作为问责工作的重点,把反腐与党内问责结合起来,以问责推进反腐,推进党风廉政建设,这是一个互相推动双向作用的过程。

二 抓住关键少数,领导干部以身作则

对于社会主义国家来说,执政党是整个社会的表率,而党内各级领导干部又是全党的表率。十八大以来,习近平总书记在不同场合多次提出"好干部"的标准问题,并概括为:信念坚定、为民服务、勤政务实、敢于担当、清正廉洁。他认为,看一个领导干部,很重要的是看有没有责任感,有没有担当精神。广大人民群众往往既从大多数领导干部身上看执政党的优点,又从少数领导干部身上看执政党的缺点。而领导干部品德不良的危害远远大于普通人的失德,容易引发社会风气的败坏和人心的涣散。

---

① 陈久长:《"硬汉"卡斯特罗:中国驻古巴大使手记》,中国文史出版社2009年版,第274页。
② [美]博瑞斯·马尼科夫:《打击腐败:私营部门的观点和解决方案》,杨晶、黄旭江编译,《经济社会体制比较》2009年第3期。

相反，若执政党的领导干部清正廉洁、严格自律，便能使民众信服，在群众中赢得民心，树立权威。因此，执政党的领导干部要严于律己，做好风向标、火车头。

古共深谙执政之道，对党内领导干部及其身边人向来要求严格，严禁以权谋私、贪污腐败等行为。古巴共产党要求其党的领导干部要把权力视为光荣和责任而决不能作为谋取个人私利的资本，强调党政领导干部的职责是运用好手中掌握的权力为群众做实事、谋福利，而不是把它作为以权谋私的资本，对腐败分子和纵容腐败的行为一律追查到底，按法律办事，决不姑息。越南共产党实行领导干部责任制度，对所出现严重问题负有责任的单位主要领导人追究党纪、政纪或法律责任，并在九大上规定了各级党委的领导人不仅要保证自己的清廉，而且还要对本单位和本地区出现的腐败问题承担不可推脱的责任，为党内问责工作的开展奠定了制度基础。

领导干部是问责的主要对象，党内问责要抓的关键少数就是指党内的领导干部，因此，明确领导干部的权责归属，符合问责的权责一致原则，也是制定问责条例的基本要求。

明确权责归属是启动问责程序的前提条件。越共九届三中全会讨论通过了新的政治局、书记处和中央检查委员会的工作制度。"新的工作制度对政治局、书记处、中检委和中央委员的职责、权限、分工都做出了非常明确的规定，规定政治局委员、书记处书记和各位中央委员对自己分管的事务必须负责到底，如该事务需要在政治局会议或中央全会讨论和处理，负责人必须牵头撰写相关的报告和决议，并负责监督落实。"① "2001 年越共重新制定了中央委员会、政治局、书记处、中央检查委员会的工作制度，明确了每位中央委员的职责、权限和工作方式，2006 年越共十届三中全会进一步对包括总书记及其他承担党和国家领导工作的个人职责、权限做出更加具体的规定。"② 这些规定为党内问责的开展提供了前提条件，对于明确确定党内问责对象及党内问责内容具有重要意义。

执政党的领导干部在社会主义国家政治治理体系中占据重要位置，抓住领导干部这个关键少数，明确其权责归属，要求领导干部严于律己，以身作则，管好领导干部身边人等是有效开展问责工作的重要方面。

---

① 周敬青：《中外执政党制度建设论纲》，中共中央党校出版社 2005 年版，第 138 页。
② 康帅：《越共推进民主政治建设的主要做法》，《当代世界》2008 年第 2 期。

三 设立专门的党内问责机构，保证问责开展的公正性

为保证党内问责工作的有效有序开展，建立专门的党内问责机构就十分有必要。古共和越共十分注重问责工作的制度化建设，分别设立三级申诉委员会和实行质询制度把对党员、领导干部、党组织的监督问责纳入制度体系中，以推动党内问责的常态化、制度化。

为加强纪律监督，经全国人大批准，古共设立了中央、省和市（县）三级申诉委员会，分别由同级党的代表大会选举产生。三级申诉委员会的职责包括：受理对党员和干部违纪行为的举报；审理对违纪党员和党员干部有关问责处分的申诉。该委员会作出的决定同级党委无权否定或修改。从古共三级申诉委员会的产生方式及其与同级党委的工作关系可知，它与同级党委平行不受其制约，具有相当大的独立性和权威性，保障了监督问责的独立性和公正性。古共还设立了全国群众举报委员会，直属古巴共产党主管党务工作的政治局委员领导。这一组织的设立为普通群众有效监督党员干部开辟了途径，有助于为党内问责提供来自普通群众及时、广泛的信息。

与古共的三级申诉委员会和群众举报委员会不同，越共在国会实行质询制度来对党员及党内领导干部进行质询，一旦发现问题便进行严肃问责。越南国会的质询制度要求每位中央委员，包括总书记、政治局常委和书记处书记，都有提出质询的权力和接受质询的义务。同时，政治局、书记处和中央检查委员会作为集体也有接受质询的义务。越南国会办公室副主任阮士勇博士认为，"说明责任是质询的根本目的"。[①] 被质询者中还包括国家领导人，例如前总理潘文凯曾就交通部腐败案件专门接受质询，2016 年 4 月份刚被免去总理职务的阮晋勇亦曾因国企丑闻遭国会质询。质询活动面向全国进行电视现场直播，接受全国选民监督。中央全会留出专门的时间进行质询活动，被质询人必须回答质询人提出的问题，直到质询人满意为止。同时，越共还在全国各个地区成立监察委员会，以加强对党员和党组织的监督。

国会质询制度不仅仅是中央委员回答代表们所提出的问题，更是对自己阶段性工作成绩的拷问，它不仅仅局限于有错问责，也囊括了无为问

---

① 转引自李湫杰《政治革新下的越南国会建设》，硕士学位论文，郑州大学，2015 年。

责。越共还将国会代表质询政府官员的做法引入越共中央全会。越共中央全会的这种质询制度属于一种横向的党内问责制度。每一位中央委员既是问责主体，又是问责对象，提出质询的权利与接受质询的义务相当。这样的制度设计既有利于质询活动公正地开展，也有利于保证问责工作的即时性和有效性。

四 严明政党纪律，严肃问责违纪行为

党规党纪是马克思主义政党的生命线，"如果一个政党不严明政治纪律，不坚守政治规矩，迟早会失去执政资格，不可避免被历史淘汰。"[①] 马克思主义政党向来是纪律严明的政党，古共和越共对严明党纪有着深切的共识，加强党员、领导干部、党组织对严明党纪的认识。

越南共产党在2013年5月十一届七中全会指出："部分干部、党员思想腐化、政治堕落、道德作风漂浮等情况较为严峻"，要"弄清党内政治思想、道德、生活作风衰退状况，加强纪律并严格处理在社会舆论中引起不满的复杂事务"。"中央委员会确定，从中央到基层各级党委、党组织以及机关党委领导集体和各级领导、管理者应严格、自觉并有合理计划和措施地立即克服和修正通过检讨、自我批评和批评总结出的缺点和薄弱之处。继续领导、指导、检查并监督检讨后急需着手的工作开展落实，尤其是有效、严明处理和解决现存的紧迫问题"。[②] 古共对党的工作纪律规定："凡是违反党纲、党章和党纪国法，违反共产主义道德的党员和预备党员，或党、团组织及群众团体的领导人和工作人员，滥用职权，用公共财产为个人谋取利益；未经许可用公共财产举办晚会或馈赠礼品；谎报计划执行情况或歪曲有关资料；纵容官僚主义、裙带风、地方主义或宗派主义；阻止或压制批评和自我批评；玩忽职守、漠不关心、不尽力完成计划和指派任务等行为都要受到责任追究。"[③] 越共和古共通过会议要求和制度规定提高广大党员、党员领导干部及各级党组织对严明党纪的认识，这是从思想上为党员、党员领导干部及各级党组织严格遵守党纪、违纪必问责打了一

---

① 张力夫：《学党章 守纪律 讲规矩 慎用权》，《海南人大》2015年第7期。
② 邹焕梅：《当代社会主义国家执政党自身建设比较研究》，博士学位论文，山东大学，2014年。
③ 转引自周敬青《他山之石：国外马克思主义政党的"六大纪律"》，《武汉大学学报》（人文科学版）2016年第1期。

剂预防针。

在加强对严明党纪认识的基础上,社会主义国家执政党对违反党纪的党员进行严肃问责,这是从实践中给予相应警戒甚至惩罚。20世纪90年代以来,古共党内由于腐败、渎职、懒政不作为等原因,先后被撤职的党和政府的高级官员有:古共政治局委员卡洛斯·阿尔达纳,古共政治局委员、国务委员兼外长罗伯托·罗瓦伊纳,政治局委员、国务委员兼基础工业部长马科斯·哈维尔·波塔尔·莱昂等。2006年4月26日,古共中央政治局举行会议,会议决定将滥用职权,以权谋私的党中央政治局委员胡安·卡洛斯·鲁宾逊·阿格拉蒙特开除出党,并撤销其中央委员、中央政治局委员的职务。2011年12月21日,古巴现任领导人劳尔·卡斯特罗在古共中央六届三中全会上强调说:"党在这场反腐斗争中应起主角作用。反对腐败的斗争不容留情,应该言出必行。"① 古共对党内高官、重要领导干部的严惩是其严明党纪、违纪必问责的现实体现,可以说是预防和严惩并重,强化违纪问责的警示力量。

"欲知平直,则必准绳;欲知方圆,则必规矩。"没有规矩不成其为政党,更不成其为马克思主义政党。② 于马克思主义政党而言,党的纪律是党的各级组织和全体党员必须遵守的行为规则。加强纪律建设是全面从严治党的根本要求,是党的各项事业取得胜利的重要保证。加强纪律建设,必须强化纪律意识,严明政治纪律,严格执行纪律,对于违反党内纪律的行为必定严肃追究党内责任。

五 建立相关配套制度,完善党内问责

问责制的建立和发展还需要相关配套制度的补充,形成制度体系才能更好地完成从问责启动到申诉再到救济等一系列问责程序。为了确保党内问责不发生偏差,保障党员的主体权利,古共还设立了与监察委员会相对应的申诉委员会,保证了被问责党员的申诉权利。党员不服从组织的问责可以到申诉委员会进行申诉,不同的问责处罚向不同的申诉委员会申诉。这两个机构互相合作,把加强党内问责与发扬党内民主有机结合起来,提

---

① 徐伯黎:《古巴:反腐败斗争不留情面》,《检察日报》2015年12月22日。
② 杨诗琪:《加强纪律建设 严明政治规矩——学习贯彻习近平同志在十八届中央纪委五次全会讲话系列述评之三》,《中国纪检监察报》2015年1月21日。

高了党内问责的有效性和公正性。

　　古共坚持和完善申诉委员会制度，以保障党内的民主和公正。该委员会有权独立行使职权、开展工作，不受同级党委的领导，只对其上级领导负责，其职责是专门受理党员的申述，它的组成人员是有一定年份的党龄，从未受过纪律处分，并且拥有大学以上文化程度的党员。该委员会的最终决定是经过不记名投票的方式作出的，对于党内处分不满的可以上诉到省级，而对于开除出党的则可以上诉到全国申诉委员会。例如，"2002年古巴处分了43000多名党员，其中2058人对处分不服提起了上诉，占受处分的4.7%，这些人中有23%的党员的处分被改变了，347名受到开除党籍处分的党员由于申诉而保住了党籍。"[①] 这就尽可能地保证了党内民主和公正，使每个党员在受到不公正或错误问责后获得了维护自己权利的机会并得到制度的保障。

　　除完善问责的申诉制度之外，古共还颁布党内问责相关条例，明确问责事由、形式及程序等。《古巴共产党处罚适用条例》对违反党章党纪、党的政策党员，违背党的原则或路线的党的机关和基层组织，规定了相应的问责处罚措施以及各处罚措施适用的程序。从条例的各项规定来看，古共对党员和党的各级组织要求极为严格，就连"没有正确地保存党证""无正当理由，不参加党支部会议、学习会议和其他活动""违反迁移规定"等轻微违纪行为，都要受到党内问责，在党的纪律面前，党员人人平等。对违反党纪国法的党员，除要受到党内纪律处分之外，还承担司法责任或行政责任。[②] 对于犯错误的党员视错误大小和性质给予警告、撤销党内职务、暂停党员权利、与党分离、开除出党等五种党内问责形式。在问责程序启动上，依次是：指定一个专业干部同被问责党员谈话、联合委员会调查、提出报告和建议、把处罚建议提交党委全委会、党委全委会作出处罚决议、将处罚决议通知给被问责党员及其所在的支部。明确的问责事由、多样的问责形式以及规范的问责程序使得古共的党内问责有章可循，不断趋于完善。

　　社会主义国家执政党要求党员和党员领导干部要做到权利与义务相统一，享有党员权利，更要履行党员义务。通过梳理古巴共产党和越南共产

---

　　① 肖枫、王先志：《古巴社会主义》，人民出版社2004年版，第201页。
　　② 王承就：《古巴共产党建设研究》，博士学位论文，南开大学，2010年。

党在加强党内问责上的相关探索，我们得到一些启示和借鉴。第一，将问责与反腐联系起来，以问责推进反腐，对腐败分子进行严肃问责。对于各级领导干部、各级党组织中普遍存在的懒政、怠政等群众反映强烈的不作为现象更要严肃问责。第二，党内问责要抓住领导干部这个关键少数，各级党的领导干部要率先垂范，严于律己，以身作则。问责不是目的，而是手段。对于各级党的领导干部、各级党组织失职失责造成严重后果、人民群众反映强烈、损害党执政的政治基础的，都要严肃追究责任，既追究主体责任、监督责任，又追究领导责任。第三，建立健全有关党内问责的一整套制度，并切实推进问责制的贯彻生效。如今，《中国共产党问责条例》已审议通过，各级党委党组、各级领导干部应深入学习领会问责条例精神，多措并举贯彻落实问责条例。党内问责的建设和完善是一个精益求精的过程，不能一蹴而就，我们要在借鉴当前社会主义国家执政党有关党内问责探索的经验基础之上，结合中国共产党执政的特点及我国国情，摸索出一条符合中国实际的党内问责之路。

（作者单位：上海市委党校研究生）

现状、问题与创新：农村基层党建的实践与发展
——农村基层党建现状调查报告[*]

李 明

2016年7月至8月，中国农业大学马克思主义学院成立农村基层党建研究团队，通过调查问卷和访谈的方式，对全国30个省区市的101个村进行了"农村基层党建现状"调研活动。问卷以大学生进村入户社会实践的方式对农村基层党支部书记、党员和一般群众进行随机调查，调查问卷采取无记名、主观问题和客观问题相结合的方式，全面客观真实地了解目前我国农村基层党组织建设的发展状况。调研共发放问卷101套，其中党支部书记实发问卷101份，收回有效问卷101份，回收率100%，党员和群众实发问卷1632份，收回有效问卷1623份，回收率99.4%，其中，党员问卷448份，群众问卷1175份，根据调查结果统计和相关访谈及文献资料，对农村党建基本情况及问题进行初步分析。

一 农村基层党组织基本实现全覆盖，农村基层党组织体系完整，但农村党组织作用发挥和功能化提升问题突出

2015年6月18日，习近平总书记在贵州调研时指出，党的工作最坚实的力量支撑在基层，经济社会发展和民生最突出的矛盾和问题也在基层，必须把抓基层打基础作为长远之计和固本之策，丝毫不能放松。要重点加强基层党组织建设，全面提高基层党组织凝聚力和战斗力。农民党员

---

[*] 本文由中国农业大学马克思主义学院农村基层党建研究团队撰写，团队成员：陈东琼、王琳、张晖、宗成峰、李茜、王冬梅、车雷、古芳、苏若群，报告执笔：李明。

作为农村党支部的主体力量,对农村基层党组织建设发挥重要作用。调查显示,农村党支部中党员数量 10—30 人居多,占比 38%(见图 1)。

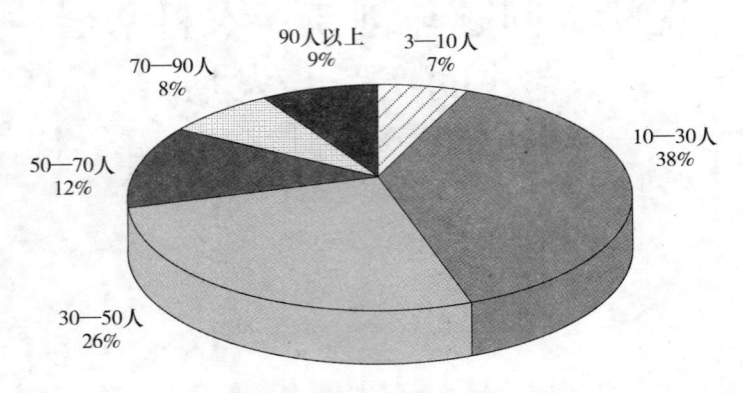

图 1 农村基层党支部党员人数占比

从农村党员年龄分布来看,农村党员年龄普遍偏大,年轻党员数量较少,30 岁以下党员仅占 12.12%(见图 2)。

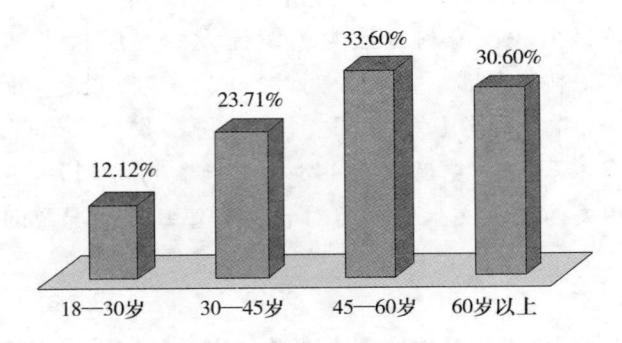

图 2 农村基层党员年龄分布

调查显示,农村基层党员的文化水平和受教育程度偏低,以初中及以下为主(见图 3)。

现状、问题与创新：农村基层党建的实践与发展

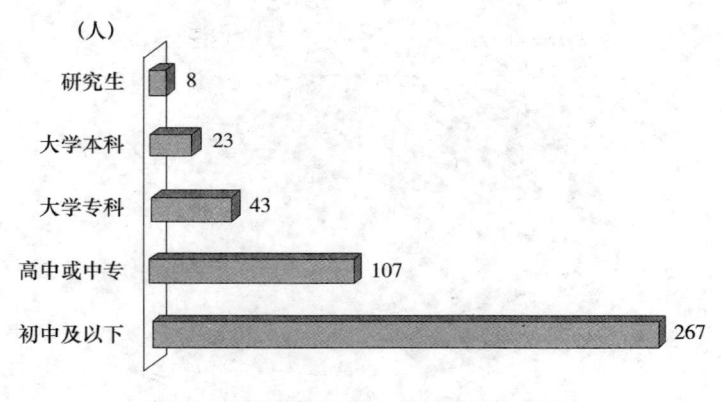

图3 农村基层党员文化及受教育程度

- 研究生 8
- 大学本科 23
- 大学专科 43
- 高中或中专 107
- 初中及以下 267

调查中发现，当前我国农村基层党员以男性为主，占比76.12%，女性党员占比23.88%，女党员数量明显偏少。其中，党支部中女性党员数量以3—10人居多（见图4）。

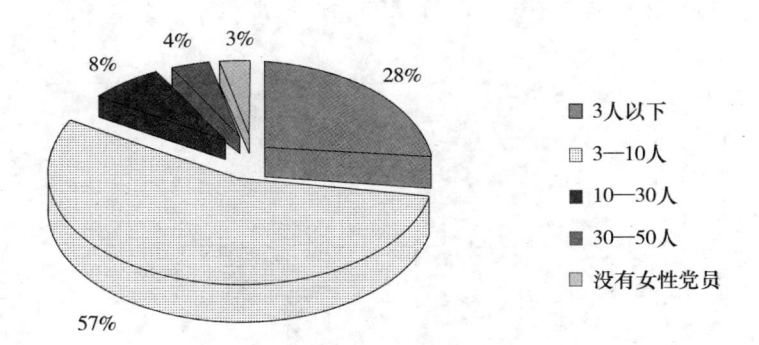

图4 农村基层党支部中女性党员数量

- 3人以下 28%
- 3—10人 57%
- 10—30人 8%
- 30—50人 4%
- 没有女性党员 3%

目前，农村中大量青壮年农民特别是青壮年党员外出打工，导致"空心村"现象。当前留村的党员数量较少，以10—30人为主（见图5）。

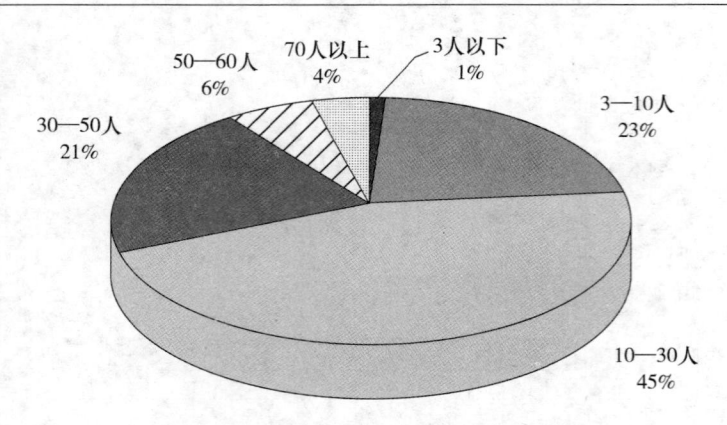

图 5　农村党支部留村党员数量比例

农村党员的先进性体现在哪里？农村基层党建的成效最有发言权的是农民群众，他们是农村基层党组织的社会支撑。党组织的带头作用发挥得怎么样？调查显示，群众对农村党支部、党员满意度较高，大多数党支部书记、党员能够充分发挥作用，带领群众走致富道路（见图6）。

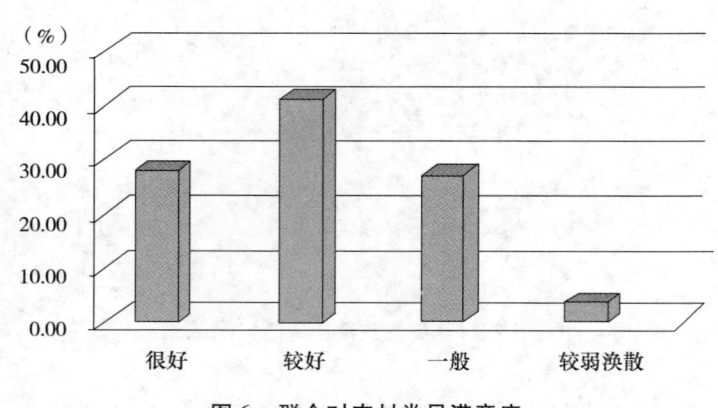

图 6　群众对农村党员满意度

调查结果显示，农村基层党组织突出存在着"三多一少一低"现象，即老年党员多、文化水平低的党员多、离开农村的党员多，年轻党员少，党员受教育程度低。正是在农村城市化的重大历史变迁中，凸显农村基层党建的重要性，也反映出当前农村基层党建难以适应农村现代化发展的新要求，农村党组织作用的发挥和功能化提升问题十分明显。

二 农村基层党组织领导核心与干部队伍基本建成，但存在工作动力不足和能力缺乏的严重问题

农村基层党支部书记是农村基层党组织的核心人物。调查结果显示，农村基层党支部书记以男性为主，占91.1%，女性仅占8.9%。农村基层党支部书记年龄以45—60岁为主（见图7）。

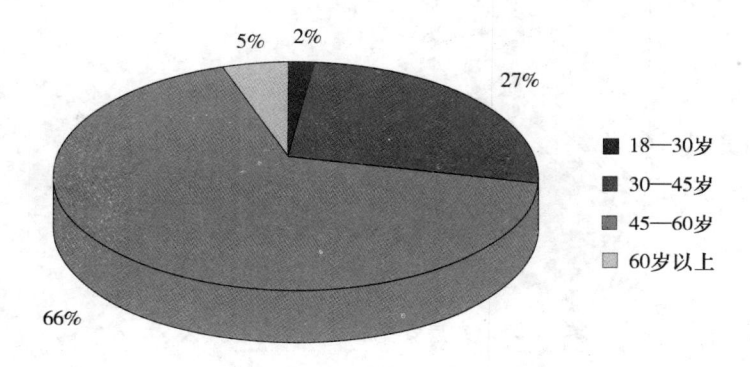

图7 农村党支部书记年龄构成

调查发现，农村基层党支部书记的文化水平和受教育程度均略高于普通党员，以高中或中专文化程度为主（见图8）。

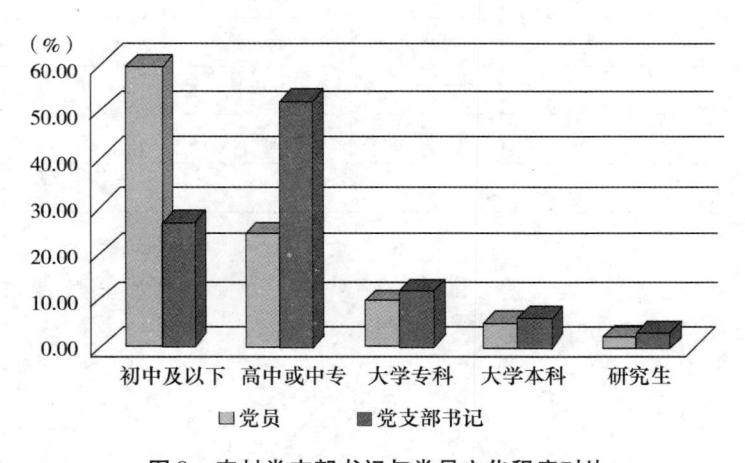

图8 农村党支部书记与党员文化程度对比

调查显示，农村基层党支部书记任职以 10 年内为主，其中任职 1—5 年的党支部书记达到 47.52%，任职 6—10 年的党支部书记为 24.75%。农村基层党支部书记的家庭年收入较一般村民处于中等偏上水平（见图 9）。

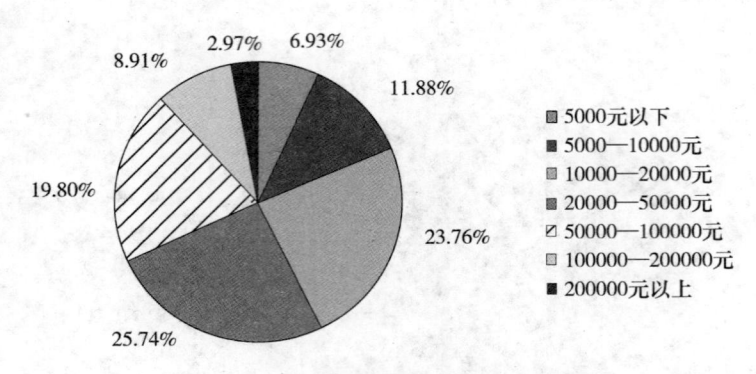

图 9　农村基层党支部书记家庭年收入

从农村基层党支部班子成员来看，基本以男性党员为主，没有女性党员的占 33.66%，其中支委人数普遍在 6 人以下（见表 1）。

表 1　　　　　　　　农村基层党支部班子成员数量统计

党支部班子成员	人数	百分比	女党员人数	人数	百分比
1—3 人	43	42.57%	没有女党员	34	33.66%
4—6 人	43	42.57%	1—3 人	62	61.38%
7 人以上	15	14.85%	3 人以上	5	4.95%

调查显示，农村基层党支部委员年龄情况较党员年龄整体偏大，多为 45 岁以上，年青党员比例较低（见图 10）。

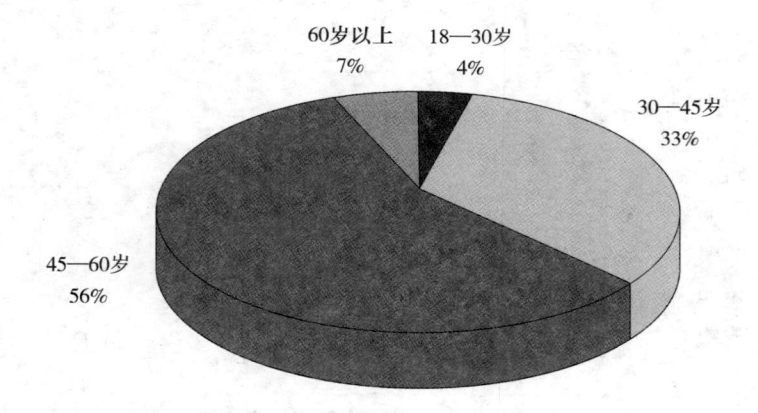

图 10　农村基层党支部委员年龄构成

调查发现农村基层党支部书记在村中发挥作用显著，党员和群众对村党支部书记评价普遍较高，其中党员对村党支部书记认可度更高（见图11）；同时，针对日常工作中，村党支部书记能否为村民解决实际困难调查中发现，大多数党员和群众认为本村党支部书记能够为村民解决实际困难（见图12）。可见，农村党员对村党支部书记工作的认可度和满意度都比群众要高。

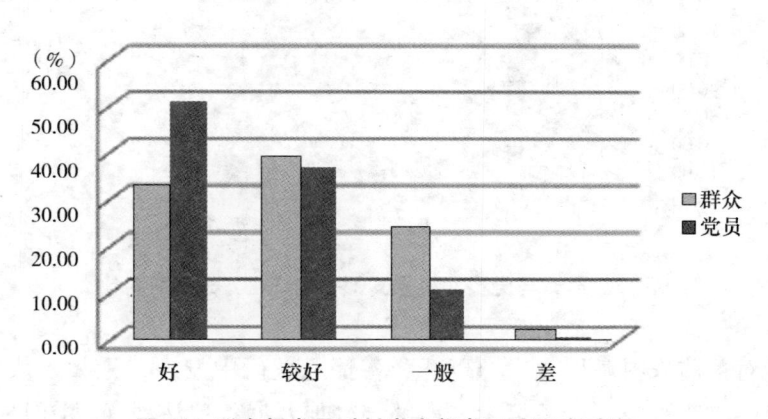

图 11　群众与党员对村党支部书记认可度对比

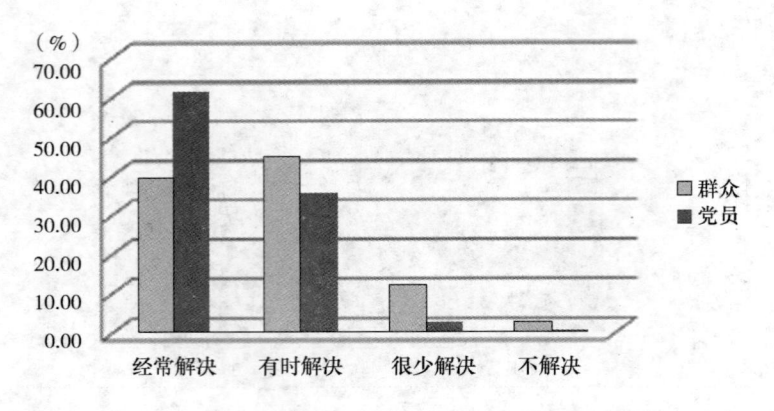

图12 群众与党员对村党支部书记满意度对比

针对村党支部书记的产生方式，党员和群众普遍认为由选举产生，其中党员对村党支部书记的产生方式更为了解（见图13）。

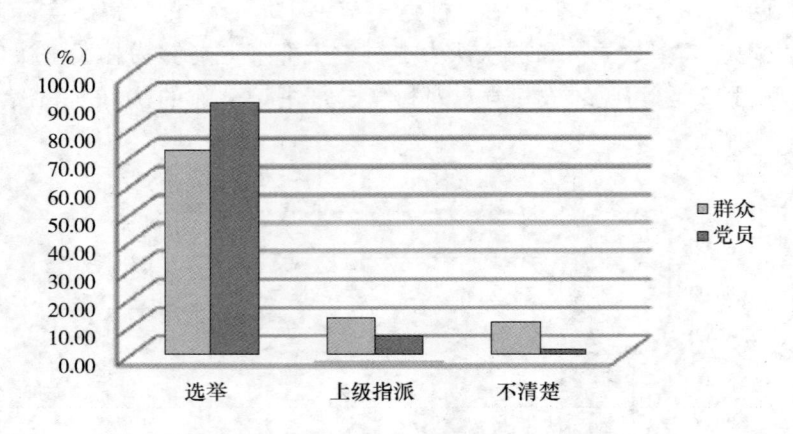

图13 群众与党员对村党支部书记产生方式调研对比

针对目前农村基层党支部班子配备情况调研中发现，绝大多数党员认为当前本党支部班子配备健全，能够很好地开展各项活动（见图14）。

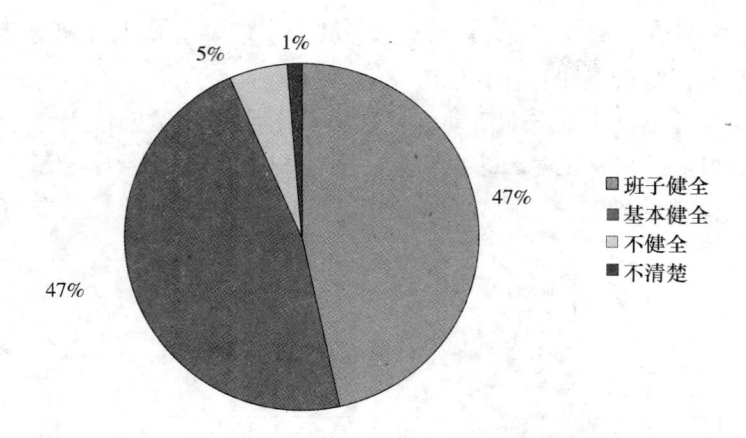

现状、问题与创新：农村基层党建的实践与发展　　293

图14　党员对村党支部班子配备情况调研

为充分了解党支部在党员和群众中能否发挥带头作用，在"群众或党员在生活中遇到困难首先会想到找谁解决？"题目中，大多数党员和群众都会想到找党支部或村委会解决问题，其中党员遇到困难的首选多为党支部，而群众遇到困难的首选多为村委会（见图15）。

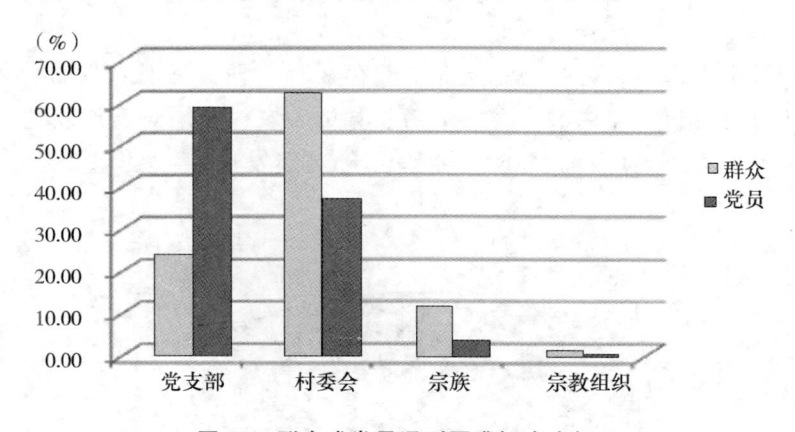

图15　群众或党员遇到困难解决途径

调查发现，因为区域发展不平衡，各地对村干部的补贴（工资）也有很大差别，因为收入及激励机制的原因，也由于农村基层矛盾突出等问题，农村存在着支部书记选任难的问题，一些党支部书记存在工作动力不足和能力缺乏的严重问题，也存在着因为无合适人选接替而超长任期的情况。

三 农村党员教育、党员发展和党员管理能够完成基本要求和任务，但存在着教育空白点和管理盲区

农村党员教育与党支部活动，是农村基层党建的基础性工作。调查显示，针对当前外出打工党员多的现状，各农村基层党支部普遍存在针对外出党员（含进城务工、经商党员）的管理相对薄弱的问题（见图16）。

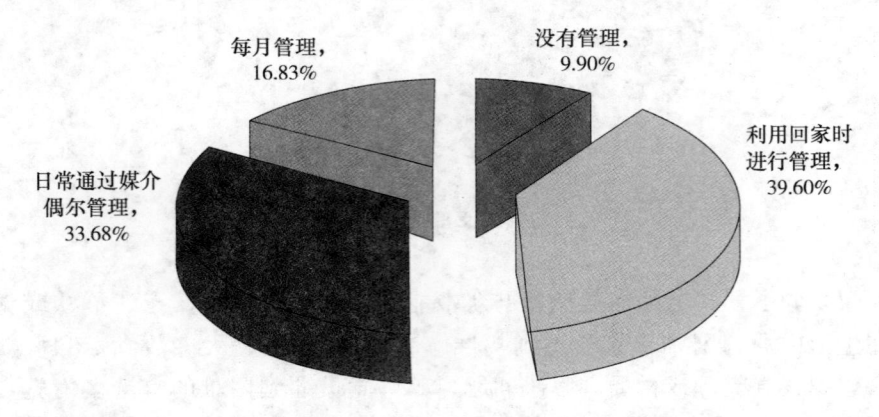

图16 农村基层党支部对外出党员管理情况

调研中发现，农村基层党支部普遍存在着新党员发展困难的问题，部分村级党支部近三年内没有发展1名新党员。农村基层党支部新党员发展困难问题，已成为当前我国农村基层党支部发展壮大的重要阻力（见图17）。

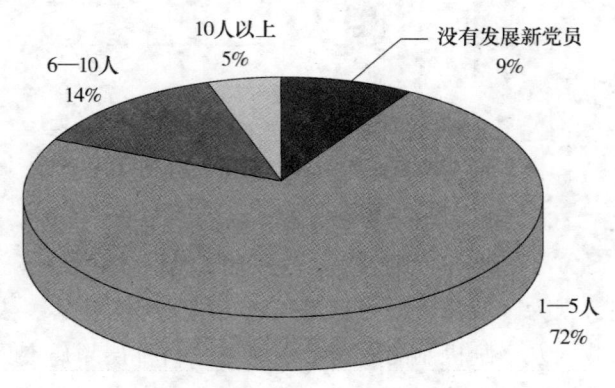

图17 近三年农村基层党支部发展新党员情况

在对村党组织开展党员活动的时间调研中发现，各村级党支部普遍会在三个月内开展一次党员活动，其中一个月内开展一次党员活动的支部达到39.78%（见图18）。

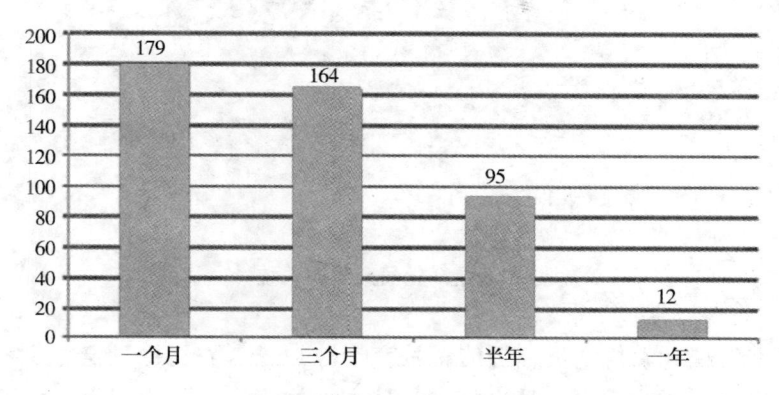

图18 党支部开展活动周期

党支部开展党员活动的事由，多为开展各类党员学习教育活动，占比高达71%（见图19）。

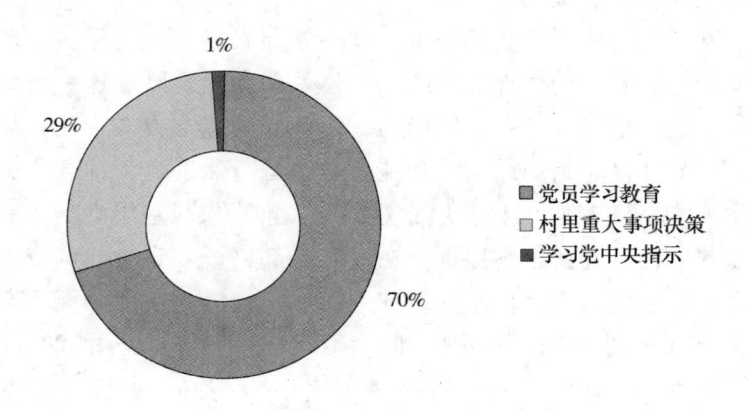

图19 党支部开展党员活动事由

对当前应该如何提高党员整体素质的问题，党员认为可以通过加强党员培训交流和增加党员读书学习机会来提高（见图20）。

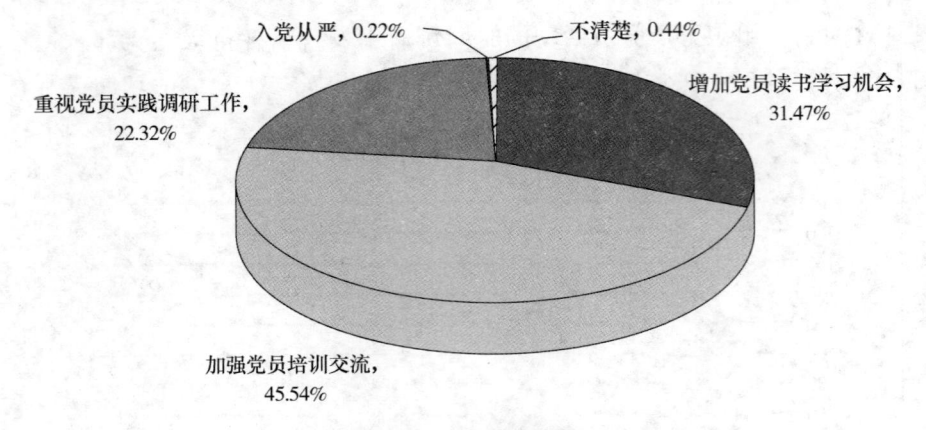

入党从严，0.22%
不清楚，0.44%
重视党员实践调研工作，22.32%
增加党员读书学习机会，31.47%
加强党员培训交流，45.54%

图 20　提高党员素质调研统计

调查发现，农村党员理想信念教育十分缺乏，农村中社会主义教育和集体主义教育成为空白，外出打工党员管理成为盲区，农村基层社会文化建设的问题非常突出。

四　农村基层党建体制机制创新取得一定成效，推动农村经济社会发展能力仍需要进一步提高

农村基层党建体制机制就是指"党在领导农村工作过程中，形成的一套行之有效的农村党的建设工作的组织体系和职能，以及这一组织体系围绕党在农村工作的目标任务，开展工作所确立的基本方式、运行规则。主要包括：领导体制、组织结构、功能定位、运行制度、活动载体、配套措施等基本要素"[1]。健全农村基层党建制度，推进农村基层党建体制机制创新，是农村基层党建的根本保证。在对党支部书记和党员的调查中，针对村中的规章制度能否得到落实的统计中发现，仍然存在部分规章制度无法落实的情况（见图21），以及规章制度不健全等问题（见图22）。

---

[1]　王乃波：《农村基层党建体制机制创新研究》，党建读物出版社2012年版，第3页。

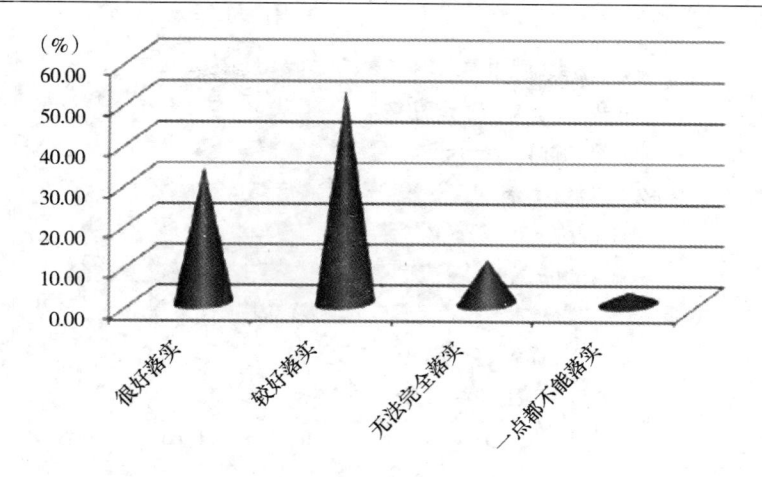

图 21　村党支部书记对规章制度落实情况

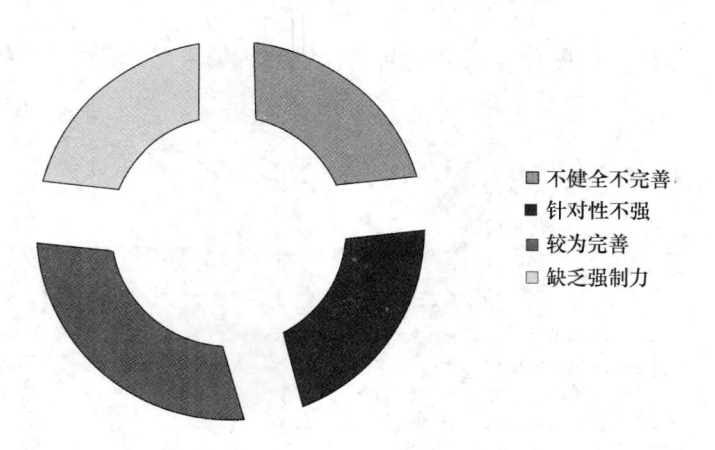

图 22　村党员对规章制度满意度统计

五　农村基层党组织担负领导农村社会治理的主体责任，统筹协调能力和主体功能需要增强

习近平总书记强调指出，高度重视农村社会治理，加强基层党的建设和政权建设，增强集体经济组织服务功能，提高基层组织凝聚力和带动力。[①] 调查显示，农村基层党支部书记认为，当前村中存在如下突出问题（见图23）。

---

① 《习近平在中共中央政治局第二十二次集体学习时强调健全城乡发展一体化体制机制让广大农民共享改革发展成果》，《人民日报》2015 年 5 月 2 日。

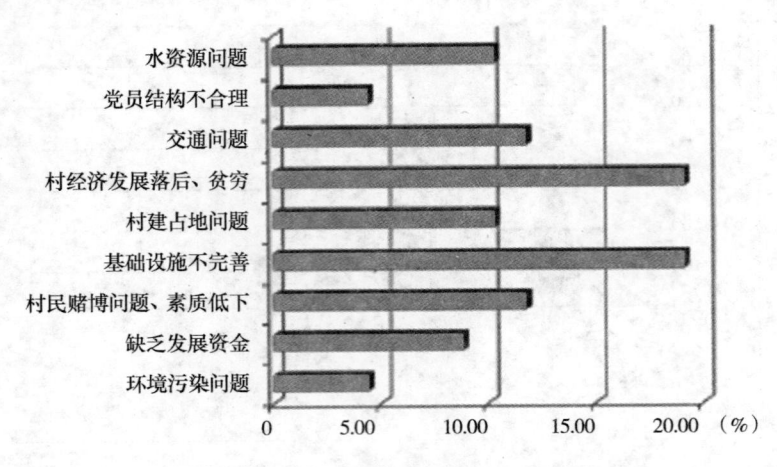

图 23　村党支部书记认为本村存在的问题

而党员认为村中存在的突出问题,主要为财务管理混乱等(见图24)。

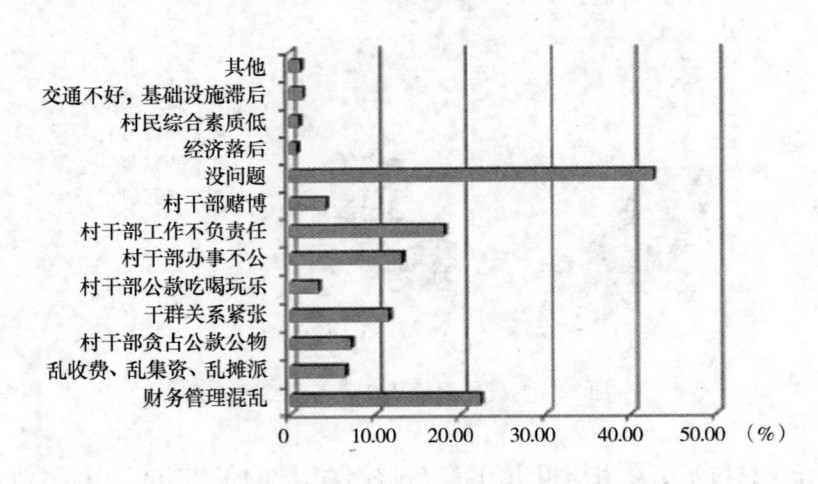

图 24　党员认为村中存在的问题

北京市通州区张家湾镇在农村基层党建创新实践中,逐步探索出"1+X""小支部,大党建"模式,"1"代表党支部,"X"代表互动单位,通过与企业、学校、专业合作社、群团组织、其他社会组织等的互动,实现区域联合、资源共享,使村级党组织和党的工作在村域内实现全覆盖、全互动、全运转和全响应,形成完整的村域党建工作体系。从而把握核心作用、拓展组织功能、全面动员村域内各方力量广泛参与,扩大党组织和党的工作覆盖面，充分发挥推动发展、服务群众、凝聚人心、促进和谐的作用，"小支部"发挥"大党建"的作用。①

六 农村基层党内民主和社会发展相互推动，民主政治建设需要协调推进

作为村民自治的重要内容，农村集体重大决策事项必须在村级党组织领导下按照"四议""两公开"的程序决策实施。"四议"是指党组织会议提议、"两委"会商议、党员大会审议、村民代表会议或村民大会决议；"两公开"是指决议公开、实施结果公开，即：村中重大事项的决策由村党组织在广泛征求党员和村民意见的基础上提议、经村"两委"会商议、党员大会审议、村民代表会议或村民大会决议，决议和实施结果向全体村民公开。调查显示，遇到重大事项决策的解决途径以召开支部会、党员议事会和村民代表会议决定为主（见图25）。

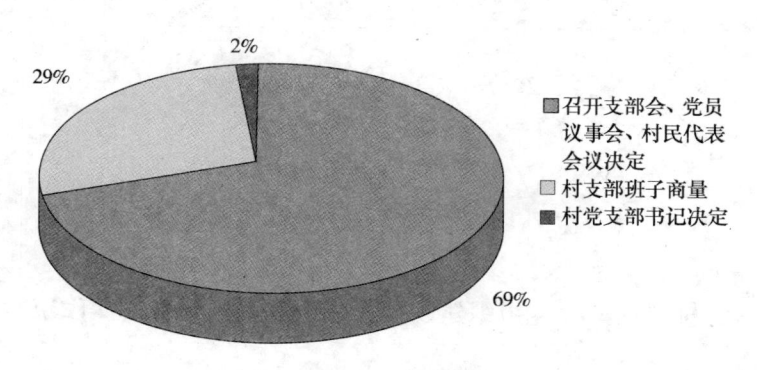

图25 遇重大事项解决途径

（69% 召开支部会、党员议事会、村民代表会议决定；29% 村支部班子商量；2% 村党支部书记决定）

村务公开是村民进行民主自治、民主管理和民主监督的重要方法和有效途径，是保证村民知情权的重要方式。在对群众和党员的调查中，针对村党组织的党务、村务、财务公开情况，群众和党员有较大区别（见图26），公开效果和满意度也有较大区别（见图27）。农村党支部在党务、村务、财务公开方面都取得很大进展，但是也出现形式主义的问题，部分地区一定程度上存在党务、村务、财务"选择性"公开甚至不公开的问题。

---

① 邢久强：《"小支部 大党建"：张家湾镇创新基层党组织建设模式》，《中国机构改革与管理》2014年第4期。

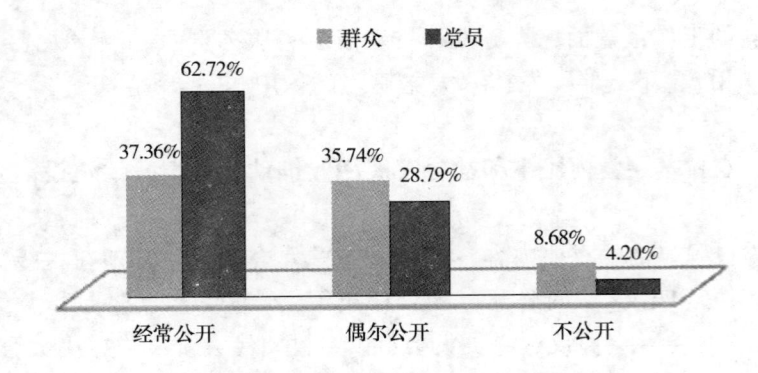

图 26　群众与党员对财务公开情况

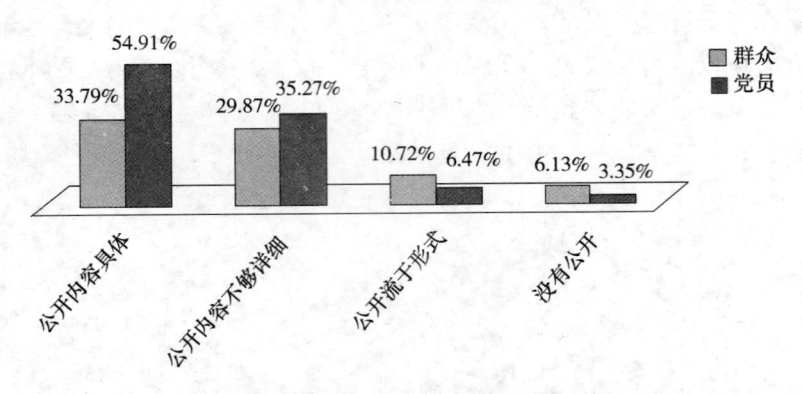

图 27　群众与党员对财务公开满意度

七　农村"三型"党组织建设在农村党建中起到引领性作用，但发展不均衡

党的十八大明确提出，要"建设学习型、服务型、创新型的马克思主义执政党"，并要求"以服务群众、做群众工作为主要任务，加强基层服务型党组织建设"。加快推进农村基层服务型党组织建设，全面提升农村党组织和广大农村党员干部的服务能力和水平，是新形势下党的建设面临的新课题。

农村基层服务型党组织建设是农村基层党建创新的抓手。以服务群众、做群众工作为主要任务，是加强农村基层服务型党组织建设的核心任务和发展目标，也是农村基层党建创新的突破口。尚义县大营盘乡坚持心系群众，从"管理型"向"服务型"转型，以便民服务中心等服务窗口为重点，坚持做到阳光政务公开、办事流程规范、首问负责办理，对来乡咨询、办事的群众做到热心、耐心、细心服务，彻底根治"门难进、脸难看、话难听、事难办"的顽疾，全面树立服务型政府良好形象，受到群众的欢迎和好评。服务群众是农村基层党组织的基本职能，针对群众去村党组织办事满意度的调查发现，仍有部分群众认为去村党组织办事不方便（见图28）。

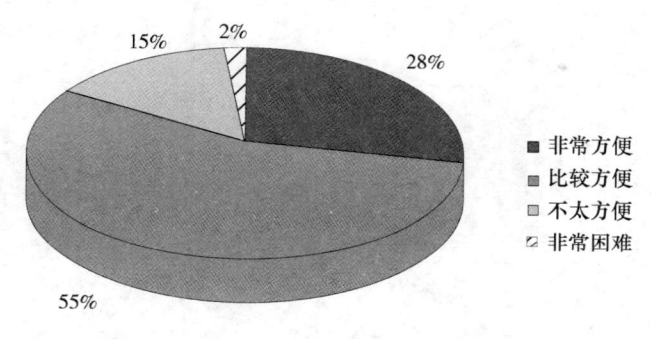

图28　群众到村党组织办事满意度调查

八　农村基层党组织在新型社会经济组织延伸，但适应性还需进一步提高

当前，农村新型社会经济组织发展迅速，农村基层党建必须根据这种形势加快创新步伐，探索农村基层党建的新途径新形式。调查显示，村里建立的新型农民组织以种植业、养殖业构成的生产合作社为主（见图29）。

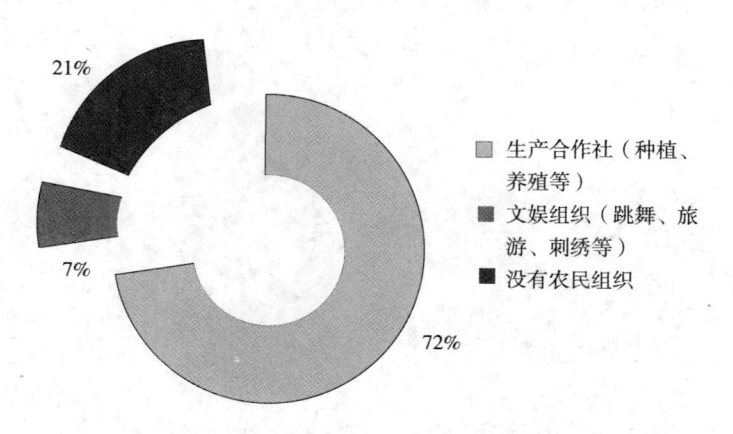

图29　农村新型社会经济组织

但是,农村基层党建中普遍对这种发展态势应对不足。调查显示,仅有58.42%的村支部书记关注这些新型农民组织,党支部也主要通过"积极引导支持"和"技术培训"等发挥影响(见图30)。

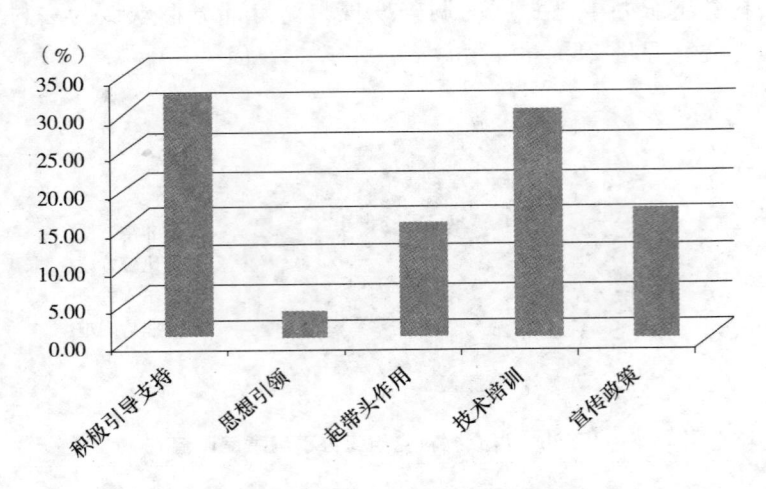

图30 村党支部对新型农民组织发挥的作用

九 "两委"关系趋向稳定和谐,基本架构仍需调整改进

村党支部是党在农村的基层组织,是党在农村全部工作和战斗力的基础,是本村各种组织和各项工作的领导核心。中共中央组织部《关于加强村党支部书记队伍建设的意见》中明确提出"提倡村党支部书记和村委会主任'一人兼'"。调查显示,当前农村基层党支部中交叉任职现象较为普遍(见图31)。

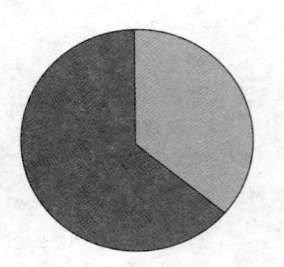

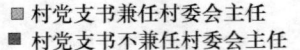

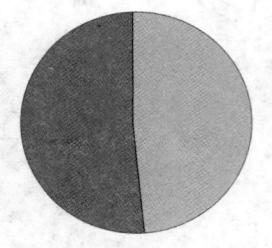

图31 农村基层党支部交叉任职情况统计

实行"一肩挑",一方面,能够精简组织设置,减少村级组织的运作成本和村干部人数,可以促进"两委"班子的协调运转,有利于更好地发挥以党组织为核心的基层组织的整体功能;另一方面,能够加强党的领导和村民自治的有机结合,有利于更好地解决"两委"存在分歧的问题,保证村内稳定团结发展。在针对"两委"班子配合度调查中发现,群众和党员普遍认为"两委"班子认可度较高(见图32)。

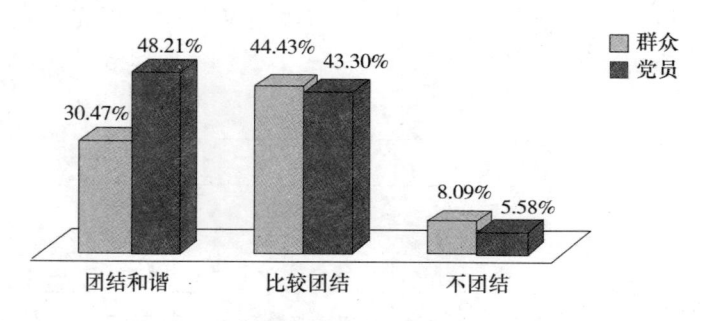

图32 群众和党员对"两委"班子认可度

在实际工作中,"两委"班子"一肩挑",党支部和村委会干部数量会减少,在对党员的调查中,村党组织干部人数在3—5人的占83.48%,在对党支部书记的调查中,村党支部班子成员多为7人以下(见图33);随着干部数量减少,但是面对的工作内容和工作数量却没有减少,因此对于干部个人素质提出了更高的要求。村党支部书记是村领导班子的带头人,在村党支部工作中发挥着领导核心的作用,需要更加坚持把致富能力强、思想素质好、管理能力优的党员培养成村党支部书记;同时使"两委"班子更加优化,这仍然是当前农村基层党建中尚未完全解决的问题。

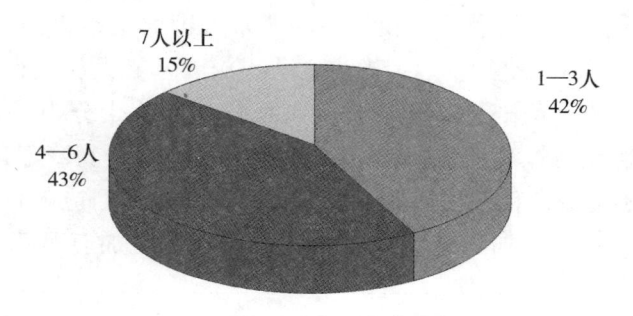

图33 村党支部班子成员数量

十 农村基层党组织是领导农村精准扶贫攻坚战的主要力量，引领作用需要不断增强

习近平总书记不止一次地指出："全国还有5000万贫困人口，到2020年一定要实现全部脱贫目标。这是我当前最关心的事情。"因此，农村地区贫困人口脱贫问题是当前最突出的短板。① 本次调研中发现，农村群众和党员均对所在村经济发展水平认可度较低，普遍认为自己所在村比较贫困（见图34），这既与个体的认识水平有关，又与没有事先确定好贫困和富裕的标准有关。

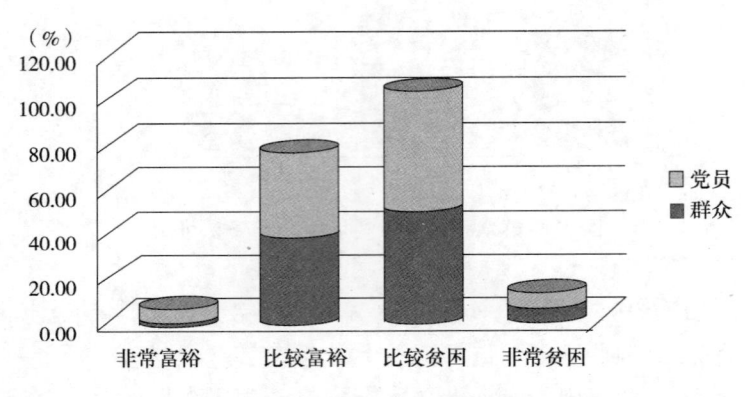

图34 党员和群众对本村经济发展认可度

但是，在调研的101位农村党支部书记中，59人回答党支部通过什么方式在新型农民组织中发挥影响的问题，"精准扶贫"仅占1.69%，远没有将精准扶贫放在比较重要的地位。

农村富不富，关键看支部。必须清醒地看到，贫困仍然是现阶段需要下大力气解决的突出问题，比较贫困和非常贫困的地区仍然突出地存在；经济发展较慢导致的交通落后、缺少文化设施、基础设施建设滞后仍然是全国农村比较普遍的现象。扶贫开发工作依然面临十分艰巨而繁重的任务，已进入啃"硬骨头"、攻坚拔寨的冲刺期。给钱给物不如建个好支部。基层党建绝不能脱离精准扶贫这项极其重要的工作，而应强化责任，使基层党组织建设发展更加适应新农村建设的发展，更加有利于精准扶贫脱

---

① 习近平：《在党的十八届五中全会第二次全体会议上的讲话》，《求是》2016年第1期。

贫，在这场攻坚战中使党组织自身得到加强和发展，并且促进农村基层经济社会发展。

加强和创新农村基层党建，推进新农村建设和农村全面小康社会实现，保证全面深化农村改革的正确方向。加强农村基层党建是我们党的政治优势，也是我们党的优良传统，更是增强党在农村的执政能力的必然要求。在新形势下，加强农村基层党建必须紧紧围绕以下四点：

一是高度重视农村集体经济发展。2013 年 3 月，习近平总书记针对统分结合的家庭承包责任制指出，实践的结果是，"分"的积极性充分体现了，但"统"怎么适应市场经济、规模经济，始终没有得到很好的解决。新世纪十多年来，像沿海地区以及农业条件比较好的地方，在这方面都做了积极的探索，也有了一定的经验。[①] 调研中发现，一个比较普遍的现象就是，农村"分散"程度过高，农村集体经济薄弱，农村包括党组织在内的基层组织涣散状况突出。而农村集体经济薄弱的地方，基层党建工作和其他各项工作问题也比较多，党员和群众的积极性也比较低。

二是全面提高党组织基层治理能力。乡村治理是国家治理的基础。农村基层党组织是乡村治理的领导力量和核心推动者。切实发挥基层党组织战斗堡垒作用，强化党组织的领导核心作用，巩固和加强党在农村的执政基础，完善乡村治理机制，提高农村基层党组织乡村治理能力和治理水平，不仅事关国家长治久安，而且关系农村社会全面发展。

三是全面从严治党。乡村干部腐败问题凸显。[②] 中国 58 万多个行政村里有数百万农村基层干部，由于缺乏有效监管，"小村官大腐败"成为中国社会转型期一个值得关注的现象。[③] 农民"身边的腐败"极大地损害了农村基层党组织的威信，影响了党和群众的密切联系，党对群众的影响力和感召力也大打折扣。

四是以全面加强农村基层党建为着力点，把农村基层党组织建成领导全面深化农村改革和推进农村小康建设的坚强核心。第一，加强以党组织为核心的农村基层组织建设，充分发挥农村基层党组织的战斗堡垒作用，深入整顿软弱涣散的基层党组织，不断夯实党在农村基层执政的组织基

[①] 顾雷鸣、王晓映：《在科学发展的道路上继续向前，创造出无愧于时代和人民的新业绩——习近平总书记参加江苏代表团审议侧记》，《新华日报》2013 年 3 月 9 日。

[②] 《北京乡村干部腐败问题凸显　贿赂型犯罪超贪占型》，《新京报》2014 年 8 月 4 日。

[③] 林日新：《"小村官大腐败"呼唤健全监督机制》，《检察日报》2014 年 11 月 11 日。

础。第二，创新和完善农村基层党组织设置，扩大组织覆盖和工作覆盖。第三，加强乡村两级党组织班子建设，进一步选好管好用好带头人。第四，以农村基层服务型党组织建设为抓手，强化三级便民服务网络建设。第五，严格落实党建工作责任制，推进党委书记抓基层党建工作述职评议考核。这是认真贯彻落实党要管党、从严治党的要求，全面加强农村基层党建工作的系统设计，也是进一步推进农村基层党建创新的基础。

基础不牢，地动山摇。农村基层党组织是带领农村全面改革、农民集体致富的主体力量，是党的农村政策实施者落实者。在新的历史条件下，农村基层党建工作要以全面建设社会主义新农村和全面建设农村小康社会为目标，以改革创新精神全面推进农村基层组织建设，发挥我们党组织农民的"独特优势"，走统分结合共享共富道路，把农村基层党组织建成领导全面深化农村改革和推进农村小康建设的坚强核心。

（作者单位：中国农业大学马克思主义学院）

新疆公民意识现状调查及问题分析

——以新疆 5 县 1 区调查情况为例*

李建军

一 新疆公民意识现状的调查研究

新疆是我国西北的战略屏障，是实施西部大开发战略的重点地区，是我国向西开放的重要门户，也是全国重要的能源基地和运输通道。公民意识建设关乎新疆社会稳定和国家政治安全。新疆加强公民意识培育对于推进中国西北边疆民族地区的经济社会发展意义重大。要全面掌握新疆公民意识现状，必须把对新疆调研作为重中之重。因此，"新疆公民意识与国家认同问题研究"项目课题组一行 9 人选取了新疆吉木乃县、尼勒克县、伽师县、英吉沙县、皮山县和乌鲁木齐市天山区等 5 县 1 区作为调查地点，分别对其所辖的 60 个乡镇的各族干部群众进行抽样问卷调查和个别访谈。调研周期为 9 个月（2015 年 3 月至 12 月）。共发放问卷 1630 份，回收 1555 份，回收率为 95.4%，问卷有效率为 100%。个别访谈 245 例，其中汉族 86 例，少数民族 159 例。在调查样本的民族构成中，汉族占 18%，哈萨克族占 16.4%，回族占 4%，维吾尔族占 44.3%，乌孜别克族占 7.3%，柯尔克孜族占 4.2%，蒙古族占 5.8%，东乡族和达斡尔族所占比例小于 0.5%；根据调研数据分析，可以得出以下认识：

---

* 本文系国家社科基金项目（西部项目）"新疆公民意识与国家认同问题研究"（编号：14XZZ015）和新疆维吾尔自治区社科基金项目（青年项目）"新疆公民意识与国家认同问题研究"（编号：13CZZ039）的阶段性成果。

（一）公民意识的重要标志和集中体现就是个人对自己公民身份的认知情况

本次调查结果显示：大多数干部群众对公民身份有很好的认知，对国家和中华民族也有高度的认同感，但是仍有个别同志的思想认识模糊，或者由于文化水平或民族宗教因素所限制，具有个人的狭隘民族意识。如问及："在外国人面前您对自己是中国人的身份感到？"有2.4%的人选择"自卑"，8.8%的人选择"无所谓，没感觉"。又如："假如您身处异国他乡，面对外国人士的询问您对自己的身份排序是？"有12%的人选择将民族身份排在第一位。

（二）政治常识和国家基本知识是公民意识的重要组成部分

调查结果显示，有部分干部群众由于思想认识不足以及平时的学习和关注不够，而对相关知识信息知之甚少，甚至是不愿意去学习、了解。如问及："我国的政体是什么？"有19.2%的人选择了错误的选项。又如："您了解我国的国家机构和国家制度吗？"有7.4%的人选择"不关自己的事，无关紧要"，2.6%的人选择"没有听说过"。再如："我国的第一艘航母是什么号？哪一日交付海军的？"有69.8%的人选择了错误的答案。

（三）公民道德建设成果是衡量公民意识培养程度的首要前提

社会公德教育是公民意识培育的一项基础内容。没有巩固的社会道德建设，真正的公民意识培育就无从谈起。在调查中，有小部分干部群众因为家庭教育、成长环境、个人素质等因素影响而产生不清晰、不正确的道德观念。如问及："谈及'公民基本道德规范'的相关内容，您在日常生活中是怎么做的？"有16%的人选择"偶尔会有不遵守标准的行为出现"，6.7%的人选择"不是很在意"。又如："在电影院和会议场合您每次都会主动把手机调静音或关机吗？"有21.6%的人选择"记得就弄，不记得就算了"，5.2%的人选择"不是很在意"。

（四）平等意识、独立人格及理性爱国意识是公民意识的核心内容

"有了维护社会平等的意识，公民之间互惠关系、自我管理以及政治平等的发展程度就越高。"[1] 西部地区各省市有关单位必须以此为公民社会建设的重要目标。着力培养具有自主意识和独立人格的普通公民，为发展市场经济、全面建成小康社会提供重要的社会基础。调查结果显示部分干

---

[1] 唐双荣：《论民族地区公民意识建设》，《黑河学刊》2012年第6期。

部群众还没有形成平等、互助、参与、理性的思想品格。如问及：您对"平等意识""独立人格"有所了解吗？有18.8%的人选择"不是很了解"。

二 新疆公民意识建设存在的一些问题

通过广泛的问卷调查和实地访谈，本次调查研究所得出的结果在一定程度上反映了当前公民意识建设存在的一些问题，经过分析和梳理，我们可以得出以下几点认识：

（一）公民意识淡漠，公民意识建设的社会基础薄弱

长期以来，我国缺少关于公民社会研究经验和实践探索，20世纪初公民概念才开始在我国出现和传播。新中国成立后，受高度集中的计划经济体制制约，国家和学术界都没有重视进行民主和法制建设，也没有全面系统地开展公民教育。在新疆这样欠发达的边疆民族地区，公民意识建设水平更是相对落后。比如，阿勒泰地区吉木乃县地处祖国西北边陲，自然环境恶劣，经济社会发展水平较低，部分群众还有很严重的"等、靠、要"思想。权利与义务意识、公德意识、竞争意识、规则意识、时间观念极度匮乏。在访谈的45人中，当问及您对"公民意识"这个词语是如何理解的？有13人表示从未听说过这个词语，更不知是什么意思。而13人中有5人是机关干部、3人是国有企业职工。其他受访者对国家意识、公民权利义务意识、平等意识等存在片面的、不完全准确的理解和判断。公民意识的淡漠和公民社会发展程度严重不足既有历史遗留等客观原因，也有制度、体制欠缺等主观原因。没有清晰、系统的公民意识教育体制，公民意识教育是不可能深入、持久、全面地开展下去的。公民的公民意识认识程度自然无法提高。公民亦不能在社会生活中表现出高度的主人翁意识，也无法自觉维护国家和集体的利益及荣誉。

（二）法治观念淡漠、政治认知能力欠缺

法治观念不强、法治思维不彰、法治能力不足，是全面实施依法治国、推进法治中国建设的一大制约因素。本次调查表明，新疆各地区的干部群众公民意识还相对缺乏。主要表现在，公民法律意识的淡漠和公民基本权利义务认识的模糊及政治认知能力欠缺。具体来看，一方面，一些党员领导干部迷恋"权力至上"；"拍脑袋就干，掐腰子就上"以及"大包大揽"依然是惯用的决策方式。从不善法治、不会法治、不敢法治到将

"依法治国"理念融入具化执政行为之中,还存在不小差距。另一方面,部分干部群众宪法知识不足,法治观念淡漠,同时缺乏对宪法及其他法律知识学习的主动性,在社会生活中就无法以宪法规定的公民基本权利义务为标准和界限来约束自己的行为。此外,由于政治认知能力的欠缺,部分干部群众对待国内外一些大事不能保持宽容、理性、责任和对话的态度。比如,在访谈中问及:"您对我们国家未来的发展有信心吗?对您未来的生活水平提高有憧憬和期待吗?"一位受访者谈道:"我对未来真不敢去奢望什么,至少现在是这样。"衡量一国之强弱,民之德行很重要。这里所讲的"德行"是包括法律维权、道德约束、权力使用、义务承担、政治认知、理性意识、契约意识等为构成要素的精神。

(三) 公民意识教育基础薄弱,观念教育与实践教育相脱节

"在现代社会中,要培养公民意识,使公民形成参与政治活动的欲望,行使公民的政治权利,履行公民的政治义务,一定范围、一定水平的教育普及,是一个必不可少的前提条件。"① 西北边疆地区政治、经济、文化发展相对内地和沿海地区比较落后,公民意识教育的发展就更加滞后。另外,我国现行的教育制度中比较重视理工科等职业技术教育,人文社会科学知识的教育相对较弱,而人文社会科学知识的普及是公民意识教育重要的组成部分。这方面的欠缺在西北边疆地区表现得尤为明显。如问及"在您的记忆中您在学生时代学校是否经常开展新疆'三史'等课程和民族团结、见义勇为及英雄人物先进事迹的宣讲活动?"有51.2%的人选择"开展过,但次数不多",有11.2%的人选择"很少开展"。由此可见公民意识教育重视力度不足是制约吉木乃县群众公民意识的主要瓶颈。公民意识水平的提高不仅需要观念教育,更需要实践。而现实中很多地区的公民意识教育大多流于形式、脱离于现实生活。如问及"您在日常生活中是否参加过志愿者、支教、无偿献血,为贫困地区和发生自然灾害的地区募捐等诸如此类的社会公益活动?"有19.2%的人选择"很少参加",13.6%的人选择"没有参加过"。没有实践,公民意识就失去了内在动力,民主制度也就缺乏检验。若没有民主的实践,公民的民主意识和民主参与能力就

---

① 红梅:《增强民族地区群众公民意识的途径浅析》,《内蒙古科技与经济》2009年第12期。

无法真正提高。"可以说,公民是在实践中学习当公民的"①。

三 加强新疆公民意识建设的几点建议

新疆加强公民意识培育对于推进中国西北边疆民族地区的经济社会发展意义重大。从战略全局的高度把握新疆公民意识建设工作,是认识问题,也是实践问题。实践过程中,我们不仅要认清全局,更要服务全局。根据对上述问题的研究分析,我们认为可以着重从以下几个方面考虑制定相关的政策措施:

(一) 大力保障和逐步改善民生,奠定公民意识建设的物质基础

关于人的思想意识问题,中国古代就有"仓廪实而知礼仪,衣食足而知荣辱"的经验之谈。马克思主义认为,经济基础决定上层建筑,社会存在决定社会意识。作为社会意识的重要组成部分,公民意识与社会经济发展和人民生活改善密切相关,公民意识的培育是建立在一定的社会经济基础之上的。很难想象在长期封闭落后的条件下,人民群众可以超越生计之忧而产生成熟的公民意识。在新疆,人民群众的生活难题还比较多,思想意识受到生活状态的制约,公民意识缺乏产生发展的基本物质基础。所以,要培育各族群众的公民意识,必须首先改善他们的生活条件,使他们过上稳定的生活。

2014年5月26日,中共中央政治局召开会议,研究进一步推进新疆社会稳定和长治久安工作。中共中央总书记习近平主持会议。会议指出,做好新形势下新疆工作,必须高举中国特色社会主义伟大旗帜,以邓小平理论、"三个代表"重要思想、科学发展观为指导,深入学习贯彻习近平总书记系列重要讲话精神,坚决执行中央关于新疆工作大政方针,围绕社会稳定和长治久安这个总目标,以推进新疆治理体系和治理能力现代化为引领,以经济发展和民生改善为基础;② 要围绕民生推进科学发展,坚持就业第一,确保零就业家庭至少有一人就业;坚持发展成果惠及各族群众,加大民生建设力度,加快推进惠及各族群众的重大项目建设,在资源

---

① 红梅:《增强民族地区群众公民意识的途径浅析》,《内蒙古科技与经济》2009年第12期。

② 凤凰资讯:《习近平主持政治局会议:研究进一步推进新疆社会稳定和长治久安工作》,2014年5月26日22:55。来源:《新疆日报》(http://news.ifeng.com/a/20140526/40465845_0.shtml)。

开发利用转化过程中提高地方参与程度。①

自治区党委和政府一直重视加强和改善民生工作,坚持把保障和改善民生作为新疆发展的首要目标,将加快经济发展同发展社会事业、解决关系人民生活的突出问题结合起来。自治区党委书记张春贤指出,要紧密联系实际,深入落实第二次中央新疆工作座谈会精神和习近平总书记重要讲话精神要紧紧围绕改善民生、争取民心来推动经济发展。扎实做好"三农"工作,千方百计增加农牧民收入。大力推进就业创业,重点解决好大中专毕业生、下岗失业人员、农村富余劳动力就业困难问题。② 今后一个时期,新疆各级党委和政府要以实际行动大力改善民生,加快推进以改善民生为重点的社会建设,着力扶持贫困地区发展。集中力量把住房建设、用电用气、工资待遇、社会保障、双语教育、劳动就业和文化惠民工程等改善民生的大事实事办好,使各族群众生活进一步改善。以此为基础,经过一段时间的努力,新疆的公民意识建设工作一定会有明显的进展。

(二) 以现代文化为引领,发展群众性公民文化教育,加强公民意识建设的文化支撑

公民文化是公民对其自身价值的认识与反映,是建立在现代的民主政治制度基础之上的现代文化。公民文化摒弃了等级特权是一种参与型的自由的政治文化。它表现为公民以主人翁的主体角色意识参与国家的政治活动、学习并遵守国家的宪法及法律、明确自己的权利义务、尊重他人的独立人格、主张自由选择和严格自律,具有高度的社会责任感和公共精神。公民文化的发展在一定程度上反映了一个国家的民主建设和民主进程。在社会政治生活中,若公民在未成年时没有受到良好的基础性教育,是文盲或者半文盲,那么成年之后就很难形成坚定的政治理想信念,没有鲜明的思想,对待社会生活和政治参与活动就缺乏开明、自由、灵活的观念,从而导致参与政治生活的能力不足。这种现象在政治、经济、文化均欠发达的地区比较普遍。

由于历史和现实条件所限,新疆公民文化教育工作起点低,时间短,

---

① 凤凰资讯:《习近平主持政治局会议:研究进一步推进新疆社会稳定和长治久安工作》,2014年5月26日22:55. 来源:《新疆日报》(http://news.ifeng.com/a/20140526/40465845_0.shtml)。

② 凤凰资讯:《自治区传达贯彻习近平总书记视察新疆时的重要讲话精神 切实把思想认识统一到习近平总书记重要讲话精神上来》,2014年5月5日03:26. 来源:《新疆日报》(http://news.ifeng.com/a/20140505/40145829_0.shtml)。

历史欠账和遗留问题较多。在调研中很多受访者明确表示：在学生时代家庭及学校没有专门、系统、连续地传授过法律、政治、文化等方面的常识。今后，新疆公民意识建设过程中应下大气力开展公民文化建设工作，要争取用十年左右的时间，基本形成覆盖城乡的公共文化服务体系；加快推进公共文化基础设施建设和文化阵地建设，继续实施文化惠民工程，努力使各族群众享有丰富多彩、健康向上的精神文化生活；加强政策和法制宣传，积极引导宗教与社会主义社会相适应，用社会主义核心价值体系引领构筑新疆各民族共有文化和精神家园。

(三) 创新公民意识教育形式和方法，构建公民意识培育法律和制度体系

本次调查过程中凸显出来的公民意识建设问题，其症结和实质在于从中央到地方没有建立相应的法律体系和制度规章去保障公民意识教育的实施，没有在实际工作中把公民意识宣传普及到广大普通群众中去。而没有制度化的培育工作方法、程序及组织机构，公民意识的内在功能就发挥不出来，就会直接影响公民对国家的认同水平，不利于国家的政治安全和繁荣稳定。这是除了经济发展和改善民生之外，最重要的政治问题。另外，由于历史原因，我国的公民意识培育工作起步也较晚，起点较低，其培育途径和方法与西方先进国家相比，也较为单一、老化。创新培育途径的有效方法之一就是学习借鉴先进国家或地区的经验做法。例如新加坡中小学校中公民意识教育的方法：文化传递法、价值澄清法、道德认知发展法；在日常生活中则以详尽而又颇具操作性的法律条文对人们的行为进行引导和规范。这些途径和方法对我国创新公民意识培养路径有很好的借鉴意义。

从根本上讲，新疆公民意识的建设还需要党和政府从制度、法律等方面进行构建和培养。当前，各级党委政府要高度重视，简政放权，政府权力"瘦身"，职能定位更清晰；建立权力清单，清晰划定行政权力范围，激发市场活力；依法治官、依法治权，加强制度反腐，必须用改革的办法和法治的思维规范权力运行，清洁党的肌体，提升执政能力。要制定符合实际、贴近群众、便于推行的宣传教育的长效机制。将公民意识教育普及到每一位公民的日常工作生活中。有关部门应该深入调研基层实际情况，逐步推动公民意识培育的相关立法工作，使公民意识培育有法可依，有法必依。

总之，在当前条件下，加强公民意识建设，需要多管齐下，同心同力推动构建公民意识培育的法律和制度体系，切实提高公民意识的稳定性和持久性，奠定边疆地区社会稳定和长治久安的思想基础。

参考文献

［1］曹阳昭：《少数民族地区公民意识培养研究》，《兰州大学学报（社科版）》2012年第3期。

［2］李瑞君：《浅析民族地区和谐社会进程中的公民意识》，《政治研究》2008年第3期。

［3］唐双荣：《论民族地区公民意识建设》，《黑河学刊》2012年第6期。

［4］红梅：《增强民族地区群众公民意识的途径浅析》，《内蒙古科技与经济》2009年第12期。

（作者单位：中共新疆维吾尔自治区委员会党校）

2016 年中国特色社会主义理论体系研究综述

徐 涛

中国特色社会主义理论体系是以马克思主义基本理论为指导,并把这些基本理论同中国具体实际相结合的系统化的理论经验总结,是包括邓小平理论、"三个代表"重要思想以及科学发展观在内的科学理论体系,是对马克思列宁主义、毛泽东思想的坚持和发展。党的十八大以来,以习近平同志为核心的党中央结合新的时代特征与新的历史条件,立足中国发展实际,坚持问题导向,与时俱进、开拓创新,不断将当代中国马克思主义理论即中国特色社会主义理论体系研究推进到新境界。

2016 年,学术界继续深化对中国特色社会主义理论体系的研究,研究广度和深度不断增强,取得了丰硕的研究成果。从最新发表的学术论文和出版的专著可以看出,理论界对中国特色社会主义理论体系的研究呈现出以下总体表现:一是更加注重中国特色社会主义理论体系创新性研究。理论界对中国特色社会主义理论的新进展、新特征、新趋向、新态势有了新的理论认识和理论总结。二是更加注重中国特色社会主义理论体系自身价值的研究。无论是对中国特色社会主义理论话语权的研究,还是对中国特色社会主义理论自信的研究,都是对自身理论价值的肯定与确认。三是更加注重中国特色社会主义理论时代化、大众化的研究。随着信息传播技术和传播手段的平民化,如何让中国特色社会主义理论为广大群众所接受和喜爱,引起不少学者的高度重视。

现将一年来学术界关于中国特色社会主义理论体系研究的新进展作如下综述。

一 关于中国特色社会主义理论体系形成、发展的研究

中国特色社会主义理论体系是马克思主义中国化的最新理论成果。因此，中国特色社会主义理论体系的形成、发展与马克思主义中国化的历史进程密不可分。

有学者从毛泽东思想同中国特色社会主义理论关系的角度来阐释中国特色社会主义理论体系的形成过程。如金民卿指出，毛泽东在探索适合中国国情的社会主义建设道路的过程中，提出了一系列独创性的重要理论观点，制定了一系列重要的方针政策，构成了新时期党开创中国特色社会主义伟大事业的思想源头。这种思想源头表现为："建设有中国特色的社会主义"科学论断的思想源头；"一个中心、两个基本点"基本路线的思想源头；社会主义初级阶段理论的思想源头；新时期社会主义现代化战略的思想源头；社会主义市场经济体制的思想源头；中国特色社会主义发展道路的思想源头；新时期党的建设新的伟大工程的思想源头。舒隽认为毛泽东为中国特色社会主义道路的探索作出了奠基性贡献。毛泽东虽然没有提出过中国特色社会主义道路建设的命题，但他带领中国人民进行新民主主义革命并赢得最终胜利，为建立社会主义制度、选择中国社会主义道路创造了根本前提；基于我国国情探索的过渡时期总路线和社会主义改造道路，为全面建立社会主义各项制度，开辟中国特色社会主义道路筑牢了制度之基；在探索社会主义道路过程中形成的关于如何建设、巩固和发展中国"自己的"社会主义的若干思想，为探索中国特色社会主义道路奠定了理论基石；在"一穷二白"基础上进行的全方位大规模的社会主义建设，为成功走上中国特色社会主义道路提供了坚强保障和有力支撑。

顾海良从马克思主义中国化发展史的角度，认为中国特色社会主义理论体系中体现的独创性理论，既是关于中国革命、建设和改革探索过程的科学反映和总结，又是对马克思主义所作的具有中国特色的理论概括和凝练，既是马克思主义的又是中国化的。他指出，百余年来中国社会相继发生的历史性转变，构成了马克思主义中国化历史过程基本的社会和时代背景。马克思主义基本原理同中国具体实际相结合，是马克思主义中国化历史形成的根本原则和主要方法。马克思主义基本原理同中国优秀传统文化的交流和交融，是马克思主义中国化历史发展的形态特征。中国共产党人在中国社会变革独特实践中的理论创新，则是马克思主义中国化历史发展

的显著特色。桁林认为，综观世界社会主义运动的发展，科学社会主义最深刻的理论创新在中国，最广泛的实际运用在中国，最显著的历史成就也在中国。在当代中国，坚持中国特色社会主义理论体系，就是真正坚持科学社会主义，中国特色社会主义的理论和实践是研究科学社会主义鲜活生动而又内容丰富的教科书。

沈宝祥认为要坚持和发展中国特色社会主义，需要重点关注以下三点内容：一是要辩证理解和把握"中国特色"。中国特色不是"中国独有"，也不是"中国例外"。社会主义不能离开人类文明发展的大道，要重视价值的普遍性和共同性。二是要紧紧抓住社会主义本质论。社会主义的本质，集中起来讲，就是实现共同富裕和人的全面发展。如果不切实坚持社会主义本质论，改革开放就会走偏方向。三是要清醒认识我国还处在社会主义的初级阶段。在社会主义初级阶段，社会制度和社会主义核心价值观都还处在不断探索和总结的阶段。袁银传认为中国特色社会主义理论体系是中国共产党人对中国特色社会主义建设规律和改革开放伟大实践经验科学总结的理论成果，是科学社会主义理论逻辑和中国社会发展历史逻辑的辩证统一。指出中国特色社会主义理论体系的实践基础是，中国特色社会主义理论体系深刻反映了当代人类实践发展的潮流和趋势，科学总结了社会主义建设的历史经验教训，集中体现了人民群众实践创造的经验和智慧。林怀艺从理论的逻辑建构角度，指出中国特色社会主义理论体系的逻辑建构，是围绕自己的主题，从体现自身理论性质的逻辑起点出发，经一系列概念、范畴、思想、观点、论断等在内的逻辑中介，到形成若干具体理论成果的逻辑结论，形成了科学的理论体系。通过完整的逻辑形式，揭示出中国特色社会主义在实践中的发生发展规律。

李君如梳理了中国特色社会主义理论体系发展创新的脉络。指出中国特色社会主义理论体系是推进马克思主义中国化的最新成果。改革开放30多年，不断推进实践创新和理论创新，形成了邓小平理论、"三个代表"重要思想和科学发展观三大理论成果。从邓小平理论的创立到"三个代表"重要思想的形成，再到科学发展观的提出，每次理论创新都是在党面临大考验的时候实现的，构成了中国特色社会主义理论体系在社会转折中的发展脉络。同时指出习近平总书记系列重要讲话是从新的历史起点出发的中国共产党理论创新的最新成果。颜晓峰从中国特色社会主义发展规律的角度出发，认为实现什么样的发展、怎样发展，是中国特色社会主义的基本问题，科学回答这一问题就形成了对中国特色社会主义发展规律的正确认识。要把"创新、协调、绿色、开放、共享"的发展理念把社会主义建设规律同人类社会发展规律统一起来，准确把握经济社会发展的最新要求；把中国发展趋势同世界发展潮流连接起来，充分发挥中国发展的巨大潜力；把引领中国新发展同深入探索中国特色社会主义发展规律贯通起来，凝练表述新的历史条件下党领导发展的认识成果；把发展理念与发展行动一致起来，努力推动发展全局深刻变革。

二 关于中国特色社会主义理论体系的理论特征的研究

2016年学术界对中国特色社会主义理论体系特征的研究，主要侧重于中国特色社会主义理论体系的实践性、科学性、时代性、逻辑性等方面。

辛向阳指出，与学理型或者学术型的理论体系不同，中国特色社会主义理论体系属于实践性质的理论体系，表现为四大特征：直接现实性、集体智慧性、实践逻辑性和多样载体性。第一，中国特色社会主义理论体系具有直接现实性的特点，直接面对重大的现实问题并加以解决。中国特色社会主义理论体系在解决时代提出的新课题、发展遇到的新挑战、人民要求的新期盼中产生和完善起来的。第二，中国特色社会主义理论体系具有集体智慧性的特点，是中央领导集体智慧和集体创新的产物。集体智慧结晶的特点体现在它是大集体智慧的结晶，中国特色社会主义理论体系是多个中央领导集体一脉相承、与时俱进的结果。第三，中国特色社会主义理论体系具有实践逻辑性，在实践发展基础上层层递进，显示出旺盛的生命力。实践不断提出需要理论回答的重大问题，中国特色社会主义理论体系是中国特色社会主义实践逻辑在理论上的自觉反映。第四，中国特色社会主义理论体系具有多样载体性的特点，理论创新体现在代表大会报告、全会的决定以及领导人的重要讲话之中。张小飞从马克思主义哲学视角出发，认为马克思主义实践哲学为全世界社会主义运动提供了全新的世界观和方法论。正是基于马克思主义实践哲学的分析视角和实践维度，中国共产党人带领广大人民群众在中国特色社会主义的探索中形成了鲜明的实践特色，为丰富和发展科学社会主义理论作出了重大的贡献。

袁秉达指出，中国特色社会主义理论体系是具有鲜明时代特征的科学理论体系，这种科学性体现在：第一，把中国特色社会主义置于现实基础之上的实践性。在社会主义发展史上，社会主义从空想变为科学首先取决于把它置于现实的基础之上。社会主义初级阶段这一当代中国最大的实际，奠定了中国特色社会主义理论体系科学性的总依据。中国特色社会主义理论体系的科学性，最终体现为回答现实问题的科学性和有效指导社会实践的可行性。第二，科学回答当代中国社会主义基本问题的真理性。新时期中国共产党循序渐进地提出和回答当代中国的基本问题，体现了中国特色社会主义的历史逻辑与理论逻辑的有机统一。当前亟须总体性回答"什么是中国特色社会主义、怎样建设中国特色社会主义"的最大基本问题。第三，构建中国特色社会主义理论体系的逻辑性。中国特色社会主义理论体系的科学性，体现在理论创新的合时性和构建理论体系的逻辑性。第四，认知和把握三大客观规律的深刻性。胡炳山认为坚持"两条腿走路"是中国特色社会主义的鲜明特征。中国特色社会主义是科学社会主义基本原则在中国具体历史条件下的运用和发展。中国特色社会主义既具有社会主义的共性，又具有中国自己的个性。其鲜明特征就是"基本"加"特色"，通俗地讲就是坚持"两条腿走路"，这一特征表现在经济、政治、文化、社会、生态、党建等方方面面。

黄百炼从"理论形态"的视角出发分析了中国特色社会主义理论体系的特征。理论形态是指理论在一定条件下的表现样式和状况。中国特色社会主义作为一门正在实践、正在发展的理论，远远还没有达到发展成熟的状态。他从认识论、范式理论和历史理论三个维度尝试构建中国特色社会主义理论形态。第一，中国特色社会主义认识论理论形态。主要包括认识中国特色社会主义的世界观和方法论，科学社会主义的基本原理与中国实际情况相结合的认识理论，科学阐释中国特色社会主义的认识理论，中国特色社会主义与当代世界资本主义的比较认识理论。第二，中国特色社会主义的范式理论形态。一是以中国为什么必须走社会主义道路为实践起点展开论述，讲清楚社会主义道路是中国历史和人民的选择，是国家发展的旗帜和方向；二是中国特色社会主义的创立过程；三是从党的最高纲领和最低纲领关系的视角，论述当代中国建设中国特色社会主义的历史方位，也就是讲清楚我们现在正在干的就是社会主义而不是别的什么主义；四是全面阐述建设中国特色社会主义的基本范畴，即从"一个中心、两个基本点"、"五位一体"的建设格局和"两个一百年"的目标，讲清楚当代中国的社会发展战略和策略。第三，中国特色社会主义的历史理论形态。主要包括：以中国特色社会主义理论和实践的创立者、继承者、发展者为主线，进行中国特色社会主义理论发展历史演变的论述；以中国特色社会主义发展阶段为主线而开展研究的历史理论形态；以建设中国特色社会主义的基本范畴为主线的历史理论形态；中国特色社会主义与世界各国社会主义建设发展历程的比较研究。

竟辉指出，中国特色社会主义理论形态具有两大现实优越性，一方面，它既坚持科学社会主义的基本原则，又从国内外实际出发论证了一国独立自主进行社会主义建设和改革的必要性与重要性，在不断推进马克思主义中国化的同时，立足于我国社会主义初级阶段的基本国情，选择并完善了社会主义市场经济体制，因而优越于苏联社会主义模式；另一方面，它既创新了人类社会发展模式，又从东西方文化的对比中阐释了世界文明发展样态的统一性与多样性，在分析当前西方国家发展内外困境的同时，牢固树立了"人本""和谐"的执政理念，为世界各国文明进步注入了新的活力，因而优越于西方社会资本主义制度。

罗诗钿从中国特色社会主义的存在方位视角出发，指出中国特色社会主义是立体的存在，其存在方式和存在意义内蕴于历史方位、文明方位、世界方位三重维度的辩证统一中。历史方位阐释中国特色社会主义存在的合理性，即生成于跨越"卡夫丁峡谷"后的中国特色社会主义所处的历史序列的现实性及其遵循的基本原则的合理性。文明方位阐释处于特定历史方位下中国特色社会主义发展模式的合理性，即发展过程中一方面要避免重复资本主义的灾难，从而建立一个集物质文明、政治文明、精神文明、社会文明、生态文明"五位一体"的立体文明社会；另一方面必须以物质文明的发展为中心，坚持有中国特色的"人的解放"之路，生成"人的自由全面发展"的现代性文明。世界方位则阐释处于特定历史方位下中国特色社会主义文明成果的世界意义，即其现代化之路对社会主义的发展和在资本全球化中的意义。张劲松从21世纪中国马克思主义的视角，指出21世纪中国马克思主义在理论内涵上坚持以"中国特色"为理论方法，以中国特色社会主义为道路指引，以中国传统文化为精神内核，系统地概括和总结了新世纪以来中国崭新的发展实践和治国理念。一是坚持"中国特色"，解决中国问题。二是延续中国道路，提升中国话语。在经济体制上，中国道路坚持生产资料公有制为主体、多种所有制经济共同发展；在分配制度上，中国道路坚持以按劳分配为主体、多种分配方式并存；在政治制度上，中国道路坚持中国共产党的领导，坚持人民民主专政的国家政权，不断完善人民代表大会制；在价值观念上，社会主义核心价值观是中国话语的核心和灵魂。三是弘扬中华文化，贡献中国智慧。

三 关于习近平总书记治国理政思想对中国特色社会主义理论体系的丰富与发展的研究

党的十八大以来，习近平总书记立足中国现实，着眼民族复兴，积极回应当今时代提出的问题，提出了一系列新论断，丰富了中国特色社会主义理论体系。理论界关于习近平总书记对中国特色社会主义理论体系丰富与发展的研究，主要切入点在于习近平总书记治国理政思想或者习近平总书记系列重要讲话精神，主要着力点大致分为两个方向：一是关于习近平总书记对中国特色社会主义理论的丰富和发展的整体性研究，包括历史新起点、时代背景、核心理念、根本主题、奋斗目标、基本思路、战略布局等方面。二是关于习近平总书记对中国特色社会主义理论的丰富和发展的某一方面的研究，主要集中在"五位一体"总体布局和"四个全面"的战略布局上面。

李君如指出习近平总书记系列重要讲话是当代中国马克思主义的最新成果，认为习近平总书记治国理政的时代背景是：一是解决当代中国社会主要矛盾提出的时代课题。二是改革发展稳定的实践提出的时代课题。三是信息化迅猛发展过程中提出的时代课题。这些问题汇总起来，就是一个目标：完善和发展中国特色社会主义制度，推进国家治理体系和治理能力现代化。正是在这样的时代背景下，形成了习近平总书记的系列重要讲话及其治国理政思想。刘同舫指出以习近平同志为核心的党中央开创了中国特色社会主义理论体系的新境界。在社会主义初级阶段发展规划中，明确提出"两个一百年"奋斗目标和中华民族伟大复兴中国梦。在中国特色社会主义建设事业进程中，进一步回答了国家制度完善和国家治理体系推进问题。围绕依法治国、坚持党的领导和人民当家作主的有机统一，进一步完善当代中国特色社会主义民主制度。在当代社会主义发展观上，提出了创新、协调、绿色、开放、共享的发展理念。在中国特色社会主义的道路自信、理论自信、制度自信的基础上增加一个维度，提出"文化自信"新思想。在马克思主义党建学说方面，提出了全面从严治党的新要求。创造性地提出符合时代潮流的"人类命运共同体"的新导向。

韩庆祥指出，习近平总书记"治国理政新思想"是党的十八届五中全会的新提法，是对"习近平总书记系列重要讲话精神"的进一步深化和提升，具有历史基础、现实基础、理论基础和政治基础。认为习近平总书记治国理政的逻辑起点是我国"整体转型升级"的历史发展新阶段；时代性课题是实现什么样的现代化和民族复兴与怎样实现现代化和民族复兴；习近平总书记治国理政运用的哲学思维是战略辩证法；习近平总书记治国理政的核心理念是为人民担当；根本主题是坚持和发展中国特色社会主义；奋斗目标是实现中华民族伟大复兴的中国梦；基本思路是破解难题、建构秩序、唱响中国；战略布局是协调推进"四个全面"；治国理政的品格是问题意识、弥补短板、敢于担当、刚性执行、精准发力。张瑞指出，习近平总书记对中国特色社会主义理论的丰富和发展主要集中在：对中国特色社会主义历史地位的新认识；把生态文明建设纳入中国特色社会主义总布局；提出了建设中国特色社会主义的基本要求；对社会主义本质有了新的认识；将依法治国上升为中国特色社会主义的本质要求；以完善中国特色社会主义制度为核心全面深化改革；将党的领导作为中国特色社会主义的最本质特征等。

郭国祥、曾海艳指出，"四个全面"战略思想是党的十八大以来，以习近平为总书记的党中央从坚持和发展中国特色社会主义全局出发逐步形成的一个重要的战略思想。"四个全面"战略思想有着深厚的世界观、认识论和方法论基础，是对马克思主义唯物辩证法和历史唯物主义的生动运用，体现了目的与手段、全局与重点、主观与客观、认识与实践、理想与现实的辩证统一。指出"四个全面"战略思想的重大战略意义在于："四个全面"战略思想是中国共产党顺应时代发展和人民要求的理论创新；是实现中华民族伟大复兴中国梦的行动纲领；是对我们党治国理政实践经验的科学总结和丰富发展；是中国特色社会主义理论体系发展的新成果。汪青松从中国特色社会主义视域下考察了"四个全面"战略布局与中国梦的关系问题。指出不能孤立、片面、静止地看待中国梦与"四个全面"战略布局，而应在中国特色社会主义视域下，整体地把握中国梦与"四个全面"战略布局的层次性，逻辑地把握中国梦与"四个全面"战略布局的结构性，以发展的眼光把握"四个全面"战略布局与中国梦的阶段性。"四个全面"战略布局作为中国梦的实践性安排，与中国特色社会主义战略愿景一样，都具有长远的指导意义。王玉平、袁秀、王昆从马克思主义哲学的角度分析了"四个全面"建构了中国特色社会主义建设的统筹论、实践论，是实现中华民族伟大复兴中国梦的顶层设计和行动纲领，是马克思主义哲学中国化的当代形态。

郝潞霞从发展的视角出发，指出党的十八大以来，习近平总书记站在历史和时代的高度，立足新的历史条件，丰富和发展了中国特色社会主义发展理论。第一，对发展地位的新判断。发展是实现中华民族伟大复兴中国梦的根本；发展是协调推进"四个全面"战略布局的主题；发展是实现全面建成小康社会目标的要求；发展是引领经济发展新常态的核心。第二，对发展理念的新概括。突出强调了创新发展和开放发展的地位和作用；丰富完善了协调发展、绿色发展、共享发展的内涵；五大发展理念是具有内在联系的统一体。第三，对发展内涵的新丰富。发展是没有水分讲求效益的发展；发展是保持绿水青山的发展；发展是使全体人民有更多获得感的发展。第四，对发展动力的新阐述。改革是发展的强大动力，对改革的自觉性、方向性、全面性、协调性更加重视；创新是引领发展的第一动力，强调把创新摆在国家发展全局的核心位置，让创新贯穿党和国家一切工作。第五，对发展目标的新要求。经济保持中高速增长；人民生活水平和质量普遍提高；国民素质和社会文明程度显著提高；生态环境质量总体改善；各方面制度更加成熟更加定型。高继文、王增剑从全面建成小康社会的角度，指出全面建成小康社会是发展中国特色社会主义的重大战略部署，标志着中国特色社会主义发展到了新阶段。全面建成小康社会的新目标、新理念和新举措对中国特色社会主义的创新，主要表现在深化内涵发展，发挥制度优势，增强发展的全面性、科学性和可持续性上。

四 关于中国特色社会主义理论话语体系、话语权的研究

2016年5月，习近平总书记在哲学社会科学工作座谈会上发表重要讲话。习近平总书记指出："目前我国在学术话语上的能力和水平同我国综合国力和国际地位还不太相称。着力构建中国特色哲学社会科学，在话语体系上要充分体现中国特色、中国风格、中国气派。自觉把中国特色社会主义理论体系贯穿研究和教学全过程，转化为清醒的理论自觉、坚定的政治信念、科学的思维方法。"习近平总书记这一重要论述为我们今天深入推进中国特色社会主义话语体系建设提出了要求、指明了方向。由此，构建中国特色社会主义话语体系成为学术界较为关注的热点问题。学术界对中国特色社会主义话语体系的研究，侧重于两个方面：一是关于中国特色

社会主义话语体系及其建构的研究；二是关于中国特色社会主义话语权的研究。

周利生、王钰鑫指出，在西方强势话语、霸权话语面前，我们尚缺乏与之相抗衡的话语体系，这成为日益复杂的意识形态领域斗争的软肋。建构中国特色社会主义话语体系的重要性和紧迫性体现在：一是话语体系的建构是增进共识、集结意志、凝聚力量的重要因素；二是中国特色社会主义话语体系的建构是赢得意识形态领域斗争的有效载体；三是中国特色社会主义话语体系的建构能够为人类文明作出更大贡献。中国特色社会主义话语体系的建构是在一定的社会历史条件下开展的。话语从一开始就是社会实践的产物，不同时代的话语体系有着十分明显的时代印记，具有明显的政治色彩和阶级意识。与时俱进的理论品格、不断转换的话语体系，是马克思主义能够保持生机活力的关键所在。随着时代主题从革命与战争向和平与发展的转换，中国革命话语向中国建设（改革）话语的转换，从批判资本主义的革命话语体系到描绘理想社会的建设话语的转换成为必然。建构中国特色社会主义话语体系的基本原则包括：要坚持推进理论创新，彰显中国特色社会主义理论的科学性和真理性；要善于向人民学习语言，彰显中国特色社会主义话语体系的人民性和通俗性；要尊重情感体验，提高中国特色社会主义话语体系的艺术性；要紧跟科学技术发展，提升中国特色社会主义话语体系的技术含量。

杨莘指出，当前推进中国特色社会主义话语体系建设有三大使命。第一大使命，是在国际上争得与我国"大国地位"相匹配的话语权。尽管近年来我国力争国际话语权的成效较为显著，但与今天我们在国际上取得的经济地位相比，我国所占有的国际话语权还远远不相称。第二大使命，是在对外开放的条件下维护我国社会主义意识形态安全。在"一球两制"的今天，社会主义国家面对"西强东弱""资强社弱"的不利局面在很长一段时间内难以逆转。这就要求社会主义国家必须时刻注意维护自身意识形态安全，谨防资本主义国家在思想领域"不战而胜"。第三大使命，是更好地全面推进马克思主义中国化、时代化、大众化。指出十八大以来中国特色社会主义话语体系建设表现为三个特征：一是打造和创新一批新鲜话语；二是借鉴和改造一批外来话语；三是完善和更新一批既有话语。鲁品越从改革和重构中国化马克思主义话语体系的视角出发，指出当代国际学术话语权掌握在国际资本手中，其力量并非来源于所谓"真理与正义"，而是来源于资本力量。中国必须建立自身的学术评价体系与舆论传媒体系，以平等对话者的姿态（而不能以接受者的姿态）对待"普世价值"为基础的西方三大学术话语体系，否则将会失去话语权。中国话语体系只能是中华各民族共同认可的中国化马克思主义话语体系，而不是"新儒家"等汉民族话语体系。马克思主义话语体系本身必须进行"供给侧"改革，克服其僵化与教条因素。

刘小红、马启民指出，话语体系建构对社会实践和社会关系有着深刻的影响力，是思想史研究的重要领域。马克思主义知识分子对中国社会主义话语体系早期传播作出了积极贡献。新民主主义革命时期中国马克思主义知识分子在马克思主义话语符号确立、学术研究、关切现实和深入传播中初步建构了中国社会主义话语体系，对中国社会现实产生了深刻的影响力，成为中国社会主义话语体系的基础。社会主义话语体系早期建构历程尽显话语的对话性、历史性和实践性，抓住了马克思主义话语体系建构的词汇、知识、实践、受众等要素，对新时期加强中国特色社会主义话语体系建构具有重要的启示和借鉴意义。

沈壮海从文化软实力的角度出发，指出构建中国特色的文化软实力理论体系，需要我们在"文化软实力"这个基本概念上形成"中国话语"。其原因在于：第一，这是我们构建中国特色哲学社会科学话语体系的重要任务。第二，在文化软实力问题上形成中国话语，是我们在实践中更好地推进国家文化软实力建设的战略要求。第三，约瑟夫·奈"软实力"概念的立意、内涵，与我们当下所关注的"文化软实力"的立意、出发点与落脚点不同。约瑟夫·奈所谓的"软实力"，实即国际关系领域中，以价值为核心、以吸引为手段、以同化为目的的影响力，是一国影响他国思维，使"人随我欲"从而"达己所愿"的能力，这与中国提出及推动的"文化软实力"建设，立意、内涵及目标指向等与此截然不同。指出构建文化软实力的中国话语，要由文化软实力研究中的"跟着说""杂着说"走向"自己说"。做到"自己说"，要求我们立足中国实际，用活中国传统，注重回采中国传统文化中关于"文化软实力"问题的丰富思想资源，激活当代中国人理论创新的自觉与智慧。陈金龙以建构中国话语权的价值定位的视角，指出建构中国特色社会主义话语权，一是提升中国国际地位的需要；二是回应国际社会对中国批评质疑的需要；三是创新中国哲学社会科学学术话语体系的需要；四是彰显中国特色社会主义世界意义的需要。

五 关于中国特色社会主义理论体系与中国传统文化关系的研究

关于中国特色社会主义理论体系与中国传统文化的关系，李影、韩喜平指出，中国特色社会主义话语体系秉承了中国优秀传统文化的基因，规制着中国特色社会主义的发展，为当代中国的发展提供合理性、建设性的阐释。优秀传统文化是中国特色社会主义话语体系的智慧源头，它与中国特色社会主义话语体系密切关联。第一，中国特色社会主义话语体系蕴含有优秀传统文化的基因。中国特色社会主义话语体系中的新概念追根溯源都可在中华文化中得以找到踪迹。中国梦作为一个新的概念和命题，中华优秀传统文化基因蕴含其中，中国梦即实现中华民族的伟大复兴，这一话语在古老的中华文明中早有端倪。"全面建成小康社会"也是中国优秀传统文化的一种折射。"以人为本""执政为民"的理念，我们也可以追溯到其背后的传统文化基因。第二，在历史传承与时代创新中形成中国特色社会主义话语体系。在历史传承中文化基因得以被吸纳和承袭，在时代创新中中国特色社会主义话语体系实现与时俱进，中国特色社会主义话语体系的历史传承与现代创新是内在统一的。第三，内含优秀传统文化基因的中国特色社会主义话语体系的传扬。传扬中国文化走向世界，推动优秀传统文化实现现代化。传扬中国故事为世人所知，增进对外交流与自信。传扬中国精神，提高国际舞台上中国话语的感染力。

吴超、张烨从如何更好地建构中国特色社会主义话语体系的角度，考察了中华优秀传统文化在中国特色社会主义话语体系建构中的功能与作用。指出要让中国特色社会主义话语体系"圆融通透"，体现出中国特色、中国风格和中国气派，必须重视和加强中华优秀传统文化在思想内容、修辞形式、语境意涵等方面的创造性转化和创新性发展。从三个层面分析了"构建中国特色社会主义话语体系怎样汲取中华优秀传统文化的滋养"。第一，中华优秀传统文化应当有机嵌入中国特色社会主义话语体系发展的四大向度。在内外关系的向度上，应当系统总结中华文化传播的历史规律；在古今关系的向度上，应当认真汲取中华优秀传统文化保持长久生命力的历史经验；在体用关系的向度上，应当充分发挥中华传统文化在中西交融中的"黏性"作用；在雅俗关系的向度上，应当深刻借鉴中华优秀传统文化中"理一分殊"的哲学思维。第二，中华优秀传统文化应当同步穿越中国特色社会主义话语体系建构的三重层次。要辅助中国特色社会主义理论体系增强逻辑及语言的感染力，协助中国特色社会主义人文社会科学相关理论体系实现"本土化"转型，帮助社会主义核心价值观引领规范人民群众的思想观念与道德实践。第三，中华优秀传统文化应当自觉遵从中国特色社会主义话语体系的生成逻辑。要以传统文化的"内涵创新"彰显话语体系的"中国特色"，以传统文化的"形式转化"体现话语体系的"中国风格"，以传统文化的"语境重构"弘扬话语体系的"中国气派"。

徐德莉、陈晓钢从文化的视角分析中国特色社会主义理论体系的构成，认为中国特色社会主义理论体系是以马克思主义为理论指导、以中国传统文化为思想基础、以世界先进文化为重要来源的理论成果，是对一切先进文化有益汲取，是马克思主义中国化的重要理论成果。指出中国优秀传统文化是中国特色社会主义理论体系的思想之源。中国特色社会主义理论体系是在中华民族传统文化氛围中熏陶而成的，它产生于深厚的优秀传统文化的母体，具有厚重的传统文化底蕴。中国特色社会主义理论体系中所呈现的社会理想、价值追求和精神诉求在很大程度上与中华民族优秀传统文化有相当程度上的契合度，中国传统文化是中国特色社会主义理论体系极其重要的理论来源。中国传统文化中的朴素唯物主义观和辩证方法论、社会理想中的"大同"思想及"民本"思想、时代变革思想与中国特色社会主义的一些重要理论有相通之处与契合点，邓小平、江泽民、胡锦涛、习近平等几代领导人对这些优秀传统文化进行了科学的汲取，不断丰富与发展了这一科学理论体系。除了传统文化构成之外，马克思主义则是中国特色社会主义理论体系的理论之根，世界先进文化是中国特色社会主义理论体系的借鉴之力。

张劲松指出，马克思主义中国化是将马克思主义基本原理与中华民族的历史文化传统相结合的伟大成果。中国优秀传统文化中的哲学理念、人文关怀和价值观念等，既为马克思主义中国化提供认识和改造世界的理论方法，同时也为建设社会主义注入东方智慧和文化滋养。21世纪中国马克思主义既要坚守马克思主义的基本立场和方法，又必须植根中国传统文化。首先，在执政理念上，传统文化中"民惟邦本""以人为本""仁者爱人"等观念重视民本和民生，强调惠民、富民和利民，夯实和滋养了以人民为主体、为人民服务的宗旨意识和执政根基。其次，在处理人与自然的关系上，"天人合一""道法自然"的传统观念认为人是自然界的一部分，人应该遵从和顺应天道，从而摈弃以往为局部利益而对大自然一味地索取和掠夺，树立尊重自然、顺应自然、保护自然的生态文明理念。其三，在执政党自身的建设上，"清正廉洁""刚健有为"等传统文化对为政者的要求亦是今天考核、选拔人才的重要标准。最后，在处理国际外交关系中，传统文化中"亲仁善邻，国之宝也""四海之内皆兄弟也""国虽大，好战必亡"等思想尊重不同文明形态的合法存在和特殊意义，倡导"以和为贵""和而不同"的合作原则和共赢理念，能够改变国际交往中弱肉强食、见利忘义、损人利己等现象，夯实以合作共赢为核心的新型国际关系的理论基础。

六 关于中国特色社会主义理论体系中国化、时代化、大众化研究

中国特色社会主义理论体系是对马克思主义的坚持和发展。2016年学术界关于中国特色社会主义理论体系中国化、时代化、大众化的研究，侧重于马克思主义中国化、时代化、大众化的内涵、关系、功能、价值、方式、路径等方面。

杨荣、丁玉梅指出，马克思主义中国化时代化大众化是三位一体的，是紧密联系的不可分割的有机整体。新常态下，要深入推进马克思主义理论的中国化、时代化、大众化，让马克思主义理论为广大群众理解和接受，必须将马克思主义的基本原理和马克思主义的精髓逐步内化。马克思主义中国化、时代化、大众化的内涵分别指的是：马克思主义中国化，就是将"马克思主义基本原理同中国实际相结合，形成具有中国特色、中国风格、中国气派的新理论"；马克思主义时代化就是把马克思主义同时代的发展、时代的特征结合起来，使之适应时代的需要、回答时代的关切和问题；马克思主义大众化就是通过多种的路径和方式，使马克思主义为广大群众所了解和掌握，进而用于指导自身实践的过程。马克思主义中国化、时代化、大众化之间存在内在联系。马克思主义中国化、时代化、大众化是三位一体的，是紧密联系、不可分割的有机整体。马克思主义中国化内在地包含了马克思主义时代化、大众化。马克思主义时代化将马克思主义与时代的需求、时代的特征相结合。马克思主义大众化就是要使马克思主义从书本走入人民群众之中，指导人民群众的实践，这也是马克思主义中国化的题中之义。马克思主义时代化是大众化的前提条件，大众化的内容、目标的确定都必须紧紧围绕时代要求来制定，而不能超越特定的时代条件。马克思主义中国化时代化大众化的实现路径，主要包括理论教

育、行为示范、制度保障等方面。

孟献丽指出，马克思主义的大众化是马克思主义理论本身的内在要求。因为马克思主义本身就是"人民群众"的理论。人民群众的实践是马克思主义产生的源泉、动力，马克思主义指导人民群众的实践并在实践中得到检验。马克思主义的本质属性决定了其必须大众化，马克思主义的科学真理性、彻底革命性、鲜明阶级性及深刻实践性这四大本质属性决定了其"大众化"的必然性。马克思主义始终站在人民群众的根本立场上，拥有大众情怀、重视大众地位、尊重大众实践、维护大众利益。切实维护、实现最广大人民的利益是马克思主义的价值归属。

牟成文指出，新形势下马克思主义大众化需要讲清楚三个问题，即"为什么群众需要掌握马克思主义理论"，"马克思主义大众化过程需不需要'批判'"，"理论工作者怎样才能履行好自身的历史使命"。新形势下群众需要掌握马克思主义理论，这是因为：第一，马克思主义理论是具有广阔视野的理论。一方面，马克思主义经典作家在理论运思上超越了传统理论的狭隘"眼界"，史无前例地把"群众的世界"作为自身理论的基本问题域。另一方面，马克思主义经典作家在实践理论思想上史无前例地把"改变世界"作为自身使命，从而变革了传统理论的"实践"的狭隘性和狭隘的"实践性"。第二，马克思主义理论是能够抓住"群众"之"根本"的理论。一方面，马克思主义理论史无前例地确认了"群众利益"在其理论中的合法性；另一方面，马克思主义理论史无前例地把包括无产阶级在内的广大"群众"的解放视为己任。第三，马克思主义理论是能够引领"群众"进行科学实践的科学理论。马克思主义理论从未停止过对"群众"的自发性、盲目性和消极性等落后性特点的批判和斗争，马克思主义理论能为"群众"提供科学的世界观和方法论，马克思主义理论能为"群众的实践"提供合理的前行路标和方向。

陈东琼从马克思主义大众化的角度分析了如何构建中国特色社会主义话语体系。第一，要注重话语内容的创新。构建中国特色社会主义话语体系，在内容上要树立问题意识，增强话语对现实的解释力和指导力，防止理论与实际脱节，使中国特色社会主义话语真正反映和代表人民的利益。第二，注重表达方式的创新。中国特色社会主义的政治话语、学术话语、大众话语、国际话语在表述方式上是有区别的，不可能完全合一。中国特色社会主义的话语表达中，"阳春白雪"和"下里巴人"同等重要。中国特色社会主义话语体系要实现大众化,就应当处理好理论本身的抽象与宣传话语的形象之间的关系,不能只局限在理论界、学术界的小圈子。第三,传播能力的创新。加强话语体系建设,着力打造融通中外的新概念新范畴新表述,应当立足中国,放眼世界,充分吸收人类社会在发展中创造的一切优秀文明成果。在交流的方式上,要注意研究外国人的思维方式和习惯爱好,贴近外国人的实际,让外国人能够听得懂、听得进,讲述中国故事,介绍中国实际,解释中国原因,展示中国形象。

顾相伟指出,马克思主义时代化是在中国化基础上提出的对马克思主义研究的新要求,进一步推动着马克思主义中国化和大众化的发展。实践精神、问题意识和群众情怀是马克思主义时代化的逻辑起点与发展根基。马克思主义时代化应注重马克思主义理论的实践性和现实性。坚持马克思主义时代化,要在解决现实问题的进程中来落实,要用实践的效果来检验,要"从实践中来,到实践中去"。马克思主义时代化应强化问题意识和群众情怀。马克思主义时代化的价值和魅力,应反映在诸如社会文化思潮、人们普遍的心理特征和价值取向,以及对当代社会发展和人的发展面临问题的认识和判断上。以实际问题为中心研究马克思主义,是我们党一贯倡导和坚持的科学方法,推进马克思主义时代化同样要以实际问题为中心。我们是以马克思主义为根本指导思想的社会主义国家,而马克思主义是以人民利益至上的,是为人民谋利益、求福祉的。因此,以人民群众为出发点、落脚点和价值依归,关注社会热点焦点,解决社会现实问题自然是马克思主义时代化的应有之义。

辛向阳指出,马克思主义时代化这一命题包含着三个基本方面:马克思主义为什么要时代化?马克思主义何以能时代化?马克思主义如何时代化?第一,马克思主义为什么要时代化。马克思主义具有与时俱进的创新品质,推进时代化是其理论自身的内在要求。一方面,马克思主义理论"按其本质来说,它是批判的和革命的",革命性使其勇立时代和历史的潮头;另一方面,马克思主义具有的创新精神使其能够根据客观情况的变化,及时察觉和研究前进中的新情况新问题,提出引导社会发展的新理论。中国的社会主义现代化建设要想在21世纪取得新的辉煌,就应当推进马克思主义时代化。第二,马克思主义何以能时代化。马克思主义之所以能够时代化,是因为马克思主义是工人阶级的世界观。只有马克思主义才真正为工人阶级和劳动人民说话,反映和代表他们的根本利益和要求,因而马克思主义与广大人民群众有着内在心灵的共鸣。马克思主义坚持从正在创造历史的人民群众的观点出发来观察世界历史，这使马克思主义时代化有了深厚的阶级基础和主体基础。马克思主义之所以能够时代化，是因为马克思主义具有实践的品质。第三，马克思主义如何时代化。马克思主义基本原理在现时代具有强大生命力。要深入总结马克思主义关于经济全球化的思想体系和科学方法，更加准确地把握经济全球化发展的趋势及轨迹，更好地推进我们自身的发展。实现马克思主义时代化，必须充分运用马克思主义的革命与建设精神，敢于直面现实的挑战，包括现实发展带来的挑战和理论领域的重大争论，清晰而明确地回答时代的话题。

（作者单位：中共中央党校研究生院）

后　　记

中国特色社会主义理论研究会自 2014 年成立以来，坚持以马克思列宁主义、毛泽东思想、邓小平理论、"三个代表"重要思想、科学发展观为指导，始终以坚持和发展中国特色社会主义的理论与实践为宗旨，三年来以中国特色社会主义理论与实践论坛的形式分别在中共中央党校、中共烟台市委党校和中国井冈山干部学院举办了"中国特色社会主义与全面深化改革""中国特色社会主义与四个全面战略布局""中国特色社会主义与全面小康决胜阶段的战略决策"三次大型研讨会，与《教学与研究》杂志社合作围绕十八届五中、六中全会精神举办了两次"全面建设小康社会的决战决胜阶段"和"思想建党与制度建党"的小型论坛。同时编辑出版《中国特色社会主义与全面深化改革》（2014）、《中国特色社会主义与中国发展战略布局》（2015）文集，现在这本《中国特色社会主义与全面建成小康社会》是 2016 年的年度文集。另外，研究会还坚持每年撰写一篇本年度关于中国特色社会主义理论研究的综述，对全年在中国特色社会主义理论体系研究中的新观点新动向新成果进行梳理，以全面反映理论界学术界的发展动态。

本论文集是 2016 年度中国特色社会主义理论界研究成果的一个集中展示，主要由研究会年会征文及研究会理事的研究成果汇集。研究会秘书长刘能杰研究员对文集征集做了大量的工作，并对文稿做了文字处理，研究会副会长薛广洲教授拟定了文集的结构框架，通读了全稿，并对相关内容做了一些必要的调整和处理，文集由研究会前会长、中央党校原副校长李君如研究员和中国井冈山干部学院梅黎明院长担任主编。感谢中国社会科学出版社赵剑英社长和马克思主义理论出版中心田文主任一直以来为中国特色社会主义理论研究会年度文集的出版给予的积极支持和帮助，感谢中国井冈山干部学院为本文集出版给予的支持。文集所刊文章只代表作者个人的观点和看法，如有不妥，还请见谅。

薛广洲
2017年3月31日